备考2023

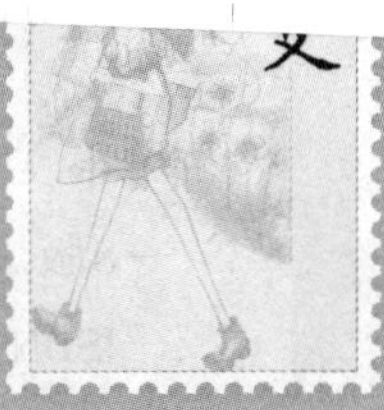

真正的学霸是要学会找到一个高效的学习方法去提升自己做某件事的杠杆率。所以比尔·盖茨说：我总是会选择一个懒人去完成一份困难的工作，因为他会找到捷径

看小说，学会计，
轻松通过中级职称考试

第8版

小艾上班记8
中级经济法

核心考点
抢先学

陈艳红 著

东北财经大学出版社 Dongbei University of Finance & Economics Press 大连

图书在版编目（CIP）数据

小艾上班记8·备考2023·中级经济法 / 陈艳红著.
—8版. —大连：东北财经大学出版社，2022.10
ISBN 978-7-5654-4520-0

Ⅰ. 小…　Ⅱ. 陈…　Ⅲ. 经济法　Ⅳ. F23

中国版本图书馆CIP数据核字（2022）第074679号

东北财经大学出版社出版
（大连市黑石礁尖山街217号　邮政编码　116025）
网　址：http://www.dufep.cn
读者信箱：dufep@dufe.edu.cn
大连图腾彩色印刷有限公司印刷　　东北财经大学出版社发行

幅面尺寸：170mm×240mm　　字数：428千字　　印张：26
2022年10月第8版　　2022年10月第1次印刷

责任编辑：章北蓓　　责任校对：周　慧
封面设计：冀贵收　　版式设计：钟福建

定价：58.00元

教学支持　售后服务　联系电话：(0411) 84710309

如有印装质量问题，请联系营销部：(0411) 84710711

第8版前言

天下武功，唯快不破

“天下武功，唯快不破”，大致意思是：天下所有的武功，没有“快”破解不了的，当你快到一出手，别人就“跪”了，你就可以一招制胜！中级考试也是这样的。

一、抢先学

一般来说，出题人会控制通过率，不可能让所有报名参加考试的人都通过。如果通过率是100%，只要你报名考试，就能过，那么这个考试一点意义都没有。

据公开数据统计，2015–2020年，中级会计职称考试通过率如下（不考虑出考率，见表1）：

表1　2015–2020年中级会计职称考试通过率

年份	报考人数（万人）	通过人数（万人）	通过率
2015	79.11	7.24	9.15%
2015	83.19	8	9.62%
2017	113.7	11.3	9.94%
2018	135.4	16	11.82%
2019	160	21	13.125%
2020	182.4	25	13.717%

中级会计职称考试并不是很难，但是通过率也不是特别高。为什么呢？因为它要求有4年工作经验才能报名，这就意味着，大部分人都是在职考试。这一点跟注册会计师考试不一样，注册会计师考试报名不要求有工作经验，所以有很多学生在考，他们不用上班。

在职备考中级时，如果等到教材出来后，你才开始学习，很可能时间不够，所以一般需要提前学。在新教材出来之前就把有关核心考点学一遍，这样新教材出来后再学一遍，你就会轻松很多。

100个人报考，大概10个左右的人会通过考试。

这100个人当中，有40%的人快到考试了，才学一点点，以至于完全没有信

心参加考试，选择弃考；剩下的人中有将近70%的人，眼看马上要考试，才匆匆地结束第一轮复习。因此，如果从竞争的角度来说，“跑过”他们很简单，只要你抢先一步学完，就能完胜他们。

中级会计职称考试的教材越来越厚，出题难度逐年上升，报名人数也在猛增，但是通过率反而呈现上升趋势。这说明经济形势不太乐观，再加上新冠肺炎疫情的影响，很多人开始有危机感了。

二、快速记

记忆是一切智慧的蓄水池、存储器，考试必须记忆。

1. 记忆是什么

记忆就是新神经回路的形成。从物理上来说，我们现在已经能够用相关的技术，在大脑当中看到记忆的痕迹。

如果把大脑比喻成一个城市，那么神经元就是住宅，神经纤维就是道路，神经回路就是社区。

我们学一门学科，就要形成相应的神经回路，就好比在大脑里新建一个社区（如图1所示），比如中级会计实务社区、经济法社区和财务管理社区等。

图1　社区图

考试的时候，看到一个题，你就知道目的地，知道要去哪里，是哪一个小区，几栋、几单元、几楼、几号房间，你能找到回家的路，知道从哪个方向走会近，知道哪个地方在修路，有坑，可能会摔跤。

例如：乙工业企业为增值税一般纳税人。本月购进原材料200千克，货款为6 000元，取得的增值税专用发票上注明的增值税税额为780元，发生的保险费为350元，入库前的挑选整理费用为130元。验收入库时发现数量短缺10%，经核查属于运输途中合理损耗。乙工业企业该批原材料实际单位成本为每千克（　　）元。

A. 32.4　　B. 33.33　　C. 35.28　　D. 36

你一看题，就知道他考的是什么，考的是会计实务中存货的初始入账成本。

【答案】D

【解析】

6 000+350+130=6 480（元）

200×（1−10%）=180（千克）

6 480÷180=36（元）

你知道它考的是哪一个点，要从哪条路经过，路上有没有陷阱，这里的陷阱就是合理损耗。

我们刚开始做题的时候，经常会出错，就像你走一条新路，有荆棘、会摔跤，但没关系，多摔几次，你就记住了。

因此，刷题的时候，要想得起考的是哪个章节的哪个考点。本书已把相应的考点都列举出来了，学习的时候，可以对照目录查找回忆。

2. 长时记忆与短时记忆

计算机里有内存和硬盘，内存 RAM 相当于临时处理，而硬盘才是长期保存。

平时工作中，我们经常写 Word 文档，一边写，电脑会一边自动暂存，这就是内存在处理。但如果我想长时间保存，就得点保存按钮，然后保存到电脑硬盘里，比如 D 盘、E 盘等。

那假设我不点保存，就把电脑关了，那么我写的东西就全没有了。

人的大脑也一样，我当时记住了，这是短时记忆，但是没过一会儿我全忘了，也就是说没有形成长时记忆。

那怎样才能形成长时记忆呢？

要想形成长时记忆，就必须得保存到大脑皮层中，人的大脑皮层相当于计算机的硬盘。

问题是谁来点这个保存？

大脑有一个器官叫海马体，它专门负责这项工作，但是它不会把所有的信息都保存到大脑皮层中。

你想，无论你看到什么、听到什么，有意的、无意的，重要的、垃圾的，都保存到大脑皮层中的话，那信息太多了，脑袋会爆炸，耗能很多，所有的能量都被大脑耗掉了，那其他地方怎么办？

所以它会筛选过滤。

它筛选过滤的原则是：凡是跟人生老病死、生存繁衍息息相关的信息，都会赶紧保存。

所以，你失恋了，想忘掉一个人，却发现怎么也忘不了。

而你看了一个下午的《中级经济法》教材，却一个字也没记住。

为什么没记住？

因为海马体在筛选，这《中级经济法》有意思吗？不学《中级经济法》会死吗？不学《中级经济法》就找不到对象或爱人吗？什么乱七八糟的东西，算了，删了吧，免得占空间。于是，你就忘了。

这海马体太古老了，人类早期进化的时候，是没有《中级经济法》的，它不知道《中级经济法》的重要性。

怎么办？欺骗它！

背第一遍时，我没记住，因为海马体把它删了。

我背第二遍时，海马体又把这些信息过滤掉了。

那我就来第三遍、第四遍，这时候，海马体就会开始疑惑，这东西怎么总是来啊，难道很重要？

趁它傻愣之际，这信息就溜进大脑皮层了。于是，我就记住了。

因此，我们需要用多次重复记忆法来应对遗忘。艾宾浩斯遗忘曲线（一）① 如图 2 所示。

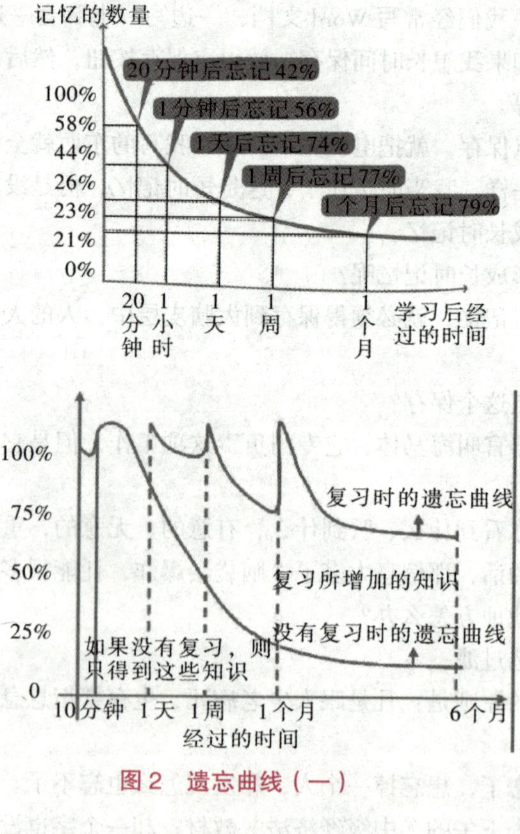

图 2　遗忘曲线（一）

在职场中我们经常这样复习，我们刚看完一个考点，可能就会有工作打扰你，

① 图片引自百度百科。

比如开会，但是没有关系，我开会的时候，可以想一下我刚才看了什么，相当于复习了。

晚上睡觉时，会把今天学的在脑海里全部过一下。

一个星期后，学了差不多1章了，我们把本章相关的例题、习题再做一遍。

一个月后，学了好几章了，可以给自己月考一下。

考点见面的次数多了，溜进大脑皮层的概率就大。

小艾四轮复习法，就是这样诞生的（见表2、表3和表4）。

表2　**《中级会计实务》的四轮复习要点**

第1轮	基础复习	分录是基本功	理解50%以上	重点要掌握分录，分录是基本功。需要练习
第2轮	主观题突破	做题听课	攻克难点30%	专题突破（比如：长期股权投资+合并表报）
第3轮	客观题突破	做题看总结	记忆10%	做习题、画思维导图，以题带考点
第4轮	模拟试卷	模考	查漏补缺10%	押题、模考

表3　**《财务管理》的四轮复习要点**

第1轮	基础复习	计算是基本功	理解40%以上	注重逻辑计算，这是《财务管理》的基本功
第2轮	主观题突破	做题听课	攻克难点20%	专题突破（比如：固定资产更新决策）
第3轮	客观题突破	做题看总结	记忆30%	做习题、画思维导图，以题带考点
第4轮	模拟试卷	模考	查漏补缺10%	押题、模考

表4　**《中级经济法》的四轮复习要点**

第1轮	基础复习	理解记忆	自动记忆20%以上	听懂即可，法律无外乎人情
第2轮	主观题突破	做题听课	理解记忆30%	通过案例分析，进一步理解、剔除
第3轮	客观题突破	做题看总结	理解记忆30%	做习题、画思维导图，以题带考点
第4轮	模拟试卷	模考	查漏补缺10%	押题、模考

3. 代人情感，引发兴趣

多次重复记忆法虽然可以欺骗海马体，但是复习次数太多了，我们也很累，可不可以不要复习多遍，就让海马体“点保存”呢？

可以，**方法就是代入情感，触发我们的情绪。**

当我们产生喜怒哀乐等情绪时，当时的记忆能被很容易地保存下来，因为情绪激动会刺激杏仁核，然后杏仁核就会报警。

杏仁核想：情绪为什么这么激动，是危险吗？警报！警报！（如图3所示）

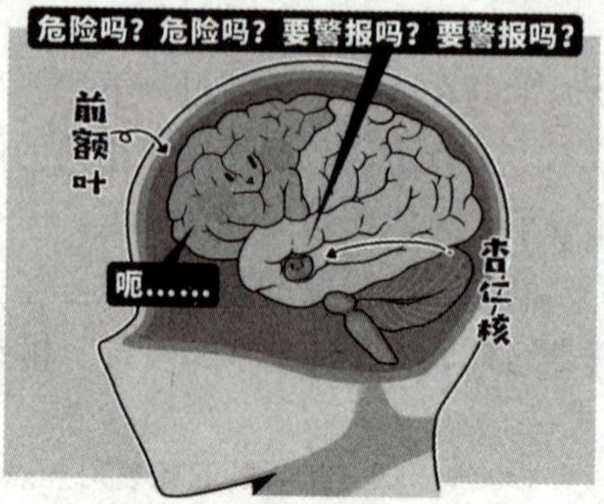

图3 杏仁核“报警”①

然后，海马体看到“警报”了！哇，都警报了，肯定很重要，它赶紧拼命地“点保存”。

所以，你会发现，我们背诵无意义的音节时，怎么也记不住，就算记住了，也容易遗忘。背散文就好多了，背自己喜欢的诗歌，那就更轻松了。艾宾浩斯遗忘曲线（二）如图4所示。

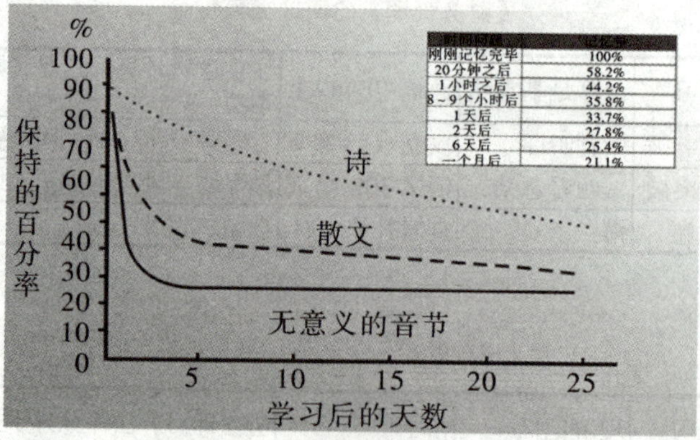

图4 遗忘曲线（二）②

《小艾上班记》备考系列图书，采取的是体验式学习法，除了解析考点，还会写一些心得、体会，目的都是为了触动你的情感、引起你的共鸣，引发你的兴趣、刺激你的好奇心，从而帮助你记忆。

从脑电波图上可以看出，大脑可产生四类脑电波。

当你在紧张状态下，大脑产生的是 β 波；当你的身体放松，大脑比较活跃，灵感不断的时候，就导出了 α 波；当你感到睡意蒙眬时，脑电波就变成 θ 波；而

① 图片引自百度百科。

② 图片引自百度百科。

进入深睡眠时，脑电波则变成 δ 波（脑电波图如图 5 所示）。

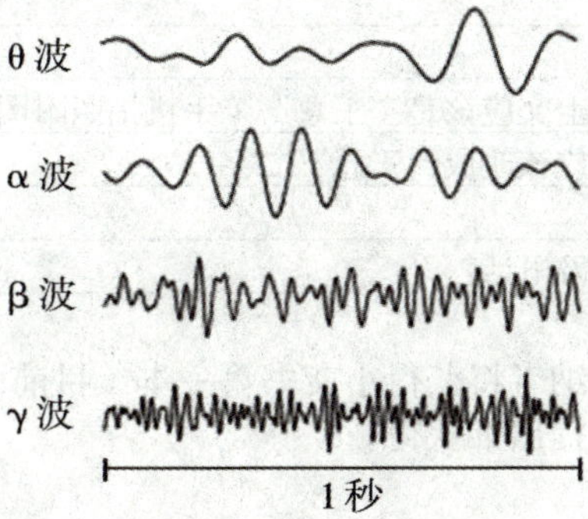

图 5　脑电波图[①]

为什么建议大家睡觉之前或者第二天早上起床之前回忆一下相关的考点？因为睡意蒙胧时，脑电波就变成 θ 波。

为什么说兴趣是最好的老师，因为兴趣引发好奇心，好奇心会刺激 θ 波。

为什么让大家不要过于紧张？因为人放松时，大脑会产生 α 波。

当大脑处于 α 波、θ 波时，记忆效果特别好！

最后送大家一句话：如果你想要造一艘船，那么先不要雇人去收集木头，也不要去分配任务，而是要激发人们对海洋的渴望。

同理，如果你想考中级，那么先不要忙着背考点，而是先调动一下自己的情感，激发一下自己对未来的憧憬和渴望。

强烈的动机比方法更根本！

希望书中的小艾和杜老师能帮到你！

小艾系列书籍找茬有奖活动

一本书的出版一般需要经过专业编辑和校对的三审三校及质检部门的严格质量检查，但是还会有大大小小的错误，小艾系列书籍自然也不例外。由于小艾系列书籍通俗易懂，深得大家喜爱，有的读者就会不止读一遍，这样，相对于其他书籍，就更容易发现错误。针对此情况，小艾系列书籍特设以下奖励，来鼓励大家给小艾找茬挑刺。

如果你在学习的过程中，发现下述错误，请发邮件至小艾邮箱（xiaoaibj@qq.com）。

1 错别字

2 准则制度陈旧

3 观点或逻辑错误

4 其他

格式分为 7 部分：书名、页码、行数、问题、建议及你希望获奖的书籍和你的真实姓名、邮寄地址及电话。

例：

① 图片引自百度百科。

1 书名：《小艾上班记 6》　　　　　　　第 × 次印刷
2 页码：第 11 页
3 行数：顺数第 7 行
4 问题：“何总”联系上文应该是“王总”（手机拍照附图更佳）
5 建议：“何总”二字应该改成“王总”二字
6 你希望获奖的书：
7 真实姓名、邮寄地址及电话：

提出的修正方案被采纳者将获得小艾书籍一本（目前已上市的书籍中任挑），原则是，同一错误，谁先提出谁获得。

小艾图书相关服务

如需要会计职称考试方面的服务（备考视频、自测题库、互动答疑），则可以扫一扫下面的二维码，关注小艾会计考试服务号（xiaoaikj），若有疑问，可以随时在线指出。

小艾会计考试服务号（xiaoaikj）

如想订阅最新财税资讯文章，则可以扫一扫下面的二维码，关注小艾财税俱乐部微信号（xiaoaicoco）。

小艾财税俱乐部微信号（xiaoaicoco）

陈艳红
2022 年 6 月 25 日

目录

第一章

总论

（一）经济法求婚

生活中从来不缺少美，只是缺少发现美的眼睛。

这句话，对于《经济法》这门学科来说，也同样适用。

虽然它表面看起来有些枯燥，但是对于懂它的人来说，学习起来却是乐趣满满。

婉晴被求婚的现场是这样的。

那天，她刚好过生日，想请大家吃饭。我特意早早赶去，并准备了厚礼。为了她的这份礼物，我可是费尽心思——第一，不能太便宜；第二，不能太俗气。要知道，婉晴对礼物可是很挑的噢！我在精品店逛了好久，最终选了一款轻奢水晶绕线手镯。那手镯精致典雅，戴在手上，晶莹剔透。当我把它送给她时，她惊喜地狂叫：“小艾宝贝，我太爱你了！”

作为闺蜜，选一份合适的礼物，都这么费劲，那作为男友，给她选礼物，得消耗多少脑细胞？所以，我很好奇，子俊会送她什么。

因为路上堵车，子俊晚了会儿。

等他一进门，我就喊：“子俊，礼物，快点拿出来！”

于是，子俊当着我们的面，打开了大大的礼物盒，结果里面却只有几张纸。

别说婉晴，连我都愣住了。

“亲爱的，你听我说，这是一份保险。以前是我一个人守护你，从今往后，我给你双保险，我和它一起守护你！”

婉晴怔了怔，接着笑了。

“不过，这份保险还有一个问题。”子俊继续说道。

“什么问题？”婉晴瞪大眼睛看着他。

“保险合同明确规定，被保险人只能是本人、配偶、子女、父母，或者与投保人有抚养、赡养、扶养关系的家庭成员、近亲属，所以——要不，我们也结个婚？”（《保险法》有关规定见本书第4章）

说完，子俊便拿出戒指，单膝跪了下来。接着，音乐声骤然响起，玫瑰花瓣从空中撒落了下来，五彩缤纷的气球四处飘荡。

周围的人都在狂叫：“嫁给他！嫁给他！嫁给他！”

婉晴闻声，喜极而泣地点了点头，接过戒指，抱住了他！

事后，我对子俊竖起了大拇指：“真不愧是大律师，《保险法》我背得想哭，你居然用来求婚！”

（二）经济法“骂”人

（摘自《小艾上班记10——备考日记——经济法基础》）

《经济法》这门学科，初级考完考中级，中级考完继续考注会。而我的记忆力不太好，记了忘，忘了再记。

我这个人没什么远大的理想与目标，也没想活得轰轰烈烈，我觉得一个人一生能好好做一件事，能好好爱一个人，就已经非常了不起了。

于是我想，我这一生该好好做一件什么事呢？想来想去，我好像没有做过什么大事，那我就好好地把会计学好，把初级、中级、注会都考过，也算是做了一件大事。

大部分人都会高估自己1年能做到的事情，却低估自己5年、10年能做的事情。

当我准备用一个相当长的时间去做这件事情的时候，我发现我不着急了，也不焦虑了，甚至不会去想有什么捷径可走。我该上班就上班，该学习就学习，该约会照样约会，这样一有时间就学习，不会孤独和寂寞，更不会无聊。毕竟我还是有人生目标的，虽然这个目标并不远大。生活就这么按部就班地往前走，按部就班才是实现成功的真正途径。

当我不急功近利的时候，学习起来反而很悠然，很自得，哪怕自己笨点，记忆力差点，也会坚持下来。直到有一天，我背得连我身边那些不考试的人都记住了，这时我再也忘不了了。

（摘自《小艾上班记3——“混”在财务圈》）

记得刚搬到楚帆那里时，我们开始布置新家。

他说要把墙壁好好装饰一下，把那些照片都给装上相框，然后做一面照片墙。

我拿过照片，开始一张张翻看，突然，一张我从来没见过的照片映入我的眼帘。

照片上的女孩在草地上低头揉脚，有点接近黄昏的光线，给她身上镀上一层金黄色，尤其是那垂下来的发梢和睫毛，好像有阳光在上面跳跃。她的身后是一片墨绿色的草地和一个拉得长长的影子。虽然我看不到照片上的正脸，但照片拍得很有意境，很美。

“咦，这是谁啊？不会是你的前任吧？”我冲着楚帆问道。

楚帆站在梯子上，伸长脖子瞅了一眼，来了一句：“这是猪。”

“什么意思啊？”我疑惑地问道。

他从梯子上跳下来，把手在我眼前晃了晃，说道：“你能看清我的手吗？”

“当然能看清。”

“既然你眼睛没问题，怎么会连自己都认不出来呢？”他蹙了蹙眉，白了我一眼。

“是吗？我有那么漂亮吗？”我很是惊讶。

“技术好，没办法，就是一头猪，我也能把它拍得很漂亮。”他微微挑起下颌，一副骄傲的样子。

我听了很是恼火：“猪有漂亮的吗？你见过漂亮的猪吗？”

“当然。”他那双琥珀色的眸子眯了眯，似笑又非笑。

“你没有经过我的允许就偷拍我，侵犯了我的肖像权，是要负民事责任的，你知道吗？”我开启了敲诈模式。

“你是要告我吗？可惜，这照片是我们认识前拍的，超过 3 年，已经过了诉讼时效期了。”

他居然知道诉讼时效期？我大为惊讶！

“你什么时候开始研究法律了？”

“还用研究吗？你天天都在背（初级、中级、注会都考《经济法》），我看邻居家的猫都快学会了。”他一边踩在梯子上擦玻璃，一边转过头来奚落我。

不过，他说的也不无道理，我看视频课程的时候，经常在桌边放一包零食，邻居家的猫嘴馋，好奇心又重，而且还爱凑热闹，于是时不时过来蹭我点零食吃。导致后来，它一听到我放视频课程，就屁颠屁颠地过来“敲门”了，然后把头抬得高高地坐在那里跟我一起学习。

我想了想，继续说道："诉讼时效期间是从知道或应当知道权利被侵害之日起计算，只要我跟法官说，我不知道我的权利被侵害，现在才知道，那诉讼时效期间就应该从现在起计算（见表1–1）。"

真不枉我背了那么久啊，居然还能用于反驳。

"那我可以为自己辩护，跟法官说，你知道。"他继续跟我狡辩，眸子在灯光的照耀下，星星点点，泛着光，嘴角还漾起一抹笑容。

"我不知道，照片是你偷拍的，我怎么会知道？"我噘了噘嘴。

表1–1　　诉讼时效期间的确定

时长	起点	年限	适用情形
普通	自知道或应当知道之日起	3年	一般纠纷
最长	自权利被侵害时起	20年	所有合同

"我就说你知道，而且我可以举证。"

"你怎么举证？"

"我有结婚证啊！"

"你——那我就死咬，就是不知道。"

"法官又不傻，这所有的照片都可以成为证据。没有这些照片，就不会有后来的结婚证。我没发现你，就不会认识你。不认识你，又怎么会跟你结婚？所以法官会认定你应当知道。而普通诉讼时效期间是从知道或者应当知道之日起计算。"他把白衬衫的袖子卷到了胳膊肘，眉眼舒展，满脸的笃定。

"太没天理了，我本来就不知道。"我叫道。

"要什么天理，**要的是逻辑和证据**。再说，你要我承担民事责任（见表1–2），承担什么民事责任，赔偿损失？"他居高临下地看着我，声音沉稳，栗色的眸子肆意地流泻出真实的情绪——戏谑。

"我要恢复原状。"我白了他一眼。

表1–2　　民事责任

民事责任	停止侵害，排除妨碍，消除危险，返还财产，**恢复原状**，修理、重作、更换，继续履行、**赔偿损失**，**支付违约金**，消除影响、恢复名誉，**赔礼道歉**

"这个不现实，时光又不能倒流。要不我给你赔礼道歉？"他微微侧了侧身子，求和道。

“不行，我要给你记大过。”我揪着把柄不放。

“宝贝，你记混了吧，这是行政处分，我都会了。”他突然摸了摸我的头发，眉眼带笑。

我一怔，是噢，我怎么越背越傻呢？

从初级考到中级，从中级考到注会，这种题我都做了无数遍了，刚才一不留神，居然还说错了。

下列各项中，属于行政责任的有（　　）。

A. 罚金　　　　　B. 没收违法所得

C. 赔礼道歉　　　D. 记大过

【答案】BD

【解析】选项 A，属于刑事责任；选项 B，属于行政处罚；选项 C，属于民事责任；选项 D，属于行政处分。行政处罚与行政处分均属于行政责任（见表 1–3）。

表 1–3　　　　　　　　行政责任

行政责任	行政处罚	（1）行政处罚形式通常包括警告，**罚款，没收违法所得、没收非法财物，责令停产停业，**暂扣或吊销许可证、暂扣或者吊销执照，**行政拘留**和法律、行政法规规定的其他行政处罚 （2）税务行政处罚的具体形式包括罚款、没收财物和违法所得、**停止出口退税权**
	行政处分	警告、记过、记大过、降级、撤职、开除（共 6 类）

“为什么不能对你进行行政处分？”我灵机一动，干脆强词夺理。

“能，你是领导，你做什么都行，我看你直接给我判有期徒刑得了。”他的语气突然变得有些慵懒。

“有期徒刑，太便宜你了，应该判无期。”我得寸进尺。

“还无期？那我问你，你怎么执行？”

“就把你圈在家里，哪里都不许去。”

“不上班了？不赚钱了？那谁养你啊？”他突然靠近我，语调轻缓。

“嗯——这确实是个问题。”我想了想，说道。

“一张照片居然能上升到刑事责任？那还有死刑，你要不要判？”他一边说，一边又把衬衫袖子往上卷了卷，然后在水盆里洗抹布。

“不要。”我赶紧笑着摇头。

“为什么？”

“你死了就没人疼我了。”

“真聪明！”

“所以，管制一下算了，同时剥夺政治权利，没收财产。”

“还能一下判三个啊？”

“当然，剥夺政治权利，没收财产，是附加刑（见表1–4），既可以独立适用，也可以和主刑一起适用。政治权利被剥夺了，以后你就没有话语权了，知道不？”

表 1–4　　刑事责任

责任类别	具体形式	
刑事责任	主刑	管制（“323”）3 个月以上 2 年以下，最高 3 年
		拘役（“161”）1 个月以上 6 个月以下，最高 1 年
		有期徒刑（“615352025”）6 个月以上 15 年以下 **【注意 1】**数罪并罚“总和刑期不满 35 年的，最高不能超过 20 年；总和刑期在 35 年以上的，最高不能超过 25 年” **【注意 2】**数罪中有判处有期徒刑和拘役的，执行有期徒刑；数罪中有判处有期徒刑和管制，或者拘役和管制的，有期徒刑、拘役执行完毕后，管制仍须执行
		无期徒刑
		死刑（包括死刑立即执行和死刑缓期 2 年执行）
	附加刑（可与主刑一起适用，也可以独立适用）	**罚金**
		剥夺政治权利
		没收财产
		驱逐出境（适用于外国人）

“行，以后所有的话语权都是你的。那你可不可以一边说话，一边干点活？我把所有的玻璃都擦完了，你好像什么也没干。”

我这才发现，自己光顾着说话，手一直没有动。

“跟你说话，干活效率确实很低。我不跟你说了，好好干活。”我转过身，朝厨房走去。

“你还是说话吧！”他跟了过来。

“为什么呀？”我回过头，疑惑地问道。

“听你说话，干活不累。”他把厨房窗帘往上卷了卷，阳光透过偌大的玻璃窗照在他的脸上，仿佛给他立体的五官镶了一层金边。

于是，我往后退了退，抬头说道：“你这玻璃擦得真干净！你怎么能把玻璃擦得这么干净呢？”

“是吗？”他也后退了两步，抬头欣赏自己的杰作。

“嗯，苍蝇飞过来，都能撞死。”我赞赏道。

“不要总说死行不行？”他眉梢挑了挑。

“我主要是想形容你玻璃擦得很干净。”

“你完全可以用窗明几净、一尘不染来形容。”他一本正经地教育我。

“要不，搞完卫生后，你陪我背书吧，我觉得跟你一起背书一点不累。”看着他那好为人师的样子，我白了他一眼，提议道。

“跟你背书？我累！”

“你又不考试，累什么累？”

“我看着你累。”他星眸眯起，阳光洒在他的睫毛上，格外撩人。

我没理他，而是转过身，开始收拾厨房。

我把调料罐打开，把盐包剪了个口子，然后往调料罐里倒，倒到一半，突然发现不对，这个罐子里面原本装的是糖。

“完了，跟你说话，我把盐全部倒进糖里了！”我一脸无辜地看着他，希望他不要数落。

没想到，他横臂突然伸了过来，将我整个人圈在怀里。接着低头，在我眉心上吻了吻，然后无比温柔地说：“没事，结婚了，我就是你老公。以后呢，你的行为会被我限制，你会成为我的限制民事行为能力人。对于限制民事行为能力人，无论做多么离谱的事情，我都会宽容的（见表 1–5）。”

表 1–5　　自然人的民事行为能力

类型	界定标准
完全民事行为能力人	18 周岁以上（≥ 18 周岁）
	16 周岁以上（≥ 16 周岁）不满 18 周岁（< 18 周岁），以自己的劳动收入为主要生活来源的，视为完全民事行为能力人
限制民事行为能力人	8 周岁以上（≥ 8 周岁）的未成年人
	不能完全辨认自己行为的精神病人
无民事行为能力人	不满 8 周岁（< 8 周岁）的未成年人
	完全不能辨认自己行为的精神病人

【提示】自然人民事行为能力的判定主要看两个因素：(1) **年龄**；(2) **精神状态**。与肢体是否残缺、智力高低等无关。

那浅浅润润的声音，温暖如晚风，甘甜如树莓。

我的心仿佛因为这句话，骤停了一拍。半晌，我才反应过来。不对啊，限制民事行为能力人？以我的年纪，限制民事行为能力人在法律上不就是精神病人吗？

“你——你居然说我是限制民事行为能力人？”我抡起了拳头。无奈花拳绣腿落在他身上都成了绕指柔。

而他嘴角的梨涡一圈圈划开，眸子里泛着波光，笑得极为迷人。

从此以后，我也学会了一招。如果跟人发生争执，要不紧不慢，轻描淡写地说：“算了，不跟你计较了，对于限制民事行为能力人，我向来都比较宽容。”

言下之意，你这个神经病，懒得跟你计较。

如果对方是个法盲，根本就不知道我在说什么，那只能干瞪眼喽。

（三）经济法表白

“我要追究刑事责任——以爱之名判你管制，在家里执行！”

每次楚帆犯错，我就画地为牢，把他圈在家里，让他做家务，然后我出去玩。

有一天，我端着菜从厨房出来，楚帆刚好从书房出来，站在了我面前。

“让让！”我看着他说道。

因为我普通话说得不是很好，r、l 发音没分太清，就说成了“浪浪”。

楚帆闻言，先是一惊，接着，眸子里闪过一抹笑意，蛊惑道：“我不会浪，你浪一个给我看看。”一边说，一边伸手去抬我的下巴。

“别——闹——端着菜呢！”我本能地往后仰，结果一不小心，手一松，“哐当”一声，菜全部倒在地板上，碗碎了一地。

“谁的错？”我质问道。

“你！”他斩钉截铁地说。

“怎么会是我的错？”

我心中开始冒火，他却眸中带笑，慢条斯理地答道：“如果你承认错误，我擦地板时就会擦得特别开心！”

我闻言，眼眸一转，赶紧拉着他的手说道：“老公，我错了！”

毕竟成年人的世界，没有绝对的对与错。

他笑了，然后很开心地擦地板、做饭去了。

做完后，他突然对我说道："我记得，某人好像定了个规矩，犯错的人，要追究刑事责任，对吧？"

"啊？"

"你今天犯错了，而且也承认了，所以现在我要以爱之名，判你——"

"不行，今天不行，我跟婉晴约好了，下午要出去的。"未等他话说完，我赶紧打断道。

"你自己定的规矩，自己废掉吗？"

"法律呢，是有自由裁量权的。调解，咱调解，你就判管制 20 分钟，最多 20 分钟，我来不及了，好不好？"我讨好地说道。

"不行，我要以爱之名，判你无期徒刑！"

"你——你——"

这人就是故意的，故意跟我过不去。

然而，他突然把我拥在怀里，在我额头上亲了一下，轻轻地说道："在我心里执行！"

我以爱之名，判你无期徒刑，在我心里执行！

我想永远把你圈在我心里！

那一瞬间，我的心，动了！

（四）像电脑一样处理信息

备考中级的同学都知道，《中级财务管理》的理解性最强，《中级经济法》的记忆性最强，《中级会计实务》介于二者之间。对于我这种学理科出身的人来说，《中级财务管理》很好准备，只要我理解了，一般就会了。《中级会计实务》也是先理解，然后再适当地记忆。而《中级经济法》就悲催了，看着那些文字我好像都认识，但是要我全记住却真的很难。今天记住了，明天我就忘了；明天记住了，后天又忘了。最后是记了忘，忘了记，进入了死胡同一般。

但是，不管怎样，我都要坚持下去。所谓**耐心之树，结黄金之果**，蜗牛虽走得慢，但终能走到目的地。毕竟，世界上只有两种动物能到达金字塔顶：一种是老鹰，还有一种就是蜗牛。我不是老鹰，做不到那般的矫健、敏捷，更没有一对能飞翔的翅膀，那我就只能像蜗牛一样，背着一个厚重的壳，"匍匐"前进，就像小时候儿歌中唱的：

阿门阿前一棵葡萄树

阿嫩阿嫩绿它刚发芽

蜗牛背着那重重的壳呀

一步一步地往上爬

……

直到下班时，杜老师走到我面前敲我的桌子，我才发现自己又走神了。

“小艾，你帮忙去档案室找找蓝宇科技的公司的工作底稿，里面应该有他们的联系方式，我现在要补寄一份资料给他们。”

“蓝宇科技？”

“是的，几个月前咱俩一起去审计的。”

“我知道，我这儿有。”

我拿出一个笔记本，翻出一张便签纸。

我有个习惯，就是喜欢用便签纸，尤其是漂亮的便签纸。那什么样的便签纸算漂亮呢？枫叶。那一片片枯黄待落的枫叶，便是最美的便签纸。

而且，我用过的便签纸一般不会丢掉，而是被我粘贴在笔记本上。无聊的时候，我甚至把它们用绳子串起来，然后挂在墙上。

婉晴每次看到那些被我挂在墙上的枫叶都会说，“见过无聊的人，没见过像你这么无聊的人”。不过，无聊之人也有可爱之处啊。

上班期间，不允许做与工作无关的事情，这是很多公司的规定，我们公司自然也不例外。当然，这也不是什么坏事情，倡导提高工作积极性和工作效率是企业的文化和制度，值得推进，也值得推广。

但是，作为会计，尤其是在备考期间，上班期间不看点儿备考资料也很难做到，特别是有点儿空闲的时候。试想人闲在那里，心里却记挂着：马上要考试了，书还没看多少。这本身就是一种煎熬。

于是，我打算偷偷地看点儿书，不管能看进去多少。

但是当我把书拿出来时，又发现不妥，感觉自己有点儿不好意思，就怕被人发现——像只惴惴不安的小兔子，随时等待着大老虎到来似的。

最后，思来想去，还是把那些要背诵的要点写在便签纸上得空随时翻看吧。

杜老师捏着我的那些便签纸，若有所思地微笑着。

我抿着嘴，不看他，佯装低头干活。

被人发现秘密多少有点儿难为情。

“你什么时候考试？”他突然问道。

“9 月中旬。”

“还早，还有两个月。”

“两个月还早？”

“当然，你复习第几遍了？”

“一遍都还没看完。”

“第一遍，就把那些东西写在便签纸上，你是不是准备携带作弊啊？”

“不要这么侮辱人啊，试可废，人不可辱。”

“考前对于那些实在记不住的，再写在纸条上。现在就这样，早了点吧？”

“没办法，记不住。”

“这样，你就记住了？”

“记一点，算一点吧。”

“那考你一下哈，看你记住没。经济法的渊源是什么？”

我想了一下答道：“宪法、法律、法规、规章、自治条例和单行条例、司法解释、国际条约和协定。”

终于背出来了。

“那中国证券监督管理委员会制定的《上市公司信息披露管理办法》属于(　　)。”

A. 法律　　　　B. 行政法规

C. 部门规章　　　　D. 司法解释

“啊？还要背哪个文件属于哪种渊源？”我连忙打开教材，书上每个渊源都有很多文件。

“我再给你出个题，下列各项中，效力低于地方性法规的是(　　)？”

A. 宪法　　　　B. 同级地方政府规章

C. 法律　　　　D. 行政法规

我傻眼了。

“这是第一章的第一个问题，你不要告诉我，你还没看。”

“看是看了，但是看完就忘了。”

“那你翻书能回答出来吗？”

我连忙打开教材，去找那个《上市公司信息披露管理办法》，结果找了半天竟然没有找到。

真的没找到，我以为是我眼睛出了问题，又找了一遍，可还是没有找到。

“书上怎么没提这个文件啊？”

“这有什么奇怪的？书上不可能把所有的文件都举例出来啊！”

“那我百度。”

《上市公司信息披露管理办法》是证监会以主席令形式发布的部门规章，是对上市公司及其他信息披露义务人的所有信息披露行为的总括性规范，涵盖公司发行、上市后持续信息披露的各项要求。

“噢，它是部门规章。”

“考试的时候，你可以百度吗？”

“不可以。”

“那怎么办？”

“那就平时尽量多记几个吧。”

“先不要想问题，你发现一个规律没有？”

“什么规律？”

“你先把书上的这些文件这样列举出来，然后再仔细观察一下（如图 1-1 所示）。”

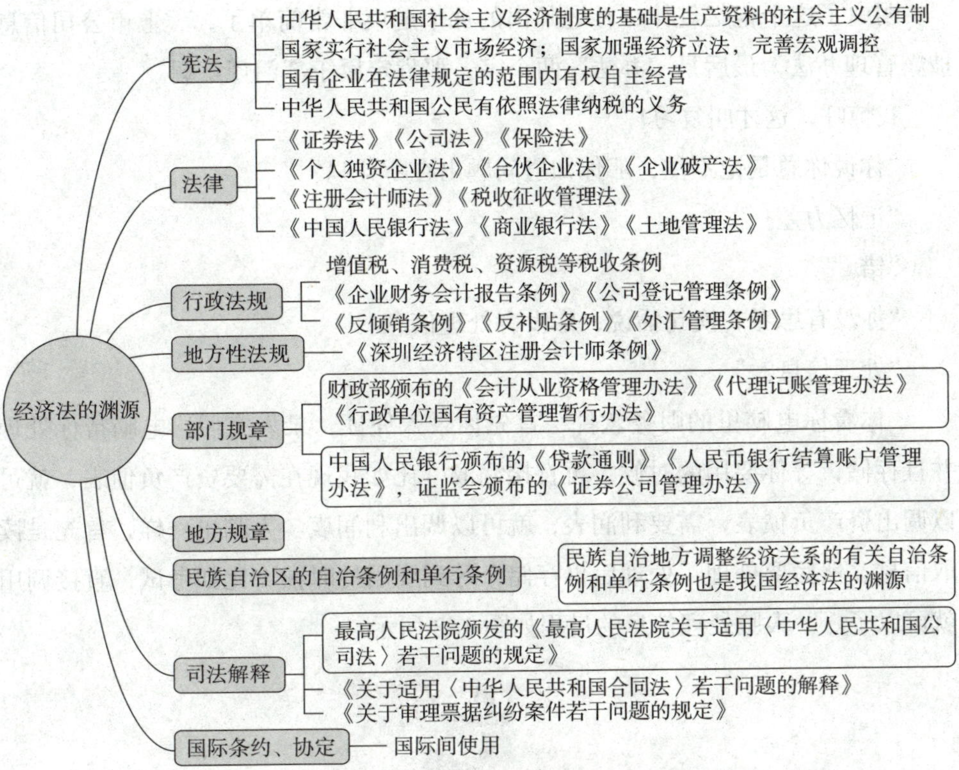

图 1–1　经济法的渊源列示图

我把所有的文件列举出来，然后看了半天，还真发现了规律(如图1–2所示)。在这些文件中，书名号里面的文件名字带法的属于法律；带条例的属于法规；地方性法规通常会带地名；带办法与通则的属于规章；有若干问题这几个字的，属于司法解释。

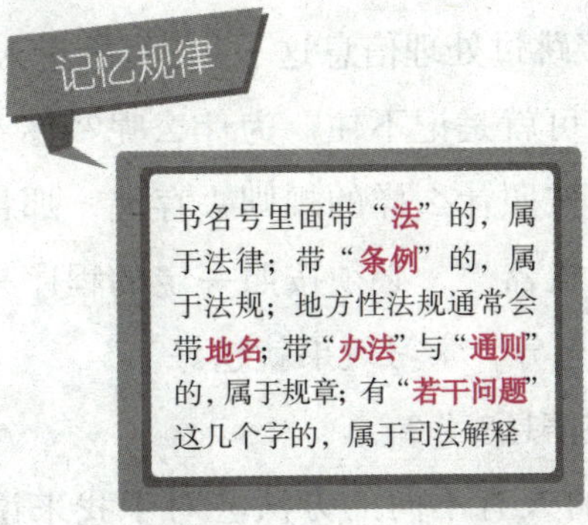

图 1–2　“经济法的渊源”记忆规律

明白了这个记忆规律，杜老师出的那个题就非常简单了，《上市公司信息披露管理办法》最后是"办法"两个字，那肯定属于部门规章啊。

我惊呼，这才叫复习！

"你说你总是记不住，那你知道问题出在哪儿吗？"

"记忆力差！"

"错。"

"你没有思考，换句话说，你没有处理信息。"

"处理信息？"

"你看你电脑里的财务软件，首先你录入凭证，录入完后，电脑帮你处理并且存储，等你要用的时候，再直接调取。比如我现在需要资产负债表，就可以调出资产负债表，需要利润表，就可以调出利润表。人脑也一样，首先是读取信息，然后要处理，处理后再存储，等到要用的时候，比如考试，直接调用就可以了。"人脑处理信息的过程如图 1-3 所示。

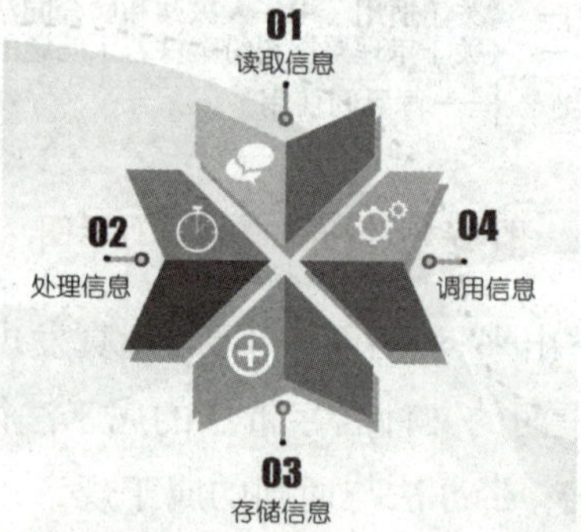

图 1-3　人脑处理信息过程图

"而大部分人都直接跳过处理信息这一步，直接进入第三步——存储信息。拼命地存，拼命地记，可就是记不住。为什么呢？你不处理信息，你的大脑就不知道该如何存储，按照什么样的规则去存储，那肯定就会混乱。人脑是一台非常复杂的运算'机器'，必须按照一定的程序来存储信息。而且人脑对同一条信息处理得越充分，学习效果就越好。"

"那我应该怎么处理信息？"

"处理信息，不同的人有不同的方法。对于我来说，就是多用图表，这是个思考提取的过程。就是在你阅读的过程中，把你认为重要的东西提炼出来。比如，我看经济法的渊源这个问题，看完后，我就直接提炼出主要内容（如图 1–4 所示）。”

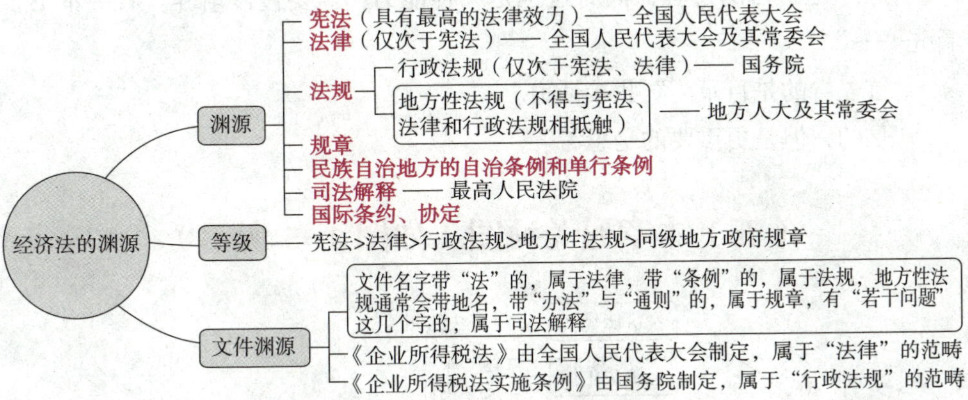

图 1–4　经济法的渊源（重新梳理后）

听了杜老师的一番话，我幡然醒悟，于是决定重新来过。

我打开教材第一章，从头开始看。

“看书用得着一个字一个字地从头到尾看吗？”

对噢，杜老师一直强调看书绝对不能一个字一个字地看，可是习惯的力量巨大，我一时还改不了。拿起书，就开始从第一行字开始看。

“看书，绝对不能一个字一个字地看，书上有太多太多不太重要的话，都看的话很浪费时间，我们要吸取的是其中的精华部分。以前老师都是让我们好好看书，多看几遍，多看几遍当然也行。然而，真的有效果的是精华部分。如果直接看精华部分的话，就会节约很多时间，从而效率更高，效果更好，成本更低。就像我们知道感冒了，多吃橙子、柠檬，身体可以更快痊愈；怀孕后多吃绿叶蔬菜，宝宝就会更健康。这都是行之有效的，人们世世代代都这么做，但无人深究其缘由。直到有一天，科学家对这些经验产生了好奇，开始追问：为什么这么做有效呢？他们研究后发现：帮助治愈感冒的不是整个橙子、柠檬，而是其中的维生素 C；帮助胎儿成长的不是整个绿叶蔬菜而是其中的叶酸。因为这些元素如此有用，所以科学家就将其分离出来深入研究，最终通过化学的方式人工合成维生素 C 片和叶酸片。于是，现在人们感冒了仍然可以吃橙子、柠檬，也可以吃两片维生素 C；怀孕了要多吃绿叶蔬菜，但最好额外补充叶酸片，这样成本更低，效果更好，

选择更多。”

“可我还是不知道哪些是精华。”

“这才是学习的过程，同时这也是一种能力，需要慢慢培养。看一本书，首先——”

“首先看的是目录。”我接话道。

“是的，但是更重要的是思考。”

（五）本章通关地图（如图 1-5 所示）

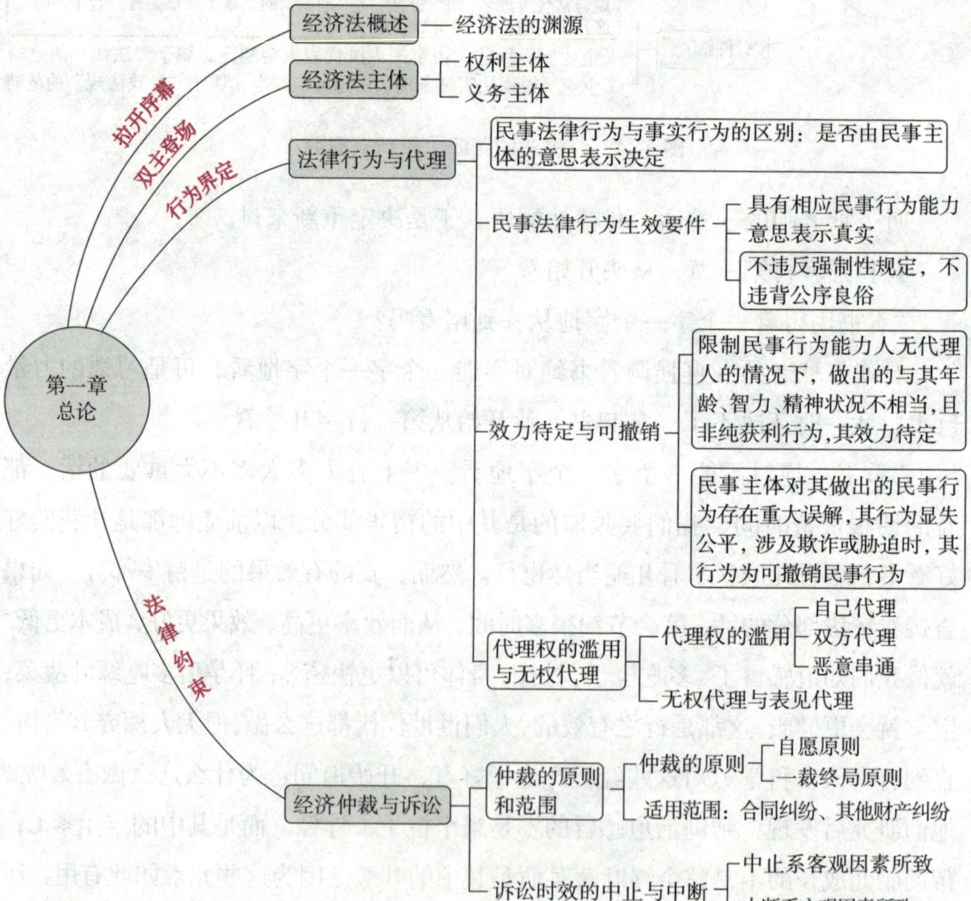

图 1-5　本章通关地图

（六）高频考点提炼

1. 法律体系

考点1：法律体系（见表1–6）

表1–6　法律体系

法律体系内容	（1）包括	**现行有效的国内法**
	（2）不包括	①已废止、已不再有效的法律 ②国际法
中国社会主义法律体系的构成	（1）七大法律部门	①宪法及宪法相关法 ②民商法 ③行政法 ④经济法 ⑤社会法 ⑥刑法 ⑦诉讼与非诉讼程序法
	（2）三层法律规范	①法律 ②行政法规、地方性法规 ③自治条例、单行条例

【例题·多选题】下列各项中，属于中国社会主义法律体系组成部分的有（　　）。

A．国际法

B．由国务院制定的行政法规

C．由地方人大及常委会制定的地方性法规

D．由财政部制定的部门规章

【答案】BC

【解析】选项A，法律体系不包括国际法；选项B，中国社会主义法律体系包括法律、行政法规、地方性法规、自治条例和单行条例，不包括部门规章。

考点2：法律部门

1）法律部门的划分标准（见表1–7）

表1–7　法律部门的划分标准

标准	具体内容	
主要标准	调整**对象**	即法律规范所调整的社会关系
次要标准	调整**方法**	（1）实施法律制裁的方法 （2）确定法律关系主体不同地位、权利义务的方法

【心得】划分法律部门的主要标准是法律规范所调整的社会关系，在法律中，关系很重要。很多人认为打官司就是打证据，证据在这儿了，一个案子还能有什么花样？

其实不然，证据是很重要，但很多情况下，观点更重要，比如是投资还是借贷？是借贷还是委托理财？是股权代持还是信托？是信托关系下衍生出的新型债权债务关系还是借款合同？

这类案子中，证据反而可能是固定的，就是 N 份合同，而对这些合同如何解读，如何定性？不同的观点，会对应不同的法律关系，然后适用不同的部门法律，导致不同的法律后果，从而大大影响判决结果，而这就是律师的价值所在。

2）法律部门与规范性法律文件的关系

（1）法律部门由同类法律规范总和而成，单一的规范性法律文件无法构成一个完整的法律部门。

（2）一个规范性法律文件可能同时包含在多个法律部门中。

【例题·单选题】下列关于法律部门的说法中正确的是（　　）。

A．划分法律部门的主要标准是实施法律制裁的方法

B．一个规范性法律文件只能属于一介法律部门

C．宪法是国家的根本法

D．国务院制定的行政法规均属于行政法部门

【答案】C

【解析】选项 A，划分法律部门的主要标准是法律规范所调整的社会关系；选项 B，一个规范性法律文件可能同时包含在多个法律部门中；选项 D，行政法是规范国家行政管理活动的法律规范的总称，包括法律、行政法规、地方性法规等，国务院制定的行政法规并非都属于行政法部门。

3）中国七大法律部门（见表 1-8）

表 1-8　中国七大法律部门

宪法及宪法相关法	（1）宪法	宪法以法律的形式确认了中国各族人民奋斗的成果，规定了国家的根本制度和根本任务，是国家的**根本法**，具有**最高**的法律效力
	（2）宪法相关法	宪法相关法配套宪法，是直接**保障宪法实施**和**国家政权运作**的法律规范的总称 宪法相关法的内容： ①**国家机构组织法**：如国务院组织法、人民法院组织法、人民检察院组织法、监察法等

续表

宪法及宪法相关法	（2）宪法相关法	②**特别行政区法**：如中国香港特别行政区基本法、中国澳门特别行政区基本法等 ③**民族区域自治法**：如民族区域自治法等 ④**城乡基层群众自治法**：如城市居民委员会组织法、村民委员会组织法等 ⑤**维护国家主权、领土完整和安全法**：如缔结条约程序法、领海及毗连区法、国家安全法、反分裂国家法等 ⑥**国家标志法**：如国旗法、国徽法、国歌法等 ⑦**保障公民基本权利法**：如集会游行示威法、国家赔偿法等，还包括民族、宗教、信访、出版、社团登记等方面的行政法规
民商法	（1）民法	调整范围：“**平等主体**”之间的人身关系和财产关系 包括内容：《中华人民共和国民法典》（以下简称《民法典》）
	（2）商法	调整范围：“**平等主体**”之间的商事关系 包括内容：公司法、合伙企业法、个人独资企业法、证券法、海商法、票据法等
行政法	（1）调整范围	行政机关与行政管理相对人之间因行政管理活动而发生的社会关系（**纵向管理关系**）
	（2）特点	行政机关与行政管理相对人的地位**不平等**，行政行为由行政机关单方面作出，不需要双方平等协商
	（3）包括内容	①**一般行政法**：如行政处罚法、行政复议法、行政许可法、行政强制法等 ②**特别行政法**：如环境、民政、公安、卫生、文化、教育、城市建设、司法行政、海关、边防、军事行政管理等方面的法律规范性文件
经济法	（1）调整范围	国家干预、管理、调控**市场经济活动**所产生的社会经济关系
	（2）包括内容	①**宏观调控法**：如人民银行法、价格法、预算法等 ②**市场管理法**：如反垄断法、反不正当竞争法、产品质量法、消费者权益保护法、广告法等 ③**自然资源和能源法**：如土地管理法、矿产资源法、森林法、可再生能源法、循环经济法等 ④**行业管理和产业促进法**：如农业法、渔业法、电力法、邮政法、旅游法、电影产业促进法、银行业监督管理法等
社会法	（1）调整范围	劳动关系、社会保障、社会福利和特殊群体权益保障等方面的关系
	（2）包括内容	①**劳动法**：如劳动法、劳动合同法、职业病防治法、工会法等 ②**社会保障法**：如社会保险法、失业保险条例等 ③**特殊群体权益保障法**：如残疾人保障法、未成年人保护法等 ④**社会公益事业法**：如红十字会法、公益事业捐赠法、慈善法等
刑法	刑法是规范犯罪、刑事责任和刑罚的法律规范的总称	
诉讼与非诉讼程序法	（1）诉讼程序法	刑事诉讼法、民事诉讼法、行政诉讼法等
	（2）非诉讼程序法	仲裁法、人民调解法等

2. 法律行为

考点3：民事法律行为的判断及分类（见表1-9和表1-10）

表1-9　民事法律行为的判断

概念	民事主体通过意思表示设立、变更、终止民事法律关系的行为
区别于事实行为	民事法律行为对法律关系产生何种影响是由意思表示决定的，而非由法律规定直接决定
常见的事实行为	如拾得遗失物、建造房屋、侵权行为、创作行为等

【例题·单选题】下列各项中，属于民事法律行为的是（　　）。

A. 王某和李某约定本周五晚8点共进晚餐

B. 甲公司和乙公司签订买卖合同

C. 张某创作一部长篇小说

D. 刘某将其任职单位的办公电脑据为己有

表1-10　民事法律行为的分类

按需几方面的意思表示	单方法律行为	如债务的免除、民事委托代理的撤销、无权代理的追认、遗嘱行为等
	多方法律行为	如合同行为（包括赠与合同）、设立公司的协议等
按是否存在对等的给付	有偿法律行为	如买卖、租赁、承揽等
	无偿法律行为	如赠与、无偿委托、借用等
按是否有法律规定的形式	要式法律行为	票据行为是要式行为
	非要式法律行为	如一般的买卖合同
按依存关系	主法律行为	主法律行为不成立，从法律行为则不能成立；主法律行为无效，则从法律行为也不能生效
	从法律行为	主法律行为履行完毕，并不必然导致从法律行为效力的丧失

【答案】B

【解释】（1）选项A：不导致民事法律关系产生、变更或者消灭，属于纯事务性行为；（2）选项C：相应法律后果不由意思表示决定，而是由法律直接规定，属于事实行为；（3）选项D：民事法律行为是具有法律约束力的合法行为。

【例题·单选题】根据民事法律制度的规定，下列各项中，属于民事法律行为的是（　）。

A．张某观测宇宙黑洞

B．王某与机器人对弈

C．李某购买考试教材

D．刘某食用新鲜草莓

【答案】C

【解析】（1）选项A、B：不影响民事法律关系，不属于民事法律行为；（2）选项D：食用完毕，刘某对草莓的所有权消灭，该后果由法律直接规定，并非由意思表示决定，其不属于民事法律行为。

【例题·单选题】下列各项中，属于民事法律行为的是（　）。

A．陈某拾得一个钱包

B．李某种植果树

C．杨某与某商场签订购买机器的合同

D．王某盗窃他人财物

【答案】C

【解析】（1）选项A：陈某拾得钱包，负有返还义务，陈某所负返还义务并非由陈某的意思表示决定，而是由法律直接规定，因此陈某拾得钱包的行为属于事实行为；（2）选项B：李某因种植果树而取得该果树及其果实的所有权，李某与果树及其果实的上述关系由法律直接规定，并非由李某的意思表示决定，因此李某种植果树的行为属于事实行为；（3）选项D：王某因盗窃行为可能受到治安管理处罚，甚至需要承担刑事责任，这些法律后果均由法律规定，并非由王某的意思表示决定，因此王某盗窃他人财物的行为属于事实行为。

【例题·多选题】下列各项中，属于民事法律行为的有（　）。

A．甲商场与某电视生产企业签订购买一批彩电的合同

B．乙捡到一台电脑

C．丙放弃一项债权

D．丁完成一项发明创造

【答案】AC

【解析】（1）选项C：①放弃债权会导致相关债权的法律关系消灭；②放弃多少取决于丙的意思表示。因此，选项C属于民事法律行为。更进一步，放

弃债权由丙说了算——单方意思表示决定法律后果，故选项 C 属于单方民事法律行为。（2）选项 B、D：属于事实行为。

考点 4：法律行为有效与无效（如图 1–6 所示）

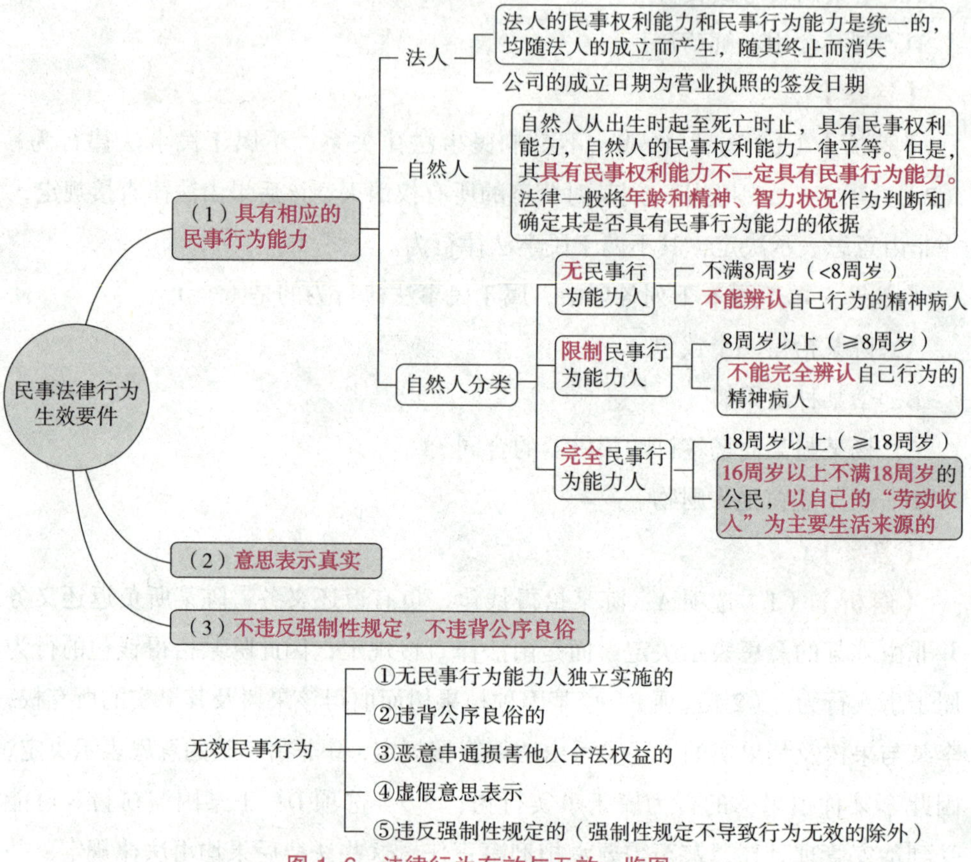

图 1–6　法律行为有效与无效一览图

【例题·多选题】甲、乙均于 2003 年 6 月 30 日出生。甲于 2020 年年初参加工作，并已独立生活；乙在高中读书，靠父母生活。2020 年 5 月 31 日，甲、乙在某饭店滋事，将邻桌的丙打伤。下列表述中，正确的有（　　）。

A. 甲为限制民事行为能力人

B. 甲应视为完全民事行为能力人

C. 乙为限制民事行为能力人

D. 乙应视为完全民事行为能力人

【答案】BC

【解释】16 周岁以上不满 18 周岁的公民，以自己的劳动收入为主要生活来源的，视为完全民事行为能力人。

考点 5：效力待定与可撤销（如图 1-7 所示）

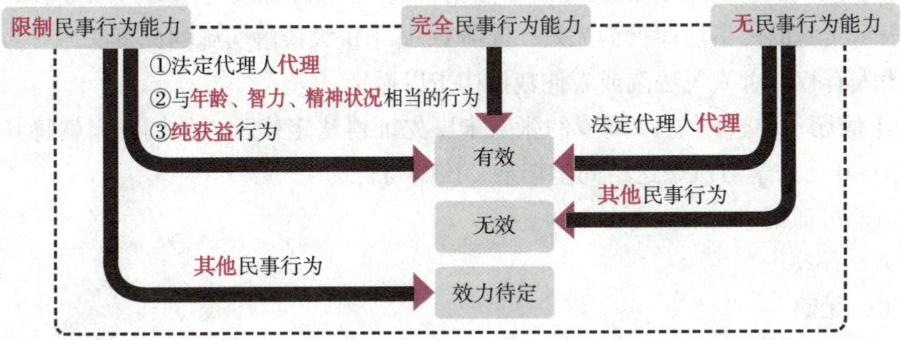

效力待定——①限制行为能力不能单独从事某项行为；②无权代理（狭义）

相对人	催告权（催告后1月内，法定代理人不作任何表示的，视为拒绝） 撤销权（善意才有，追认前可行使）
法定代理人	追认权（催告后1月内，不追认的，视为否认） 否认权

可撤销民事行为

撤销后，自始无效

行为	撤销权行使期间
①重大误解	自知道之日起90天和自发生之日起5年孰短者
②显失公平（含乘人之危）	自知道之日起1年和自发生之日起5年孰短者
③欺诈（第三人欺诈时，若相对人为善意，则不能撤销）	自知道之日起1年和自发生之日起5年孰短者
④胁迫	自胁迫行为终止之日起1年和自发生之日起5年孰短者

图 1-7　效率待定与可撤销一览图

【例题·多选题】下列合同，属于可撤销合同的有（　　）。

A. 15 周岁的赵某独立与甲公司签订的专利权转让合同

B. 钱某因受乙公司欺诈，向乙公司转让其祖传的砚台

C. 丙公司为了增加进项税额，与丁公司签订虚假的原材料采购合同

D. 孙某从李某手中购入项链一条，双方签订合同时均认为其是 24K 金项链，后发现该项链仅为 18K 金

【答案】BD

【解析】选项 A: 限制民事行为能力人（独立）实施的纯获益的民事法律行为或者与其年龄、智力、精神健康状况相适应的民事法律行为以外的其他民事

法律行为，经法定代理人同意或者追认后有效（效力待定）；选项 B: 一方以欺诈手段，使对方在违背真实意思的情况下实施的民事法律行为，受欺诈方有权请求人民法院或者仲裁机构予以撤销；选项 C: 行为人与相对人以虚假的意思表示实施的民事法律行为无效；选项 D: 基于重大误解实施的民事法律行为，行为人有权请求人民法院或者仲裁机构予以撤销。

【例题·单选题】11 周岁的张某未事先征得法定代理人的同意，就将其价值 3 000 元的学习机赠送给同学李某。该赠与行为（　）。

A. 可撤销

B. 有效

C. 无效

D. 效力待定

【答案】D

【解析】（1）张某属于限制民事行为能力人；（2）张某是赠与方，该行为对张某而言不属于纯获益的行为；（3）赠与的物品价值 3 000 元，超出了张某的行为能力。因此，张某的赠与行为效力待定。

【例题·单选题】王某 13 岁生日时，爷爷送其价值 1 万元的电脑 1 台，奶奶送其价值 50 元的棒球帽 1 顶。同年某天，王某未事先征得法定代理人的同意，就将其电脑与棒球帽分别赠送给同班同学。下列关于王某行为效力的表述中，正确的是（　）。

A. 赠送棒球帽的行为效力待定

B. 受赠棒球帽的行为有效

C. 赠送电脑的行为无效

D. 受赠电脑的行为效力待定

【答案】B

【解析】（1）王某属于限制民事行为能力人；（2）受赠，属于纯获益行为，两项受赠行为均有效；（3）赠送，对王某并非纯获益，且棒球帽价值小，属于王某行为能力范围内的事项，赠送棒球帽的行为有效，但电脑价值较高，超出王某的行为能力，赠送电脑的行为效力待定。

【例题·单选题】10 周岁的张某未经法定代理人的同意，将其价值 5 000 元的笔记本电脑赠与同学李某。该赠与合同（　）。

A. 有效

B. 无效

C. 可撤销

D．效力待定

【答案】D

【解析】（1）张某属于限制民事行为能力人；（2）“赠与同学”对张某而言并非纯获益；（3）赠与的物品价值“5 000 元”明显超出张某的民事行为能力范围。因此，该赠与合同效力待定。

【例题 · 单选题】吴某与考上重点中学的 12 周岁外甥孙某约定，将其收藏的一幅名画赠与孙某。下列关于吴某与孙某之间赠与合同效力的表述中，符合合同法律制度规定的是（　）。

A．合同效力待定，因为吴某可以随时撤销赠与

B．合同无效，因为孙某为限制民事行为能力人

C．合同有效，因为限制民事行为能力人孙某可以签订纯获益的合同

D．合同效力待定，孙某的法定代理人有权在 1 个月内追认

【答案】C

【解析】（1）孙某属于限制民事行为能力人；（2）孙某是受赠方，该合同对孙某而言属于纯获益的合同，有效。

【例题 · 单选题】16 周岁的小林参加中学生科技创意大赛，其作品“厨房定时器”获得组委会颁发的奖项。张某对其作品非常感兴趣，现场支付给小林 5 万元，买下该作品的发明专利。下列关于该合同效力的表述中，符合合同法律制度规定的是（　）。

A．该合同可撤销，因为小林是限制民事行为能力人

B．该合同无效，因为小林是限制民事行为能力人

C．该合同有效，因为该合同对小林而言是纯获益的

D．该合同效力待定，因为需要由小林的法定代理人决定是否同意或追认

【答案】D

【解析】（1）16 周岁的小林是中学生，并未以自己的劳动收入为主要生活来源，属于限制民事行为能力人；（2）高达 5 万元的“厨房定时器”的发明专利买卖合同，对小林而言，不属于纯获益的合同，也超出了他的民事行为能力范围，该合同效力待定，经小林的法定代理人同意或者追认后方才有效。

【例题 · 单选题】根据民事法律制度的规定，下列行为中，不属于可撤销民事法律行为的是（　）。

A．李某误以为赵某的镀金表为纯金表而花高价购买

B．陈某受王某胁迫与其签订房屋租赁合同

C. 刘某超越代理权以甲公司的名义与乙公司签订买卖合同

D. 孙某受蔡某欺诈与其签订买卖合同

【答案】C

【解析】（1）选项 A：李某对买卖标的物存在重大误解，其行为可撤销；（2）选项 B：陈某受胁迫而订立合同，其行为可撤销；（3）选项 C：属于效力待定民事法律行为；（4）选项 D：孙某受对方当事人欺诈而订立合同，其行为可撤销。

考点 6：附条件与附期限法律行为（如图 1–8 所示）

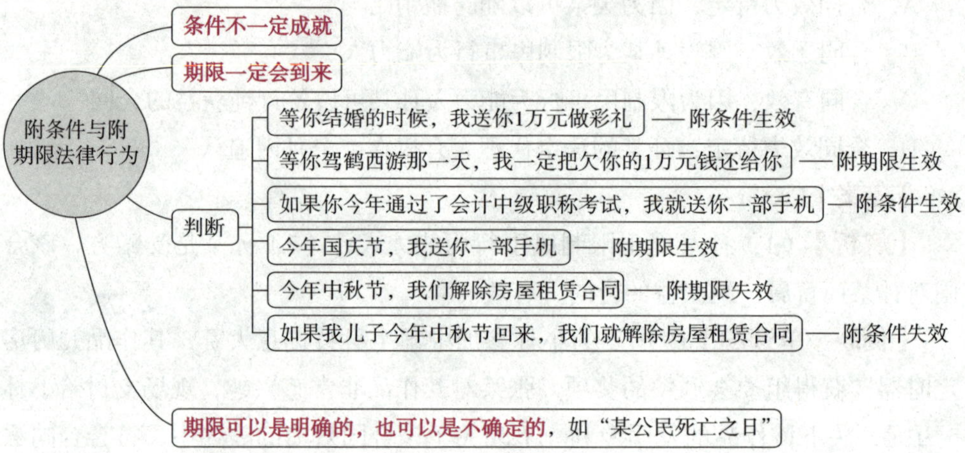

图 1–8 附条件与附期限法律行为

对附条件的民事法律行为而言，当事人为自己的利益不正当地阻止条件成就的，视为条件已成就；不正当地促成条件成就的，视为条件不成就。

【例题·多选题】甲与乙签订了一份租房合同，协议规定：如果甲在 3 个月内与丙结婚，其将租用乙的两居室。这一民事行为（ ）。

A. 是附条件的民事法律行为

B. 是附期限的民事法律行为

C. 合同已成立

D. 合同已生效

【答案】AC

【解析】本题考核附条件的法律行为。本题中的行为属于附延缓条件的法律行为。也就是说，在延缓条件成就之前，法律行为已经成立，但是效力却处于一种停止状态。

3. 代理

考点7：代理的概念、特征、范围和种类（如图1-9所示）

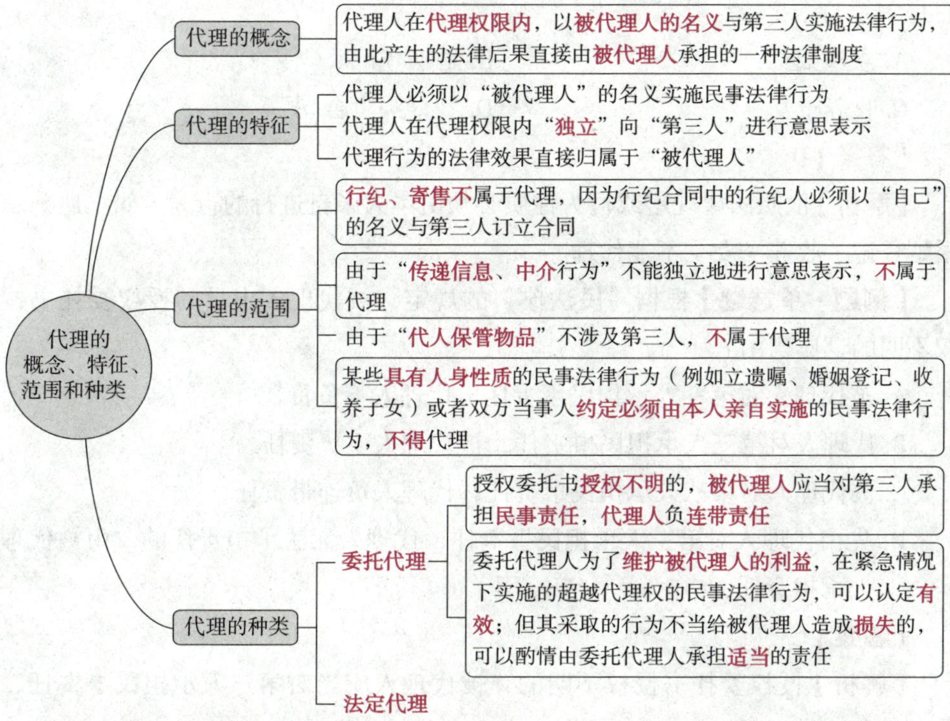

图1-9　代理的概念、特征、范围和种类一览图

【例题·判断题】授权委托书授权不明的，被代理人应当对第三人承担民事责任，代理人不承担责任。（　　）

【答案】×

【解析】授权委托书授权不明的，被代理人应当对第三人承担民事责任，代理人负连带责任。

【例题·多选题】下列行为中，不属于代理的有（　　）。

A. 行纪行为　　B. 居间行为

C. 代人保管物品　　D. 寄售

【答案】ABCD

【解析】选项A、D：由于"行纪""寄售"并非以"被代理人"的名义实施法律行为，故其不属于代理；选项B：由于"居间行为"不能独立地进行意思表示，故其不属于代理；选项C：由于"代人保管物品"不涉及第三人，

因此其不属于代理。

【例题·单选题】根据《民法典》的规定，下列行为中，可以进行代理的是（　　）。

A. 立遗嘱　　　　B. 婚姻登记

C. 收养子女　　　　D. 签订买卖合同

【答案】D

【解析】依照法律规定或行为性质必须由本人亲自进行的行为（如立遗嘱、婚姻登记、收养子女）不能代理。

【例题·单选题】根据《民法典》的规定，被代理人出具的授权委托书授权不明的，应当由（　　）。

A. 被代理人对第三人承担民事责任，代理人不负责任

B. 代理人对第三人承担民事责任，被代理人不负责任

C. 被代理人对第三人承担民事责任，代理人负连带责任

D. 先由代理人对第三人承担民事责任，代理人无法承担责任的，由被代理人承担责任

【答案】C

【解析】授权委托书授权不明的，被代理人应当对第三人承担民事责任，代理人负连带责任。

考点 8：代理权的滥用与无权代理以及代理关系终止（见表 1-11 和表 1-12）

表 1-11　　代理权的滥用与无权代理

代理权的滥用	（1）**自己代理**	代理人不得以被代理人的名义与自己实施民事法律行为，但是被代理人**同意或者追认**的除外
	（2）**双方代理**	代理人不得以被代理人的名义与自己同时代理的其他人实施民事法律行为，但是**被代理的双方同意或者追认**的除外
	（3）**恶意串通**	代理人和相对人恶意串通，损害被代理人合法权益的，代理人和相对人应当承担**连带责任**
无权代理	情形	**没有**代理权 **超越**代理权 **代理权终止后**仍然实施代理行为

续表

<table>
<tr><td rowspan="5">无权代理</td><td rowspan="2">构成表见代理</td><td colspan="2">相对人对行为人没有代理权事实上不知情，属于善意相对人</td></tr>
<tr><td>存在行为人有代理权的表象</td><td>（1）被代理人对第三人表示已将代理权授予他人，而实际并未授权
（2）被代理人将某种有代理权的证明文件（如盖有公章的空白介绍信、空白合同文本、合同专用章等）交给他人，他人以该种文件使第三人相信其有代理权并与之进行法律行为
（3）代理人违反被代理人的意思或者超越代理权，第三人无过失地相信其有代理权
（4）代理关系终止后未采取必要的措施而使第三人仍然相信行为人有代理权</td></tr>
<tr><td rowspan="3">不构成表见代理，即无权代理</td><td>（1）行为效力待定</td><td>行为人没有代理权、超越代理权或者代理权终止后，仍然实施代理行为，未经被代理人追认的，对被代理人不发生效力</td></tr>
<tr><td>（2）拒绝追认，行为无效</td><td>相对人（不论是否善意）可以催告被代理人自收到通知之日起 1 个月内予以追认。被代理人未作表示的，视为拒绝追认</td></tr>
<tr><td>（3）被撤销，行为无效</td><td>行为人实施的行为被确认前，善意相对人有撤销的权利。撤销应当以通知的方式做出</td></tr>
</table>

表 1–12　　**代理关系终止**

<table>
<tr><td>委托代理终止的法定情形</td><td>（1）代理期间届满或者代理事务完成
（2）被代理人取消委托或代理人辞去委托
（3）代理人或者被代理人死亡
（4）代理人丧失民事行为能力
（5）作为代理人或被代理人的法人、非法人组织终止</td></tr>
<tr><td rowspan="2">法定代理终止的法定情形</td><td>被代理人死亡后，有下列情形之一的，委托代理人实施的代理行为仍有效：
（1）代理人不知道并且不应当知道被代理人死亡
（2）被代理人的继承人予以承认
（3）授权中明确代理权在代理事务完成时终止
（4）被代理人死亡前已经实施，为了被代理人的继承人的利益继续代理，作为代理人或被代理人的法人、非法人组织终止的，参照上述条款</td></tr>
<tr><td>（1）被代理人取得或恢复民事行为能力
（2）被代理人或代理人死亡
（3）代理人丧失民事行为能力
（4）由其他原因引起的被代理人和代理人之间的监护关系消灭</td></tr>
</table>

【例题·判断题】代理人和第三人恶意串通，损害被代理人的利益，由代理人和第三人负连带责任。（　）

【答案】√

【例题·判断题】第三人知道行为人无权代理还与行为人实施民事行为给他人造成损害的，由第三人和行为人负连带责任。（　）

【答案】√

【例题·判断题】甲公司未授予王某代理权，王某以甲公司的名义与乙企业实施民事行为，甲公司知道该事项后不作否认表示，王某所实施的代理行为的法律后果应由甲公司承担。（ ）

【答案】√

【解析】在无权代理的情况下，如果本人知道他人以本人名义实施民事行为而不作否认表示的，视为同意，无权代理人所实施的代理行为的法律后果由被代理人承担。

【例题·判断题】甲曾对乙表示已将销售业务的代理权授予丙，而实际上甲并未授权给丙。之后，丙以甲的名义与乙签订货物买卖合同，则甲应对丙签订该合同的行为承担法律责任。（ ）

【答案】√

【解析】被代理人（甲）对第三人（乙）表示已将代理权授予他人，但实际并未授权的，构成表见代理，应当由被代理人（甲）承担法律责任。

【例题·多选题】下列代理行为中，属于滥用代理权的有（ ）。

A. 超越代理权进行代理

B. 代理人与第三人恶意串通，损害被代理人利益

C. 没有代理权而进行代理

D. 代理他人与自己进行民事行为

【答案】BD

【解析】选项 A、C：其行为属于无权代理。

4. 仲裁

考点 9：多元化的经济纠纷解决机制（如图 1-10）

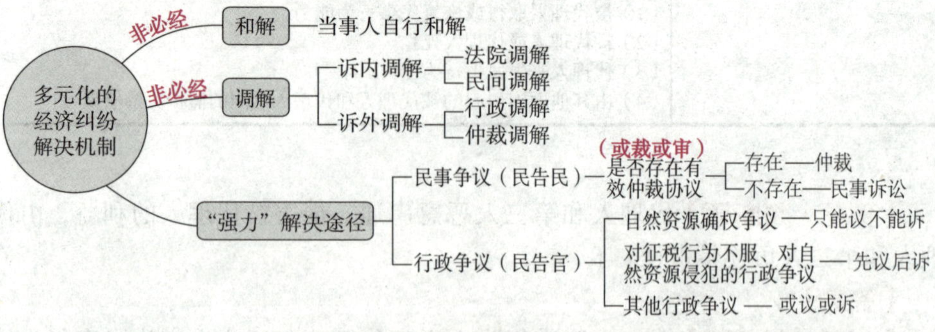

图 1-10 多元化的经济纠纷解决机制

考点 10：仲裁的原则和范围（如图 1–11 所示）

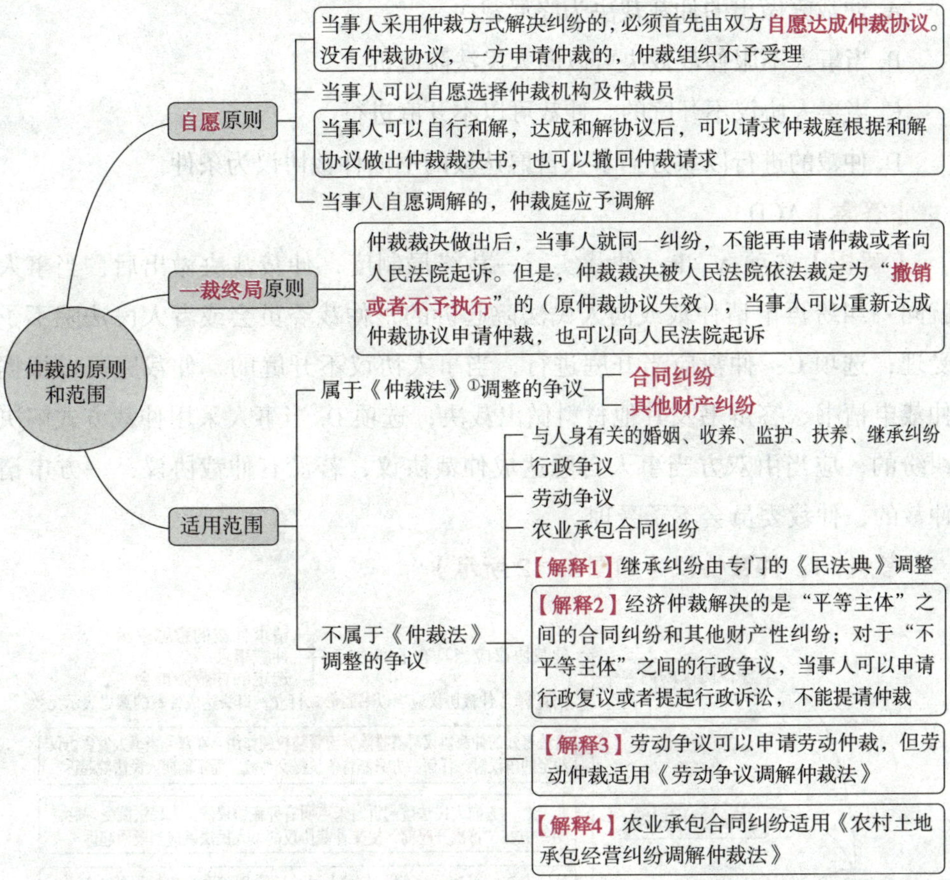

图 1–11　仲裁的原则和范围一览图

【例题·单选题】下列纠纷中，可以适用《仲裁法》解决的是（　　）。

A. 当事人之间的土地承包合同纠纷

B. 当事人之间的货物买卖合同纠纷

C. 当事人之间的遗产继承纠纷

D. 当事人之间的劳动争议

【答案】B

【解析】选项 A、D：不属于《仲裁法》所规定的仲裁范围；选项 C：不能提请仲裁。

① 《中华人民共和国仲裁法》

【例题·多选题】下列表述中，符合《仲裁法》规定的有（　　）。

A. 仲裁庭做出的仲裁裁决为终局裁决

B. 当事人不服仲裁裁决可以向人民法院起诉

C. 当事人协议不开庭的，仲裁可以不开庭进行

D. 仲裁的进行以双方当事人自愿达成的书面仲裁协议为条件

【答案】ACD

【解析】选项 A、B：仲裁实行一裁终局制度，仲裁裁决做出后，当事人就同一纠纷再申请仲裁或向人民法院起诉的，仲裁委员会或者人民法院不予受理；选项 C：仲裁应当开庭进行，当事人协议不开庭的，仲裁庭可以根据仲裁申请书、答辩书及其他材料做出裁决；选项 D: 当事人采用仲裁方式解决纠纷的，应当由双方当事人自愿达成仲裁协议，若没有仲裁协议，一方申请仲裁的，仲裁委员会不予受理。

考点 11：仲裁协议（如图 1-12 所示）

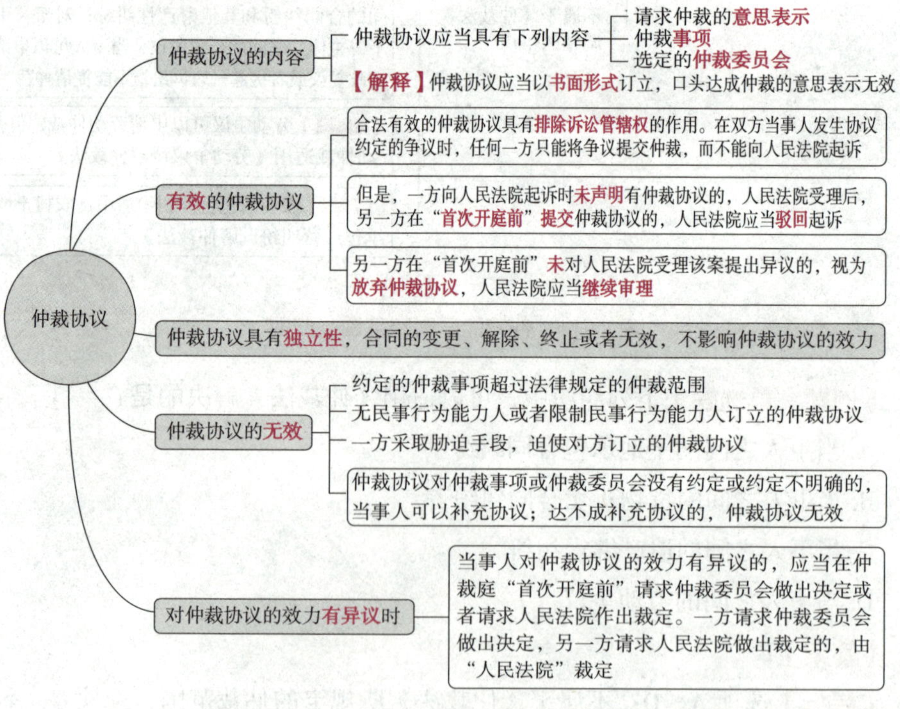

图 1-12　仲裁协议一览图

【例题·判断题】甲公司与乙公司解除合同关系，则合同中的仲裁协议也随之失效。(　　)

【答案】×

【解析】仲裁协议具有独立性，合同的变更、解除、终止或者无效，不影响仲裁协议的效力。

【例题·判断题】仲裁协议对仲裁事项没有约定或约定不明确的，当事人可以补充协议；达不成补充协议的，仲裁协议无效。(　　)

【答案】√

【例题·判断题】当事人对仲裁协议的效力有异议的，应当在仲裁庭做出裁决之前提出。(　　)

【答案】×

【解析】当事人对仲裁协议的效力有异议的，应当在仲裁庭“首次开庭前”提出。

【例题·判断题】一方当事人向人民法院起诉时未声明有仲裁协议，人民法院受理后，另一方在人民法院做出判决之前提交仲裁协议的，人民法院应当驳回起诉，但仲裁协议无效的除外。(　　)

【答案】×

【解析】一方向人民法院起诉时未声明有仲裁协议，人民法院受理后，另一方在人民法院“首次开庭前”（而非做出判决之前）提交仲裁协议的，人民法院应当驳回起诉，但仲裁协议无效的除外。

【例题·判断题】当事人对仲裁协议的效力有异议，一方请求仲裁委员会做出决定，另一方请求人民法院做出裁定的，由仲裁委员会决定。(　　)

【答案】×

【解析】当事人对仲裁协议的效力有异议，一方请求仲裁委员会做出决定，另一方请求人民法院做出裁定的，由“人民法院”裁定。

【例题·单选题】甲、乙发生合同纠纷，继而对双方事先签订的仲裁协议的效力发生争议。甲提请丙仲裁委员会确认仲裁协议有效，乙提请丁人民法院确认仲裁协议无效。根据《仲裁法》的规定，下列表述中，正确的是(　　)。

A. 应由丙仲裁委员会对仲裁协议的效力做出决定

B. 应由丁人民法院对仲裁协议的效力做出裁定

C. 应根据甲、乙提请确认仲裁协议效力的时间先后来确定应由丙仲裁委员会决定还是由丁人民法院裁定

D. 该仲裁协议自然失效

【答案】B

【解析】当事人对仲裁协议的效力有异议的，可以请求仲裁委员会做出决定或者请求人民法院做出裁定；一方请求仲裁委员会做出决定，另一方请求人民法院做出裁定的，由“人民法院”裁定。

考点 12：仲裁程序（如图 1-13 所示）

- 仲裁程序
  - 组成
    - 1名或3名仲裁员
    - 当事人约定由3名仲裁员组成仲裁庭的，应当各自选定或者各自委托仲裁委员会主任指定1名仲裁员，第3名仲裁员由当事人共同选定或者共同委托仲裁委员会主任指定，第3名仲裁员为首席仲裁员
    - 当事人约定由1名仲裁员成立仲裁庭的，应当由当事人共同选定或者共同委托仲裁委员会主任指定
  - 申请仲裁的当事人必须有书面仲裁协议
  - 回避制度
    - 仲裁员有下列情况之一的，必须回避，当事人也有权提出回避申请
      - 是本案当事人，或者当事人、代理人的近亲属
      - 与本案有利害关系
      - 与本案当事人、代理人有其他关系，可能影响公正仲裁的
      - 私自会见当事人、代理人，或者接受当事人、代理人的请客送礼的
    - 【解释】当事人提出回避申请的，应当说明理由，并在“首次开庭前”提出。回避事由在首次开庭后知道的，可以在“最后一次开庭终结前”提出。仲裁员是否回避，由仲裁委员会主任决定；仲裁委员会主任担任仲裁员的，由仲裁委员会集体决定
    - 【相关链接1】当事人对仲裁协议的效力有异议的，应当在仲裁庭“首次开庭前”请求仲裁委员会做出决定或者请求人民法院做出裁定
    - 【相关链接2】一方向人民法院起诉时未声明有仲裁协议，人民法院受理后，另一方在“首次开庭前”提交仲裁协议的，人民法院应当驳回起诉；另一方在“首次开庭前”未对人民法院受理该案提出异议的，视为放弃仲裁协议，人民法院应当继续审理
  - 是否开庭
    - 仲裁应当开庭进行；当事人协议不开庭的，仲裁庭可以根据仲裁申请书、答辩书及其他材料做出裁决
  - 是否公开进行
    - 仲裁一般不公开进行；当事人协议公开的，可以公开进行，但涉及国家秘密的除外
  - 当事人的和解
    - 申请仲裁后，当事人可以自行和解。达成和解协议的，可以请求仲裁庭根据和解协议做出裁决书，也可以撤回仲裁申请。当事人达成和解协议（原仲裁协议并未失效），撤回仲裁申请后又反悔的，可以根据仲裁协议申请仲裁
  - 仲裁庭的调解
    - 仲裁庭在做出裁决前，可以（而非必须）先行调解。当事人自愿调解的，仲裁庭应当调解。调解不成的，仲裁庭应当及时做出裁决。调解达成协议的，仲裁庭应当制作调解书或者根据协议的结果制作裁决书，调解书经双方当事人“签收”后，即与裁决书具有同等的法律效力。当事人在调解书“签收前”反悔的，仲裁庭应当及时做出裁决

图 1-13　仲裁程序一览图

【例题·多选题】根据《仲裁法》的规定，下列表述中，正确的有（ ）。

A. 申请仲裁后，当事人达成和解协议的，可以请求仲裁庭根据和解协议做出裁决书，也可以撤回仲裁申请

B. 当事人达成和解协议，撤回仲裁申请后又反悔的，原仲裁协议失效，当事人不能根据原仲裁协议申请仲裁

C. 仲裁庭在做出裁决前，可以先行调解，调解达成协议的，仲裁庭应当制作调解书或者根据协议的结果制作裁决书，调解书与裁决书具有同等法律效力

D. 调解书经双方当事人签收后，即发生法律效力

【答案】ACD

【解析】选项 B：当事人达成和解协议，撤回仲裁申请后又反悔的，可以根据仲裁协议申请仲裁。

【例题·多选题】根据《仲裁法》的规定，下列情形中，仲裁员应当回避的有（ ）。

A. 仲裁员与本案有利害关系

B. 仲裁员私自会见当事人

C. 仲裁员是本案代理人的近亲属

D. 仲裁员接受当事人的请客送礼

【答案】ABCD

【解析】仲裁员有下列情况之一的，必须回避，当事人也有权提出回避申请：① 是本案当事人，或者当事人、代理人的近亲属；② 与本案有利害关系；③ 与本案当事人、代理人有其他关系，可能影响公正仲裁；④ 私自会见当事人、代理人，或者接受当事人、代理人的请客送礼。

【例题·单选题】根据《仲裁法》的规定，下列各项中，不正确的是（ ）。

A. 申请仲裁的当事人必须有书面仲裁协议

B. 仲裁庭由 1 名或 3 名仲裁员组成

C. 调解书与裁决书具有同等法律效力

D. 仲裁均公开进行

【答案】D

【解析】仲裁不公开进行，当事人协议公开的，可以公开进行。

【例题·多选题】根据《仲裁法》的规定，下列表述中，正确的有（ ）。

A. 除当事人达成协议外，仲裁应当开庭进行

B. 仲裁不实行回避制度

C. 当事人可以自行和解

D. 仲裁庭可以进行调解

【答案】ACD

【解析】选项 A: 仲裁应当开庭进行，当事人协议不开庭的，仲裁庭可以根据仲裁申请书、答辩书及其他材料做出裁决；选项 B: 仲裁程序与诉讼程序中均规定了回避制度；选项 C：申请仲裁后，当事人可以自行和解；选项 D：仲裁庭在做出裁决前，可以先行调解，当事人自愿调解的，仲裁庭应当调解。

考点 13：仲裁裁决（如图 1-14 所示）

- 仲裁裁决
  - 仲裁裁决的**做出**
    - 仲裁裁决应当按照**多数**仲裁员的意见做出；仲裁庭不能形成多数意见时，裁决应当按照**首席**仲裁员的意见做出
  - 仲裁裁决书的**生效**
    - 裁决书自“做出”**之日**起发生法律效力
    - 【相关链接】调解书经双方**当事人**“**签收**”后，即具有法律效力
    - 一裁终局：仲裁裁决做出后，当事人就同一纠纷，不能再申请仲裁或向人民法院起诉
  - 仲裁裁决的**强制执行**
    - 如果一方当事人不履行仲裁裁决，另一方当事人可以按照《民事诉讼法》[①]的有关规定向人民法院申请执行
  - 仲裁裁决的**撤销**
    - 当事人提出证据证明裁决有依法应撤销情形的，可以在“**收到**”**裁决书之日起6个月内**，向“仲裁委员会所在地的中级人民法院”申请撤销裁决
    - 仲裁裁决的法定撤销形式
      - （1）没有仲裁协议
      - （2）裁决事项不属于仲裁协议的范围，或者仲裁委员会无权仲裁
      - （3）仲裁庭的组成或者仲裁的程序，违反法定程序
      - （4）裁决所依据的证据是伪造的
      - （5）对方当事人隐瞒了足以影响公正裁决的证据
      - （6）仲裁员在仲裁该案时，有索贿受贿、徇私舞弊、枉法裁决行为
    - 中止执行、终结执行与恢复执行
      - （1）当事人一方“申请执行”仲裁裁决，另一方“申请撤销”裁决的，人民法院应当裁定“中止”执行（暂停）
      - （2）人民法院“裁定撤销”裁决的，应当裁定“终结”执行（结束）
      - （3）撤销裁决的申请被“裁定驳回”的，人民法院应当裁定“恢复”执行

图 1-14 仲裁裁决一览图

① 《中华人民共和国民事诉讼法》

【例题·判断题】当事人提出证据证明裁决有依法应撤销情形的，可以在裁决书做出之日起 6 个月内，向仲裁委员会所在地的中级人民法院申请撤销裁决。(　　)

【答案】×

【解析】当事人提出证据证明裁决有依法应撤销情形的，可以在“收到”裁决书之日起 6 个月内，向仲裁委员会所在地的中级人民法院申请撤销裁决。

【例题·多选题】甲、乙因合同纠纷申请仲裁，仲裁庭对案件裁决未能形成一致意见。根据《仲裁法》的规定，下列表述中，正确的有(　　)。

A. 应当按照多数仲裁员的意见做出裁决

B. 应当由仲裁庭达成一致意见后做出裁决

C. 仲裁庭不能形成多数意见时，按照首席仲裁员的意见做出裁决

D. 仲裁庭不能形成一致意见时，提请仲裁委员会做出裁决

【答案】AC

【解析】仲裁裁决应当按照多数仲裁员的意见做出；仲裁庭不能形成多数意见时，裁决应当按照首席仲裁员的意见做出。

【例题·单选题】根据《仲裁法》的规定，下列表述中，不正确的是(　　)。

A. 当事人不履行仲裁裁决的，另一方当事人可以依照《民事诉讼法》的规定向人民法院申请执行

B. 当事人不服仲裁裁决的，可以向人民法院提起诉讼

C. 当事人提出证据证明裁决有依法应撤销情形的，可以在收到裁决书之日起 6 个月内，向仲裁委员会所在地的中级人民法院申请撤销裁决

D. 仲裁裁决被人民法院依法裁定撤销或者不予执行的，当事人可以重新达成仲裁协议申请仲裁，也可以向人民法院起诉

【答案】B

【解析】选项 B：仲裁裁决做出后，当事人就同一纠纷再次申请仲裁或向人民法院起诉的，仲裁委员会或者人民法院不予受理。

【例题·单选题】根据《仲裁法》的规定，当事人有证据证明仲裁裁决依法应当撤销的，可向仲裁委员会所在地的中级人民法院申请撤销裁决的期限是(　　)。

A. 裁决书做出之日起 6 个月内

B. 裁决书做出之日起 1 年内

C. 收到裁决书之日起6个月内

D. 收到裁决书之日起1年内

【答案】C

【解析】当事人提出证据证明裁决有依法应撤销情形的，可以在“收到”裁决书之日起6个月内，向仲裁委员会所在地的中级人民法院申请撤销裁决。

5. 诉讼

考点14：民事诉讼的适用范围

“平等主体”之间因“财产关系”和“人身关系”发生纠纷，可以提起民事诉讼。

【例题·多选题】下列案件中，适用民事诉讼途径解决的有（　）。

A. 公民名誉权纠纷案件

B. 企业与银行因票据纠纷提起诉讼的案件

C. 纳税人与税务机关因税收征纳争议提起诉讼的案件

D. 劳动者与用人单位因劳动合同纠纷提起诉讼的案件

【答案】ABD

【解析】选项C，属于纵向经济纠纷，适用行政诉讼的途径解决。

考点15：审判制度

1. 两审终审制度（见表1-13）

表1-13　　审判制度

<table>
<tr><td rowspan="5">两审终审制度——一个诉讼案件经过两级法院审判后即终结</td><td>（1）四级法院：最高、高级、中级和基层</td></tr>
<tr><td>（2）案件经第一审人民法院审判后，当事人有权在法定期限内向上一级人民法院提起上诉，由该上一级人民法院进行第二审</td></tr>
<tr><td>（3）二审法院的判决、裁定是终审判决、裁定</td></tr>
<tr><td>（4）对终审判决、裁定，当事人不得上诉，如果发现终审裁判确有错误，则可以通过审判监督程序（再审程序）予以纠正</td></tr>
<tr><td>（5）特殊情况——一审终审
①适用特别程序、督促程序、公示催告程序和简易程序中的“小额”诉讼程序审理的案件
【提示】适用简易程序审理的案件并非都是小额案件，注意题目陷阱
②最高人民法院所做的一审判决、裁定</td></tr>
</table>

2. 合议制度——由“3名以上审判人员”组成审判组织

（1）合议制与独任制的适用（见表1-14）

表 1–14　　　　合议制与独任制的适用

	审判制度	组成	适用
一审	独任制	审判员	简易程序；特别程序（选民资格案、重大疑难案除外）；督促程序；公示催告程序；基本事实清楚、权利义务关系明确适用普通程序审理的案件
	合议制	审判员 + 陪审员	一般案件
		审判员	选民资格案、重大疑难案
二审	独任制	审判员	第一审适用简易程序审结或者不服裁定提起上诉且事实清楚、权利义务关系明确并经双方当事人同意
	合议制	审判员	其他案件

【提示】注意“审判人员”和“审判员”的区别，审判人员中还包括人民陪审员。

（2）不适用独任制审理的情形

①涉及**国家利益、社会公共利益**的案件；

②涉及**群体性纠纷，可能影响社会稳定**的案件；

③人民群众**广泛关注**或者其他**社会影响较大**的案件；

④属于**新类型**或者**疑难复杂**的案件。

3. 回避制度——可能影响对案件公正审理

（1）审判人员、书记员、翻译人员、鉴定人、勘验人适用回避制度。

【提示】“**证人**”**不适用**回避制度。

（2）当事人请求上述人员回避时，**可以书面**提出，也**可以口头**提出。

4. 公开审判制度（见表 1–15）

表 1–15　　　　公开审判制度

分类	审判过程		审判结果
一般情况	法院审理民事或行政案件应当“**公开**”进行		**一律公开宣告判决**
特殊情况	**依法**不公开	涉及国家机密、个人隐私或法律另有规定	
	依当事人申请不公开	离婚案件、涉及商业秘密的案件	

【链接】仲裁不公开进行；当事人协议公开的，可以公开进行，但涉及国家秘密的除外。

【例题·单选题】甲、乙公司因技术转让合同的履行产生纠纷，甲公司向某人民法院提起诉讼，法院受理该案件，已知该案件涉及商业秘密，下列关于

该案件是否公开审理的表述中，正确的是（　　）。

A. 该案件应当公开审理

B. 该案件不应当公开审理

C. 由双方当事人协商后决定是否公开审理

D. 由双方当事人申请不公开审理的，可以不公开审理

【答案】D

【解析】人民法院审理民事案件，涉及商业秘密的案件，当事人申请不公开审理的，可以不公开审理。

【例题·判断题】民事案件不论是否公开审理，一律都公开宣告判决。（　　）

【答案】√

【例题·多选题】关于民事诉讼与仲裁法律制度相关内容的下列表述中，正确的是（　　）。

A. 民事经济纠纷实行或裁或审制度

B. 民事诉讼与仲裁均实行回避制度

C. 民事诉讼实行两审终审制度，仲裁实行一裁终局制度

D. 民事诉讼实行公开审判制度，仲裁一般不公开进行

【答案】ABCD

考点16：诉讼管辖（如图1–15所示）

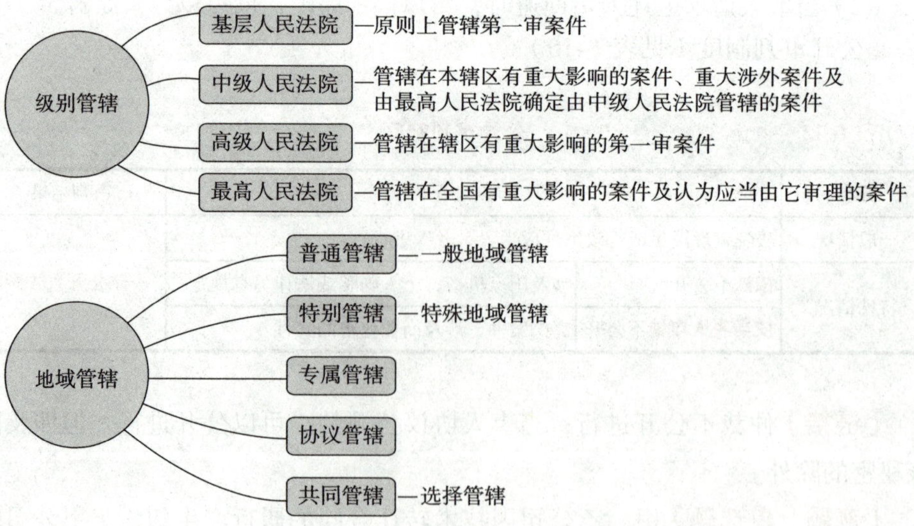

图1–15　诉讼管辖

1. 一般地域管辖（普通管辖）

（1）按照当事人所在地与法院辖区的隶属关系来确定案件管辖法院。

（2）普通管辖的具体原则见表 1–16。

表 1–16 **普通管辖的具体原则**

<table>
<tr><th>适用原则</th><th>管辖法院</th><th>定义</th></tr>
<tr><td>“原告就被告”原则</td><td>一般民事案件由“被告住所地”人民法院管辖</td><td>被告住所地指自然人“户籍所在地”、法人或者其他组织的“主要办事机构所在地”，主要办事机构所在地不能确定的，“注册地或者登记地”为住所地</td></tr>
<tr><td>“经常居住地”原则</td><td>住所地与经常居住地不一致，由“经常居住地”人民法院管辖</td><td>经常居住是指公民离开住所地至起诉时已连续居住“满 1 年”的地方，但公民“住院就医”的地方除外</td></tr>
<tr><td>“多人涉诉”原则</td><td colspan="2">①同一诉讼的几个被告住所地、经常居住地在两个以上人民法院辖区的，相关各人民法院都有管辖权
②对没有办事机构的个人合伙、合伙型联营体提起的诉讼，没有注册登记，几个被告又不在同一辖区的，被告住所地的人民法院都有管辖权</td></tr>
</table>

2. 特殊地域管辖（特别管辖）

（1）以诉讼标的所在地、法律事实所在地为标准确定管辖法院。

（2）特别管辖的具体规定见表 1–17。

表 1–17 **特别管辖的具体规定**

<table>
<tr><th>纠纷</th><th colspan="4">管辖法院</th></tr>
<tr><td>合同纠纷</td><td colspan="3">合同履行地</td><td rowspan="9">被告住所地</td></tr>
<tr><td rowspan="2">保险合同纠纷</td><td rowspan="2">保险标的物所在地</td><td>保险标的物是运输工具或者运输中的货物</td><td>运输工具登记注册地、运输目的地、保险事故发生地</td></tr>
<tr><td>人身保险</td><td>被保险人住所地</td></tr>
<tr><td>票据纠纷</td><td colspan="3">票据支付地</td></tr>
<tr><td>运输合同纠纷</td><td colspan="3">运输始发地、目的地</td></tr>
<tr><td rowspan="3">侵权行为</td><td rowspan="3">侵权行为地</td><td colspan="2">侵权行为“实施”地</td></tr>
<tr><td colspan="2">侵权结果“发生”地</td></tr>
<tr><td colspan="2">【提示 1】信息网络侵权行为实施地包括实施被诉侵权行为的“计算机设备所在地”，侵权结果地包括“被侵权人住所地”
【提示 2】因产品、服务质量不合格造成他人财产、人身损害提起的诉讼，“产品制造地、产品销售地、服务提供地、侵权行为地和被告住所地”的人民法院均有管辖权</td></tr>
</table>

续表

交通事故请求损害赔偿	事故“发生”地或者车辆、船舶最先“到达”地、航空器最先“降落”地	被告住所地
船舶碰撞或者其他海事损害事故请求损害赔偿	碰撞发生地、碰撞船舶最先到达地、加害船舶被扣留地	
海难救助费用	救助地或者被救助船舶最先到达地	
共同海损	船舶最先到达地、共同海损理算地或者航程终止地	
与公司设立、确认股东资格、分配利润、解散等相关的纠纷	公司住所地	

3. 专属管辖

法律强制规定某类案件必须由特定的人民法院管辖，其他人民法院无权管辖，当事人也不得协议变更管辖，具有强制性和排他性。

（1）因不动产纠纷提起的诉讼，由“不动产”所在地人民法院管辖。

（2）因港口作业中发生纠纷提起的诉讼，由“港口”所在地人民法院管辖。

（3）因继承遗产纠纷提起的诉讼，由被继承人“死亡时住所地”或者“主要遗产所在地”人民法院管辖。

4. 协议管辖（约定管辖）

（1）可协议的纠纷类型

“合同”或者“其他财产权益纠纷”（包括因物权、知识产权中的财产权而产生的民事纠纷）。

（2）可协议的管辖法院

被告住所地、合同履行地、合同签订地、原告住所地、标的物所在地等“与争议有实际联系”的地点。

【提示】协议管辖排除普通管辖和特别管辖，但不能违背专属管辖和级别管辖的规定。

5. 共同管辖（选择管辖）（见表 1–18）

表 1–18　共同管辖（选择管辖）

原则	具体规定
“立案在先”原则	两个以上人民法院都有管辖权的诉讼，原告可以向其中一个人民法院起诉；原告向两个以上有管辖权的人民法院起诉的，由“最先立案”的人民法院管辖
“禁止踢皮球”原则	（1）先立案的人民法院不得将案件移送给另一个有管辖权的人民法院
	（2）人民法院在立案“前”发现其他有管辖权的人民法院已先立案的，不得重复立案
	（3）立案“后”发现其他有管辖权的人民法院已先立案的，裁定将案件移送给先立案的人民法院

【例题·单选题】住所地在甲市M区的张某，其工作单位在甲市N区，经常居住地在甲市P区。2020年5月，甲市Q区的某医院拟起诉张某要求其清偿住院时拖欠的医疗费。对该诉讼有管辖权的人民法院是（　　）。

A. 甲市M区人民法院

B. 甲市N区人民法院

C. 甲市P区人民法院

D. 甲市Q区人民法院

【答案】C

【解析】对公民提起的民事诉讼，由被告住所地人民法院管辖，被告住所地与经常居住地不一致的，由经常居住地人民法院管辖。

【例题·多选题】2020年3月1日北京的赵某与石家庄的高某签订一份口罩买卖合同，双方在合同中约定合同履行地为天津，但未约定纠纷管辖法院。高某发货后，赵某一直没有付款并于2020年5月赴上海住院治疗疾病。2021年8月高某拟对赵某提起诉讼，已知此时赵某仍在上海住院，则有管辖权的法院有（　　）。

A. 北京

B. 天津

C. 石家庄

D. 上海

【答案】AB

【解析】（1）因合同纠纷引起的诉讼，由被告住所地或合同履行地人民法院管辖；（2）住所地和经常居住地不一致的，由经常居住地人民法院管辖；（3）经常居住地是指公民离开住所地至起诉时已连续居住“满1年”的地方，但公民“住院就医”的地方除外；（4）本题中合同履行地天津人民法院有管辖权（选项B）；被告赵某的住所地北京人民法院有管辖权（选项A），赵某赴上海的时间虽然超过1年，但属于住院就医，因此上海不属于经常居住地。

【例题·多选题】甲公司登记注册地为上海，主要办事机构所在地为北京，赵某住所地为天津，李某住所地为重庆，三方拟共同出资设立乙合伙企业（以下称“乙企业”），乙企业尚未办理登记注册，也无办事机构。某日三方以乙企业的名义与丙公司签订一份合同，后因未履行合同给丙公司造成一定损失，

丙公司向人民法院提起诉讼，则有管辖权的人民法院有（　　）。

A. 北京

B. 上海

C. 天津

D. 重庆

【答案】ACD

【解析】（1）对没有办事机构的个人合伙、合伙型联营体提起的诉讼，由被告注册登记地人民法院管辖。没有注册登记、几个被告又不在同一辖区的，被告住所地的人民法院都有管辖权。（2）法人或者其他组织的住所地是指法人或者其他组织的主要办事机构所在地，主要办事机构所在地不能确定的，法人或者其他组织的注册地或者登记地为住所地。

考点 17：诉讼参加人（如图 1–16 所示）

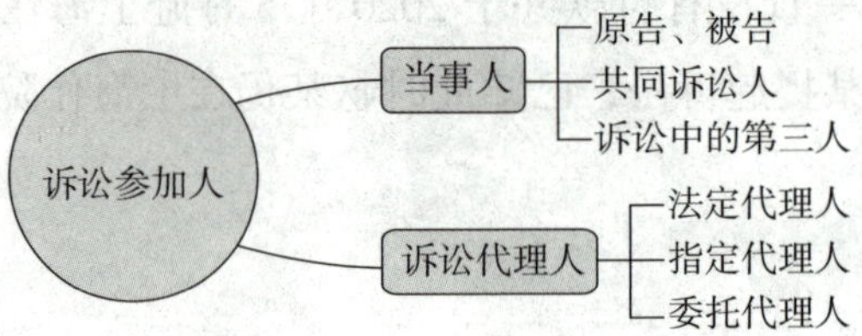

图 1–16　诉讼参加人

考点 18：审判程序（如图 1–17 所示）

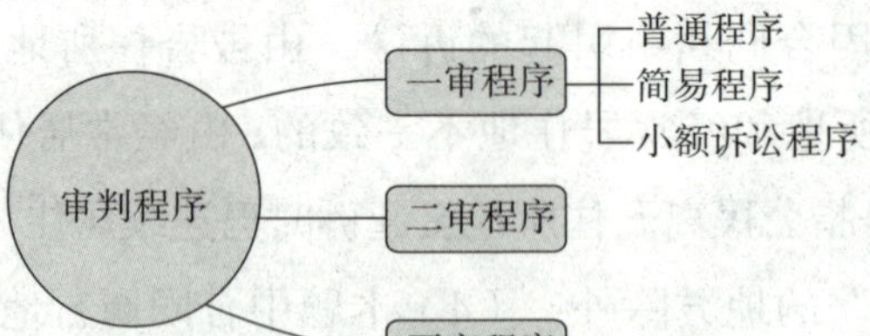

图 1–17　审判程序

第一审程序（普通程序）如图 1-18 所示。

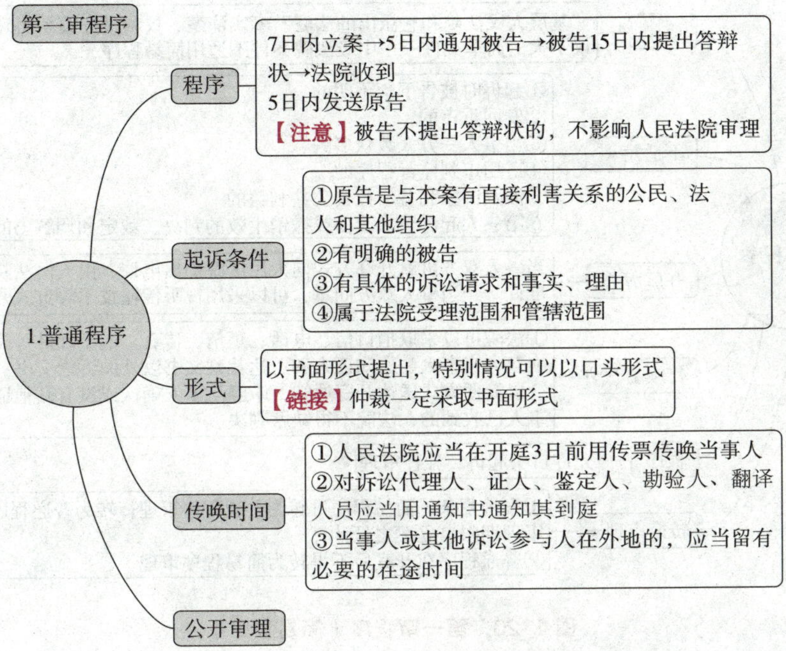

图 1-18　第一审程序（普通程序）

【提示】开庭并“公开”审理。人民法院对于公开审理（如图 1-19 所示）的民事案件，应当公告当事人的姓名、案由和开庭的时间、地点。

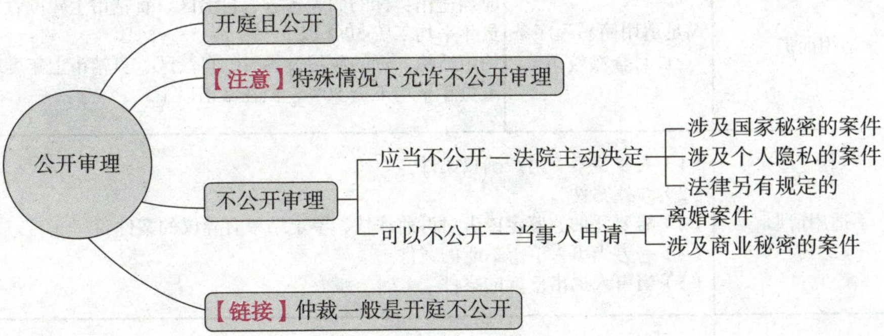

图 1-19　公开审理

第一审程序（简易程序）如图 1–20 所示。

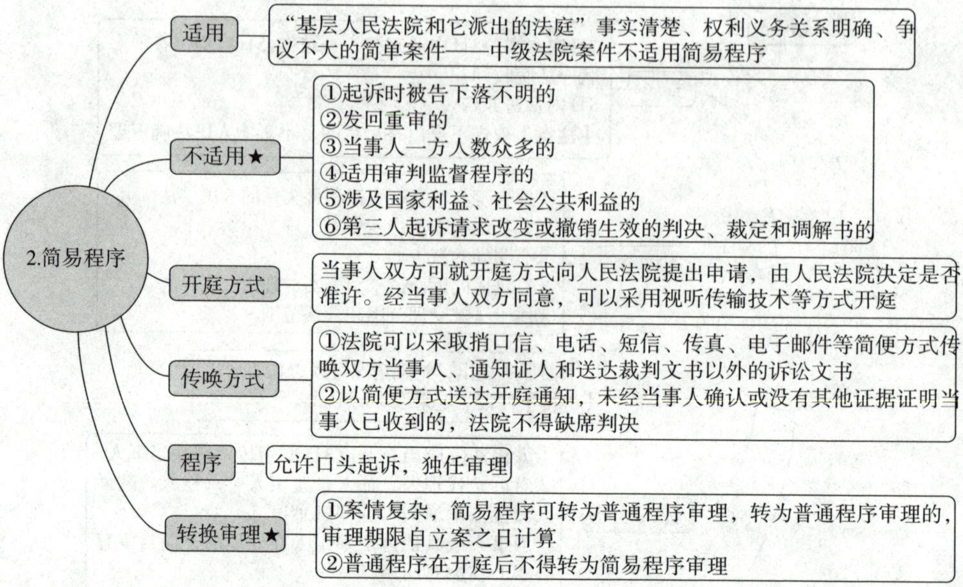

图 1–20　第一审程序（简易程序）

3. 第一审程序（小额诉讼程序）见表 1–19。

表 1–19　第一审程序（小额诉讼程序）

适用前提	满足适用简易程序条件且**金额较小**	应当适用：标的额为各省、自治区、直辖市上年度就业人员年平均工资 50% 以下 约定适用：标的额超过各省、自治区、直辖市上年度就业人员年平均工资 50%，但在 2 倍以下
不适用情形	（1）**人身关系**、财产确权案件 （2）**涉外**案件 （3）需要评估、鉴定或者对诉前评估、鉴定结果有异议的案件 （4）一方当事人**下落不明**的案件 （5）当事人提出**反诉**的案件	
简化程度	可一次开庭审结并且当庭宣判	

第二审程序（上诉程序和审判监督程序）如图 1–21 所示。

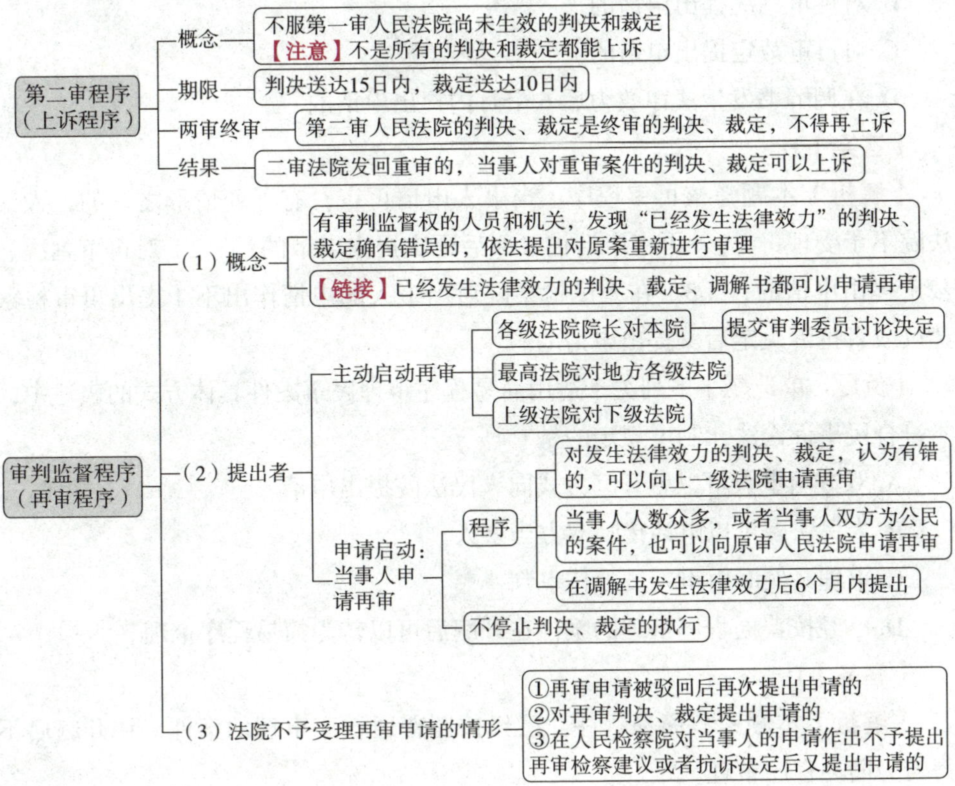

图 1–21　第二审程序（上诉程序和审判监督程序）

【例题 · 单选题】根据民事诉讼法律制度的规定，下列关于小额诉讼程序的说法中不正确的是（　　）。

A. 适用小额诉讼程序审理的案件首先应满足适用简易程序审理的案件

B. 在其他条件均满足的情况下，标的额为本省上年度就业人员年平均工资 50% 以下案件，适用小额诉讼和程序审理

C. 离婚案件中如双方当事人待分割的财产金额满足小额诉讼程序的条件可以适用小额诉讼程序审理

D. 适用小额诉讼程序审理的案件可以一次开庭审结并且当庭宣判

【答案】C

【解析】人身关系、财产确权案件，不适用小额诉讼程序。

【例题 · 单选题】根据民事诉讼法律制度的规定，下列当事人申请再审的情形中，人民法院可以受理的是（　　）。

A. 再审申请被驳回后再提出申请的

B. 对再审判决提出申请的

C. 对再审裁定提出申请的

D. 在调解书发生法律效力后6个月内提出申请的

【答案】D

【解析】本题考核再审程序。当事人申请再审，有下列情形之一的，人民法院不予受理：（1）再审申请被驳回后再次提出申请的；（2）对再审判决、裁定提出申请的；（3）在人民检察院对当事人的申请作出不予提出再审检察建议或者抗诉决定后又提出申请的。

【例题·单选题】下列关于适用简易程序审理民事案件具体方式的表述中，不符合民事诉讼法律制度规定的是（　）。

A. 双方当事人可以就开庭方式向人民法院提出申请

B. 人民法院可以电话传唤双方当事人

C. 审理案例时由审判员独任审判

D. 已经按普通程序审理的案件在开庭后可以转为简易程序审理

【答案】D

【解析】本题考核简易程序。已经按照普通程序审理的案件，在开庭后不得转为简易程序审理。

考点19：法院调解（见表1-20）

表1-20　法院调解

1. 可以调解	法院审理“**民事**”案件，根据当事人自愿的原则进行调解
2. 不得调解	（1）适用“**特别程序、督促程序、公示催告程序**”的案件 （2）“**婚姻等身份关系确认**”案件 【提示】区别“离婚案件”与“婚姻身份关系确认案件”
3. 调解生效	调解书经“**双方当事人签收**”后，即具有法律效力
4. 调解书的法律效力	（1）该案的诉讼法律关系消灭 （2）当事人在诉讼中的实体权利义务争议消灭 （3）具有给付内容的调解书具有强制执行效力 （4）对调解书不得上诉 （5）当事人不得以同一事实和理由再行起诉

【例题·判断题】人民法院对于亲子关系身份案件，不得适用调解程序。（　）

【答案】√

【解析】对于亲子关系身份案件，属于“婚姻等”身份关系确认案件，不得调解。

考点 20：执行程序（如图 1–22 所示）

- 执行程序
  - 1.概念——执行程序是人民法院依法对已经发生法律效力的判决、裁定及其他法律文书的规定，是强制义务人履行义务的程序
  - 2.期限
    - （1）长度：2年
    - （2）起算点
      - ①法律文书规定履行期间：从履行期的最后一日起计算
      - ②法律文书规定分期履行：最后一期履行期限届满之日起计算
      - ③法律文书未规定履行期间：从法律文书生效之日起计算
    - （3）申请执行时效适用诉讼时效的中止、中断
      - ①申请执行人超过申请执行时效期间向人民法院申请强制执行的，人民法院应予受理——超期有起诉权
      - ②被申请人对申请执行时效期间提出异议，人民法院经审查异议成立的，裁定不予执行——超期无胜诉权
      - ③被执行人履行全部或者部分义务后，又以不知道申请执行时效期间届满为由请求执行回转的，人民法院不予支持——超期有实体权利

图 1–22　执行程序

考点 21：诉讼时效的概念及对象（如图 1–23 所示）

- 诉讼时效的概念及对象
  - 概念——“债权请求权”不行使达一定期间而失去国家强制力保护的制度
  - 起诉权——诉讼时效期间的经过，不影响债权人提起诉讼，即不丧失起诉权（人民法院应当受理）
  - 债务人获得抗辩权
    - 债权人起诉后，如果债务人主张诉讼时效的抗辩，则人民法院在确认诉讼时效期满的情况下，应驳回其诉讼请求
    - 当事人未提出诉讼时效抗辩的，人民法院不应对诉讼时效问题进行释明及主动适用诉讼时效的规定进行裁判
    - 当事人在一审期间未提出诉讼时效抗辩，在二审期间提出的，人民法院不予支持；但其基于新的证据能够证明对方当事人的请求权已过诉讼时效期间的情形除外
    - 当事人未按照规定提出诉讼时效抗辩，却以诉讼时效期间届满为由申请再审或者提出再审抗辩的，人民法院不予支持
    - 【相关链接】在民事诉讼中，申请执行人超过申请执行时效期间向人民法院申请强制执行的，人民法院应予受理。被执行人对申请执行时效期间提出异议，人民法院经审查异议成立的，裁定不予执行
  - 债权
    - 诉讼时效期间届满并不消灭实体权利（债权人的债权并不消灭），诉讼时效期间届满后，当事人自愿履行义务的，不受诉讼时效的限制。义务人履行了义务后，又以诉讼时效期间届满为由抗辩的，人民法院不予支持
    - 【相关链接】在民事诉讼中，被执行人履行全部或者部分义务后，又以不知道申请执行时效期间届满为由请求执行回转的，人民法院不予支持
  - 诉讼时效具有强制性——除法律另有特殊规定外，当事人均应普遍适用，不得作任何变更。当事人违反法律规定，约定延长或者缩短诉讼时效期间、预先放弃诉讼时效利益的，人民法院不予认可
  - 诉讼时效适用范围——下列请求权不适用诉讼时效的规定：
    - （1）请求停止侵害、排除妨碍、消除危险
    - （2）不动产物权和登记的动产物权的权利人请求返还财产
    - （3）请求支付抚养费、赡养费或者扶养费
    - （4）支付存款本金及利息请求权
    - （5）兑付国债、金融债券以及向不特定对象发行企业债券的本息请求权
    - （6）基于投资关系产生的缴付出资请求权
    - （7）其他

图 1–23　诉讼时效的概念及对象一览图

【例题·判断题】甲对乙享有货款债权，但诉讼时效已届满。乙向甲支付了货款，之后其以不知诉讼时效届满为由请求甲返还。人民法院应支持乙的请求。(　　)

【答案】×

【解析】诉讼时效届满后，当事人自愿履行义务的，不受诉讼时效的限制。义务人履行了义务后，又以超过诉讼时效为由反悔的，法律不予支持。

【例题·判断题】诉讼时效期间届满消灭的是胜诉权，并不消灭实体权利。诉讼时效期间届满后，当事人自愿履行义务的，不受诉讼时效的限制。(　　)

【答案】√

【例题·单选题】下列关于诉讼时效的表述中，不正确的是(　　)。

A. 当事人未提出诉讼时效抗辩的，人民法院不应对诉讼时效问题进行释明及主动适用诉讼时效的规定进行裁判

B. 当事人在一审期间未提出诉讼时效抗辩，在二审期间提出的，人民法院不予支持；但其基于新的证据能够证明对方当事人的请求权已过诉讼时效期间的情形除外

C. 基于投资关系产生的缴付出资请求权，对方当事人提出诉讼时效抗辩的，人民法院不予支持

D. 诉讼时效期间届满，债权人的债权随之消灭

【答案】D

【解析】诉讼时效期间届满并不消灭实体权利（债权人的债权并不消灭）。

【例题·单选题】根据民事法律制度的规定，下列关于诉讼时效期间届满法律效力的表述中，不正确的是(　　)。

A. 诉讼时效期间届满后，权利人丧失胜诉权

B. 诉讼时效期间届满后，实体权利本身归于消灭

C. 诉讼时效期间届满后，当事人起诉的，人民法院应当受理

D. 诉讼时效期间届满后，当事人自愿履行义务的，不受诉讼时效限制

【答案】B

【例题·单选题】根据民事法律制度的规定，下列权利中，属于诉讼时效适用对象的是(　　)。

A. 兑付国债、金融债券以及向不特定对象发行企业债券的本息请求权

B. 基于投资关系产生的缴付出资请求权

C. 未登记动产物权的权利人请求返还财产的权利

D. 支付存款本金及利息请求权

【答案】C

【解析】选项 C：“登记”的动产物权的权利人请求返还财产的，不适用诉讼时效的规定；“未登记”的动产物权的权利人请求返还财产的，其属于诉讼时效适用对象。

【例题·单选题】根据诉讼时效法律制度的规定，下列表述中，不正确的是（　）。

A. 当事人不可以约定延长或缩短诉讼时效期间

B. 诉讼时效期间届满后，当事人自愿履行义务的，不受诉讼时效限制

C. 当事人未按照规定提出诉讼时效抗辩，却以诉讼时效期间届满为由申请再审的，人民法院不予支持

D. 当事人未提出诉讼时效抗辩，人民法院可以主动适用诉讼时效的规定进行裁判

【答案】D

考点 22：诉讼时效时间及起算点（见表 1–21）

表 1–21　　诉讼时效时间及起算点

诉讼时效	起点	年限	情形
一般（主观时效）★	知道或应当知道之日起	3 年	除特殊诉讼时效以外的情形
特殊		4 年	（1）国际货物买卖合同 （2）技术进出口合同
		5 年	人寿保险请求给付保险金
		1 年	海上货物运输向承运人要求赔偿，海上拖航合同，共同海损分摊的请求权
长期（客观时效）	权利被侵害时起	20 年	所有合同
具体情形	起算点		
侵权行为	伤势明显	侵权行为	
	伤害当时未曾发现		
约定履行期	履行期限届满之日		
未约定履行期限	能确定履行期限		履行期限届满之日
	不能确定履行期限	一般情况	债权人要求债务人履行义务的**宽限期届满**之日
		债务人在债权人第一次向其主张权利之时明确表示不履行义务	债务人**明确表示不履行义务**日

续表

约定同一债务分期履行	自**最后一期**履行期限届满之日
不作为义务之债（以不作为为义务）	自知道或应当知道债务人作为之时
附条件	条件成就之日
附期限	期限到达之日
无民事行为能力、限制人对法定代理人的请求权	**法定代理终止**之日
国家赔偿	自知道或应当知道国家机关及其工作人员行使职权时的行为侵犯其人身权、财产权之日
约定同一债务分期履行	自**最后一期**履行期限届满之日
未成年人遭性侵的损害赔偿请求权	受害人**年满 18 周岁**之日 **【提示】**未满 18 周岁主张权利也受法律保护，同时满足“知道或应当知道”

【例题·单选题】根据《民法典》的规定，向人民法院请求保护民事权利的普通诉讼时效期间为（　　）。

A.2 年

B.10 年

C.3 年

D.20 年

【答案】C

【例题·单选题】根据《民法典》的规定，有关诉讼时效制度，下列表述中错误的是（　　）。

A. 诉讼时效期间自权利人知道或者应当知道权利受到损害以及义务人之日起计算

B. 未成年人遭受性侵害的损害赔偿请求权的诉讼时效期间，自受害人受到侵害之日起计算

C. 当事人约定同一债务分期履行的，诉讼时效期间自最后一期履行期限届满之日起计算

D. 自权利受到损害之日起超过 20 年的，人民法院不予保护；有特殊情况的，人民法院可以根据权利人的申请决定延长

【答案】B

【例题·判断题】根据《国家赔偿法》[1] 的规定，赔偿请求人请求国家赔偿的时效为两年，自其知道或应当知道国家机关及其工作人员行使职权时的行为侵犯其人身权、财产权之日起计算，但被羁押等限制人身自由的期间不计算在内。

【答案】√

① 《中华人民共和国国家赔偿法》

考点 23：诉讼时效的中止与中断（见表 1–22）

表 1–22　　**诉讼时效的中止与中断**

项目	原因	发生时间	效果
中止	**客观**因素： （1）不可抗力 （2）权利被侵害的无民事行为能力人、限制民事行为能力人没有法定代理人，或者法定代理人死亡、丧失民事行为能力、丧失代理权 （3）继承开始后，继承人尚未确定继承人或者遗产管理人 （4）权利人被义务人或者其他人控制 （5）其他导致权利人不能行使请求权的障碍	诉讼时效期间的**最后 6 个月内**	暂停，中止事由消失后继续计算 6 个月
中断	**主观**因素： （1）权利人向义务人提出履行请求的 （2）义务人同意履行义务的 （3）权利人提起诉讼或者申请仲裁的 （4）与提起诉讼或者申请仲裁具有同等效力的其他情形	诉讼时效进行中	**清零**，从中断、有关程序终结时起，诉讼时效期间重新计算

【例题·单选题】在诉讼时效期间的最后 6 个月内，因一定事由的发生可导致诉讼时效中止。根据民事法律制度的规定，下列事由中，能够导致诉讼时效中止的是（　　）。

A. 权利人提起诉讼

B. 发生不可抗力导致权利人无法行使请求权

C. 权利人向义务人提出履行义务的要求

D. 义务人同意履行义务

【答案】B

【解析】选项 A、C、D：属于导致诉讼时效中断的法定事由。

【例题·单选题】根据民事诉讼法律制度的规定，在一定期间内，债权人因不可抗力不能行使请求权的，诉讼时效中止，该期间为（　　）。

A. 诉讼时效期间的最后 6 个月

B. 诉讼时效期间的最后 9 个月

C. 诉讼时效期间届满后 6 个月

D. 诉讼时效期间届满后 9 个月

【答案】A

【解析】在诉讼时效期间的最后 6 个月，发生中止事由，导致权利人不能行使请求权的，诉讼时效中止，自中止时效的原因解除之日起满 6 个月，诉讼时效期间届满。

小艾上班记8

考点24：行政争议

（1）行政争议的核心特征是争议的一方当事人是行政主体。

（2）行政复议和行政诉讼的核心区别是解决纠纷的裁判员不同：行政复议一般是上一级行政机关作“裁判员”，行政诉讼是人民法院作“裁判员”。

行政争议解决途径见表1-23。

表1-23　　行政争议解决途径

或议或诉	适用于一般行政争议案件
	（1）除另有规定外，对属于人民法院受案范围的行政案件，公民、法人或者其他组织可以先向行政机关申请复议，对复议决定不服的，再向人民法院提起诉讼；也可以直接向人民法院提诉讼
	（2）先申请复议的，在法定行政复议期限内，不得向人民法院提起诉讼（“议中暂不诉”）
	（3）公民、法人或者其他组织向人民法院提行政诉讼，人民法院已经依法受理的，不得申请行政复议（“已经诉不得议”）
先议后诉（复议前置）	征税行为、自然资源侵权行政争议
	（1）征税行为 ①税务机关作出的确认纳税主体、征税对象、征税范围、减税、免税及退税、抵扣税款、适用税率、计税依据、纳税环节、纳税期限、纳税地点以及税款征收方式等具体行政行为属于征税行为（不包括确认纳税担保） ②税务机关作出的征收税款、加收滞纳金的决定属于征税行为 ③扣缴义务人、受税务机关委托的单位和个人作出的代扣代缴、代收代缴、代征行为等属于征税行为（不包括代开发票） ④对税务机关作出的征税行为不服的，应当先向复议机关申请行政复议，对征复议决定不服的，可以再向人民法院提起行政诉讼
	（2）自然资源侵权行政争议
	公民、法人或者其他组织认为行政机关的具体行政行为侵犯其已经依法取得的土地、矿藏、水流、森林、山岭、草原、荒地、滩涂、海域等自然资源的所有权或者使用权的，应当先申请行政复议 对行政复议决定不服的，可以依法向人民法院提起行政诉讼
只能议不能诉（复议终局）	自然资源确权行政争议
	根据国务院或者省、自治区、直辖市人民政府对行政区划的勘定、调整或者征收土地的决定，省、自治区、直辖市人民政府确认土地、矿藏、水流、森林、山岭、草原、荒地、滩涂、海域等自然资源所有权或者使用权的行政复议决定为最终裁决

【例题·判断题】甲公司对县人民政府国土资源部门依据县政府征收土地的决定征收其土地使用权的行为不服，可以向县人民政府申请行政复议，也可以直接向县人民法院提起行政诉讼。（　　）

【答案】×

【解析】行政管理相对人认为行政机关的具体行政行为侵犯其已经依法取得的土地使用权的，应当“先”申请行政复议；对行政复议决定不服的，可以依法向人民法院提起行政诉讼。

考点 25：行政复议范围（见表 1–24）

表 1–24　　　　　　　　　　行政复议范围

1. 可以申请行政复议的事项	当事人对行政机关的下列具体行政行为不服的，可以申请行政复议： （1）（行政处罚行为）对行政机关作出的警告、罚款、没收违法所得、没收非法财物、责令停产停业、暂扣或者吊销许可证、暂扣或者吊销执照、行政拘留等行政处罚决定不服的 （2）（行政强制行为）对行政机关作出的限制人身自由或者查封、扣押、冻结财产等行政强制措施决定不服的 （3）（行政许可行为）对行政机关作出的有关许可证、执照、资质证、资格证等证书变更、中止、撤销的决定不服的 （4）（行政确权行为）对行政机关作的关于确认土地、矿藏、水流、森林、山岭、草原、荒地、滩涂、海域等自然资源的所有权或者使用权的决定不服的 （5）（侵犯经营自主权行为）认为行政机关侵犯其合法的经营自主权的 （6）（侵犯承包经营权行为）认为行政机关变更或者废止农业承包合同、侵犯其合法权益的 （7）（违法要求履行义务的行为）认为行政机关违法集资、征收财物、摊派费用或者违法要求履行其他义务的 （8）（行政审核行为）认为符合法定条件，申请行政机关颁发许可证、执照、资质证、资格证等证书，或者申请行政机关审批、登记有关事项，行政机关没有依法办理的 （9）（行政不作为）申请行政机关履行保护人身权利、财产权利、受教育权利的法定职责，行政机关没有依法履行的 （10）（行政给付行为）申请行政机关依法发放抚恤金、社会保险金或者最低生活保障费，行政机关没有依法发放的 （11）认为行政机关的其他具体行政行为侵犯其合法权益的 【小结】当事人“认为”行政机关的“具体”行政行为侵犯其合法权益，“符合《行政复议法》规定范围的”，可以申请行政复议 【提示 1】对行政机关的“抽象”行政行为不能申请行政复议，但当事人认为行政机关的具体行政行为所依据的规定不合法，在对具体行政行为申请行政复议时，可以“一并”向行政复议机关提出对该规定的“审查”申请 【提示 2】可以“一并”申请附带审查的仅限于各种“规定”，不包括国务院部委和地方人民政府“规章”
2. 行政复议的排除事项	（1）不服行政机关作出的“抽象”行政行为 （2）不服行政机关作出的“行政处分”或者其他“人事处理决定” （3）不服行政机关对民事纠纷作出的“调解”或者其他处理

【例题·多选题】下列纠纷中，当事人可以向行政复议机关申请行政复议的有（　　）

A. 李某对公安机关作出的给予其行政拘留决定不服引起的纠纷

B. 甲公司对行政机关作出的查封其财产的行政强制措施决定不服引起的纠纷

C. 杨某对所任职的税务局作出的免除其职务的决定不服引起的纠纷

D. 乙公司对市场监督管理局作出的吊销其餐饮服务许可证决定不服引起的纠纷

【答案】ABD

【解析】选项 C，不服行政机关作出的行政处分或者其他人事处理决定的，不能申请行政复议，可以依法提出申诉。

考点 26：行政复议参加人

行政复议参加人包括申请人、被申请人和“第三人”。

【提示】行政复议参加人不包括行政复议机关。

【例题·多选题】根据行政复议法律制度的规定，下列主体中，属于行政复议参加人的有（　　）。

A. 行政复议被申请人

B. 行政复议机关

C. 行政复议第三人

D. 行政复议申请人

【答案】ACD

【解析】行政复议参加人包括申请人、被申请人和第三人。

考点 27：行政复议机关（见表 1–25）

表 1–25　　行政复议机关

分类	具体内容	复议机关	举例
一个上级	地方各级人民政府（不包括省级）	上一级人民政府	对县税务局作出的具体行政行为不服，于是向市税务局申请行政复议
	（1）海关、金融、税务、外汇等实行垂直领导的行政机关 （2）国家安全机关	上一级主管部门	
两个上级	县级以上地方各级人民政府工作部门	（1）该部门的本级人民政府 （2）上一级主管部门	对县公安局作出的具体行政行为不服，于是向市公安局或县人民政府申请行政复议
自我监督	省级人民政府、国务院各部门	本级复议（自己）	对国家税务总局作出的具体行政行为不服，于是向国家税务总局申请行政复议
		【提示】对本级复议决定不服的，可以向“人民法院”提起行政诉讼，也可以向“国务院”申请裁决，国务院的裁决为终局裁决	

特殊情况下行政复议机关的确定见表 1–26。

表 1–26　　特殊情况下行政复议机关的确定

作出具体行政行为的行政机关	行政复议机关
省、自治区人民政府依法设立的派出机关“**所属的县级地方人民政府**”	该派出所机关
县级以上地方人民政府依法设立的“**派出机关**”	设立该派出机关的人民政府
政府工作部门依法设立的“**派出机构**”	设立该派出机构的部门、该部门的本级地方人民政府
法律、法规授权的组织	**直接管理**该组织的地方人民政府、地方人民政府工作部门或者国务院部门
两个以上行政机关共同作出	**共同的上一级**行政机关
被撤销的行政机关在撤销以前作出	**断续**行使其职权的行政机关的上一级行政机关

【注】申请人向具体行政行为发生地的县级地方人民政府提交行政复议申请的，由接受申请的县级地方人民政府，自**接到**该行政复议申请之日起 **7 日内**，**转送**有关行政复议机关，并告知申请人。

【例题 · 多选题】有关行政复议机关的选择，下列说法正确的有（　　）。

A. 对甲市乙县财政局作出的行政处罚决定不服，应当向乙县人民政府提出申请行政复议

B. 对甲市乙县人民政府作出的行政处罚决定不服，应当向甲市人民政府提出申请行政复议

C. 对 A 省人民政府作出的行政处罚决定不服，应当向 A 省人民政府得出申请行政复议

D. 对 A 省甲市海关作出的行政处罚决定不服，应当向 A 省海关提出申请行政复议

【答案】BCD

【解析】（1）选项 A：属于对“县级以上地方各级人民政府工作部门”的具体行政行为不服的，可以选择向该部门的本级人民政府（乙县政府）或者该部门的上一级主管部门（甲市财政局）申请行政复议；（2）选项 B、C：对地方各级人民政府的具体行政行为不服的，“省政府”适用“自我反省”，其他地方各级人民政府则向上一级人民政府申请行政复议；（3）选项 D：海关属于实行垂直管辖的行政机关，应当向上一级海关申请行政复议。

【例题 · 单选题】根据《行政复议法》的规定，对省级人民政府的具体行政行为不服的，其行政复议机关是（　　）。

A. 国务院

B. 国务院相关部门

C. 省级人民政府

D. 最高人民政府

【答案】C

【解析】对国务院部门或者省、自治区、直辖市人民政府的具体行政行为不服的，向作出该具体行政行为的国务院部门或者省、自治区、直辖市人民政府申请行政复议。

考点 28：行政复议的申请与受理（见表 1–27 和表 1–28）

表 1–27　　行政复议的申请

行政复议申请	（1）申请时间	①自“**知道**”该具体行政行为之日起“**60 日内**”提出行政复议申请，但是法律规定的申请期限“**超过**”60 日的除外 ②因不可抗力或者其他正当理由耽误法定申请期限的，申请期限自**障碍消除之日**起继续计算
	（2）申请方式	“**书面、口头**”均可 【提示】与仲裁区分，当事人申请仲裁必须有仲裁协议，仲裁协议应当以书面形式订立，口头达成仲裁的意思表示无效
	（3）公民、法人或者其他组织向人民法院提起行政诉讼，人民法院已经依法受理的，不得申请行政复议	

【例题·单选题】根据行政复议法律制度的规定，公民、法人和其他组织申请行政复议的法定期限是（　　）。

A. 在行政机关作出具体行政行为之日起 60 日内

B. 在行政机关作出具体行政行为之日起 3 个月内

C. 在知道行政机关作出具体行政行为之日起 3 个月内

D. 在知道行政机关作出具体行政行为之日起 60 日内

【答案】D

表 1–28　　行政复议的受理

行政复议受理	（1）受理程序	①行政复议机关收到行政复议申请后，应当在“**5 日内**”进行审查决定是否受理 ②对不符合法律规定的行政复议申请，决定不予受理，并书面告知申请人；对符合法律规定，但是不属于本机关受理的行政复议申请，应当告知申请人向有关行政复议机关提出 ③行政复议机关决定不予受理或者受理以后超过行政复议期限不作答复的，申请人可以自收到不予受理决定书之日起或行政复议期满之日起“**15 日内**”，依法向人民法院提起行政诉讼

续表

行政复议受理	（2）行政复议机关受理行政复议申请，**不得**向申请人**收取任何费用**
	（3）行政复议期间具体行政行为不停止执行，但有下列情形之一的，可以停止执行： ①被申请人认为需要停止执行的 ②行政复议机关认为需要停止执行的 ③申请人申请停止执行，行政复议机关认为其要求合理，决定停止执行的 ④法律规定停止执行的

【例题·多选题】行政复议期间具体行政行为不停止执行，但是下列情形可以停止执行的有（　　）。

A. 复议机关认为需要停止执行的

B. 申请人要求停止执行的

C. 被申请人认为需要停止执行的

D. 法律规定停止执行的

【答案】ACD

【解析】选项 B，申请人无决定权，申请人申请停止执行，行政复议机关认为其要求合理并决定停止执行的，可以停止执行。

考点 29：行政复议的审查（见表 1–29）

表 1–29　　行政复议的审查

行政复议的审查	（1）审查方式	行政复议原则上采取“**书面审查**”方法 **【提示】**与仲裁和诉讼不同，其既不开庭，也不公开进行
	（2）举证责任：倒置	行政复议的举证责任，由“**被申请人**”承担 **【提示】**在行政复议过程中，被申请人不得自行向申请人和其他有关组织或者个人收集证据
	（3）对规定审查申请的处理	申请人在申请行政复议时一并提出对规定的审查申请的，其中行政复议机关有权处理的，应当在“**30 日**”内依法处理；无权处理的，应当在“**7 日**”内按照法定程序逐级转送有权处理的国家机关依法处理，有权处理的行政机关应当在“**60 日**”内依法处理。处理期间，“**中止**”对具体行政行为的审查
	（4）作出决定：“60+30”	行政复议机关应当自“**受理**”申请之日起“**60 日内**”作出行政复议决定，但是法律规定的行政复议期限“**少于**”60 日的除外 **【提示】**情况复杂，不能在规定期限内作出行政复议决定的，经行政复议机关的负责人批准，可以适当延长，但延长期限最多不得超过“**30 日**”

小艾上班记8

考点30：行政复议的决定（见表1-30至表1-32）

表1-30　行政复议决定类型

行政复议决定类型	适用情形	
决定维持	具体行政行为认定事实清楚，证据确凿，适用依据正确，程序合法，内容适当	
决定其在一定期限内履行	被申请人不履行法定职责	
决定撤销、变更或者确认该具体行政行为违法	（1）主要事实不清、证据不足的 （2）适用依据错误的 （3）违反法定程序的 （4）超越或者滥用职权的 （5）具体行政行为明显不当的	决定撤销或者确认违法的，可以责令被申请人在一定期限内重新作出具体行政行为 【提示】责令重新作出具体行政行为的，不得以同一事实和理由，作出相同或基本相同的具体行政行为
【提示】被申请人不按照法律规定提出书面答复，提交“当初”作出具体行政行为的证据等，这种情况被视为无证据		

表1-31　行政复议决定生效与履行

行政复议决定生效	复议决定书一经“送达”即发生法律效力 【链接】仲裁调解书“签收”后，发生法律效力；仲裁裁决书“作出”之日起发生法律效力；民事诉讼判决书一审“送达之日起15日”内不上诉生效
行政复议决定 的履行	被申请人不履行或者无正当理由拖延履行行政复议决定的，行政复议机关或者有关上级行政机关应当责令其限期履行

表1-32　行政复议强制执行

强制执行		具体内容
前提		1. 申请人逾期不起诉又不履行行政复议决定 2. 不履行最终裁决的行政复议决定
执行机关	维持决定	作出具体行政行为的行政机关或人民法院
	变更决定	行政复议机关或人民法院

【例题·单选题】根据行政复议法律制度的规定，下列关于行政复议举证责任的表述中，正确的是（　　）。

A. 由申请人承担举证责任

B. 由第三人承担举证责任

C. 由行政复议机关承担举证责任

D. 由被申请人承担举证责任

【答案】D

【例题·多选题】根据行政复议法律制度的规定，行政复议机关认为被审查的具体行政行为符合法定情形时，可以决定撤销、变更或者确认该具体行政行为违法。该法定情形有（　　）。

A. 适用依据错误的

B. 滥用职权的

C. 违反法定程序的

D. 主要事实不清、证据不足的

【答案】ABCD

考点 31：行政诉讼的适用范围（见表 1–33 和表 1–34）

表 1–33　　法院受理持行政诉讼

法院受理的行政诉讼	人民法院应当受理公民、法人或者其他组织提起的下列诉讼： （1）（行政处罚行为）对行政拘留、暂扣或者吊销许可证和执照、责令停产停业、没收违法所得、没收非法财物、罚款、警告等行政处罚不服的 （2）（行政强制行为）对限制人身自由或者对财产的查封、扣押、冻结等行政强制措施和行政强制执行不服的 （3）（行政许可行为）申请行政许可，行政机关拒绝或者在法定期限内不予答复，或者对行政机关作出的有关行政许可的其他决定不服的 （4）（行政确权行为）对行政机关作出的关于确认土地、矿藏、水流、森林、山岭、草原、荒地、滩涂、海域等自然资源的所有权或者使用权的决定不服的 （5）（行政征收、征用行为）对征收、征用决定及其补偿决定不服的 （6）（行政不作为）申请行政机关履行保护人身权、财产权等合法权益的法定职责，行政机关拒绝履行或者不予答复的 （7）（侵犯经营自主权、土地承包经营权、土地经营权行为）认为行政机关侵犯其经营自主权或者农村土地承包经营权、农村土地经营权的 （8）（排除或者限制竞争行为）认为行政机关滥用行政权力排除或者限制竞争的 （9）（违法要求履行义务行为）认为行政机关违法集资、摊派费用或者违法要求履行其他义务的 （10）（行政给付行为）认为行政机关没有依法支付抚恤金、最低生活保障待遇或者社会保险待遇的 （11）（行政协议行为）认为行政机关不依法履行、未按照约定履行或者违法变更、解除政府特许经营协议、土地房屋征收补偿协议等协议的 （12）认为行政机关侵犯其他人身权、财产权等合法权益的 【注】最高人民法院曾陆续颁布了一些司法解释，对“侵犯其他人身权、财产权等合法权益”的规定进行了释明，将教育行政决定案件、设施使用费征收案件、计划生育案件等纳入了受案范围 法院受理公民、法人和其他组织对符合条件的“具体”行政行为不服提起的行政诉讼 【提示】该内容较多，共计 12 条，考生把握住“具体”行政行为后，掌握“不受理”的情形，通过排除法应对

表 1-34　法院“不受理”的行政诉讼

来源	不受理的行政诉讼
行政诉讼法	人民法院不受理公民、法人或者其他组织对下列事项提起的诉讼： （1）（国家行为）国防、外交等国家行为 （2）（抽象行政行为）行政法规、规章或者行政机关制定、发布的具有普遍约束力的决定、命令 （3）（内部行政行为）行政机关对行政机关工作人员的奖惩、任免等决定 （4）（终局行政裁决行为）法律规定由行政机关最终裁决的具体行政行为 【注】根据《行政复议法》① 的规定，省级人民政府对自然资源权属的复议决定为最终裁决，对省级政府的裁决不能提起诉讼
司法解释	根据《最高人民法院关于适用〈中华人民共和国行政诉讼法〉的解释》，下列行为不属于人民法院行政诉讼的受案范围： （1）公安、国家安全等机关依照《刑事诉讼法》② 的明确授权实施的行为 （2）调解行为以及法律规定的仲裁行为 （3）行政指导行为 （4）驳回当事人对行政行为提起申诉的重复处理行为 （5）行政机关作出的不产生外部法律效力的行为 （6）行政机关为作出行政行为而实施的准备、论证、研究、层报、咨询等过程性行为 （7）行政机关根据人民法院的生效裁判、协助执行通知书作出的执行行为，但行政机关扩大执行范围或者采取违法方式实施的除外 （8）上级行政机关基于内部层级监督关系对下级行政机关作出的听取报告、执法检查、督促履责等行为 （9）行政机关针对信访事项作出的登记、受理、交办、转送、复查、复核意见等行为 （10）对公民、法人或者其他组织权利义务不产生实际影响的行为

【例题·单选题】下列纠纷中，不属于人民法院行政诉讼受理范围的是（　　）。

A. 赵某对公安机关给予其罚款的处罚决定不服引起的纠纷

B. 甲公司对市场监督管理机关拒绝向其发放营业执照的决定不服引起的纠纷

C. 钱某对所任职的财政部门给予其撤职的决定不服引起的纠纷

D. 乙公司对税务机关查封其财产的税收强制措施不服引起的纠纷

【答案】C

【解析】选项 C，不服行政机关作出的行政处分或者其他人事处理决定的，不能申请行政诉讼，可以依法提出申诉。

【例题·多选题】根据行政诉讼法律制度的规定，下列争议中，属于人民法院行政诉讼受理范围的有（　　）。

① 《中华人民共和国行政复议法》

② 《中华人民共和国刑事诉讼法》

A. 韩某对所任职的行政机关人事任命的决定不服引起的争议

B. 孙某对税务机关作出的阻止其出境的决定不服引起的争议

C. 林某对公安机关作出的对其行政拘留的处罚决定不服引起的争议

D. 刘某对环境保护管理部门作出的对其罚款的决定不服引起的争议

【答案】BCD

考点 32：行政诉讼的原则（见表 1–35）

表 1–35　　行政诉讼的原则

原则		具体内容
举证责任倒置		被告应当提供作出该行政行为的证据和所依据的规范性文件
行政行为合法性审查		人民法院审理行政案件，对行政行为是否合法进行审查 【提示】人民法院不审查行政行为的“适当性或合理性”问题
不适用调解		人民法院审理行政案件，不得调解 【提示】涉及行政赔偿、补偿或者行政机关有自由裁量权的案件除外
不停止行政行为执行	一般情况	不因当事人提起诉讼而停止执行行政行为
	特殊情形下停止执行	（1）被告认为需要停止执行 （2）原告或利害关系人申请停止执行，人民法院认为该行政行为的执行会造成难以弥补的损失，并且停止执行不损害国家利益、社会公共利益的（补充） （3）人民法院认为该行政行为的执行会给国家利益、社会公共利益造成重大损害 （4）法律、法规规定停止执行

【例题·多选题】甲公司因销售假冒伪劣商品，被 M 市 N 县市场监督管理局没收违法所得，并处以商品（包括已售出和未售出）货值 3 倍的罚款，甲公司认为处罚过重，双方发生争议，则可以采用的纠纷解决方式有（　　）。

A. 向 M 市市场监督管理局申请行政复议

B. 向 N 县人民政府申请行政复议

C. 向 N 县人民法院提起行政诉讼

D. 向 M 市人民法院提起行政诉讼

【答案】AB

【解析】选项 A、B，对县级以上政府部门的具体行政行为不服，可以向上级主管部门或本级政府申请行政复议；选项 C、D，人民法院审理行政案件，对行政行为是否合法进行审查，不审查行政行为的“适当性”。本题中，甲公司的诉求是“罚款金额过高”而非“罚款行为违法”，争议的焦点为行政行为的适当性而非合法性，故应当选择行政复议方式解决纠纷。

考点33：行政诉讼管辖

1. 级别管辖（见表1–36）

表1–36　　级别管辖

一审行政案件管辖法院	适用情形
基层人民法院	一般行政案件
中级人民法院	对国务院各部门或者“县级”以上地方人民政府所作的具体行政行为提起诉讼的案件
	“海关”处理的案件
	本辖区内“重大、复杂”的案件
高级人民法院	本辖区内重大、复杂的案件
最高人民法院	全国范围内重大、复杂的案件

2. 地域管辖（见表1–37）

表1–37　　地域管辖

类型	具体内容
普通管辖	（1）行政案件由“最初”作出具体行政行为的行政机关所在地人民法院管辖 （2）经“行政复议的案件”，也可以由“复议机关所在地”人民法院管辖
跨区管辖	经“最高人民法院”批准，“高级人民法院”可以根据审判工作的实际情况，确定若干人民法院跨行政区域管辖行政案件
专属管辖	（1）因“不动产”提起的行政诉讼，由“不动产所在地”人民法院管辖 （2）对“限制人身自由”的行政强制措施不服提起的行政诉讼案件，由“被告所在地”或者“原告所在地”人民法院管辖

3. 裁定管辖（见表1–38）

表1–38　　裁定管辖

（1）移送管辖	①人民法院发现受理的案件不属于本院管辖的，应当移送有管辖权的人民法院，受移送的人民法院应当受理 ②受移送的人民法院认为受移送的案件按规定不属于本院管辖的，应当报请上级人民法院指定管辖，不得再自行移送
（2）指定管辖	①有管辖权的人民法院由于特殊原因不能行使管辖权的，由上级人民法院指定管辖 ②人民法院对管辖权发生争议，由争议双方协商解决；若协商不成，则报共同上级人民法院指定管辖
（3）移转管辖	①上级人民法院有权审理下级人民法院管辖的第一审行政案件 ②下级人民法院对其管辖的第一审行政案件，认为需要由上级人民法院审理或者指定管辖的，可报请上级人民法院决定

【例题 ·多选题】根据《行政诉讼法》[①]的规定，下列第一审行政案件由中级人民法院管辖的有（　　）。

A. 对国务院各部门所作的具体行政行为提起诉讼的案件

B. 海关处理的案件

C. 确认发明专利权案件

D. 本辖区内重大、复杂的案件

【答案】ABD

【解析】选项 C，原一审由中级人民法院管辖的“确认发明专利权”案件，改由知识产权法院管辖。

【例题 ·多选题】根据行政诉讼法律制度的规定，下列关于行政诉讼管辖的表述中，正确的有（　　）。

A. 对县级人民政府所作的行政行为提起行政诉讼的案件由基层人民法院管辖

B. 行政案件由最初作出行政行为的行政机关所在地人民法院管辖

C. 经行政复议的行政案件可由复议机关所在地人民法院管辖

D. 因不动产提起的行政诉讼，由不动产所在地人民法院管辖

【答案】BCD

【解析】选项 A，对国务院部门或者县级以上地方人民政府所作的行政行为提起诉讼的案件，其第一审由中级人民法院管辖。

考点 34：行政诉讼参加人（见表 1-39 至表 1-41）

表 1-39　　原告的确定

可以作为原告	适用情形
受害人	受害人因受到损害要求主管行政机关追究加害人的法律责任时
相邻权人	当其认为相邻权受到行政行为的侵害，与行政行为产生利害关系时
债权人	债权人以行政机关对债务人所作的行政行为损害债权实现为由提起行政诉讼的，人民法院应当告知其就民事争议提起民事诉讼，但行政机关作出行政行为时依法应予保护或者应予考虑的除外
公平竞争权人	认为行政机关滥用行政权力排除或者限制竞争
投资人	认为联营、合资、合作企业的权益或者自己一方合法权益受行政行为侵害
合伙组织	合伙企业向人民法院提起诉讼的，应当以核准登记的字号为原告；其他合伙组织（个人合伙）起诉的，合伙人为共同原告
农村土地承包人	对行政机关处分其使用的农村土地的行为不服

① 《中华人民共和国行政诉讼法》

续表

非国有企业及其法定代表人	被行政机关注销、撤销、合并、强令兼并、出售、分立或者改变企业隶属关系
股份制企业的股东（大）会、董事会	认为行政机关作出的行政行为侵犯企业经营自主权，可以以企业名义起诉
非营利法人的设立人	认为行政行为损害法人合法权益
业主委员会	行政机关作出的涉及业主共有利益的行政行为 【提示】业主委员会不起诉的，专有部分占建筑物总面积过半数或者占总户数过半数的业主可提起诉讼

表 1–40 原告举例

原告	举例
行政相对人	甲企业不服A市B区人民政府对其作出的行政处罚决定，甲企业（行政相对人）作为原告对B区人民政府提起行政诉讼
受害人	曹某被刘、关、张3人群殴，A镇派出所仅对关某和张某作出了治安管理处罚决定，对刘某未予处罚，曹某（受害人）可以作为原告，起诉A镇派出所，要求追加对刘某的处罚
相邻权人	甲商场和乙公司毗邻，A市城乡规划局批准甲商场在原有建筑基础上加盖20层，乙公司认为加盖后将影响其采光，乙公司（相邻权人）可以作为原告，起诉A市城乡规划局，要求撤销其批准决定
公平竞争权人	A县政府在招标采购过程中，给予本地企业特殊加分优待，参与竞标的外地企业甲公司认为A县政府的行为侵犯其公平竞争权，甲公司可以作为原告，起诉A县政府滥用行政权利排除、限制竞争

表 1–41 被告的确定

<table>
<tr><th colspan="2">情形</th><th colspan="2">被告</th></tr>
<tr><td colspan="2">直接起诉</td><td colspan="2">作出行政行为的行政机关</td></tr>
<tr><td rowspan="3">经过复议</td><td>复议机关决定维持</td><td colspan="2">作出原行政行为的行政机关+复议机关（共同被告）</td></tr>
<tr><td>复议机关决定改变</td><td colspan="2">复议机关</td></tr>
<tr><td>复议机关逾期未作出决定</td><td>诉原行政行为</td><td>作出原行政行为的机关</td></tr>
</table>

【例题·单选题】明星D某，因逃税被甲市乙县税务机关追缴税款、加收滞纳金并处罚款，共计1.06亿元。D某不服，向甲市税务机关申请行政复议，经复议甲市税务机关作出维持原具体行政行为的复议决定。D某不服，拟提起行政诉讼，下列说法中正确的是（ ）。

A. D某只能向乙县人民法院提起诉讼

B. D某只能以乙县税务机关为被告

C. D 某只能以甲市税务机关为被告

D. D 某应当以甲市税务机关和乙县税务机关为共同被告

【答案】D

【解析】选项 A，行政案件由最初作出具体行政行为的行政机关所在地人民法院管辖，经“行政复议的案件”，也可以由复议机关所在地人民法院管辖；选项 B、C、D，经复议的案件，复议机关决定维持原行政行为的，作出原行政行为的行政机关和复议机关是共同被告。

考点 35：行政诉讼的诉讼程序（见表 1–42 和表 1–43）

表 1–42 起诉和受理

先议后诉的情况下	复议机关决定不予受理或受理后超过复议期限不作答复，申请人可以自收到不予受理决定书之日起或者行政复议期满之日起 **15 日**内起诉
或议或诉的情况下	公民、法人或其他组织直接向人民法院提起诉讼的，应当自知道或者应当知道作出行政行为之日起“**6 个月**”内提出
行政机关不作为的情况下	公民、法人或其他组织申请行政机关履行保护其人身权、财产权等合法权益的法定职责，行政机关在接到申请之日起 **2 个月内**不履行的，可以起诉（紧急情况下不受该期限限制）
行政诉讼最长时效期间	因不动产提起诉讼的案件**自行政行为作出之日起超过 20 年**，其他案件自**行政行为作出之日起超过 5 年**提起诉讼的，人民法院不予受理
起诉形式	起诉应当向法院递交起诉状，并按照被告人数提出副本。书写起诉状确有困难的，可以口头起诉
法院受理	①法院接到起诉状，对符合条件的，应当登记立案 ②当场不能判定是否符合条件的，应当接收其起诉状，出具注明收到日期的书面凭证，并在 **7 日内决定是否立案**。不符合起诉条件的，作出不予立案的裁定，裁定书应当载明不予立案的理由。原告对裁定不服的，可以提起上诉 ③人民法院既不立案，又不作出不予立案的裁定，当事人可向上一级人民法院起诉
收费	人民法院审理行政案件，应当收取诉讼费用。**诉讼费用由败诉方承担，双方都有责任的，由双方分担**

表 1–43 审理和判决

（1）是否公开	公开，但涉及国家秘密、个人隐私和法律另有规定的除外 【注】涉及“**商业秘密**”的案件，当事人申请不公开审理的，可以不公开审理
（2）一审判决	立案之日起 **6 个月内**作出
（3）合议庭制	

续表

（4）调解	不适用调解	一般行政案件
	适用调解	①行政赔偿、补偿 ②行政机关行使法律、法规规定的自由裁量权的案件
（5）审理依据	①可作为“**依据**”的	法律和行政法规、当地的地方性法规
	②可作为“**参照**”的	规章
（6）“简易程序”	适用情形	①被诉行政行为是依法当场作出的 ②案件涉及款额2 000元以下的 ③属于政府信息公开案件的 ④当事人各方同意适用简易程序的
	不适用情形	发回重审、按照审判监督程序再审的案件
	审理期限	在立案之日起**45日内**审结
（7）一审上诉期	一审判决	判决书“**送达**”之日起“**15日**”内
	一审裁定	裁定书“**送达**”之日起“**10日**”内
（8）二审判决	收到上诉状之日起3个月内作出	
（9）人民检察院提出再审检察建议或抗诉的适用	①**最高**人民检察院对**各级**人民法院已经发生法律效力的判决、裁定，**上级**人民检察院对**下级**人民法院已经发生法律效力的判决、裁定，发现有法定再审事由，或者发现调解书损害国家利益、社会公共利益的，应当提出**抗诉**	
	②地方**各级**人民检察院对**同级**人民法院已经发生法律效力的判决、裁定，发现有法定再审事由，或者发现调解书损害国家利益、社会公共利益的，可以向同级人民法院提出检察**建议**，并报上级人民检察院**备案**；也可**提请上级**人民检察院向同级人民法院提出**抗诉**	

【例题·多选题】北京市人民法院在审理行政性案件时，可以作为审判依据的有（　　）。

A. 法律

B. 行政法规

C. 北京市人大制定的地方性法规

D. 国家税务总局制定的部门规章

【答案】ABC

【解析】选项D，规章在法院审理“行政案件”时仅起参照作用。

【例题·多选题】根据行政诉讼法律制度的规定，下列关于人民法院审理行政案件是否适用调解的表述中，正确的有（　　）。

A. 人民法院审理行政案件，一般不适用调解

B. 人民法院审理行政赔偿的案件，可以调解

C. 人民法院审理行政补偿的案件，可以调解

D. 人民法院审理行政机关行使法律、法规规定的自由裁量权的案件，可以调解

【答案】ABCD

（七）用图像调动右脑

没想到在杜老师的帮助下，我只花了不到两个小时的时间就把与经济法相关的知识精华全部提炼出来了。

提炼的时候，我只是在教材上按照自己的思路，把对应的考点画出来。整理笔记要花很多时间，好在杜老师培训班中有已经整理好的笔记，我只需要在其基础上修修改改就行了。

然后对于不太理解的考点，就看几个相应的习题，帮助自己理解。第一遍复习不用忙着做题，看题就是了，看根据自己总结出来的考点能不能把这些题做出来，总结到位了没有，笔记是否还需要完善。

我把所有的考点都转换成了图片，图片更有助于记忆。

我们都知道，人的左脑主要负责线性思维和数字化的分析工作，右脑则需要完整的图片信息才能形成理解。如果右脑一直处于闲置状态，那么不仅浪费了半个大脑的资源，还会阻碍左右脑的协同效应，加大理解的难度。

图像是大脑的自然语言，文字却只是人造的符号系统。右脑缺少了图像信息就相当于整个大脑正在阅读外语，自然就会感觉比较吃力。

如果一个外国人给你写几个字母：J'aime la neige，你脑子里肯定一片空白，一点感觉都没有。但是，如果他拿出一张雪花的图像，你立刻就明白了。如果你向一个生活在赤道附近的非洲人解释什么是雪，他可能毫无概念，无论你怎么解释，他都有可能不知道雪是什么东西。但是，如果你拿出一张雪的图片往他眼前一放，这就是雪。就算他从来没见过雪，也没听说过雪，不知道这个世界上还有雪这个东西，但是当他看到雪的图片时，他脑子里还是会立刻形成一幅生动的画面，噢，这就是雪，而不是大脑一片空白。

杜老师一再跟我强调不要逐字阅读，要快速扫描阅读。逐字阅读不仅阅读速度慢、效率低，更要命的是它还阻碍理解和掌握。

对此，我总是有点将信将疑，遂反问道：“不是说，慢工出细活吗？”

“细活并不需要慢工，慢工也不一定出得了细活。再说，就算你真的想细读研究，也是细读精华部分，你用得着把书上所有的文字都背下来吗？”

我还是有点儿不太相信读得慢会阻碍理解和掌握。

“那就做个小实验，感觉一下吧！”

如果　　我有　　8小
时的　　时间　　来　　砍
一棵　　树，
我　　就　　会　　花
6个　　小时
来　　磨砺　　自己
的　　斧子。

你这样读这句话，理解起来是否有点吃力？

那我们换一个阅读方式试试看。

如果我有8小时的时间
来砍一棵树，
我就会花6个小时
来磨砺自己的斧子。

眼睛一扫，是不是立马就明白了？

所以，不要一个字一个字地阅读，而要**按照语义群，大片大片地快速扫描**，扫描的时候，你的大脑会自然地把语义变成图像。

第二章

公司法律制度

（一）34% 股东捣蛋线

（摘自《小艾上班记 3——“混”在财务圈》）

尹嘉祯是楚帆以前的一个同事，一天大家聚会一起吃饭的时候，他突然说道，他准备跟两个同学合伙开公司。他的同学一个叫康宁，一个叫白俊，当时也在现场。

大家都是好兄弟，而且是一起干，自然就是股份平分。

一个公司的股权架构是公司运行的基础，一般有经验的创业者会做一个专业的咨询，然后才确定，但是对于普通的创业者，尤其是以前没接触过股权博弈的人来说，就会比较随意。

饭桌上，大家一团和气，我自然也不会多嘴。

因为是 3 个人，总投资 100 万元，股份 100%，3 个人分，就会出现小数点问题。于是，我笑着对尹嘉祯说道：“你请我们吃饭那么大方，那投资也大方点，你出 34 万元，占 34% 的股份不就行了。”

尹嘉祯这人也比较爽快，当场就说：“行，就听美女的，我出 34 万元。”

后来，一如我所料，工商登记的时候，需要撰写公司章程，然后确定董事长、总经理和监事。因为尹嘉祯占 34% 的股份，就很自然地把他登记成了董事长，康宁和白俊就分别登记为总经理和监事。

再后来，公司经营过程中，他们出现了理念分歧，康宁和白俊就想联合起来，撤掉尹嘉祯董事长的职位。而撤掉董事长，就需要修改公司章程，而修改公司章程，在《公司法》[①] 中是特别决议，需要拥有超过 2/3 的表决权才可以通过，而他们的股份加起来，才 66%，没有达到 2/3，差一点点，所以无法修改公司章程。

特别决议（见表 2–1），是中级经济法中经常考查的知识点，可能平时背诵的时候，并没有什么感觉，但是公司经营一旦出现了问题，就会发现《公司法》真的很有用。

① 《中华人民共和国公司法》

表 2-1　　特别决议

<table>
<tr><td rowspan="4">特别决议
【必背法条】</td><td>有限公司的股东会</td><td rowspan="2">①增减注册资本
②合并、分立、解散
③修改公司章程
④变更公司形式</td><td>代表 2/3 以上表决权的股东通过</td></tr>
<tr><td>股份公司的股东大会</td><td rowspan="2">出席会议的股东所持表决权的 2/3 以上通过</td></tr>
<tr><td>上市公司的股东大会</td><td>上述 + 在 1 年内购买、出售重大资产或担保金额超过公司资产总额的 30%</td></tr>
<tr><td>国有独资公司的股东会</td><td>①②③ + 发行公司债券 + 董事、监事选任</td><td>国有资产监督管理机构通过</td></tr>
</table>

【例题·多选题】股份有限公司股东大会所做的下列决议中，必须经出席会议的股东所持有表决权的 2/3 以上通过的有（　　）。

A. 批准公司年度预算方案的决议

B. 公司合并、分立、解散的决议

C. 变更公司形式的决议

D. 增加或者减少注册资本的决议

【答案】BCD

【解析】选项 A：属于股东大会决议事项，经出席股东大会的股东所持表决权过半数通过即可。

持股比例其实意味着权力，股东（大）会就是权力机构。

34% 在某种意义上，是一个相对控制线，我们在实践中也经常将其叫作股东捣蛋线。

根据《公司法》的规定，及其在实践中的应用，将持股比例总结归纳如下（见表 2-2）：

表 2-2　　持股比例

<table>
<tr><td>持股比例</td><td>含义</td><td>详解</td></tr>
<tr><td>34%</td><td>股东捣蛋线</td><td>对特别决议有一票否决权</td></tr>
<tr><td>67%</td><td>完美控股线</td><td>股东所有决策，均有一票通过权</td></tr>
<tr><td>51%</td><td>绝对控股线</td><td>除了特别决议，其他拥有决策权</td></tr>
<tr><td>30%</td><td>实际控制认定线</td><td>投资者实际支配的上市公司股份表决权比重超过 30%</td></tr>
<tr><td>25%</td><td>首发公众股线</td><td>公开发行的股份达到公司股份总数的 25% 以上；公司股本总额超过人民币 4 亿元的，公开发行股份的比例为 10% 以上</td></tr>
<tr><td rowspan="2">20%</td><td>重大影响线</td><td>投资单位进行会计核算时，需采用权益法</td></tr>
<tr><td>权益报告变动线</td><td>详式权益变动报告书</td></tr>
</table>

续表

10%	申请解散线	陷入僵局 + 经营困难 + 其他途径不能解决
	股东大会召集线	临时股东大会，两个月内召开
5%	重要股东判断线	关联方、内幕知情人、短线交易认定线（结合证券法，可以看到很多 5% 的规定）
1%	股东代表诉讼线	有限责任公司或股份有限公司连续 180 日以上单独或合计持有公司 1% 股份的股东、独立董事提议线

后来，尹嘉祯一直感谢我，说我无意中的一句话，让他掌握了主动权。

我笑着告诉他："我不是无意的，我是有意的，因为 34% 在《公司法》中是一个股东捣蛋线。"

我向他解释了原委，他恍然大悟，感激地说道："你这么帮我，我怎么感谢你呢？"

"举手之劳而已，谁叫你是楚帆的好兄弟呢？"

其实，我帮他真正的原因是，楚帆第一次带我见他的时候，他夸我漂亮。当时，他用肩膀碰了一下楚帆，放低声音说道："你知不知道她其实挺漂亮的？"

楚帆当时挑了挑眉："你第一次见她就知道，她在我身边这么长时间，我怎会不知道？"

"那让你带来见见还推三阻四的？"

楚帆莞尔浅笑道："好东西，得珍藏，岂能随便让人看？"

脸上完全是一副得意又欠揍的表情。

男人是最要面子的，那天他给了楚帆足够的面子，也给了我足够的面子。

所以，愿天下所有的男士，以后见了学会计的女生，第一要务就是，努力地、真诚地夸她漂亮，因为说不定哪天，她就能顺手帮你一把。毕竟，备考的这些日子不是白费的，知识学到手了，总是有用处的。

（二）人合与资合

《公司法》主要讲了两类公司：一类是有限责任公司；另一类是股份有限公司。其责任都有限，即以出资额为限承担责任，那为什么还要分开讲呢？它们有很多规定是相同的，也有很多规定是不同的，为什么搞这么复杂呢？

（摘自《小艾上班记 3——"混"在财务圈》）

那天，我们刚从民政局领完证出来，准备回程，楚帆就接到电话，公司有事。

他看了看我，有点内疚，本来打算带我出去逛逛，好歹今天结婚。

我有点失望，但随即表示理解。最近公司事多，虽然自己现在不在他的公司，

但是通过交谈，也能感觉出公司现在并不稳定。

以前我总觉得，公司拿到投资应该是一件很开心的事，但凡事皆有两面性。**投资者给公司钱，公司给投资者股份，股权结构发生变化，同时公司性质也发生变化。**

考中级、考注会，背《公司法》的时候，并没什么感觉，而此时却突然理解了很多东西。

比如《公司法》中，主要讲了两类公司：一个是有限责任公司，一个是股份有限公司。这两类公司在《公司法》中各有很多规定，但其实最本质的区别在于：**有限责任公司是人合性质，而股份有限公司是资合性质。**

所谓人合，就是股东基于相互之间的信任而集合在一起，股东间的关系非常紧密。就像楚帆创办睿智科技的时候，股东都是自己的兄弟，大家基于信任走在一起。

当外部投资者进入公司，并且决定走资本路线时，有限责任公司就变成股份有限公司。股份有限公司是资合公司，股东之间的关系就不那么紧密了，比如上市公司也是股份有限公司，上市公司有的股东之间可能一辈子都没见过面，大家只是把资金集合在一起。就算此时公司形式还是有限责任公司，但其实质已经悄然发生变化，工商手续变更是迟早的事。

正因为有人合和资合之分，所以《公司法》才会有不同的规定。

比如股份转让，《公司法》就规定，有限责任公司股份转让，对内没有特别的限制，股东之间可以相互转让部分或者全部股份；对外转让，得经其他股东过半数同意。其实这样就是为了保护这种人合性，因为有限责任公司的经营就是建立在这种信任的基础之上。

而股份有限公司，是资合性，同股同权，投票决议这些都是根据股份来的。股份对外转让，就不会说还要经过其他股东过半数同意，就像买上市公司的股票，你什么时候卖掉，你需要通知其他股东吗？需要他们同意吗？不需要。

一个其乐融融、靠兄弟情义创建起来的公司，现在突然加入外部人士，价值观和理念不可能完全一样，很可能会产生一系列的矛盾和冲突，这种矛盾和冲突需要慢慢磨合。

那天楚帆回家很晚，我生了好久的气，因为他说过，晚上会早点回来的，但是食言了。后来我才知道，公司一整天都处于剑拔弩张的气氛中，他根本就脱不开身。

股权、股权，意思就是股东基于股东资格而享有的从公司中获得利益并参与公司经营管理的权利，其叠加了股东对“财富”和“权力”的双重诉求。不同类型的股东对钱、权的诉求不同。

然而，对财富的渴望和对公司控制权的追求，很多时候是鱼与熊掌不可兼得的，你引入了投资，获得了资金，势必会失去一部分控制权。

如果对方是一个对钱强诉求、对权弱诉求的股东，那还好说，但如果对方也是一个对权强诉求的股东，那么他势必会争夺公司的控制权。

而睿智科技是楚帆一手创建起来的，他显然不希望公司的控制权落到对方手中。用他的话来说，就是“如果我不能控制这家公司，我就宁愿把它卖掉”。

创建公司不仅仅是为了赚钱，更是实现自己理念的途径，然而每个人的价值观和理念是不完全一样的，有时难免会起冲突。

楚帆有自己的理想，当初引入投资就是为了更好地实现自己的理想。现在倒好，居然被迫要求改弦易辙，他显然不能接受，更何况他也是一个控制欲很强的男人。

“那——那结果怎么样？”我轻轻地问道。

“Allen 说他最近有点忙，那边正在建写字楼，所以这边就暂时委托我们管理。”

意思就是 Allen 暂时放权，同时给自己和对方一个台阶下。

“不过，这让我又想起另一个问题，公司设有期权池用于员工激励，也就是持股的员工会越来越多，而公司的决策，根据《公司法》都是同股同权，那以后岂不是更复杂？”

“可以给员工股份，但是你不能给他们太多权力，否则的话，会乱套。”我连忙说道：“很多上市公司上市之前都出现过这种问题，比如欧派家居公司，其先是有限责任公司，后来引入投资，改成股份有限公司。股改后，其对员工进行激励，前前后后，自然人直接持股股东达到了 110 人。在上市审核的过程中，每个人都要去签字，而且中间由于员工离职等各种原因，效率非常低下。更何况万一员工到时候不想要股份了，也不好退出。”

“那怎么做才好？”

“我们可以参考其他一些做得比较好的公司，比如海康威视。它上市前有 51 名自然人持股，它没有让他们直接持股，而是先成立了两家投资管理公司，让这 51 名自然人持有投资管理公司的股份，投资管理公司再持有海康威视的股份，从而间接持股。这样他们就不需要每个人都参与海康威视的决策了，而是由投资管理公司参与表决就可以了。而投资管理公司一般采取有限合伙企业的形式，由创始人大股东承担合伙企业的无限连带责任，并享有全部表决权，但不分配财产权，也就是要‘权’但是不要‘钱’；高管员工是有限合伙人，不享有表决权，但是可以获得财产收益权，这就是有限合伙企业的妙用。”

楚帆一听：“这个办法好，当初 Allen 投资进来时，我要是也采取这种模式，就不会出现今日的股权之争了。”

“Allen 是一个对投资十分精通的人，在投资之前，他就会想到很多情况。换句话说，**如果他不想跟你争夺控制权，那他从一开始就会建议用投资公司的模式，**或者就算没有用投资公司的模式，他也会把所有的管理权交给你，自己只是财务投资。”

“那你的意思是他其实是冲着股权来的？”

“应该是，所以投资是把双刃剑。”

“看来学《公司法》还蛮有用的。”楚帆顺手开了灯，拿起床头的书，开始翻阅。

“那肯定了，虽然我注会还没考过，但是多少还是学了点。”

“你刚才说的在哪里？翻给我看。”

“教材上没写这么明白，只是一些法律规定，一条一条的，但是学完后，再碰到实际问题时，很多东西就突然想明白了。”

“行，那以后有时间，我尽量早点回来，陪你一起看。”楚帆温声软语地说道。

（三）公司股权转让

（摘自《小艾上班记 3——“混”在财务圈》）

睿智科技的同事得知天逸资本将股权卖给英曼科技的时候，十分震惊，接着就是愤怒。

舒子墨火冒三丈：“老子不干了，研发，我还研发什么？”接着，他把英曼科技和天逸资本大骂一通，说他们狼狈为奸，沆瀣一气。

楚帆也火急火燎的，怎么也弄不明白，好端端的，怎么说卖就卖呢？

现在睿智科技的发展如火如荼，只要假以时日，就完全可以取代英曼科技在行业中的地位。

而偏偏在这个时候，天逸资本把它卖了，而且还是卖给竞争对手。

让人实在是忍无可忍！

我得知消息后，去找杜老师，想问问到底是怎么回事。

杜老师也纳闷，怎么就突然变成这样了呢？

他决定找黎斯年谈谈，问个究竟。我忙说道：“带上我，我也去！”

到了黎斯年办公室，杜老师开门见山道：“老黎，你怎么把睿智科技卖了呢？”

黎斯年淡笑道：“杜老师，别人不明白，你应该明白，这可是我做的一笔最好的投资，投资期短，回报率高。”

杜老师何等聪明之人，其实他早就想明白了，只是在感情上，有点不能接受。

“你这完全是陷我于不义啊！”

“怎么会不义呢？当初要是没有我出手，睿智科技早就死了。”

“可是今非昔比，如今睿智科技发展得很不错，你为什么不直接支援它，让它上市呢？到时候说不定，你赚得更多。”

“杜老师，你错了，李嘉诚说过一句话，**‘永远都别去赚最后一个铜板，投资要懂得见好就收，切忌贪婪’**。睿智科技上市，还需要一个极漫长的过程，这个过程，有太多不确定的事项，谁也不知道未来会发生什么，既然赖飞驰愿意出高价，我为何不现金为王，落袋为安呢？股份卖给谁不是卖，干嘛非得卖给股民呢？”

“你是睿智科技的大股东，掌握绝大部分股份，现在你把它卖了，那我的兄弟，你打算怎么安排？”杜老师有点担忧地问道。

黎斯年将手上的烟抽了两口，苍白的指节动了动，说道：“萧总是一个难得的人才，只要他愿意，赖飞驰定会诚恳相留。睿智科技并入英曼科技后，睿智的 CEO 还是他。不光是他，睿智科技的其他员工，也可以全部留用。”

“如果他不愿意呢？”

“根据相关法律的规定，大股东出售股权，小股东可以按照同样的价格转让股权。”

事已至此，杜老师也不便再说什么了，站在投资者的角度上，人家也无可厚非。

我听了半天，才后知后觉，原来他们实际的投资只有 2 000 万元，当初对外宣布 2 亿元，就是为了日后套现离场，这从一开始就是一个局。

楚帆坐在办公室，快把那本《公司法》翻烂了，终于找到以下几条（见表 2–3）：

表 2–3　**股权对外转让相关规定**

通知征得同意	有限责任公司股东向股东之外的人转让股权，除公司章程另有规定（完全自由）外，应当经其他股东过半数同意；股东应就其股权转让事项书面通知其他股东征求同意
	【提示】有限责任公司的股东向股东以外的人转让股权，应就其股权转让事项以书面或者其他能够确认收悉的合理方式通知其他股东征求同意（无须召开股东会）

续表

同意	（1）明确表示同意 （2）其他股东自接到书面通知之日起满 30 日未答复的，视为同意转让 （3）其他股东半数以上不同意转让，不同意的股东不购买的，人民法院应当认定视为同意转让
优先购买权	（1）经股东同意转让的股权，在同等条件下，转让股东以外的其他股东有权主张优先购买权，但转让股东依法放弃转让的除外 （2）两个以上股东主张行使优先购买权的，"协商"确定各自的购买比例；协商不成的，按照"转让时各自的出资比例"行使优先购买权

最后，他跟舒子墨几个人一合计，给天逸资本发了份公函，反对英曼科技收购睿智科技，因为**根据《公司法》相关法律的规定，股东转让股权时，必须先书面通知其他股东，应当经其他股东过半数同意，并且其他股东有优先购买权。**

黎斯年看到公函，火冒三丈，对高修平发怒道："我不是让你去跟他们好好沟通吗？这就是你沟通的结果？"

"我去沟通了，我好言好语跟他们说了半天，可是他们就是油盐不进，而且情绪很激动。"

"那你现在就去回复他们，让他们明白：（1）我们没有书面通知，但是法律规定以其他能够确认收悉的合理方式进行通知，也是可以的，他们现在不是都已经知道了吗？（2）不同意转让，那他们就购买，不购买视为同意转让。（3）他们是有优先购买权，但是他们有钱吗？赖飞驰出得起 1 亿元，他们出得起吗？真是自不量力！"

于是，高修平又赶紧去跟睿智科技沟通，让他们好好理解一下《公司法》，气得楚帆把那本《公司法》直接丢在地上。

"那我们去找钱，投资人又不是只有他们一个，我们公司现在发展得那么好，说不定会有人投资的。"舒子墨愤愤地说道。

这确实也是一个办法。

（四）100 天读 33 本书，开什么玩笑

窗外，阳光塞满了每个角落，天空明净得似乎有些过分，若不是那几朵悠然自得的白云，真怀疑它的存在。雨后的阳光，亮丽却不刺眼，直射进人的心里，柔柔的清风吹着树叶，像是在招手，让在家闷了一天的我，不由地向外走去。

一个人闲逛，轻松自在的同时也有些无聊。街角的咖啡店，挂着一串风铃叮当作响。我走进去，服务员立马问道："请问有什么需要为你服务的吗？"

“给我来一杯卡布奇诺。”我习惯性地答道。

转念一想，还是不要咖啡了。

“你这有阿华田吗？”

“有。”

“那还是给我来杯阿华田吧。”

恋上咖啡的人容易恋上寂寞，搅着杯中的卡布奇诺，白色的奶油如泡沫般荡漾，空气里弥漫着诱人的馨香，如童话里美丽而虚幻的爱情。轻轻地品上一口，那浓郁的香气便会瞬间涌向咽喉再浸入腹中，有一股香醇的暖流层层包裹，接下来的却是一份浓浓的苦意。这就是咖啡的味道，有点苦涩，有点寂寞。

而现在的我，没有时间寂寞，更没有时间去品尝寂寞。

换个地点，换个心情，只是为了不让自己厌倦书本。

“同学，我可以坐在这里吗？”

我抬头一看，一个小伙子，留着平头，满脸谦和的笑容，手里还拿着一本书，难道是同行？

“可以。”我答道。

“请问你在看什么书？这么认真？”他继续问道。

“《中级经济法》。”

“我最近在看市场营销方面的书。”

我“哦”了一声，内心保持着警惕。做销售的，不会是想跟我推销什么东西吧？

“我花了100天的时间看完33本书，终于完成了目标。”

开什么玩笑？100天读完33本书，也就是3个月看33本，我3个月连1本书都没看完。

“你看的是小说吧？”我问道。

“不完全是，我也看专业书籍。”

“就算全是小说，3个月看33本，也会吐啊。”

“你不信是吧，我真的做到了。我今天来就是跟老师交作业的。”

“哦。”

我觉得这个人可能脑子有点问题，不太想搭理他。

“老师，您来啦？”突然，他热情地站了起来。

我抬头一看，四目相对，竟然是杜老师。

“你们两个怎么在一起？”杜老师问道。

“我们碰到了。”那“小平头”赶紧答道，好像我跟他很熟似的。

“噢，不是，刚在这——”我突然发现自己语塞了。

“小艾，怎么，不喝咖啡了，改喝可可粉啦？”

“嗯。”

“那我也来杯阿华田吧。服务员，给我来杯阿华田。”

“老师，你们怎么都喝可可粉啊？是不是我们组织都要求喝可可粉？”“小平头”问道。

“什么组织？”我疑惑不解。

“COCO POLE。”

“COCO POLE 是什么呀？”

“你不是 COCO POLE 的啊？我还以为你是呢！那你跟杜老师是怎么认识的？”

“我跟他是同事。”

“噢。”

“李城，你 100 天成功读完 33 本书，感觉如何？”杜老师问道。

“我觉得自己太不一般了，我自己都觉得自己很了不起。真是太感谢你了，要不是你，没准儿我就半途而废了。”

“看你说的，这些都是你自己努力取得的成绩。你本来就是一个意志很坚定的人。”

“不是，我不是一个意志坚定的人，还是因为老师您厉害。虽然我现在感觉精力殆尽，但是内心却斗志昂扬，就像翻过了一座自己认为无法翻越的大山一样。觉得以后再也没有什么干不了的事了，而且对读书的畏惧感消失了。”

“好，就是要以这种气势走下去。”杜老师鼓励他。

“读书任务是完成了，可总是觉得有点不踏实！”

“是不是感觉少了点什么？”

“嗯，就是那种感觉。”

“100 天读 33 本书，主要是为了培养读书的习惯。不论你读什么书，只要喜欢，就都是有意义的。”

“虽说有意义，可是——”

“怎么，感觉有点不完美？”

“是的，很多人都把读书当作兴趣爱好，可是也没见那些人的命运有很大变化呀？”

“你希望通过读书得到更重要的东西，是吧？”

“没错，不知道作为一个刚刚开始读书的人这么说是不是有些可笑，但我想，如果单纯地把读书当作兴趣，那就和看电视、玩游戏没两样。”

“进步够快，刚读了 100 天的书，就希望发生翻天覆地的变化，你这是一种欲望。这种欲望其实就是改变人生和获得成长的强烈愿望，有了这种欲望，才能向下一步迈进。”

“那下一步是什么？”

“用 1 年的时间，读 100 本跟自己工作相关的专业书籍。”

“1 年读 100 本？而且还是那些难懂的大部头？”

“怎么，100 天能读完 33 本书的人，1 年还读不了 100 本书？”

“这根本不是一码事啊。以前读的都是简单有趣的书，坐公交、坐地铁、等车的时候都能看。”

“到哪儿都想看看书，这是个好习惯。”

“是吗，我真的养成了读书习惯？哦，不，这不是——”

“那你还打算继续下去吗？”

“打算继续下去，但是，我真的能做到吗？”

“能，相信自己，养成读书习惯的人都可以做到。”

“真的吗？”

“真的。”

“那么，1 年读 100 本书，最先需要做的是什么？”

“当然是回去准备 100 本书和一个能放 100 本书的书架。”杜老师哈哈笑了起来。

“小平头”走了，回去准备他的书架去了，留下困惑的我。

“杜老师，COCO POLE 是什么啊？”

“一个读书人的组织。”

“100 天可以读 33 本书？是真的？”

“当然。”

“那我也要加入 COCO POLE 。”

“不行，你现在还不可以。”

“噢，那我什么时候可以？”

“你先花 10 天时间把这本经济法复习完第一遍，然后再花一个星期复习完第二遍，然后花 1 天做完 3 套模拟试卷，然后准备考试。”

“不到 20 天，复习完《经济法》？这怎么可能？”

“可以的，相信自己。有些东西从前你不相信的，后来都会相信。我以前也不相信，**我可以 1 年读 365 本书，而我最近实现了这个目标。**”

1 年读 365 本书，1 天 1 本，太恐怖了。

（五）天下武功，唯快不破

“快速学习，快速阅读，快速获取信息是一种很重要的能力。”杜老师说道。

“那你怎么会突然想起训练自己读书呢？”我问道。

“这也是一个偶然的想法，有一天我看了中国香港明珠台的一个电视节目。”

“什么节目？”

“这个节目是对世界前两名富豪比尔·盖茨和沃伦·巴菲特的专访。

“主持人以及现场观众对他们两人轮流进行了很多提问，两位世界富豪也一一做了耐心的回答。

“到了节目的最后，主持人向他们两人提了最后一个问题：‘请问两位，你们都已经如此成功了，那么在你们的人生中，还有什么事情是觉得最遗憾的呢？’

“不愧是著名的节目主持人，这个问题问得实在是有很高的水平。呵呵，所有现场和电视机前的观众（当然也包括我）的好奇心立刻就被调动起来了，如此成功的两个人，到底还有什么样的遗憾呢？

“当听到他们的回答时，我被深深震撼了！

“对于人生最大的遗憾，世界前两名富豪比尔·盖茨和沃伦·巴菲特，他们的回答竟然是——

“比尔·盖茨说：‘我最遗憾的事情，就是没有掌握快速学习、快速阅读的方法。**所有的成功者都是学习者，所有的领导者都是阅读者**。如果我能掌握快速学习、快速阅读的方法，多看很多书，相信我会更成功！’

“沃伦·巴菲特说：‘我的回答跟盖茨的一样，我在年轻的时候要是能学会学习，学会快速阅读，多看一些书，多掌握一些资讯，我想，世界首富估计就轮不到他（盖茨）来当了，哈哈。’

“随后，两人相视大笑。

“后来，我就开始大量阅读，接着就结交了一些喜欢读书的朋友，然后知道他们组成的读书组织叫 COCO POLE。”

“太神奇了。”

“你知道自己为什么看书会走神吗？”

“为什么？”

“因为你看得太慢了。根据科学研究，人类的思维速度至少能达到 600 字 / 分钟，但一般人的语速却在 150 字 / 分钟左右。正是出于这个原因，我们在听讲或是听报告时才会经常走神。

“万一碰上个枯燥的主题或是个无趣的教授，而我们又不懂得积极调动多余的精力去思考听到的内容，把理论与实际联系起来，白日梦就容易乘虚而入。

“从神经学的角度来讲，人脑每秒钟有意识处理的信息量约为 126 个神经比特，潜意识的工作速度甚至高达 10 亿个神经比特 / 秒。如果以平均阅读速度 200 字 / 分钟来计算，就相当于每秒处理 40 个神经比特的信息，这就意味着大脑每秒钟都有高达 80 多个神经比特的空间未被利用。或许你会认为这是件好事。大脑有了空闲不是正好可以休息一下吗？其实不然。人脑是一台异常勤奋的计算机，一旦出现资源过剩的情况，它就会在后台自动调用空闲的资源来处理其他信息，也就是我先前提到的白日梦。

“换言之，如果你的阅读速度跟不上大脑处理信息的速度，过剩的资源非但不能节约下来以备日后之需，反而会被用到其他无关紧要的地方，阻碍注意力的集中。在绝大多数情况下，我们会自言自语：‘别人肯定都比我读得快！为什么人家周末放假出去玩儿，我就得闷在图书馆里看书？’不用多说，大家也知道这种消极的自我暗示对阅读理解和记忆有害无益。

“因此，你要快速阅读，快速提取对你有用的东西，快一点，快一点，再快一点！”

（六）本章通关地图（如图 2-1 所示）

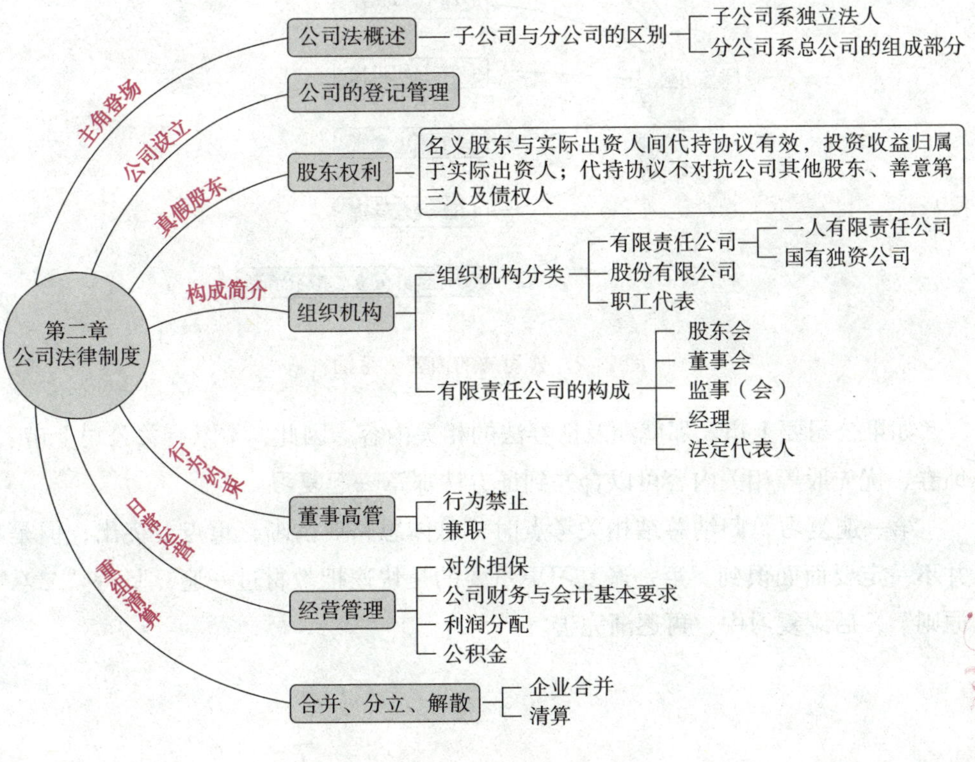

图 2-1　本章通关地图

（七）高频考点提炼

对于经济法第一遍复习，就是要快速扫描阅读，同时提取里面的精华；你一边阅读，一边归纳总结，提取精华，因而你是没有时间走神的。

不管如何提取，你首先得明确自己的总体思路。

《公司法》讲的主要是公司设立、经营以及最后注销的整个过程中的相关规定。那我就可以用自己的思维体系重新把相关的知识整理一遍。

首先是股东出资，出资后，其获得股东权利，股东权利是可以转让的；公司成立后，需要由对应的组织机构及相关的董事高管进行经营管理，公司最后不做了，要么合并，要么分立或者减资清算。

公司法的内容体系如图 2–2 所示。

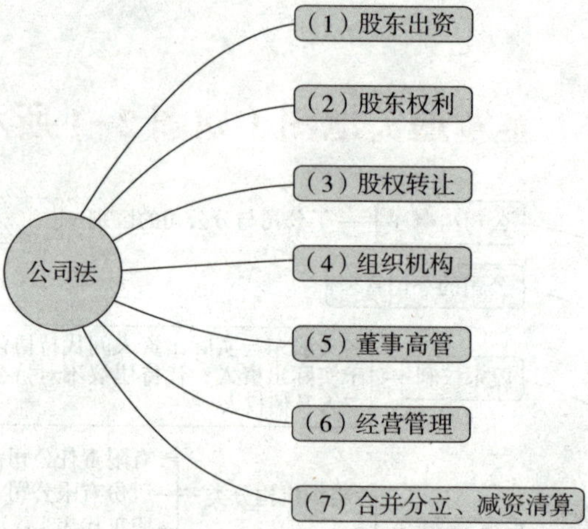

图 2–2　公司法的内容体系图

如果公司要上市，那就涉及证券法的相关内容。因此，本章有关公司上市、债券、优先股等相关内容可以合并到证券法那章一起复习。

第一遍复习，归纳总结相关考点时，总体思路要清晰，重点要突出，但是并不一定要面面俱到。第一遍复习更重要的是快速把教材过一遍，坚持“二八原则”，后续复习中，再逐渐完善。

1. 设立及出资

考点 1：子公司与分公司（见表 2–4）

表 2–4　　　　　　　　　　　　　　子公司与分公司

项目	子公司	分公司
异	对应母公司，母子公司之间存在**控制与被控制**的关系	对应总公司，在**隶属公司的经营范围内**从事经营活动
	独立法人：以自身**全部财产**为限对其负债独立承担责任	不具备法人资格：只是**总公司的组成部分**，责任由总公司承担
	拥有独立的财产	没有独立的财产
	取得企业法人营业执照	取得营业执照
同	都能独立地进行民事活动	

考点 2：公司法人财产权（如图 2–3 所示）

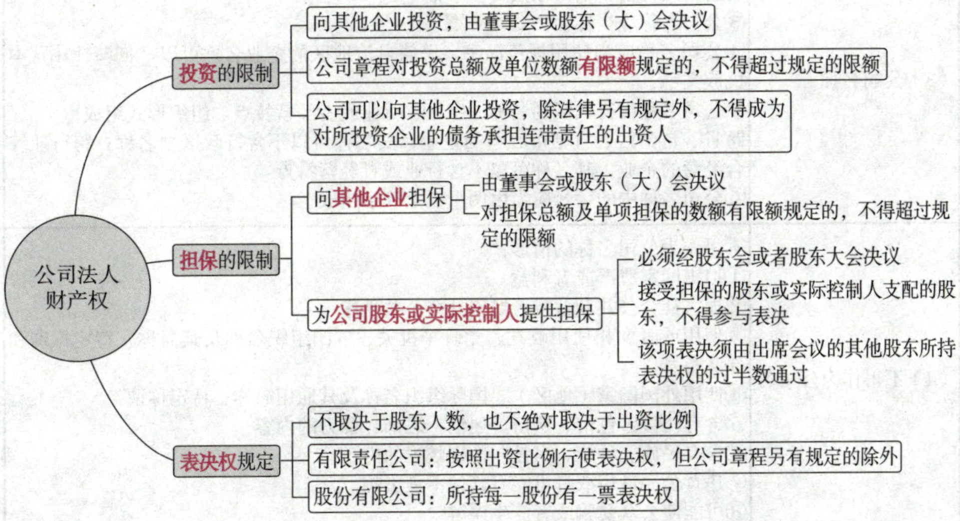

图 2–3　公司法人财产权

考点 3：公司登记的管理机关

（1）“**国务院市场监督管理部门**”主管**全国**公司登记管理工作。

（2）“**县级以上地方人民政府市场监督管理部门**”主管**本辖区**公司登记管理工作。

考点4：公司的登记和备案事项（见表2-5）

表2-5 公司的登记和备案事项

（1）登记事项	①公司名称 ②公司类型 ③经营范围 ④住所或者主要经营场所 ⑤注册资本 ⑥法定代表人姓名、有限责任公司股东或者股份有限公司发起人的姓名或者名称
（2）备案事项	①公司章程 ②经营期限 ③有限责任公司股东或者股份有限公司发起人认缴的出资数额 ④公司董事、监事、高级管理人员 ⑤公司登记联络员、外商投资企业法律文件送达接受人 ⑥公司受益所有人的相关信息。 **【提示】**“**经营期限**”由原登记事项调整为“**备案事项**”
（3）公司名称	①公司只能登记“**一个**”名称，“**经登记**”的公司名称受法律保护 ②公司名称由申请人依法自主申报 ③公司名称应当标明“**公司类型**” ④公司名称应当使用规范汉字，民族自治地区的企业名称可以“**同时使用**”本民族文字 ⑤公司名称由行政区划名称、字号、行业或者经营特点、组织形式组成 跨省、自治区、直辖市经营的企业，其名称可以不含行政区划名称；跨行业综合经营的企业，其名称可以不含行业或者经营特点 ⑥公司名称中的字号应当由两个以上汉字组成
（4）不得作为公司名称	不得作为公司名称的情形： ①损害国家尊严或者利益 ②损害社会公共利益或者妨碍社会公共秩序 ③使用或者变相使用政党、党政军机关、群团组织名称及其简称、特定称谓和部队番号 ④使用外国国家（地区）、国际组织名称及其通用简称、特定称谓 ⑤含有淫秽、色情、赌博、迷信、恐怖、暴力的内容 ⑥含有民族、种族、宗教、性别歧视的内容 ⑦违背公序良俗或者可能有其他不良影响 ⑧可能使公众受骗或者产生误解 ⑨县级以上地方行政区划名称、行业或者经营特点不得作为字号，另有含义的除外
（5）公司的经营范围	公司的经营范围属于在登记前依法须经批准的许可经营项目的，应当在申请登记时提交有关批准文件
（6）公司的住所	①经公司登记机关登记的公司的住所只能有一个 ②公司的住所应当在其公司登记机关辖区内
（7）有限责任公司股东、股份有限公司发起人	①一人有限责任公司股东：自然人、法人 ②其他公司股东或发起人：自然人、法人和非法人组织

续表

（8）法定代表人	①任职人选（先法定，后约定）	公司法定代表人依照公司章程的规定，由“董事长、执行董事或者经理”担任 【提示】公司的法定代表人，只能三者择其一，章程不能随意规定
	②不得担任法定代表人的情形	a. 无民事行为能力或者限制民事行为能力
		b. 因“贪污、贿赂、侵占财产、挪用财产或者破坏社会主义市场经济秩序”（经济犯罪），被判处刑罚，“执行期满”未逾“5年”；或者“因犯罪被剥夺政治权利”，“执行期满”未逾“5年” 【提示1】因属“黑五类（贪、贿、挪、占、坏秩序）”被判刑的，5年。 【提示2】只要是因犯罪被剥夺政治权利的，5年 【提示3】剥夺政治权利年限自刑罚执行届满时开始计算
		③担任“破产”清算的公司、非公司企业的“法定代表人、董事或者厂长、经理”，对破产负有“个人责任”的，自破产清算完结之日起未逾“3年” 【提示】因经营不善导致破产的经营者，为负有个人责任的经营者，即“法定代表人、董事、厂长、经理”
		④担任因违法被“吊销”营业执照、责令关闭的公司、非公司企业的“法定代表人”，并负有“个人责任”的，自被吊销营业执照之日起未逾“3年” 【提示】因违法经营导致被关闭，为“法定代表人”
		⑤个人所负数额较大的债务“到期未清偿” 【记忆口诀】把自己“玩死”5年，把别人“玩死”3年，最后“大债”到期未清偿

【例题·单选题】根据公司法律制度的规定，下列人员中，符合公司法定代表人任职资格的是（　　）。

A. 艾某，曾为甲公司董事，甲公司因违法经营被吊销营业执照，自被吊销营业执照之日起未逾3年

B. 王某，曾为乙企业法定代表人，因其决策失误导致乙企业破产清算，自乙企业破产清算完结之日起未逾3年

C. 李某，因贷款炒股，个人负有到期债务1 000万元尚未偿还

D. 赵某，曾担任某国有企业总会计师，因贪污罪被判处有期徒刑，执行期满未逾5年

【答案】A

【解析】选项A，担任因违法被吊销营业执照的公司的法定代表人，并负有个人责任的，自被吊销营业执照之日起未逾3年不得担任公司的法定代表人，艾某的身份为董事，不受上述条款限制；选项B，担任破产清算的公司、非公司企业的“法定代表人、董事或者厂长、经理”，对破产负有个人责任的，自

破产清算完结之日起未逾 3 年不得担任公司的法定代表人；选项 C，个人所负数额较大的债务到期未清偿，不得担任公司的法定代表人；选项 D，因贪污、贿赂、侵占财产、挪用财产或者破坏社会主义市场经济秩序，被判处刑罚，执行期满未逾 5 年，或者因犯罪被剥夺政治权利，执行期满未逾 5 年，不得担任公司的法定代表人。

【例题·判断题】公司的法定代表人依照公司章程的规定，由董事长、执行董事或者经理担任，并依法登记。（　　）

【答案】√

【解析】公司的法定代表人依照公司章程的规定，由董事长、执行董事或者经理担任，并依法登记。

考点 5：公司的登记程序（见表 2–6、表 2–7 和表 2–8）

表 2–6　　设立登记

设立登记	登记申请人	有限责任公司	全体股东指定的**代表**或共同委托的**代理人**
		国有独资公司	本级政府国有资产监督管理机构
		股份有限公司	董事会
		【注】申请人可以委托其他自然人或者中介机构代其办理公司登记	
	登记时间	法律规定设立公司须经批准的，应当在“**批准文件有效期内**”向登记机关申请登记	
设立登记	登记机关义务	①形式审查义务	登记机关应当对申请材料进行“**形式审查**”
		②及时登记义务	对申请材料齐全、符合法定形式的予以确认并当场登记；不能当场登记的，应当在 3 个工作日内予以登记 情形复杂的，经登记机关负责人批准，可以再延长 3 个工作日
		③一次性告知义务	申请材料不齐全或者不符合法定形式的，登记机关应当“**一次性告知**”申请人需要补正的材料 【提示】登记申请不符合法律、行政法规规定，或者可能危害国家安全、社会公共利益的，登记机关不予登记并说明理由
	公司成立	营业执照的“**签发**”日期为公司的成立日期 【提示】“**申请、受理、领取日**”等说法均不正确	

表 2–7　　分公司登记与变更登记

分公司登记	公司设立分支机构，应当向“**分支机构所在地**”的登记机关申请登记	
变更登记	①变更登记事项	变更法定代表人；变更经营范围；许可证或者批准文件被吊销、撤销或者有效期届满；变更住所或者主要经营场所跨登记机关辖区
	②一般事项变更登记时间	公司应当自作出变更决议、决定或者法定变更事项发生之日起 **30 日内**向登记机关申请变更登记

续表

<table>
<tr><td rowspan="2">变更登记</td><td>③“合并、分立、减资”变更登记时间</td><td colspan="2">公司“合并、分立、减资”的，可以通过国家企业信用信息公示系统公告，公告期为“45 日”，应当于公告期满后办理登记</td></tr>
<tr><td>④变更备案时间</td><td colspan="2">公司变更备案事项的，应当自作出变更决议、决定或者法定变更事项发生之日起 30 日内向登记机关办理备案</td></tr>
<tr><td rowspan="5">歇业备案</td><td>①可以办理歇业的情形</td><td colspan="2">因“自然灾害、事故灾难、公共卫生事件、社会安全事件”等原因造成经营困难的，公司可以“自主决定”在一定时期内歇业，法律、行政法规另有规定的除外</td></tr>
<tr><td>②备案时间</td><td colspan="2">公司应当在歇业前向登记机关办理备案</td></tr>
<tr><td>③歇业公示</td><td colspan="2">登记机关通过国家企业信用信息公示系统向社会公示歇业期限、法律文书送达地址等信息
【提示】公司歇业期间，可以以法律文书送达地址代替住所或者主要经营场所</td></tr>
<tr><td>④歇业时间</td><td colspan="2">公司歇业的期限最长不得超过 3 年</td></tr>
<tr><td>⑤复业情形</td><td colspan="2">公司在歇业期间开展经营活动的，视为恢复营业，公司应当通过国家企业信用信息公示系统向社会公示</td></tr>
<tr><td rowspan="6">注销登记</td><td rowspan="3">①清算规定</td><td>无需清算</td><td>因合并、分立而解散公司</td></tr>
<tr><td>应当清算</td><td>因其他原因解散公司</td></tr>
<tr><td colspan="2">【提示】是否需要清算，看注销后债务是否有人继承</td></tr>
<tr><td>②清算公示</td><td colspan="2">公司注销登记前依法应当清算的，清算组应当自成立之日起 10 日内将清算组成员、清算组负责人名单通过国家企业信用信息公示系统公告</td></tr>
<tr><td>③债权人公告</td><td colspan="2">清算组可以通过国家企业信用信息公示系统发布债权人公告</td></tr>
<tr><td>④注销登记时间</td><td colspan="2">清算组应当自清算结束之日起 30 日内向登记机关申请注销登记
【提示】公司申请注销登记前，应当依法办理分支机构注销登记</td></tr>
</table>

表 2-8 **简易注销与直接注销**

<table>
<tr><td rowspan="3">简易注销</td><td>①适用情形</td><td>公司未发生债权债务或者已将债权债务清偿完结，未发生或者已结清清偿费用、职工工资、社会保险费用、法定补偿金、应缴纳税款（滞纳金、罚款），并由全体股东书面承诺对上述情况的真实性承担法律责任</td></tr>
<tr><td>②不适用情形</td><td>公司注销依法须经批准的，或者公司被吊销营业执照、责令关闭、撤销，或者被列入经营异常名录的</td></tr>
<tr><td>③公示及注销</td><td>公司应当将承诺书及注销登记申请通过国家企业信用信息公示系统公示，公示期为 20 日
公示期内无相关部门、债权人及其他利害关系人提出异议的，公司可以于公示期届满之日起 20 日内向登记机关申请注销登记</td></tr>
<tr><td>直接注销</td><td colspan="2">人民法院裁定强制清算或者裁定宣告破产的，有关清算组、破产管理人可以持人民法院终结强制清算程序的裁定或者终结破产程序的裁定，直接向登记机关申请办理注销登记</td></tr>
</table>

【例题·单选题】根据公司法律制度的规定，下列关于公司注销的说法中，不正确的是（　　）。

A. 公司注销登记前依法应当清算的，清算组应当自清算结束之日起 30 日内向登记机关申请注销登记

B. 公司注销依法须经批准的，不适用简易注销程序

C. 公司申请注销登记后，应当依法办理分支机构注销登记

D. 人民法院裁定宣告公司破产的，破产管理人可以持人民法院终结破产程序的裁定，直接向登记机关申请办理注销登记

【答案】C

【解析】选项 C，公司申请注销登记前，应当依法办理分支机构注销登记。

【例题·单选题】张某、马某、孙某拟设立甲有限责任公司，于 2019 年 5 月 9 日共同制定了公司章程，并于 2019 年 6 月 14 日向公司登记机关提出设立申请。公司登记机关于 2019 年 6 月 26 日签发营业执照。张某等股东于 2019 年 7 月 2 日取回了营业执照，甲有限责任公司的成立日期为（　　）。

A. 2019 年 5 月 9 日

B. 2019 年 6 月 14 日

C. 2019 年 6 月 26 日

D. 2019 年 7 月 2 日

【答案】C

【解析】营业执照的“签发”日期为公司的成立日期。

考点 6：监督管理（见表 2-9）

表 2-9　　监督管理

证照管理	（1）营业执照正本和副本具有同等法律效力 （2）电子营业执照与纸质营业执照具有同等法律效力 （3）公司应当将营业执照置于主要经营场所的醒目位置 （4）从事电子商务经营的公司应当在其首页显著位置持续公示营业执照信息或者相关链接标识 （5）任何单位和个人不得伪造、涂改、出租、出借、转让营业执照 （6）营业执照遗失或者毁坏的，公司应当通过国家企业信用信息公示系统声明作废，申请补领 （7）登记机关依法作出变更登记、注销登记和撤销登记决定的，公司应当缴回营业执照，拒不缴回或者无法缴回营业执照的，由登记机关通过国家企业信用信息公示系统公告营业执照作废	
撤销登记管理	（1）撤销原因	登记申请人提交**虚假材料**或者采取其他**欺诈手段**隐瞒重要事实取得公司登记
	（2）撤销申请	受虚假登记影响的自然人、法人和其他组织可以向登记机关提出撤销公司登记的申请
	（3）撤销登记	登记机关受理申请后，经调查认定存在虚假登记情形的，应当撤销登记
	（4）撤销公示	相关公司和人员无法联系或者拒不配合的，登记机关可以将相关公司的登记时间、登记事项等通过国家企业信用信息公示系统向社会公示，**公示期为 45 日**

续表

撤销登记管理	（5）反省期	因虚假登记被撤销的公司，其直接责任人自登记被撤销之日起3年内不得再次申请公司登记，登记机关应当通过国家企业信用信息公示系统对此予以公示
	（6）拨乱反正	登记机关或者其上级机关认定撤销公司登记决定错误的，可以撤销该决定、恢复原登记状态，并通过国家企业信用信息公示系统公示

考点7：有限责任公司设立条件（见表2-10）

表2-10　　有限责任公司设立条件

股东	人数	1—50人
	性质	自然人或法人
出资	注册资本	指在登记机关登记的全体股东**认缴**的出资额。法律、行政法规及国务院决定对最低限额另有规定的，从其规定——**一般无法定注册资本最低限**
	期限	可分期——**无法定出资期限要求**
	方式	可以货币、实物、知识产权、土地使用权等方式出资——**无货币出资比例限制** **【注】**不能出资："劳务"、信用、自然人姓名、商誉、特许经营权、设定担保的财产、土地所有权或者非法的财产 **【链接】**合伙企业的"普通合伙人"可以用**劳务**出资
	验资	有限责任公司的股东出资时**无需验资**
章程	制定	股东共同制定，股东应当在公司章程上签名、盖章
	约束力★	章程**对公司、股东、董事、监事、高级管理人员（不包括实际控制人）**具有约束力 **【注意】**高级管理人员包括**经理、副经理、财务负责人、上市公司董事会秘书**
名称	有名称，有符合有限责任公司要求的组织机构	
住所	以其主要办事机构所在地为住所	

考点8：股东出资——出资形式（如图2-4所示）

【例题·多选题】甲公司、乙公司与刘某、谢某欲共同设立一个注册资本为200万元的有限责任公司，下列他们在拟定公司章程时约定的各自的出资方式中，不符合公司法律制度规定的有（　　）。

A. 甲公司以其企业商誉评估作价80万元出资

B. 乙公司以其获得的某知名品牌特许经营权评估作价60万元出资

C. 刘某以劳务作价20万元出资

D. 谢某以其设定了抵押担保的房屋评估作价40万元出资

【答案】ABCD

- 股东出资形式
  - （1）股东可以用**货币**出资，也可以用实物、知识产权、土地使用权等可以用**货币估价**并可以**依法转让**的**非货币财产**作价出资
  - （2）股东**不得**以劳务、信用、自然人姓名、商誉、特许经营权或者设定担保的财产等作价出资
  - （3）非货币出资
    - ①未依法评估
      - 公司、其他股东或者公司债权人请求认定出资人未履行出资义务，人民法院应当委托具有合法资格的评估机构对该财产评估作价
      - 评估确定的价格显著低于公司章程所定价格的，人民法院应当认定出资人未依法全面履行出资义务
      - 未依法评估的，先补正（由人民法院委托评估机构进行评估）
      - 只有当评估确定的价格“显著低于”公司章程所定价格时，人民法院才认定出资人未依法全面履行出资义务
      - 未经补正程序，人民法院不宜“直接认定”出资人未依法全面履行出资义务
    - ②事后贬值
      - 出资人以符合法定条件的非货币财产出资后，因市场变化或者其他客观因素导致出资财产贬值，公司、其他股东或者公司债权人请求该出资人承担补足出资责任的，人民法院不予支持；当事人另有约定的除外
    - ③土地使用权
      - 出资人以“划拨”的土地使用权或者设定权利负担（如设定了抵押担保）的土地使用权出资，公司、其他股东或者公司债权人主张认定该出资人未履行出资义务的，人民法院应当责令当事人在指定的合理期间内办理土地变更手续或者解除权利负担，逾期未办理或者未解除的，人民法院应当认定出资人未依法全面履行出资义务
    - ④登记
      - 已经交付公司使用但未办理权属变更手续
        - 出资人以房屋、土地使用权或者需要办理权属登记的知识产权等财产出资，已经交付公司使用但未办理权属变更手续，公司、其他股东或者公司债权人主张认定出资人未履行出资义务的，人民法院应当责令当事人在指定的合理期间内办理权属变更手续；在指定的期间内办理了权属变更手续的，人民法院应当认定其已经履行了出资义务；出资人主张自其实际交付财产给公司使用时享有相应股东权利的，人民法院应予支持
      - 已经办理权属变更手续但未交付公司使用
        - 出资人以房屋、土地使用权或者需要办理权属登记的知识产权等财产出资，已经办理权属变更手续但未交付公司使用的，公司或者其他股东主张其向公司交付，并在实际交付之前不享有相应股东权利的，人民法院应予支持
  - （4）货币出资
    - 以贪污、受贿、侵占、挪用等**违法犯罪行为所得的货币出资**取得股权
      - 对违法犯罪行为予以追究、处罚时，应当采取拍卖或者变卖的方式处置其股权；这一规定防止将出资的财产直接从公司抽出，采取将出资财产所形成的股权折价补偿受害人损失的方式，以保障公司资本的充实和维护公司债权人的利益

图 2–4　股东出资——出资形式一览图

2. 股东权利

考点 9：股东权利——名义股东与实际出资人（如图 2–5 所示）

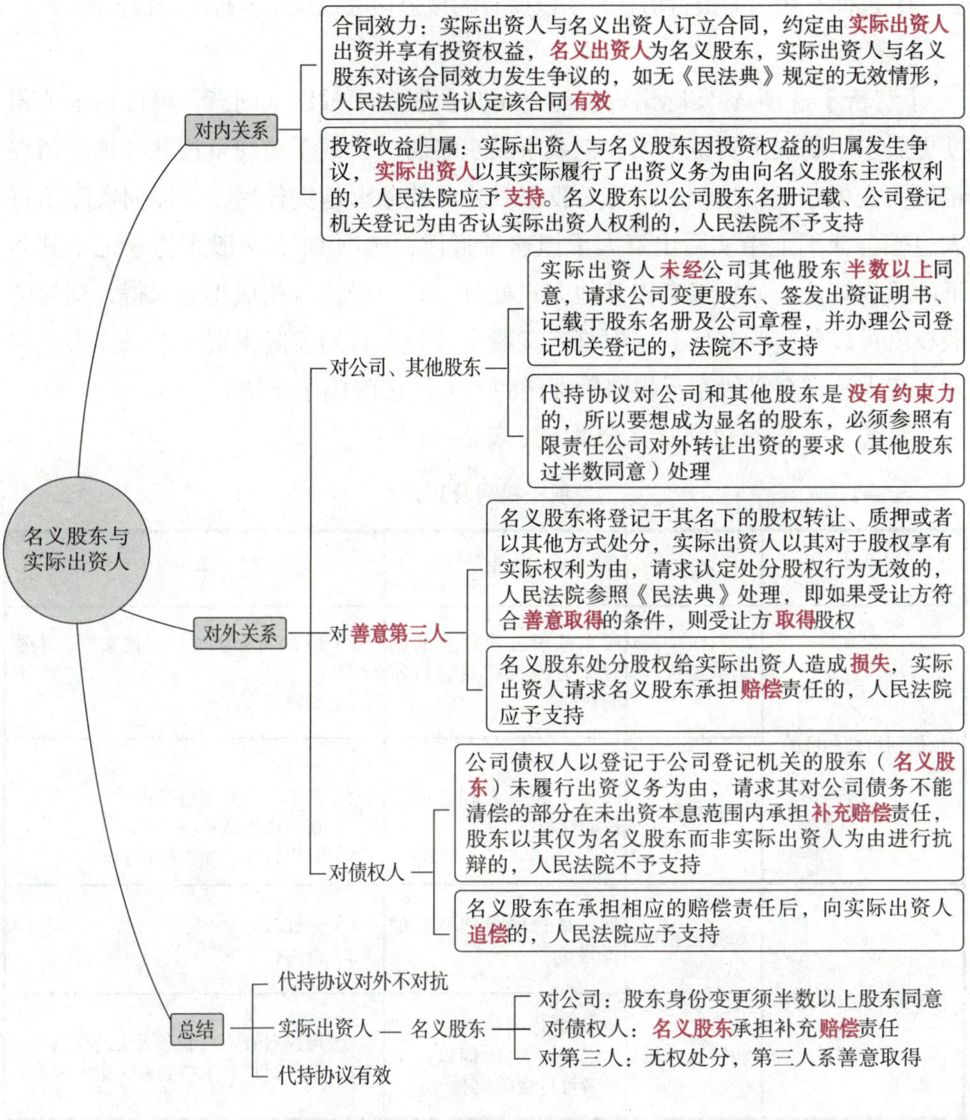

图 2–5　股东权利——名义股东与实际出资人一览图

【例题·多选题】甲、乙共同出资设立一家有限责任公司。乙与丙订立合同，约定由丙实际出资并享有投资权益，乙为名义股东。下列表述中，符合公司法律制度规定的有（　　）。

A. 丙不得要求公司变更股东

B. 丙有权要求乙将公司分配所得的利润转交给自己

C. 丙应对公司债务承担连带责任

D. 乙向不知情的银行借款时，以持有的该公司股权设定质押的，该质押有效

【答案】BD

【解析】选项 A: 实际出资人经公司其他股东半数以上同意，可以请求公司变更股东、签发出资证明书、记载于股东名册、记载于公司章程并办理公司登记机关变更登记；选项 C：名义股东对公司债务承担责任后，可以向实际出资人追偿，谈不上由实际出资人承担连带责任；选项 D: 名义股东将登记于其名下的股权转让、质押或者以其他方式处分，只要受让方构成善意取得，交易的股权就可以最终为其所有，但是名义股东处分股权给实际出资人造成损失，实际出资人请求名义股东承担赔偿责任的，人民法院应予支持。

考点 10：股东权利及其分类（见表 2–11）

表 2–11　**股东权利及其分类**

分类	类型	界定	举例
按权利行使的**目的**	**共益权**	股东基于公司利益的同时亦为自身利益而行使的权利	（1）股东大会参加权、提案权、表决权等 （2）知情权
	自益权	股东仅为个人利益而行使的权利	（1）分红权 （2）剩余财产分配请求权 （3）新股优先认购权 （4）股权转让、质押的权利
按权利行使的**条件**	**单独**股东权	每一单独股份均享有的权利	（1）分红权 （2）查阅权
	少数股东权	单独或共同持有，占股本总额一定比例以上股份者可行使的权利	（1）提议召开临时股东大会的权利 （2）自行召集、主持股东大会的权利

表 2–11 中的股东权利是指公司股东依法享有资产收益、参与重大决策和选择管理者等权利。

【例题·判断题】查阅公司账簿的权利，属于股东的共益权。（　）

【答案】√。

考点11：股东权利——分红权（见表2-12）

表2-12 股东权利——分红权

分红规定	有限责任公司股东	按**实缴的出资比例**分取红利，但全体股东约定不按照出资比例分取红利的除外
	股份有限公司股东	股份有限公司分配利润，按照股东**持有的股份比例**分配，但股份公司章程规定不按持股比例分配的除外
分红权诉讼	（1）诉讼当事人的列置	①股东请求公司分配利润案件，应当列公司为被告 ②一审法庭辩论终结前，其他股东基于同一分配方案请求分配利润并申请参加诉讼的，应当列为共同原告
	（2）股东请求分配利润的前提条件	①股东提交载明具体分配方案的股东会或者股东大会的有效决议，请求公司分配利润，公司拒绝分配利润且其关于无法执行决议的抗辩理由不成立的，人民法院应当判决公司按照决议载明的具体分配方案向股东分配利润 ②股东未提交载明具体分配方案的股东会或者股东大会决议，请求公司分配利润的，人民法院应当驳回其诉讼请求，但违反法律规定滥用股东权利导致公司不分配利润，给其他股东造成损失的除外

【例题·多选题】甲、乙、丙出资设立一家有限责任公司，在其拟订的公司章程中约定的下列事项中，符合公司法律制度规定的有（　　）。

A. 甲、乙、丙不按出资比例分配红利

B. 甲、乙、丙不按出资比例行使表决权

C. 由董事会直接决定公司的对外投资事宜

D. 由董事会直接决定其他人经投资而成为公司股东

【答案】ABC

【解析】选项A：有限责任公司的股东按照实缴的出资比例分取红利，但是全体股东可以事先约定不按照出资比例分取红利；选项B：有限责任公司的股东按照出资比例行使表决权，但公司章程另有规定的除外；选项C：有限责任公司向其他企业投资，按照公司章程的规定应由董事会或者股东会决议；选项D：其他人经投资而成为公司股东，必须经过增加公司注册资本这一法定程序，而法律明确规定该项决议属于股东会的特别决议，因此公司章程不能约定其“由董事会直接决定”。

考点12：股东查阅权（见表2-13）

表2-13 股东查阅权

（1）查阅范围	①有限责任公司股东有权查阅、复制公司章程、股东会会议记录、董事会会议决议、监事会会议决议和财务会计报告；有限责任公司股东还有权要求查阅公司会计账簿 ②股份有限公司股东有权查阅公司章程、股东名册、公司债券存根、股东大会会议记录、董事会会议决议、监事会会议决议、财务会计报告
（2）查阅资格	①股东依法起诉请求查阅或者复制公司特定文件材料的，人民法院应当依法予以受理 ②公司有证据证明原告在起诉时不具有公司股东资格的，人民法院应当驳回起诉，但原告有初步证据证明在“持股期间”其合法权益受到损害，请求依法查阅或者复制其持股期间的公司特定文件材料的除外
（3）辅助查阅	股东依据人民法院生效判决查阅公司文件材料的，在该股东在场的情况下，可以由会计师、律师等依法辅助进行，或者由依据执业行为规范负有保密义务的中介机构执业人员辅助进行
（4）各方责任	①股东行使知情权后泄露公司商业秘密导致公司合法利益受到损害，公司请求该股东赔偿相关损失的，人民法院应当予以支持 ②辅助股东查阅公司文件材料的会计师、律师等泄露公司商业秘密导致公司合法利益受到损害，公司请求其赔偿相关损失的，人民法院应当予以支持
（5）查阅程序	①查阅股东应当向公司提出书面请求，说明目的 ②公司有合理根据认为股东查阅会计账簿有不正当目的，可能损害公司合法利益的，可以拒绝查阅，但应自股东提出书面请求之日起15日内书面答复股东并说明理由 ③公司拒绝提供查阅的，股东可以请求人民法院要求公司提供查阅
（6）拒绝查阅	有限责任公司有证据证明股东存在下列情形之一的，人民法院应当认定股东有“不正当目的”（支持公司拒绝股东查阅）： ①股东自营或者为他人经营与公司主营业务有实质性竞争关系业务的，但公司章程另有规定或者全体股东另有约定的除外 ②股东为了向他人通报有关信息查阅公司会计账簿，可能损害公司合法利益的 ③股东在向公司提出查阅请求之日前的3年内，曾通过查阅公司会计账簿，向他人通报有关信息损害公司合法利益的 ④股东有不正当目的的其他情形
	公司章程、股东之间的协议等实质性剥夺股东依法享有的查阅或者复制公司文件材料的权利，公司以此为由拒绝股东查阅或者复制的，人民法院不予支持

【例题·多选题】甲为一有限责任公司的小股东，不参与公司经营管理。某日，其口头向公司申请查阅和复制公司会计账簿，公司提出了下列拒绝理由，其中可能得到人民法院支持的有（　　）。

A. 甲是不参与公司经营管理的小股东，无权要求查阅和复制公司会计账簿

B. 甲可以要求查阅公司会计账簿，但不能要求复制

C. 甲未以书面形式提出请求

D. 甲提出该请求有不正当目的，可能损害公司合法利益

【答案】BCD

【解析】（1）选项 A、B：有限责任公司股东（不论是大股东，还是小股东，也不论其是否参与公司经营管理）有权“查阅”（不能复制）公司会计账簿；（2）选项 C：查阅股东应当向公司提出“书面”请求并说明理由；（3）选项 D：公司有合理根据认为股东查阅会计账簿有不正当目的，可能损害公司合法利益的，可以拒绝提供查阅，并应当自股东提出书面请求之日起 15 日内书面答复股东并说明理由。

【例题·单选题】郑贺为甲有限责任公司的经理，利用职务之便为其妻吴悠经营的乙公司谋取本来属于甲公司的商业机会，致甲公司损失 50 万元。甲公司小股东付冰欲通过诉讼维护公司利益。根据公司法律制度的规定，下列关于付冰做法的表述中，正确的是（　　）。

A. 必须先书面请求甲公司董事会对郑贺提起诉讼

B. 必须先书面请求甲公司监事会对郑贺提起诉讼

C. 只有在董事会拒绝起诉的情况下，才能请求监事会对郑贺提起诉讼

D. 只有在其所持股权比例达到 1% 时，才能请求甲公司有关部门对郑贺提起诉讼

【答案】B

【解析】选项 A、B、C：“董事、高级管理人员”损害公司利益时，先找“监事会”；选项 D：有限责任公司的任何一个股东均有权代表公司提起诉讼，不受 1% 股权的限制。

考点 13：滥用股东权利的责任（见表 2–14）

表 2–14　　滥用股东权利的责任

1. 公司股东滥用股东权利，给公司或者其他股东造成损失的，应依法承担赔偿责任	
2. 法人人格否认	公司股东滥用公司法人独立地位和股东有限责任、逃避债务、严重损害公司债权人利益的，应当对公司债务承担连带责任
3. 关联交易	（1）公司的控股股东、实际控制人、董事、监事、高级管理人员，不得利用关联关系损害公司利益，因违反规定而给公司造成损失的，应当承担赔偿责任 （2）关联交易损害公司利益，依法请求控股股东、实际控制人、董事、监事和高级管理人员赔偿所造成的损失，被告仅以该交易已经履行了信息披露，经股东（大）会同意等法律行政法规或者公司章程规定的程序为由抗辩的，人民法院不予支持；公司没有提起诉讼的，符合条件的股东，可以依法提起股东代表诉讼 （3）关联交易合同存在无效或者可撤销情形，公司没有起诉合同相对方的，符合条件的股东，可以依法提起股东代表诉讼

【例题·判断题】公司股东滥用公司法人独立地位和股东有限责任、逃避债务、严重损害公司债权人利益的，应当对公司债务承担连带责任。（ ）

【答案】√。

具体的滥用行为见表 2-15。

表 2-15　　　　具体的滥用行为

滥用行为	具体内容	
总论	（1）股东实施的“滥用行为”必须“严重损害公司债权人利益（致使公司财产不足清偿）” （2）只针对实施了“滥用行为”的股东，并非全面、彻底、永久地否定公司的法人资格，只针对具体案件特事特判 （3）滥用行为常见情形：人格混同、过度支配与控制、资本显著不足	
人格混同	根本判定标准	公司是否具有独立意思和独立财产
	最主要表现	公司的财产与股东的财产是否混同且无法区分
	考虑因素	（1）股东无偿使用公司资金或者财产，不作财务记载 （2）股东用公司的资金偿还股东的债务，或将公司资金供关联公司无偿使用，不作财务记载 （3）公司账簿与股东账簿不分，致使公司财产与股东财产无法区分 （4）股东自身收益与公司盈利不加区分，致使双方利益不清 （5）公司的财产记载于股东名下，由股东占有、使用 【提示】“业务混同、员工混同、住所混同”并非人格混同考虑的因素，只是人格混同的补强
过度支配与控制	常见情形	（1）母子公司之间或者子公司之间进行利益输送 （2）母子公司或者子公司之间进行交易，收益归一方，损失却由另一方承担 （3）先从原公司抽走资金，然后再成立经营目的相同或者类似的公司，逃避原公司的债务 （4）先解散公司，再以原公司场所、设备、人员及相同或者相似的经营目的另设公司，逃避原公司债务
	对控股股东和实际控制人的追责原则	控股股东或实际控制人控制多个子公司或者关联公司，滥用控制权使多个子公司或者关联公司财产边界不清、财务混同，利益相互输送，丧失人格独立性，沦为控股股东逃避债务、非法经营，甚至违法犯罪工具的，可以综合案件事实，否认子公司或者关联公司法人人格，判令承担连带责任
资本显著不足	公司设立后在经营过程中，股东实际投入公司的资本数额与公司经营所隐含的风险相比明显不匹配	

考点 14：股东权利——股东诉讼（如图 2-6 所示）

股东诉讼

- （1）股东直接诉讼 —— 公司董事、高级管理人员违反法律、行政法规或者公司章程的规定，损害股东利益的，股东可以依法向人民法院提起诉讼
- （2）股东代表诉讼
  - "董事、高级管理人员"侵犯公司利益：找**监事会** —— 股东（有限责任公司的股东、股份有限公司连续180日以上单独或者合计持有公司1%以上股份的股东）可以书面请求监事会向人民法院提起诉讼。如果监事会收到股东的书面请求后拒绝提起诉讼，或者自收到请求之日起30日内未提起诉讼，或者情况紧急，不立即提起诉讼将会使公司利益受到难以弥补的损害，股东有权为了公司的利益以自己的名义直接向人民法院提起诉讼
  - "监事"侵犯公司利益：找**董事会** —— 股东（有限责任公司的股东、股份有限公司连续180日以上单独或者合计持有公司1%以上股份的股东）可以书面请求"董事会"向人民法院提起诉讼。如果董事会收到股东的书面请求后拒绝提起诉讼，或者自收到请求之日起30日内未提起诉讼，或者情况紧急，不立即提起诉讼将会使公司利益受到难以弥补的损害，股东有权为了公司的利益以自己的名义直接向人民法院提起诉讼
  - 公司以外的他人侵犯公司利益：找**董事会或者监事会** —— 股东（有限责任公司的股东、股份有限公司连续180日以上单独或者合计持有公司1%以上股份的股东）可以书面请求董事会或者监事会向人民法院提起诉讼。如果董事会、监事会收到股东的书面请求后拒绝提起诉讼，或者自收到请求之日起30日内未提起诉讼，或者情况紧急，不立即提起诉讼将会使公司利益受到难以弥补的损害，股东有权为了公司的利益以自己的名义直接向人民法院提起诉讼
- （3）两者的**区别和联系**
  - ①股东代表诉讼（股东间接诉讼）的前提条件是他人侵犯了"**公司利益**"（全体股东的利益），股东直接诉讼的前提条件是他人侵犯了"**个别股东的利益**"
  - ②利益受到侵犯的个别股东，以自己的名义提起诉讼，对股东的资格没有限制
  - ③该股东可直接提起诉讼（无须先找董事会、监事会）
  - ④如果有人侵犯了"公司"利益，侵犯了"全体股东"的利益，"公司"应当作为原告对其提起诉讼。如果不对其提起诉讼，着急的是股东。股东可以"书面请求"董事会或者监事会对其提起诉讼，如果董事会、监事会收到股东的书面请求后拒绝提起诉讼，或者自收到请求之日起30日内未提起诉讼，或者情况紧急，不立即提起诉讼将会使公司利益受到难以弥补的损害，股东有权为了公司的利益以自己的名义直接向人民法院提起诉讼，即股东代表公司提起诉讼
  - ⑤哪个股东有资格代表公司提起诉讼
    - 有限责任公司：任何一个股东均可，没有持股比例限制
    - 股份有限公司："连续180日以上单独或者合计持有公司1%以上股份的股东"才有资格
  - ⑥以谁的名义提起诉讼 —— 尽管是代表公司提起诉讼，但股东只能以自己的名义，而不能以公司的名义对被告提起诉讼
  - ⑦股东能否不通过董事会、监事会而直接对被告提起诉讼 —— 除非情况紧急，否则股东必须先找董事会、监事会，只有其明确拒绝或者超过30日迟迟不动的情况下，股东才不得不亲自出马
  - ⑧找董事会还是监事会
    - "董事、高级管理人员"侵犯公司利益：找监事会
    - "监事"侵犯公司利益：找董事会
    - 公司以外的他人侵犯公司利益：找董事会或者监事会
- （4）股东代表诉讼中的相关规定
  - 诉讼当事人的列置 —— 股东依法对侵害公司利益的董事、监事、高级管理人员或者他人提起股东代表诉讼的（股东以自己的名义提起，股东为原告），应当列公司为第三人参加诉讼；一审法庭辩论终结前，符合法定条件的其他股东以相同的诉讼请求申请参加诉讼的，应当列为共同原告
  - 诉讼利益的归属 —— 股东依法提起股东代表诉讼的，胜诉利益归属于公司
  - 诉讼费用的负担 —— 股东依法提起股东代表诉讼，其诉讼请求部分或者全部得到人民法院支持的，公司应当承担股东因参与诉讼支付的合理费用

图 2-6　股东权利——股东诉讼一览图

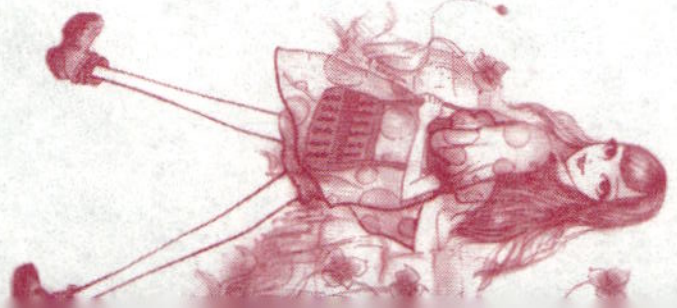

考点 15：股东权利——解散诉讼（如图 2-7 所示）

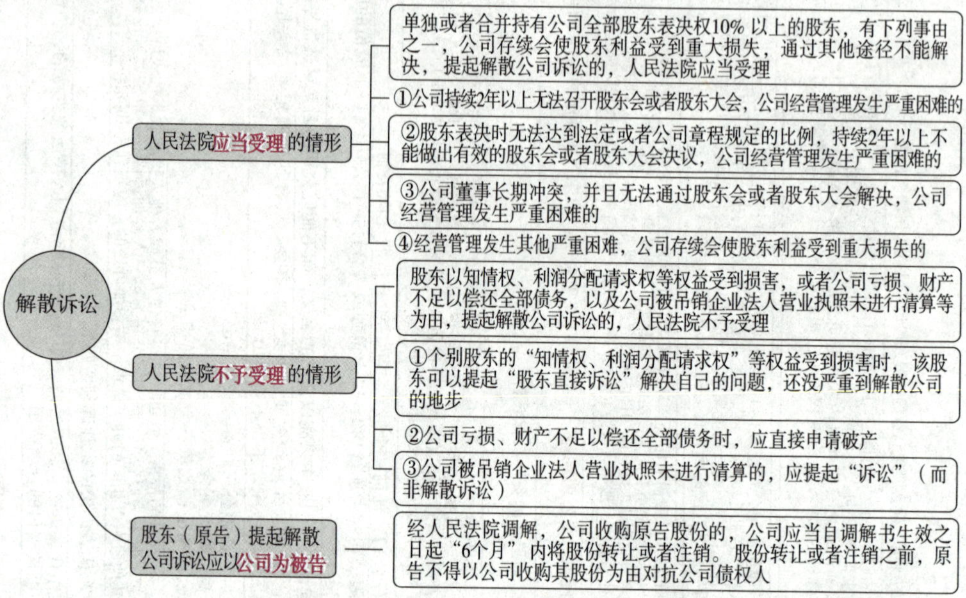

图 2-7　股东权利——解散诉讼一览图

【例题 · 单选题】甲、乙、丙、丁共同设立 A 有限责任公司，后丙拟提起解散公司诉讼。根据公司法律制度的规定，丙拟提出的下列理由中，人民法院应予受理的是（　　）。

A. 公司董事长甲严重侵害其股东知情权，其无法与甲合作

B. 公司管理层严重侵害其利润分配请求权，其股东利益受到重大损失

C. 公司被吊销企业法人营业执照而未进行清算

D. 公司经营管理发生严重困难，继续存续会使股东利益受到重大损失

【答案】D

【例题 · 多选题】甲公司为有限责任公司，根据公司法律制度的规定，下列各项中，属于甲公司解散事由的有（　　）。

A. 甲公司章程规定的营业期限届满

B. 甲公司被丁公司吸收合并

C. 经代表 2/3 以上表决权的股东同意，甲公司股东会通过了解散公司的决议

D. 甲公司被依法吊销营业执照

【答案】ABCD

【解析】公司解散的原因：公司章程规定的营业期限届满或者公司章程规定的其他解散事由出现；股东会或者股东大会决议解散；因公司合并、分立需要解散；依法被吊销营业执照、责令关闭或者被撤销；人民法院依法予以解散。

【例题·多选题】根据公司法律制度的规定，下列情形中，单独或者合并持有公司全部股东表决权 10% 以上的股东提起解散公司诉讼，人民法院应当受理的有（　　）。

A. 公司持续 2 年以上无法召开股东会或者股东大会，公司经营管理发生严重困难的

B. 股东表决时无法达到法定或者公司章程规定的比例，持续 2 年以上不能做出有效的股东会或者股东大会决议，公司经营管理发生严重困难的

C. 公司董事长期冲突，并且无法通过股东会或者股东大会解决，公司经营管理发生严重困难的

D. 公司被吊销企业法人营业执照未进行清算的

【答案】ABC

3. 股权转让

考点 16：股权转让——对内对外转让（见表 2-16）

表 2-16　　股权转让——对内对外转让

<table>
<tr><td>对内转让</td><td colspan="2">除公司章程另有规定（完全自由）外，有限责任公司的股东之间可以相互转让其全部或者部分股权。如果公司章程没有规定，则股东之间内部转让股权自由，无须征得公司或其他股东的同意</td></tr>
<tr><td rowspan="3">对外转让</td><td rowspan="2">1. 通知征得同意</td><td>有限责任公司股东向股东之外的人转让股权，除公司章程另有规定（完全自由）外，应当经其他股东过半数同意；股东应就其股权转让事项书面通知其他股东征求其同意</td></tr>
<tr><td>【提示】有限责任公司的股东向股东以外的人转让股权，应就其股权转让事项以书面或者其他能够确认收悉的合理方式通知其他股东征求其同意（无须召开股东会）</td></tr>
<tr><td>2. 同意</td><td>（1）明确表示同意
（2）其他股东自接到书面通知之日起满 30 日未作答复的，视为同意转让
（3）其他股东半数以上不同意转让，不同意的股东又不购买的，人民法院应当认定为同意转让</td></tr>
</table>

续表

对外转让	3. 优先购买权	（1）基本规定	①经股东同意转让的股权，在同等条件下，转让股东以外的其他股东有权主张优先购买权，但转让股东依法放弃转让的除外 ②两个以上股东主张行使优先购买权的，“协商”确定各自的购买比例；协商不成的，按照“转让时各自的出资比例”行使优先购买权
		（2）继承转让	有限责任公司的自然人股东因继承发生变化时，其他股东主张行使优先购买权的，人民法院不予支持，但公司章程另有规定或者全体股东另行约定的除外
		（3）后悔转让	①有限责任公司的转让股东，在其他股东主张优先购买后又不同意转让股权的，对其他股东优先购买的主张，人民法院不予支持，但公司章程另有规定或者全体股东另有约定的除外 ②其他股东主张转让股东赔偿其损失合理的，人民法院应当予以支持
		（4）同等条件的通知与判断	经股东同意转让的股权，其他股东主张转让股东应当向其以书面或者其他能够确认收悉的合理方式通知转让股权的同等条件的，人民法院应当予以支持
			人民法院在判断是否符合“同等条件”时，应当考虑转让股权的数量、价格、支付方式及期限等因素
		（5）优先购买权的行使期间	①有限责任公司的股东主张优先购买转让股权的，应当在收到通知后，在公司规定的行使期间内提出购买请求 ②公司章程没有规定行使期间或者规定不明确的，以通知确定的期间为准，确定的期间短于 30 日或者未明确行使期间的，行使期间为 30 日
		（6）优先购买权损害	有限责任公司的股东向股东以外的人转让股权，未就其股权转让事项征求其他股东意见，或者以欺诈、恶意串通等手段，损害其他股东优先购买权时： ①其他股东主张按照同等条件购买该转让股权的，人民法院应当予以支持，但其他股东自知道或者应当知道行使优先购买权的同等条件之日起 30 日内没有主张，或者自股权变更登记之日起超过 1 年的除外 ②其他股东仅提出确认股权转让合同及股权变动效力等请求，未同时主张按照同等条件购买转让股权的，人民法院不予支持，但其他股东非因自身原因导致无法行使优先购买权，请求损害赔偿的除外 ③股东以外的股权受让人，因股东行使优先购买权而不能实现合同目的的，可以依法请求转让股东承担相应民事责任
	4. 股权对外转让的程序	股东转让股权后，公司应当“注销”原股东的出资证明书，向新股东“签发”出资证明书，并相应“修改”公司章程和股东名册中有关股东及其出资额的记载。对公司章程的该项修改不需要再由股东会表决	

【例题·判断题】股份有限公司的股东可以自由向股东以外的人转让股份，无须经股东大会审议通过；而有限责任公司的股东向股东以外的人转让出资时，须经股东会审议通过。(　　)

【答案】×

【解析】有限责任公司的股东向股东以外的人转让股权不再需要经过股东会决议。

【例题·多选题】甲、乙、丙共同出资设立了一家有限责任公司，1 年后，甲拟将其在公司的全部出资转让给丁，乙、丙不同意。下列解决方案中，符合公司法律制度规定的有（　　）。

A. 由乙或丙购买甲拟转让给丁的出资

B. 由乙和丙共同购买甲拟转让给丁的出资

C. 如果乙和丙均不愿意购买，则甲无权将出资转让给丁

D. 如果乙和丙均不愿意购买，则甲有权将出资转让给丁

【答案】ABD

【例题·判断题】公司章程规定的营业期限届满，股东会通过决议修改章程使公司存续，对股东会该项决议投反对票的股东可以请求公司按照合理的价格收购其股权。（　　）

【答案】√

考点 17：股权转让——人民法院强制执行的股权转让（如图 2-8 所示）

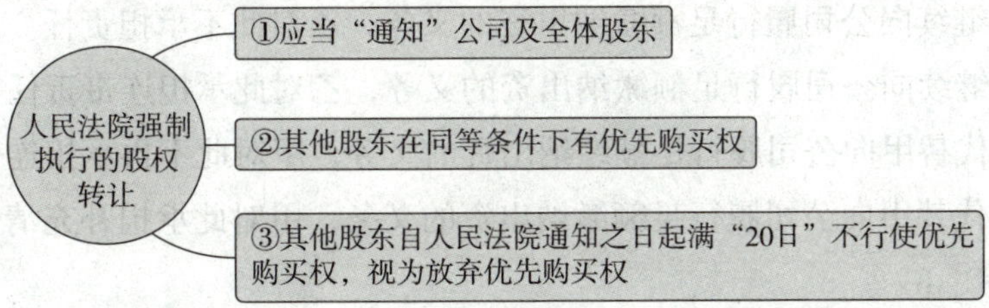

图 2-8　股权转让——人民法院强制执行的股权转让一览图

【例题·多选题】甲公司因欠付货款被乙公司申请法院强制执行，法院决定对甲公司所持丙有限责任公司的股权予以强制执行。丁公司（非丙公司的股东）表示愿意受让该股权。根据公司法律制度的规定，下列表述中，正确的有（　　）。

A. 人民法院依照强制执行程序转让甲公司的股权时，应当通知丙公司及全体股东

B. 丙公司的其他股东对该股权在同等条件下享有优先购买权

C. 丙公司的其他股东自人民法院通知之日起满10日不行使优先购买权的，视为放弃优先购买权

D. 丙公司的其他股东自人民法院通知之日起满20日不行使优先购买权的，视为放弃优先购买权

【答案】ABD

考点18：股权转让——股东未尽出资义务就转让其股权（如图2-9所示）

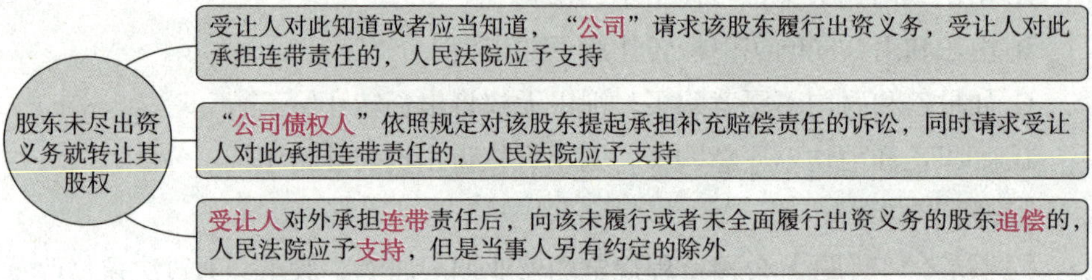

图2-9 股权转让——股东未尽出资义务就转让其股权一览图

【例题·单选题】某有限责任公司股东甲将其所持全部股权转让给该公司股东乙。乙受让该股权时，知悉甲尚有70%的出资款未按期缴付。下列关于甲履行出资责任的表述中，符合公司法律制度规定的是（　）。

A. 甲继续向公司履行足额缴纳出资的义务，乙对此不承担责任

B. 甲继续向公司履行足额缴纳出资的义务，乙对此承担连带责任

C. 乙代替甲向公司履行足额缴纳出资的义务，甲对此不再承担连带责任

D. 乙代替甲向公司履行足额缴纳出资的义务，甲对此承担补充清偿责任

【答案】B

【解析】有限责任公司的股东未履行或者未全面履行出资义务即转让股权，受让人对此知道或者应当知道，公司请求该股东履行出资义务、受让人对此承担连带责任的，人民法院应予支持。

考点19：有限责任公司异议股权回购（见表2-17）

表2-17　有限责任公司异议股权回购

回购转让	（1）股东退出公司的法定条件：有右列情形之一的，对股东会该决议投反对票的股东可以请求公司按照合理的价格收购其股权，退出公司★	①公司连续5年不向股东分配利润，而公司该5年连续盈利，并且符合公司法规定的分配利润条件的
		②公司合并、分立、转让主要财产的
		③公司章程规定的营业期限届满或者章程规定的其他解散事由出现，股东会会议通过决议修改章程使公司存续的

续表

回购转让	（2）股东退出公司的法定程序	自股东会会议决议通过之日起 60 日内，股东与公司不能达成股权收购协议的，股东可以自股东会会议决议通过之日起 90 日内向人民法院提起诉讼
注重调解	人民法院审理涉及有限责任公司股东重大分歧的案件时，应当注重调解，当事人协商一致，以下列方式解决分歧，且不违反法律、行政法规的强制性规定的，人民法院应予支持： （1）公司回购部分股东的股份 （2）其他股东受让部分股东的股份 （3）他人受让部分股东的股份 （4）公司减资 （5）公司分立 （6）其他能够解决分歧、使公司恢复正常经营和避免公司解散的方式	

【注】记忆口诀：5 年盈利不分红，合并分立转财产，公司到期还要干，股东反对赶紧闪。

考点 20：股权转让——股份有限公司——股份转让限制（如图 2–10 所示）

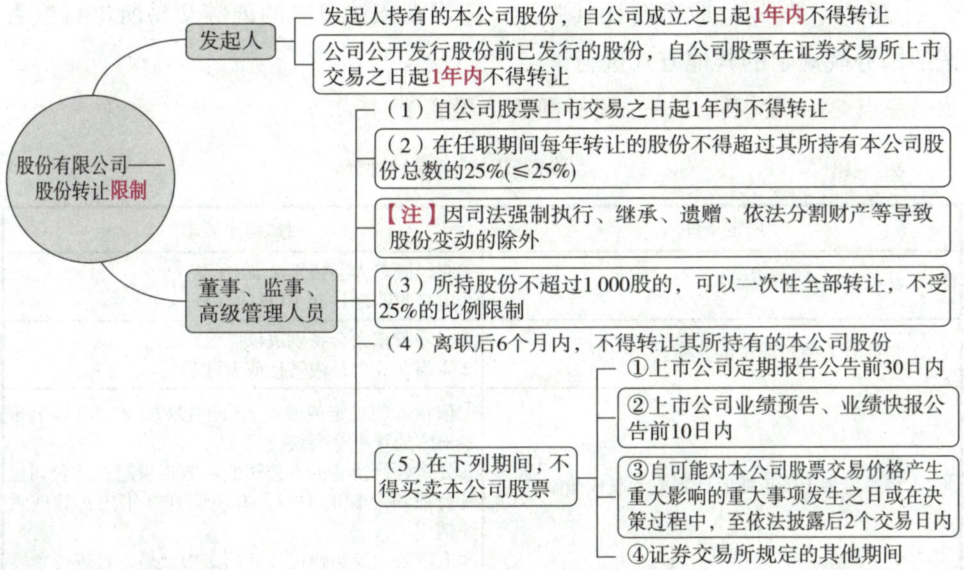

图 2–10　股权转让——股份有限公司——股份转让限制一览图

【例题·单选题】根据公司法律制度的规定，下列关于股份有限公司股份转让限制的表述中，错误的是（　　）。

A. 公司发起人持有的本公司股份自公司成立之日起 1 年内不得转让

B. 公司高级管理人员离职后 1 年内不得转让其所持有的本公司股份

C. 公司监事所持本公司股份自公司股票上市交易之日起 1 年内不得转让

D. 公司董事在任职期间每年转让的股份不得超过其所持有本公司股份总数的25%

【答案】B

【例题·单选题】下列关于股份有限公司股票转让限制的表述中，符合公司法律制度规定的是（　　）。

A. 股东转让其股份，必须在依法设立的证券交易所进行

B. 发起人持有的本公司股份，自公司成立之日起1年内不得转让

C. 公司公开发行股份前已发行的股份，自公司股票在证券交易所上市交易之日起3年内不得转让

D. 公司董事、监事、高级管理人员离职1年内，不得转让所持有的本公司股份

【答案】A

【解析】选项A：股东转让其股份，应当在依法设立的证券交易所进行或者按照国务院规定的其他方式进行。

考点21：股权转让——股份回购（见表2–18）

表2–18　　股权转让——股份回购

法定条件	回购程序要求
（1）减少公司注册资本	①应经股东大会特别决议 ②应自收购之日起10日内注销
（2）与持有本公司股份的其他公司合并	①应经股东大会特别决议 ②应当在6个月内转让或者注销
（3）将股份用于员工持股计划或者股权激励	①依章程的规定或股东大会的授权，经2/3以上董事出席的董事会会议决议 ②公司合计持有的本公司股份数不得超过本公司已发行股份总额的10%，并应当在3年内转让或者注销 ③上市公司应当通过公开的集中交易方式进行
（4）股东因对股东大会做出的公司合并、分立决议持异议，要求公司收购其股份	应当在6个月内转让或者注销
（5）股份用于转换上市公司发行的可转换为股票的公司债券	将股份用于员工持股计划或者股权激励的回购程序要求
（6）上市公司为维护公司价值及股东权益所必需	将股份用于员工持股计划或者股权激励的回购程序要求

除表2–18所列情形外，公司不得收购本公司股份。

【例题·判断题】股份有限公司不得接受将本公司的股票作为质押权的标

的。（　　）

【答案】√

【例题·单选题】某股份有限公司于 2016 年 6 月在上海证券交易所上市。该公司有关人员的下列股份转让行为中，不符合《公司法》规定的是（　）。

A. 监事张某 2017 年 3 月将其所持有该公司 25% 的股份转让

B. 董事吴某 2018 年 8 月将其所持有的该公司全部股份 500 股一次性转让

C. 董事罗某 2019 年将其所持有的该公司 25% 的股份转让

D. 经理王某 2020 年 1 月离职，8 月转让其所持有的本公司所有股份

【答案】A

【解析】本题考查股份转让的限制。根据《公司法》的规定，发起人持有的本公司股份，自公司成立之日起 1 年内不得转让。公司公开发行股份前已发行的股份，自公司股票在证券交易所上市交易之日起 1 年内不得转让，故选项 A 不符合规定。公司董事、监事、高级管理人员应当向公司申报所持有的本公司的股份及其变动情况，在任职期间每年转让的股份不得超过其所持有本公司股份总数的 25%；所持本公司股份自公司股票上市交易之日起 1 年内不得转让，故选项 C 符合规定。上述人员离职后半年内，不得转让其所持有的本公司股份，故选项 D 符合规定。上市公司董事、监事和高级管理人员所持股份不超过 1 000 股的，可一次全部转让，不受前款转让比例的限制，故选项 B 符合规定。

【例题·多选题】甲公司为股份有限公司。根据《公司法》的规定，下列各项中，属于甲公司可以收购本公司股份情形的有（　　）。

A. 甲公司减少注册资本

B. 甲公司与持有本公司股份的其他公司合并

C. 甲公司将股份用于员工持股计划或者股权激励

D. 甲公司接受本公司的股票作为质押权的标的

【答案】ABC

【解析】本题考核股份转让的限制。公司不得收购本公司股份，但有下列情形之一的除外：（1）减少公司注册资本；（2）与持有本公司股份的其他公司合并；（3）将股份用于员工持股计划或者股权激励；（4）股东因对股东大会做出的公司合并、分立决议持异议，要求公司收购其股份；（5）将股份用于转换上市公司发行的可转换为股票的公司债券；（6）上市公司为维护公司价值及股东权益所必需。

4. 组织机构

考点 22：各类组织机构对比（见图 2–11、表 2–19 至表 2–27）

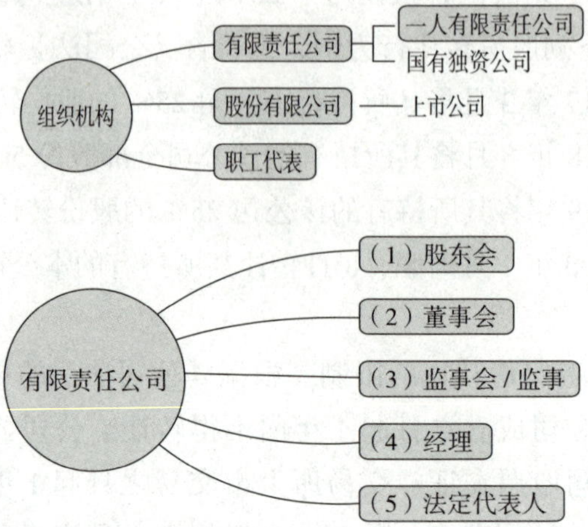

图 2–11　组织机构分类及有限责任公司构成

表 2–19　　股东（大）会、董事会和监事会设立比较

项目	股东（大）会	董事会	监事会
一般的有限责任公司	√	小公司可以不设董事会，只设 1 名执行董事，执行董事可以兼任公司经理	小公司可以不设监事会，只设 1~2 名监事
一人有限责任公司	X	可以无	可以无
国有独资公司	X	√	√
股份有限公司	√	√	√

表 2–20　　股东（大）会运行机制

项目	有限责任公司	股份有限公司
开会	由公司章程规定	每年 1 次
		上市公司：在“上半年”召开
召集	首次：“**出资最多**”的股东 以后：董事会（董事长→副董事长→半数以上推举）→监事会→持股 10% 的股东	董事会（董事长→副董事长→半数以上推举）→监事会→连续 90 日以上持股 10% 的股东
通知	会议召开 15 日前（约定除外）	年会：会议召开 20 日前
		临时会：会议召开 15 日前
		发行无记名股：会议召开 30 日前

续表

临时提案	—	持有“3% 以上”股份的股东在会议召开 10 日前书面提出；董事会召开前 2 日内通知其他股东；股东（大）会不得对通知中未列明的事项做出决议
累积投票	—	选举董事、监事适用
普通决议	章程约定	“出席”会议股东，所持“表决权”应“过半数”
特别决议	代表“**2/3 以上**”“**表决权**”	“**出席**”会议的“**股东**”所持“**表决权**”的“**2/3 以上**”
会议记录签名	出席会议的股东	主持人、出席会议的董事

表 2-21　　**董事会运行机制**

项目	有限责任公司	国有独资公司	股份有限公司
人数	3~13 人 **【注意】**小公司可设“1 名”执行董事，不设董事会	3~13 人	5~19 人
职工代表	股东均为国企——应当有 其他——可以有	应当有	可以有
董事长、副董事长	董事长、副董事长的产生办法由公司章程规定	国资委指定	全体董事过半数选举
任期	章程规定，每届任期≤ 3 年，可以连任	每届任期≤ 3 年，可以连任	章程规定，每届任期≤ 3 年，可以连任
定期会议	章程规定	—	至少每年 2 次，会议召开 10 日前通知
召集	董事长→副董事长→半数以上董事推举一名董事	—	董事长→副董事长→半数以上董事推举一名董事
举行	章程规定	—	**全体**董事过半数出席★
决议	章程规定	—	**全体**董事过半数通过★
委托出席	董事因故不能出席会议的，可以“**书面**”委托其他“**董事**”代为出席		
免责	表决时曾“**表明异议**”并“**记载于会议记录**”的（同意和弃权都要担责） 董事会的决议违反法律、行政法规或者公司章程、股东大会决议，致使公司遭受严重损失的，“参与决议”的董事对公司负赔偿责任 但经证明在表决时曾表明异议并记载于会议记录的，该董事可以免责		
上市公司关联关系董事表决权排除制度		自己不得表决，不得代其他董事表决；过半数的无关联关系董事出席，可举行；无关联关系董事过半数的，可通过；无关联关系董事不足 3 人的，提交股东大会讨论	

表 2–22　　监事会运行机制

项目	有限责任公司	国有独资公司	股份有限公司
人数	≥ 3 【注意】小公司可以设置"1 至 2 名"监事，不设置监事会	≥ 5	≥ 3
职工代表	应当有，且比例不得低于"1/3"（不设监事会，可以没有职工代表）★		
主席	全体监事"过半数选举"	国资委指定	全体监事"过半数选举"
任期	3 年，可连任		
开会	1 年 1 次		6 个月 1 次
决议	半数以上监事通过		
提议召开的会议	提议召开临时股东会	—	提议召开临时董事会、临时股东大会

表 2–23　　股东会与董事会职权比较

股东会	董事会
（1）决定公司的经营"方针"和投资"计划" （2）人事任免权：选举和更换"非由职工代表"担任的董事、监事，决定有关董事、监事的报酬事项 【总结】监事 & 董事中的职工代表：职工代表大会选举产生	（1）决定公司的经营计划和投资方案 （2）决定公司内部管理机构的设置 （3）决定聘任或者解聘公司经理及其报酬事项，并根据经理的提名决定聘任或者解聘公司副经理、财务负责人及其报酬事项
（3）事务管理权 ①审议批准董事会、监事会或者监事的报告 ②审议批准公司的年度财务预算方案、决算方案、利润分配方案和弥补亏损方案 ③对公司增加或者减少注册资本、发行公司债券做出决议 ④对公司合并、分立、变更公司形式、解散和清算等事项做出决议 ⑤修改公司章程 【注意】对外转让出资不需要股东会审议批准	（4）召集股东会会议，并向股东会报告工作 （5）执行股东会的决议 （6）制订公司的年度财务预算方案、决算方案、利润分配方案和弥补亏损方案 （7）制订公司增加或者减少注册资本以及发行公司债券的方案 （8）制订公司合并、分立、解散或者变更公司形式的方案 （9）制定公司的基本管理制度

表 2–24　　股东会、董事会、经理职权对比

股东会	董事会	经理
决定公司的"经营方针"和"投资计划"	决定公司的"经营计划"和"投资方案"	—
—	决定公司"内部管理机构"的设置	拟订公司内部管理机构设置方案

选举和更换由“非职工代表”担任的董事、监事，决定有关董事、监事的报酬	决定聘任或者解聘“公司经理”及其报酬事项；根据经理的提名，决定聘任或者解聘公司“副经理”“财务负责人”及其报酬事项	提请聘任或者解聘公司“副经理”“财务负责人”
修改“公司章程”	制定公司的“基本管理制度”	制定公司的“具体规章”
—	执行“股东会决议”	组织实施“董事会决议”
【说明】三方职权主要从“事务管理”和“人事任免”上体现，股东会是公司权力机构，其主要职责为“审议批准”“决定”；董事会是公司的执行机构，其主要职责为“制定”；经理层负责公司具体的运营管理		

表 2-25 **监事会的职权**

（1）检查公司财务
（2）对董事、高级管理人员执行公司职务的行为进行监督，对违反法律、行政法规、公司章程或者股东会决议的董事、高级管理人员提出罢免的“建议”（NOT 直接罢免）
（3）当董事、高级管理人员的行为损害公司的利益时，要求董事、高级管理人员予以纠正
（4）提议召开临时股东会会议，在董事会不履行召集和主持股东会会议职责时召集和主持股东会会议
（5）向股东会会议提出提案
（6）对董事、高级管理人员提起诉讼
（7）监事可以列席董事会会议（NOT 提案权），并对董事会决议事项提出质询或者建议
（8）发现公司经营情况异常，可以进行调查
【注意】监事会行使职权所必需的费用，由公司承担

表 2-26 **各种临时会议运行机制**

临时会议	临时股东会	股份公司临时董事会	临时股东大会
董事人数不足 5 人或章程规定的 2/3 的人数			√
未弥补亏损达实收股本的 1/3 时			√
表决权 10% 以上的股东	√	√	√
监事会提议	√（不设监事会的监事）	√	√
董事 / 董事会提议	≥ 1/3 董事人数	≥ 1/3 董事人数	董事会

表 2-27 **职工代表运行机制**

	职工代表的必要性		职工代表比例
职工代表	所有监事会必须有		不低于监事会人数的 1/3
监事会	国有独资公司、由两个以上的国有企业或国有投资主体投资设立的有限公司	**必须有**	无限制
董事会	其余有限公司和所有股份公司	**非必须**	

【例题 · 判断题】某股份有限公司的未弥补亏损达到了公司实收股本总额的 40%，该公司应当在 2 个月内召开临时股东大会。(　　)

【答案】√

【例题 · 单选题】A、B、C、D、E、F、G 为某上市公司的董事。董事 A、B、C、D、E、F 出席了 2020 年度第一次董事会会议，G 因故未能出席，也未书面委托其他董事代为出席。该次会议通过的一项决议违反了法律规定，给公司造成了严重损失。董事 A 在董事会会议上就该项决议表决时表明了异议，但未将异议记录在董事会会议记录中。根据公司法律制度的规定，应当对公司承担赔偿责任的是(　　)。

A. 董事 A、B、C、D、E、F、G　　B. 董事 A、B、C、D、E、F

C. 董事 B、C、D、E、F、G　　D. 董事 B、C、D、E、F

【答案】B

【解析】董事 G"未参与"董事会决议，因此董事 G 不应承担赔偿责任；董事 A 虽表示异议，但未将异议记录在董事会会议记录中，因此董事 A 不能免除赔偿责任。

【例题 · 多选题】根据公司法律制度的规定，下列各项中，可以提议召开股份有限公司临时董事会会议的有(　　)。

A. 代表 20% 表决权的股东

B. 40% 的董事

C. 总经理

D. 监事会

【答案】ABD

【例题 · 多选题】下列关于股份有限公司董事会的表述中，符合公司法律制度规定的有(　　)。

A. 董事会成员为 5 ~ 19 人，且人数须为单数

B. 董事会成员中应有一定比例的独立董事

C. 董事会会议应有过半数的董事出席方可举行

D. 董事会做出决议须全体董事过半数通过，董事会决议的表决实行一人一票

【答案】CD

【解析】选项 A: 公司法律制度并未要求股份有限公司董事会的人数必须为单数；选项 B：只有"上市公司"才要求董事会成员中至少有 1/3 成员为独

立董事，“非上市公司”可以不设独立董事。

【例题·多选题】根据公司法律制度的规定，下列选项中，属于股份有限公司监事会职权的有（　　）。

A. 提议召开临时董事会会议　　B. 提议召开临时股东大会会议

C. 选举和更换由股东代表出任的监事　　D. 决定公司内部管理机构的设置

【答案】AB

【解析】选项 C: 属于股东大会的职权；选项 D: 属于董事会的职权。

考点 23：公司决议的效力（见表 2-28）

表 2-28　　**公司决议的效力**

1. 决议不成立	股东（大）会、董事会决议存在下列情形之一，当事人主张决议不成立的，人民法院应当予以支持： （1）公司未召开会议的，但依法或者公司章程规定可以不召开股东（大）会而直接做出决定，并由全体股东在决议文件上签名、盖章的除外 （2）会议未对决议事项进行表决的 （3）出席会议的人数或者股东所持表决权不符合公司法或者公司章程规定的 （4）会议的表决结果未达到公司法或者公司章程规定的通过比例的 （5）导致决议不成立的其他情形	
2. 决议可撤销	股东会或者股东大会、董事会的会议召集程序、表决方式违反法律、行政法规或者公司章程（导致决议不成立的情形除外），或者决议内容违反公司章程的，股东可以自决议做出之日起 60 日内，请求人民法院撤销 【提示】会议召集程序或者表决方式仅有轻微瑕疵，且对决议未产生实质影响的，人民法院不予支持	
3. 决议瑕疵诉讼	（1）原告	①公司股东、董事、监事等请求确认股东会或者股东大会、董事会决议无效或者不成立的，人民法院应当依法予以受理 ②依法请求撤销股东会或者股东大会、董事会决议的原告，应当在起诉时具有公司股东资格 ③一审法庭辩论终结前，其他有原告资格的人以相同的诉讼请求申请参加前款规定诉讼的，可以列为共同原告
	（2）被告与第三人	原告请求确认股东会或者股东大会、董事会决议不成立、无效或者撤销决议的案件，应当列公司为被告。对决议涉及的其他利害关系人，可以依法列为第三人
4. 后果	股东会或者股东大会、董事会决议被人民法院判决确认无效或者撤销的，公司依据该决议与善意相对人形成的民事法律关系不受影响	

【例题·判断题】有限责任公司和股份有限公司的法定代表人均可由公司的经理担任。（　　）

【答案】√

【例题·多选题】根据公司法律制度的规定，公司的下列人员中，公司章程可以规定由其担任法定代表人的有（　　）。

A. 财务负责人　B. 总经理　C. 执行董事　D. 监事

【答案】BC

【解析】公司法定代表人依照公司章程的规定，由“董事长、执行董事或者经理”担任。

【例题·多选题】根据公司法律制度的规定，某有限责任公司的下列人员中，可以提议召开股东会临时会议的有（　　）。

A. 总经理　B. 董事长　C. 40% 的董事　D. 代表 20% 表决权的股东

【答案】CD

【例题·单选题】根据公司法律制度的规定，下列各项中，属于有限责任公司股东会职权的是（　　）。

A. 决定公司的经营计划和投资方案

B. 选举和更换全部监事

C. 对发行公司债券做出决议

D. 对股东向股东以外的人转让出资做出决议

【答案】C

【解析】选项 A: 属于董事会的职权；选项 B：股东会只能选举和更换由“非职工代表”担任的董事、监事；选项 D: 有限责任公司的股东向股东以外的人转让出资时，无须股东会决议通过。

【例题·单选题】甲、乙、丙、丁四人拟共同出资设立一个有限责任公司，其草拟的公司章程记载的下列事项中，符合公司法律制度规定的是（　　）。

A. 公司由副经理担任法定代表人

B. 公司不设董事会，由甲担任执行董事，任期为 4 年

C. 公司不设监事会，由乙担任监事，任期为 2 年

D. 股东向股东以外的人转让股权，应当经其他股东 2/3 以上同意

【答案】D

【解析】选项 A: 公司法定代表人依照公司章程的规定，由董事长、执行董事或者经理担任（甲作为副经理不能担任法定代表人）；选项 B：股东人数较少或者规模较小的有限责任公司，可以不设立董事会，只设 1 名执行董事，但董事的任期不得超过 3 年（不能是 4 年）；选项 C：股东人数较少或者规模较

小的有限责任公司，可以不设立监事会，只设 1 ~ 2 名监事，不设立监事会的，可以不考虑职工代表的问题，但监事任期为法定制 3 年（不能是 2 年）；选项 D: 有限责任公司的股东对外转让股权时，先看公司章程的规定，只有公司章程未规定，才适用《公司法》的规定（经其他股东过半数同意）。

【例题 · 单选题】新余有限责任公司共有股东 4 人，股东刘某为公司执行董事。根据公司法律制度的规定，在公司章程无特别规定的情形下，刘某可以行使的职权是（　　）。

A. 决定公司的投资计划

B. 否决其他股东对外转让股权行为的效力

C. 决定聘任公司经理

D. 决定公司的利润分配方案

【答案】C

【解析】选项 C：股东人数较少或者规模较小的有限责任公司，可以不设董事会，只设 1 名执行董事，由执行董事行使董事会的职权（聘任公司经理属于董事会的职权）；选项 A、D: 属于股东会的职权，执行董事无权行使；选项 B: 有限责任公司的股东对外转让股权，无须股东会决议通过，更谈不上由执行董事来否决其他股东对外转让股权行为的效力。

【例题 · 单选题】根据公司法律制度的规定，下列关于有限责任公司经理的表述中，正确的是（　　）。

A. 经理应由股东会决定聘任或者解聘

B. 经理主持公司的生产经营管理工作，组织实施董事会决议

C. 经理负责制订公司的经营方针和投资方案

D. 经理可以出席董事会会议，并具有表决权

【答案】B

【解析】选项 A：经理由董事会决定聘任或者解聘；选项 C：股东会决定公司的经营方针和投资计划，董事会决定公司的经营计划和投资方案；选项 D: 经理有权列席董事会会议，但非董事经理并无表决权。

【例题 · 多选题】根据公司法律制度的规定，甲有限责任公司章程中规定的下列事项中，符合法律规定的有（　　）。

A. 由总经理担任公司的法定代表人

B. 股东会的表决权按照一人一票进行计算

C. 召开股东会会议应当于会议召开 20 日前通知全体股东

D. 董事会设董事长一人，由出资最多的股东委派

【答案】ABCD

【解析】选项 A: 公司的法定代表人按照公司章程的规定，由董事长、执行董事或者经理担任；选项 B：股东会会议由股东按照出资比例行使表决权，但公司章程另有规定的除外；选项 C：有限责任公司召开股东会会议，应当于会议召开 15 日前通知全体股东，但公司章程另有规定或者全体股东另有约定的除外；选项 D: 有限责任公司董事会设董事长 1 人，可以设副董事长，董事长、副董事长的产生办法由公司章程确定。

考点 24：组织机构——特别决议（如图 2-12 所示）

特别决议事项		
项目	有限责任公司	股份有限公司
增减注册资本	√	√
修改章程	√	√
合并、分立、解散	√	√
变更组织形式	√	√
1 年 30%	√	√（上市公司）
通过条件	代表 2/3 的表决权	出席会议 2/3 表决权

图 2-12　组织机构——特别决议一览图

【例题 · 单选题】某股份有限公司共发行股票 3 000 万股，公司拟召开股东大会对与另一公司合并的事项做出决议。根据公司法律制度的规定，在股东大会表决时可能出现的下列情形中，能使决议得以通过的是（　　）。

A. 出席大会的股东共持有 2 700 万股，其中持有 1 600 万股的股东同意

B. 出席大会的股东共持有 2 400 万股，其中持有 1 200 万股的股东同意

C. 出席大会的股东共持有 1 800 万股，其中持有 1 300 万股的股东同意

D. 出席大会的股东共持有 1 500 万股，其中持有 800 万股的股东同意

【答案】C

【解析】合并事项属于股东大会的特别决议，须“出席”股东大会的股东持有 2/3 以上的表决权才能通过。

考点 25：组织机构——一人有限责任公司（如图 2-13 所示）

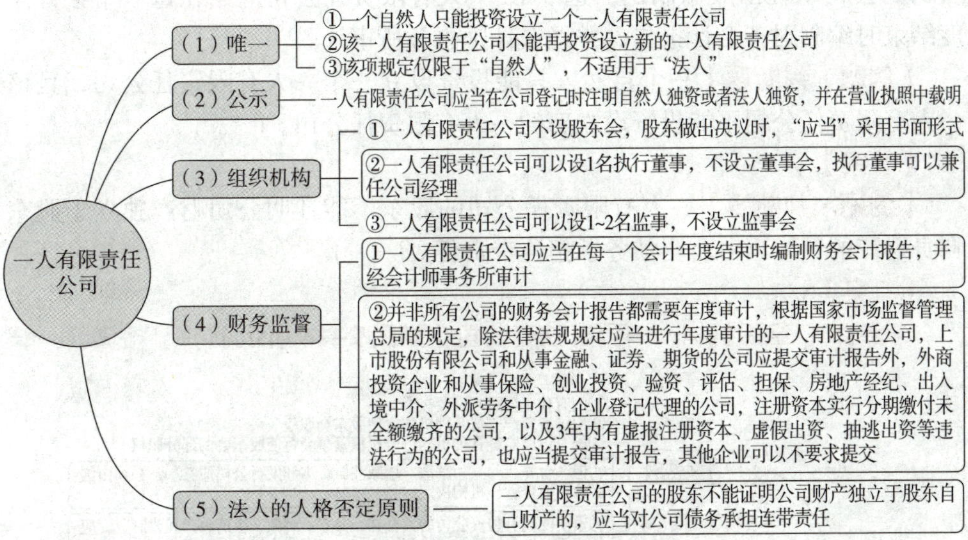

图 2-13　组织机构——一人有限责任公司一览图

【例题·单选题】根据公司法律制度的规定，下列关于一人有限责任公司的表述中，正确的是（　　）。

A. 一个法人只能投资设立一个一人有限责任公司

B. 一人有限责任公司应设立股东会

C. 一个自然人投资设立的一人有限责任公司，不能投资设立新的一人有限责任公司

D. 债权人不能证明一人有限责任公司的财产与其股东自身的财产相独立的，一人有限责任公司的股东以其出资额为限对公司债务承担责任

【答案】C

【解析】选项 D：一人有限责任公司的“股东”（而非债权人）不能证明公司财产独立于股东自身财产的，股东应当对公司债务承担连带责任。

【例题·单选题】刘某出资设立了一个一人有限责任公司。公司存续期间，刘某的下列行为中，符合公司法律制度规定的是（　　）。

A. 决定由其本人担任公司经理和法定代表人

B. 决定用公司盈利投资设立另一个一人有限责任公司

C. 决定不制定公司章程

D. 决定不编制财务会计报告

【答案】A

【解析】选项 B：一个自然人只能投资设立一个一人有限责任公司，该一人

有限责任公司不能再投资设立新的一人有限责任公司；选项 C: 一人有限责任公司的公司章程由股东制定；选项 D: 一人有限责任公司应当在每一个会计年度结束时编制财务会计报告，并经会计师事务所审计。

【例题 · 判断题】一个自然人只能投资设立一个一人有限责任公司，且该一人有限责任公司不能投资设立新的一人有限责任公司。(　　)

【答案】√

【例题 · 判断题】一人有限责任公司的股东不能证明公司财产独立于股东自身财产的，应当对公司债务承担连带责任。(　　)

【答案】√

考点 26：组织机构——国有独资公司（如图 2-14 所示）

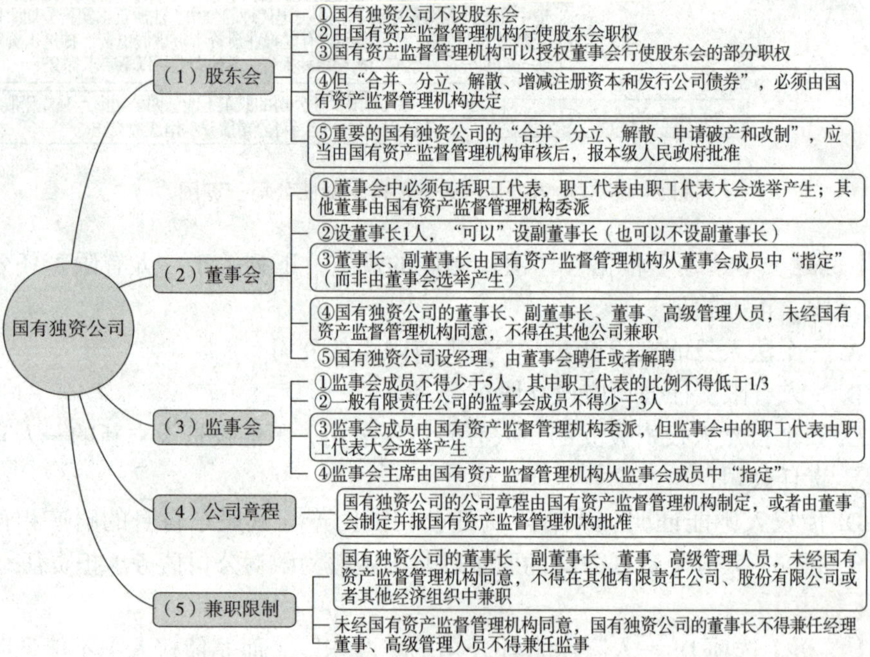

图 2-14　组织机构——国有独资公司一览图

【例题 · 单选题】根据公司法律制度的规定，下列关于国有独资公司组织机构的表述中，正确的是(　　)。

A. 国有独资公司不设股东会

B. 国有独资公司必须设 1 名董事长和 1 名副董事长

C. 国有独资公司董事长由董事会选举产生

D. 国有独资公司监事由董事长任命

【答案】A

【解析】选项 B：国有独资公司是否设副董事长，应视需要而定；选项 C：国有独资公司的董事长、副董事长由国有资产监督管理机构从董事会成员中“指定”；选项 D: 国有独资公司的监事会成员由国有资产监督管理机构委派，但监事会中的职工代表由职工（代表）大会选举产生。

【例题·单选题】根据公司法律制度的规定，下列表述中，正确的是（　　）。

A. 股东人数较少或者规模较小的有限责任公司可以不设监事会，也可以不设监事

B. 一人有限责任公司不设股东会

C. 国有独资公司的董事长由董事会经全体董事过半数选举产生

D. 股份有限公司的董事会成员中应当有公司职工代表

【答案】B

【解析】选项 A: 股东人数较少或者规模较小的有限责任公司，可以设 1 ~ 2 名监事，不设立监事会；选项 C：国有独资公司的董事长、副董事长由国有资产监督管理机构从董事会成员中“指定”；选项 D: 股份有限公司的董事会成员中“可以”（而非必须）有公司职工代表。

考点 27：组织机构——上市公司（如图 2–15 所示）

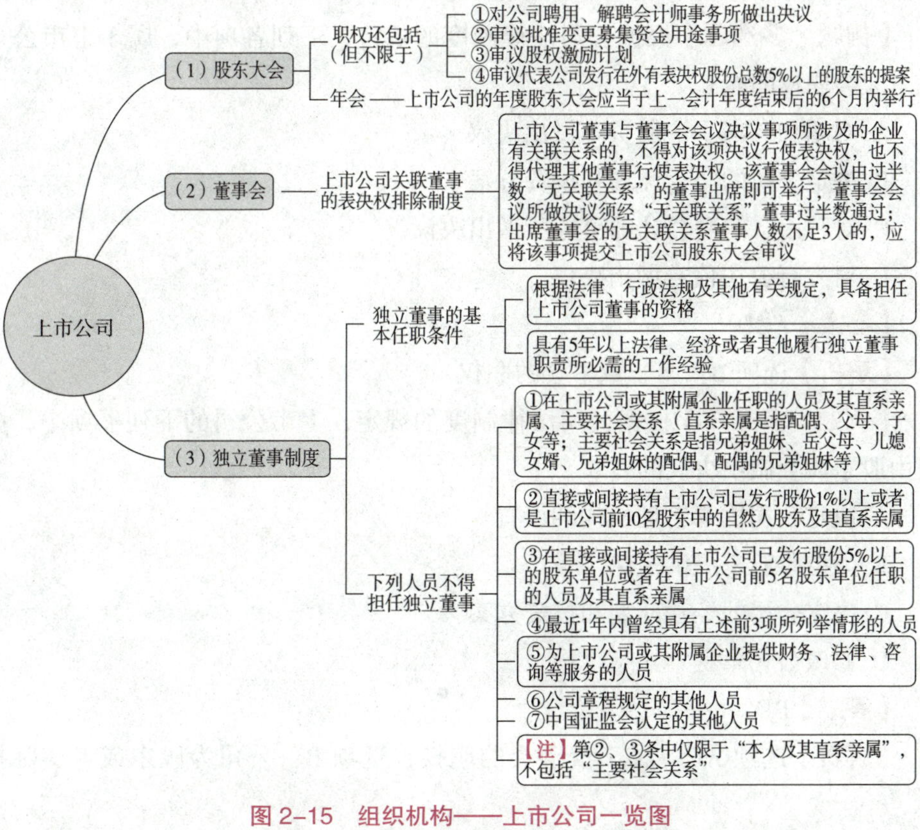

图 2–15　组织机构——上市公司一览图

小艾上班记8

【例题·单选题】某上市公司拟聘任独立董事1名，甲为该公司人力资源总监的大学同学；乙为在该公司中持股7%的某国有企业的负责人；丙曾任该公司财务部经理，半年前离职；丁为某大学法学院教授，兼职担任该公司子公司的法律顾问。根据公司法律制度的规定，可以担任该公司独立董事的是（　　）。

A. 甲　　B. 乙

C. 丙　　D. 丁

【答案】A

【解析】选项A: 在上市公司或其附属企业任职的人员及其直系亲属、主要社会关系不得担任独立董事。直系亲属是指配偶、父母、子女等；主要社会关系是指兄弟姐妹、岳父母、儿媳女婿、兄弟姐妹的配偶、配偶的兄弟姐妹等。本题中，甲不属于主要社会关系。选项B：系在直接或间接持有上市公司已发行股份5%以上的股东单位或者在上市公司前5名股东单位任职的人员及其直系亲属。选项C: 系最近1年内曾经在上市公司或者其附属企业任职的人员及其直系亲属、主要社会关系。选项D: 系为上市公司或其附属企业提供财务、法律、咨询等服务的人员。

【例题·多选题】根据公司法律制度的规定，下列各项中，属于上市公司股东大会职权的有（　　）。

A. 对增加、减少注册资本做出决议

B. 决定公司的经营计划和投资方案

C. 对聘用、解聘会计师事务所做出决议

D. 对发行公司债券做出决议

【答案】ACD

【解析】选项B：属于董事会的职权。

【例题·多选题】根据公司法律制度的规定，上市公司的下列事项中，应当由股东大会做出决议的有（　　）。

A. 决定公司内部管理机构的设置

B. 为控股股东提供担保

C. 决定公司的经营计划和投资方案

D. 修改公司章程

【答案】BD

【解析】选项AC：属于董事会的职权；选项B：公司为股东或者实际控

制人提供担保的，必须经股东大会决议；选项 D: 属于股东大会的特别决议事项。

5. 董事高管

考点 28：董事高管——行为禁止（如图 2–16 所示）

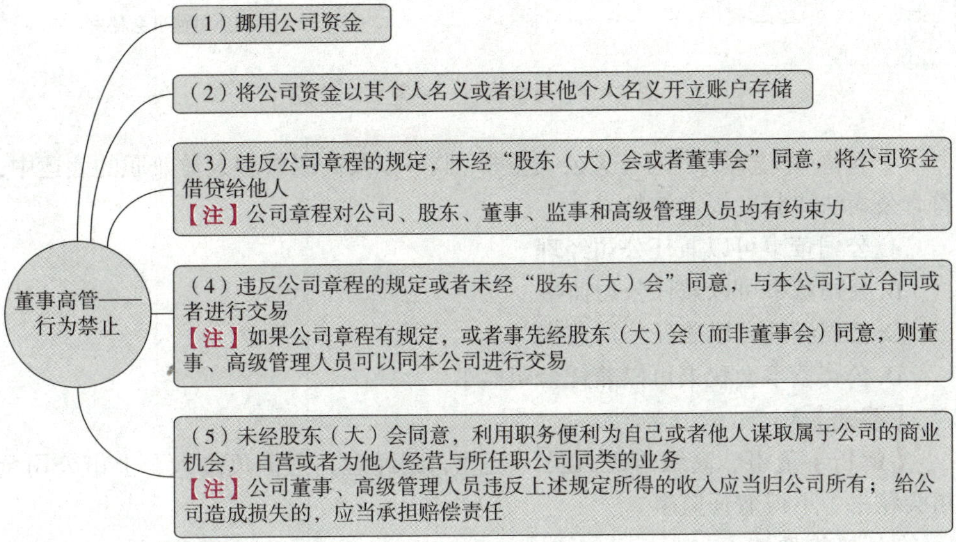

图 2–16　董事高管——行为禁止一览图

【例题·判断题】甲公司的董事王某经董事会同意，为乙公司经营与甲公司同类的业务，不违反《公司法》的规定。(　　)

【答案】×

【解析】未经“股东（大）会”（而非董事会）同意，董事、高级管理人员不得自营或者为他人经营与所任职公司同类的业务。

【例题·判断题】甲公司主要经营医疗器械业务，该公司的总经理王某经监事会同意，在任职期间代理乙公司从国外进口的一批医疗器械并销售给丙公司，获利 2 万元。甲公司得知上述情形后，除将王某获得的 2 万元收归公司所有外，还撤销了王某的职务。甲公司的上述做法不符合《公司法》的规定。(　　)

【答案】×

【解析】未经“股东（大）会”（而非监事会）同意，董事、高级管理人员不得自营或者为他人经营与所任职公司同类的业务，否则所得收入归公司所有。

考点29：董事高管——兼职（如图2-17所示）

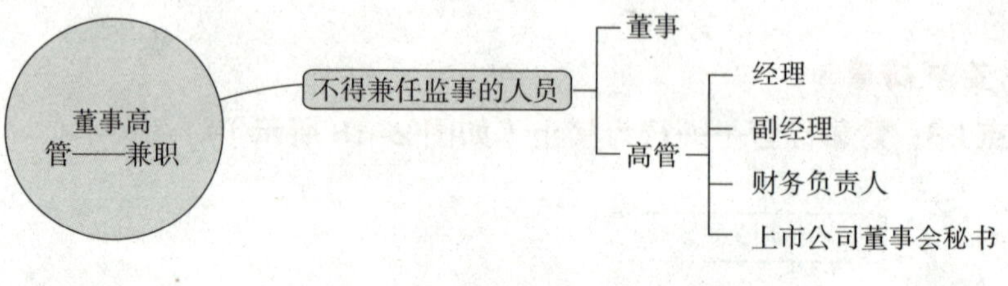

图2-17 董事高管——兼职一览图

【例题·单选题】下列有关公司董事、监事以及高级管理人员兼职的表述中，符合公司法律制度规定的是（ ）。

A. 公司董事可以兼任公司经理

B. 公司董事可以兼任公司监事

C. 公司经理可以兼任公司监事

D. 公司董事会秘书可以兼任公司监事

【答案】A

【解析】董事、高级管理人员（经理、副经理、财务负责人、上市公司董事会秘书）不得兼任监事。

6. 经营管理

考点30：经营管理——对外担保（如图2-18所示）

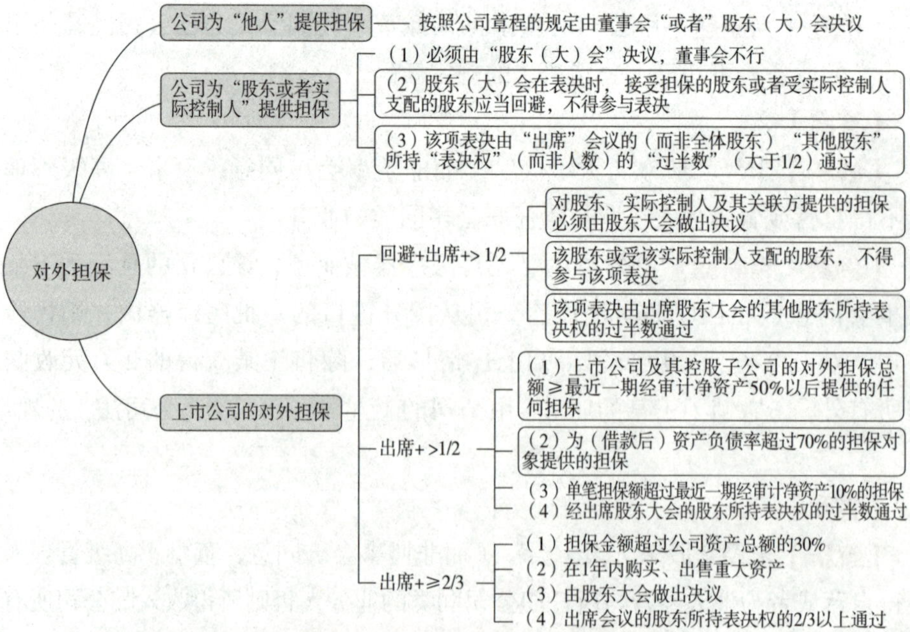

图2-18 经营管理——对外担保一览图

【例题·单选题】某有限责任公司的股东会拟对公司为股东甲提供的担保事项进行表决。下列有关该事项表决通过的表述中，符合公司法律制度规定的是（　　）。

A. 该项表决由公司全体股东所持表决权的过半数通过

B. 该项表决由出席会议的股东所持表决权的过半数通过

C. 该项表决由除甲以外的股东所持表决权的过半数通过

D. 该项表决由出席会议的除甲以外的股东所持表决权的过半数通过

【答案】D

【例题·单选题】甲持有乙股份有限公司 34% 的股份，为其第一大股东。2015 年 4 月，乙公司召开股东大会讨论其为甲向银行借款提供担保事宜。出席本次大会的股东（包括甲）所持表决权占公司发行在外股份总数的 49%，除 1 名持有公司股份总额 1% 的小股东反对外，其余股东均同意乙公司为甲向银行借款提供担保。根据公司法律制度的规定，下列表述中，正确的是（　　）。

A. 决议无效，因为出席股东大会的股东所持表决权数不足股份总额的半数

B. 决议无效，因为决议所获同意票代表的表决权数不足公司股份总额的半数

C. 决议无效，因为甲未回避表决

D. 决议无效，因为公司不得为其股东提供担保

【答案】C

【解析】公司为“股东或者实际控制人”提供担保的，必须经股东（大）会决议。接受担保的股东（甲）不得参与表决，该项表决由出席会议的其他股东所持表决权的过半数通过。

考点 31：经营管理——公司财务与会计基本要求（见表 2-29）

表 2-29　　经营管理——公司财务与会计基本要求

<table>
<tr><td>（1）审计</td><td colspan="2">公司应当在每一个会计年度终了时，编制财务会计报告，并依法经会计师事务所审计
【注】一人有限责任公司应当在每一个会计年度终了时，编制财务会计报告，并经会计师事务所审计</td></tr>
<tr><td rowspan="2">（2）财报送交时间</td><td>有限责任公司</td><td>应当按照公司章程规定的期限，将财务会计报告送交各股东</td></tr>
<tr><td>股份有限公司</td><td>财务会计报告应当在召开股东大会年会的 20 日前，置备于本公司</td></tr>
<tr><td>（3）不得另设账簿</td><td colspan="2">开立账户的公司，除法定的会计账簿外，不得另立会计账簿，对公司资产不得以任何个人名义开立账户存储</td></tr>
<tr><td>（4）会计师事务所聘用</td><td colspan="2">公司聘用、解聘承办公司审计业务的会计师事务所，依照公司章程的规定，由股东大会或者董事会决定（有限自由）
【注】上市公司应当由股东大会对公司聘用、解聘会计师事务所做出决议（无自由）</td></tr>
</table>

考点 32：经营管理——利润分配（见表 2-30）

表 2-30　经营管理——利润分配

分配顺序	（1）弥补以前年度的亏损，但不得超过税法规定的弥补期限 （2）缴纳所得税 （3）弥补将税前利润弥补亏损之后仍存在的亏损 （4）提取法定公积金 （5）提取任意公积金 （6）向股东分配利润
分配金额	（1）对公司弥补亏损和提取公积金后所余税后利润，有限责任公司按照股东实缴的出资比例分配，但全体股东约定不按出资比例分配的除外
	（2）对公司弥补亏损和提取公积金后所余税后利润，股份有限公司按照股东持有的股份比例分配，但股份有限公司的章程规定不按持股比例分配的除外
	（3）公司持有的本公司股份不得分配利润
分配时间	（1）分配利润的股东（大）会决议做出后，公司应当在决议载明的时间内完成利润分配，决议没有载明时间的，以公司章程的规定为准，决议章程中均未规定时间或者时间超过 1 年的，公司应当自决议做出之日起，1 年内完成利润分配
	（2）决议中载明的利润分配完成时间，超过公司章程规定时间的，股东可以依法请求人民法院撤销决议中关于该时间的规定
	（3）**【理解】**决议载明的时间、章程规定的时间和 1 年，三者中最短的时间为完成利润分配的时间

考点 33：经营管理——公积金（如图 2-19 所示）

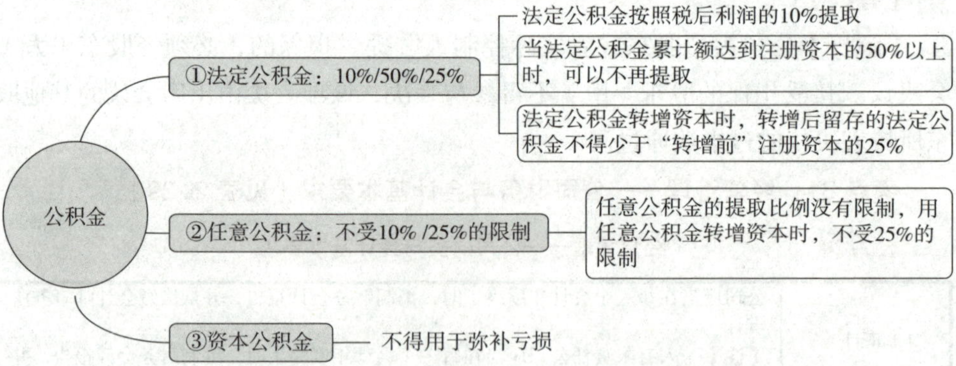

图 2-19　经营管理——公积金一览图

【例题 · 判断题】法定公积金可用于弥补公司亏损，资本公积金不得用于弥补公司亏损。（　）

【答案】√

【例题 · 判断题】公司持有的本公司股份不得用于分配利润。（　）

【答案】√

【例题·多选题】某股份有限公司注册资本为3 000万元，公司现有法定公积金1 000万元，任意公积金500万元，现该公司拟以公积金500万元增资派股，下列方案中，符合公司法律制度规定的有（　　）。

A. 将法定公积金500万元转为公司资本

B. 将任意公积金500万元转为公司资本

C. 将法定公积金200万元、任意公积金300万元转为公司资本

D. 将法定公积金300万元、任意公积金200万元转为公司资本

【答案】BC

【解析】用法定公积金转增资本时，转增后所留存的该项公积金不得少于转增前公司注册资本的25%，故本次最多转增250万元；用任意公积金转增资本的，不受25%的限制。

7. 合并、分立、解散

考点34：企业合并（如图2-20所示）

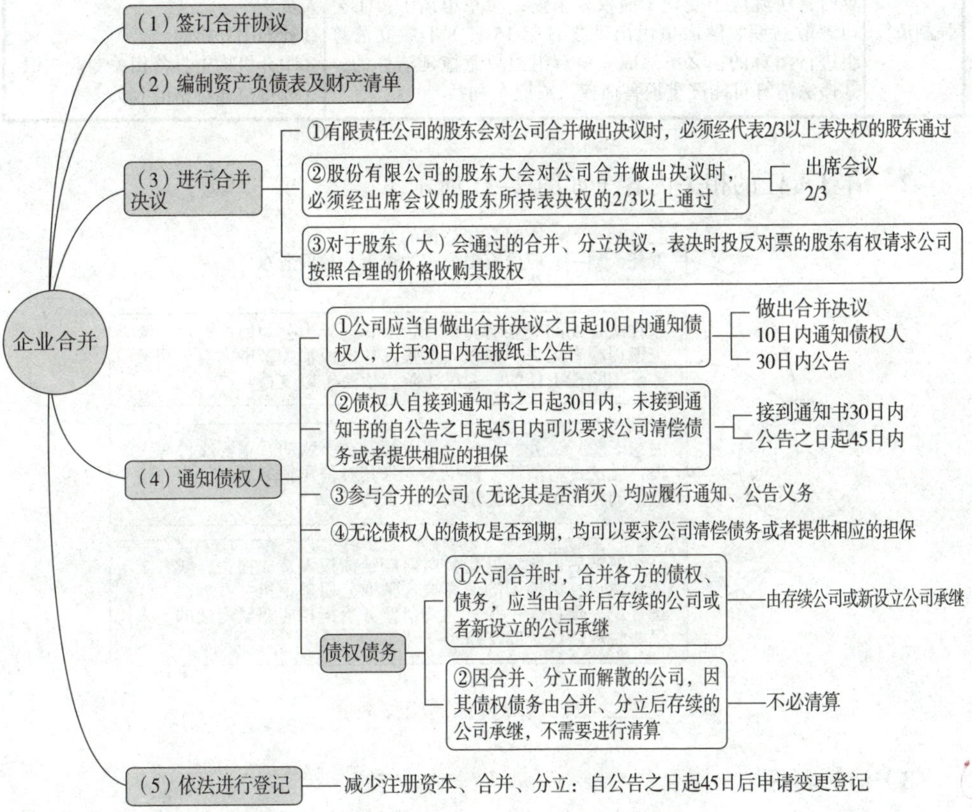

图2-20　企业合并一览图

【例题·单选题】根据公司法律制度的规定，公司合并时，应在法定期限内通知债权人，该法定期限为（　　）。

A. 公司做出合并决议之日起 10 日内

B. 合并各方签订合并协议之日起 10 日内

C. 合并各方主管部门批准之日起 10 日内

D. 公司办理变更登记后 10 日内

【答案】A

考点 35：清算

1）清算组在自行清算与强制清算中的构成（见表 2–31）。

表 2–31　清算组在自行清算与强制清算中的构成一览表

自行清算	解散事由出现之日起 15 日内	①有限责任公司：由股东组成 ②股份有限公司：由董事或股东大会确定的人员组成
强制清算	出现下列情形之一，债权人申请法院指定清算组进行清算时，法院应予受理（债权人未提，股东申请）：①公司解散逾期（解散事由出现之日起 15 日）不成立清算组进行清算的；②虽然成立清算组但故意拖延清算的；③违法清算可能严重损害债权人或股东利益	①股东、董事、监事、高级管理人员 ②社会中介机构 ③中介机构中具备相关专业知识并取得执业资格的人员

2）清算责任的相关内容（如图 2–21 所示）。

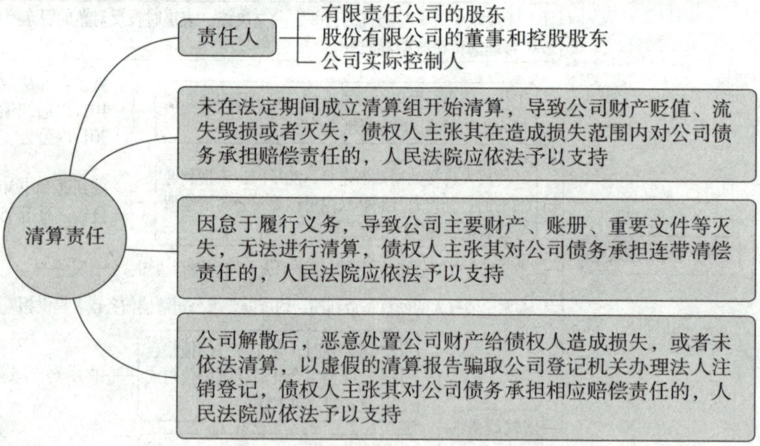

图 2–21　清算责任的相关内容

3）清算程序

（1）登记债权

记忆口诀：分立一月又减资，合并旬月月一半；清算一路三四五，逾期债权还申报。

①期限：清算组应当自成立之日起 10 日内通知债权人，并于 60 日内在报纸上公告；债权人应当自接到通知书之日起 30 日内，未接到通知书的自公告之日起 45 日内，向清算组申报其债权。公司清算、合并减资以及分立的相关期限见表 2–32。

表 2–32　　公司清算、合并减资以及分立的相关期限一览表

项目	通知	公告	接到通知	未接到通知
公司清算	清算组成立之日起 10 日	60 日	30 日	45 日
公司合并减资	决议做出之日起 10 日	30 日	30 日	45 日
公司分立	决议做出之日起 10 日	30 日		

②未按期申报：债权人在规定的期限内未申报债权，在公司清算程序终结前补充申报的，清算组应予登记。债权人补充申报的债权，可以在公司尚未分配的财产中依法清偿。

（2）清算方案

①清算方案应当报股东（大）会或法院确认。

【补充】清算组执行未经确认的清算方案给公司或债权人造成损失的，公司、股东或债权人有权要求清算组成员赔偿。

② 公司解散时，股东尚未缴纳的出资均应视作清算财产。

【补充】尚未缴纳的出资：包括到期应缴而未缴的出资和合法的缴纳期限尚未届满的出资。

③清算组发现公司财产不足清偿债务的，应当依法向人民法院申请宣告破产。

【注意】公司财产不足清偿债务的，债务清偿方案“经全体债权人确认”且不损害其他利害关系人利益的，“法院”可依清算组的申请裁定予以认可。

（3）剩余财产

剩余财产的分配顺序为：①清算费用；②职工工资；③社会保险费用；④法定补偿金；⑤税款。

有限责任公司按照股东的出资比例分配剩余财产，股份有限公司按照股东持有的股份比例分配剩余财产。

（4）公司终止

公司未经清算即办理注销登记，导致公司无法进行清算的，债权人有权要求有限责任公司的股东、股份有限公司的董事和控股股东，以及公司的实际控制人对公司债务承担清偿责任。

【例题 · 单选题】公司解散时，逾期不成立清算组进行清算，且债权人未

提起清算申请的，根据《公司法》的规定，相关人员可以申请人民法院指定清算组对公司进行清算。下列各项中，属于该相关人员的是（ ）。

A. 公司股东　B. 公司董事　C. 公司监事　D. 公司经理

【答案】A

【解析】公司解散时，逾期不成立清算组进行清算，且债权人未提起清算申请，公司股东申请法院指定清算组对公司进行清算的，法院应予支持。

（5）挂失规则（见表 2–33）

表 2–33　挂失规则一览表

适用	（1）记名式：可以挂失；（2）不记名式：不能挂失
程序	特殊情况下，可以用口头或函电形式申请挂失，且必须在 5 天之内补办书面挂失手续，否则挂失不再有效
责任	（1）受理挂失后，必须立即停止支付该储蓄存款；（2）在挂失前或挂失失效后已被他人支取的，储蓄机构不负责

考点 36：公司章程约定与公司法法定（如图 2–22 所示）

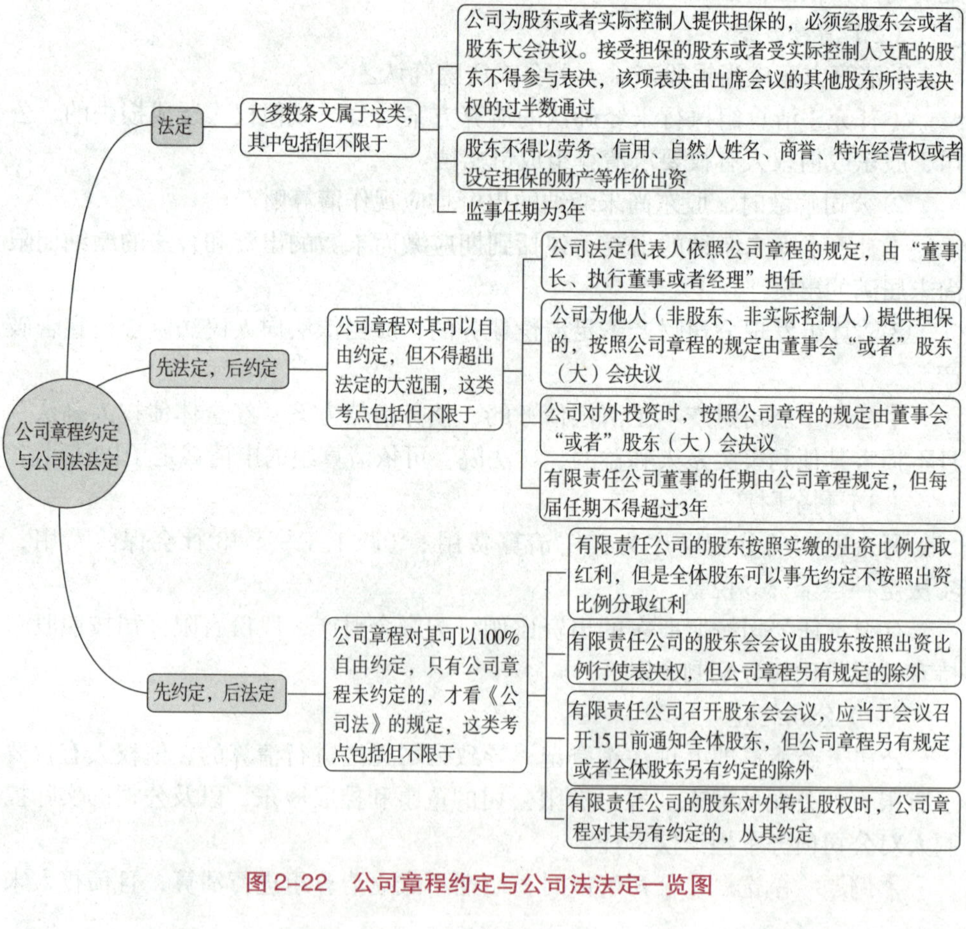

图 2–22　公司章程约定与公司法法定一览图

【例题·多选题】 根据公司法律制度的规定，下列各项中，受公司章程约束的有（　　）。

A. 公司的经理

B. 公司的副经理

C. 公司的董事

D. 公司的财务负责人

【答案】 ABCD

《公司法》涉及的数字特别多，从这一章开始就应该慢慢总结，把所有的数字都分类归纳起来。后续每看一章，再根据自己的记忆情况，逐渐补充。

（八）像红皇后一样奔跑着复习

一眨眼，天就要黑了。当夕阳收起最后一道霞光的时候，一条条街道上的路灯亮了起来，向前望不到头，向后望不到尾，像一串串明珠，悬挂在夜空，又像一条条火龙，在夜色中腾飞。都市的夜晚变成了光的世界。

"好了，天色不早了，我们吃点东西就回去吧，你明天就可以开始第三章'其他主体法律制度'的学习了。"杜老师说道。

"啊，这么快？"我条件反射般地问道。

花了不到3个小时，就把《公司法》相关的考点过了一遍，心里总是隐隐约约地有点儿不踏实，书上应该还有很多考点没有复习到吧？

杜老师笑了，说："你还是没有进入状态。"

"为什么？"

"假如明天就考试，你就不会这样想了。你要做的不是把课本这一章上所有的文字都背诵下来，而是**要让自己在最短的时间内，获得最大的效果**。如果你每1个小时，甚至每1分钟，都能取得最大的效果，那你就没有浪费时间。"

"那倒是，不到3个小时的时间，我浏览归纳了这么多考点，确实效率很高，而且很充实。但是，我觉得我明天要是再复习一遍，或许会归纳得更全面。"

"不要贪多，贪多嚼不烂。你现在的目标是要用最快的速度，让这本《中级经济法》所有章节的复习都达到这个效果就行。考试考的是整本书，你要以最快的速度完成。没复习到的地方，你有时间，还可以再复习。保持速度是关键。如果速度太慢了，第一遍复习拖了很长时间，结果就是后面复习完了，前面的

一点印象都没有了。而且，战线太长，很疲惫，没有成就感，会让自己丧失信心。”

“噢。”

“看过《爱丽丝梦游仙境》吗？刘易斯·卡罗尔写的。”杜老师突然问道。

我不好意思地摇了摇头，《爱丽丝梦游仙境》听说过，但是我没有看过，刘易斯·卡罗尔这个名字都是第一次听说。

“刘易斯·卡罗尔还写过一本《爱丽丝魔镜之旅》。这两本书中，有一个很著名的理论，叫作‘红皇后效应’。若沿逆行的滚梯往上走，即便是跑步前进，如果速度不够快，结果还是停在原地。‘红皇后效应’就是指这个现象。也就是说，如果自己的速度与周边环境变化一致，就只能是在原地踏步，无论如何都无法向前迈进。红皇后是小说中的女王，也是国际象棋中的棋子之一，是个奔跑高手。她对不论怎么跑也跑不出去的爱丽丝说：**‘为了保住自己的位置，就要全力奔跑；要想去别的地方，就要用比现在至少快两倍的速度奔跑’**。

“‘红皇后效应’经常被用于生物学。生物为了生存下去，不断进化，而环境也在同时变化，如果你不够快，最终的结果就是在原地停留，如同没有变化。在很久以前，猎豹的奔跑速度并不像现在这么快，由于其与羚羊形成了追与被追的关系，相互间经常要进行殊死的较量，所以速度成了它们生存的必备条件。到了第二代、第三代猎豹，速度快渐渐变成了遗传性质。**这被称为‘共同进化’，就是说在彼此不停的相互作用中共同慢慢进化。**这不仅适用于生物界，同样也适用于企业。一项技术的开发会带出另一项技术，技术越改进，变化就越大。企业经营者同样要懂得‘红皇后效应’。如果一个企业没有长远眼光，而只是热衷于短期的竞争，其结果就必然是停滞不前。试想如果第一代猎豹满足于自己的条件，那后代没准就饿死了。不仅是生物和企业，社会中的每一个人不也是一样吗？都是因为不停地‘奔跑’才存活了下来。”

“这个跟我复习经济法有什么关系吗？”

“有关系，‘红皇后效应’也同样适用于复习。首先，你复习就会遗忘，所以**你复习的速度要快于遗忘的速度，你才有可能取胜**。不然，你一边复习一边遗忘，等你慢慢地把整本书复习完后，就会发现，前面复习的内容一点儿印象都没有了，又得重来。所以，你要‘奔跑’着复习。其次，考试其实就是竞争，职称考试在某种意义上，还是一种选拔性考试。它的通过率一般来说是相对稳定的，要难大家都难，要容易大家都容易。所以，你要做的不是把整本书背诵下来，复习得尽善尽美，而是你要比其他考生在相同的时间内复习得更快，复习效率更高，这样同样的时间内你就可以多复习一遍。所以，你要‘奔跑’着复习。再说，人生短暂，我们还有很多有意义的事情要去做，不能把太多的时间花费在备考上。若要在有限的时间内取得最佳效果，你的动作就得快。”

“奔跑”着复习，当我的内心树立这个理念后，我发现我很少走神了。因为我给自己的任务是，2 个小时或 3 个小时内，把这一章的知识要点全部提炼出来。如果时间到，我就进入下一章了。所以，在这两三个小时内，我会尽可能多地挑重要的考点提炼。就像在沙滩上捡贝壳一样，因为时间有限，空间有限，所以我就尽可能快点儿捡，同时尽可能挑漂亮的捡，那些不是特别漂亮的就暂时舍弃吧。

第三章

合伙企业法律制度

（一）给自己一个备考的理由

清晨，窗外万籁俱寂，天蒙蒙亮，黑夜正欲隐去，破晓的晨光慢慢唤醒沉睡的生灵。

我走下床，轻轻推开窗户，一股新鲜空气迎面扑来。接着，银白的曙光渐渐显出绯红，朝霞映在千家万户的窗棂之上。

清晨，真的很美。

洗漱完毕，我坐在镜子前，轻轻地往脸上拍了点爽肤水，让紧绷的皮肤慢慢舒缓起来。接着，我打开面霜瓶盖，取两粒黄豆大小的量放在四指指腹，轻轻揉搓到半透明，然后轻拍到全脸、脖子。最后，再用手掌捂脸几秒，帮助吸收。

在这争分夺秒的备考期间，我宁愿早起，也不敢怠慢我的肌肤。

奥黛丽·赫本说过："外在决定两个人是否在一起，内在决定两个人在一起多久。"外貌是女人不可或缺的资本。见面前，两个人聊得再投机，见面之后，还是外貌决定一切。

第一次听到这个言论时，我立即反驳，嘲笑说话之人肤浅。一则可能是因为我不是美女，别人这么一说，引起恐慌，本能地通过反驳来捍卫自己的尊严；二则可能是因为我从小到大接受的教育都是要我们"好好学习，天天向上"，做个好女孩，不要一天到晚就知道梳妆打扮，想着穿好的、吃好的，这叫好吃懒做。要知道，在父母这一辈人的眼里，一天到晚花很多时间打扮的人都是无所事事的人。

但是，走上社会后才发现，内在美固然重要，外在美也非常重要。没有外在美，谁会花大量时间发现你的内在美？

为什么呢？其实这是一个成本效益问题，因为内在美不好判断，费了半天劲儿要是发现没什么内在美，岂不是亏大了？选人也是需要成本的。

同理，有的人说，考那么多会计证有什么用，会计要的是工作经验。但是没有各种会计证件作佐证，谁会花大量时间让你去证明？如果你有很多证，那么多少算是给他们提供了一份心理担保。

从此我再也不说什么不在乎外表，我不是那么肤浅的人，而是努力让自己内外兼修，永远不让自己有邋遢的机会，永远不放过让自己变得更美好的机会。

因此，我也越来越喜欢赫本，喜欢她的人，也喜欢她说的话。比如：

Elegance is the only beauty that never fades.

优雅是唯一不会褪色的美。

For attractive lips, speak words of kindness.

要有吸引人的双唇，请说好意的言语。

For lovely eyes, seek out the good in people.

要有美丽的双眼，请寻索他人的优点。

For a slim figure, share your food with the hungry.

要有纤细的身材，请与饥民分享你的食物。

从最开始不懂得护肤到变身护肤达人，从最开始连凝霜和面霜都分不清楚到现在对各大品牌如数家珍。

当我美美地坐在桌子旁边，带着美美的心情开始复习时，我的感觉是不一样的。我会变得特别积极，我身上会充满无限的正能量，我会完全投入复习中。因为我知道，当我把中级考过之后，我的内在美、外在美都会进一步提升，而这些东西都是我的资本，任何人都拿不走。

（二）本章通关地图（如图 3-1 所示）

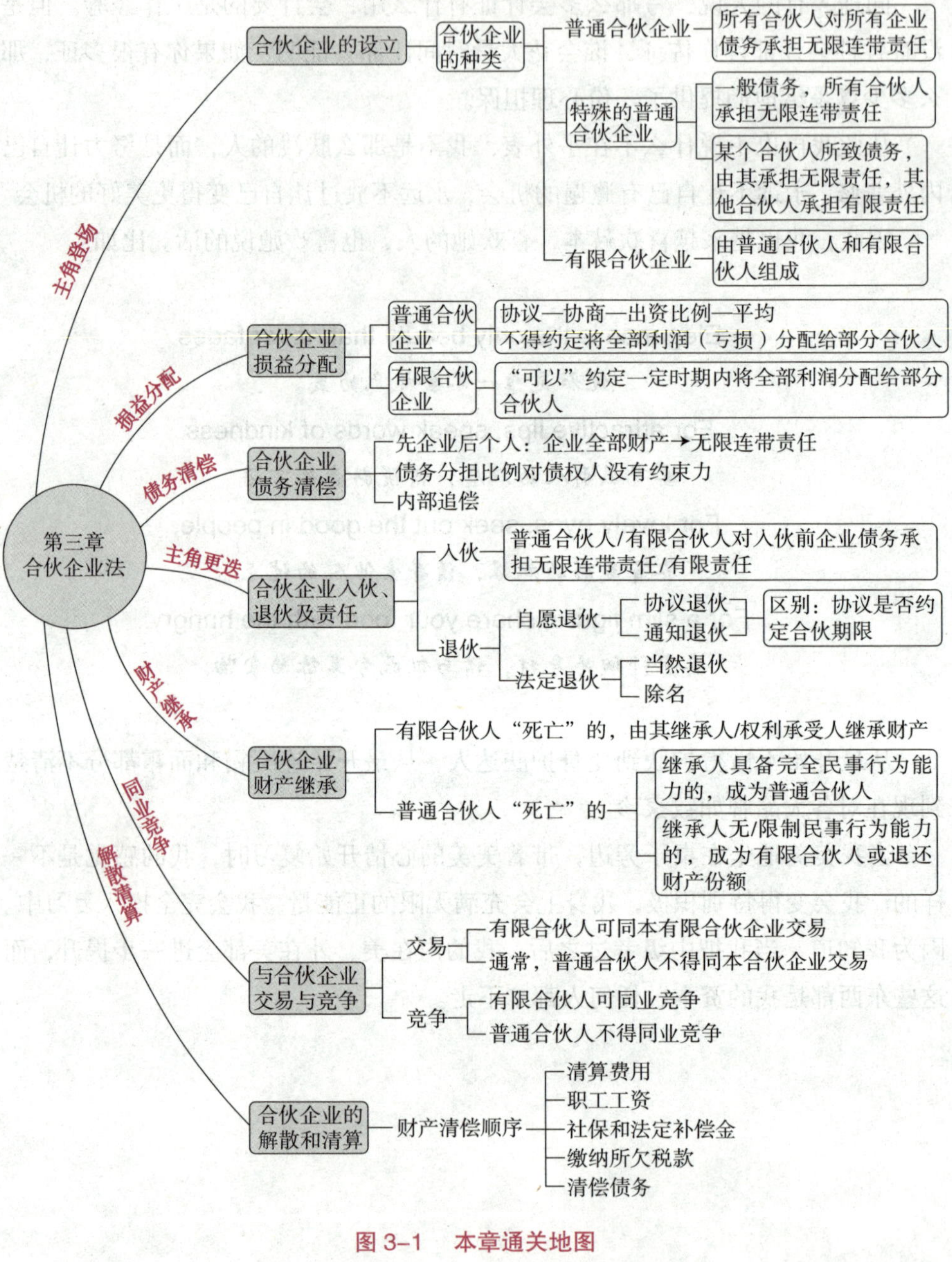

图 3-1　本章通关地图

（三）高频考点提炼

考点1：合伙企业的设立（如图3–2所示）

- 合伙企业的设立
  - （1）合伙企业的**种类**
    - **普通合伙**企业
      - 特征是“所有”：“**所有**的合伙人”（不论其出资形式，不论其是否执行企业事务）对“所有的企业债务”均承担**无限连带**责任
    - **特殊的普通合伙**企业
      - ①特征是“**先看债务，再找人**”
      - ②**一般的**企业债务，“**所有**的合伙人”均承担**无限连带**责任
      - ③**某一个合伙人**故意或者因重大过失造成的企业债务，由该合伙人承担**无限**责任，**其他**合伙人只承担**有限**责任
    - **有限合伙**企业
      - ①特征是“**先找人，再确定责任**”
      - ②有限合伙企业由**普通**合伙人和**有限**合伙人组成
      - ③普通合伙人应当对所有的企业债务承担无限连带责任
      - ④有限合伙人以其认缴的出资额为限对合伙企业债务承担责任
      - ⑤第三人有理由相信有限合伙人为普通合伙人并与其交易的，该有限合伙人对该笔交易承担与普通合伙人同样的责任
      - ⑥有限合伙人未经授权以有限合伙企业名义与他人进行交易，给有限合伙企业或者其他合伙人造成损失的，该有限合伙人应当承担赔偿责任
  - （2）合伙人
    - ①合伙人为2人以上，对于合伙人数的最高限额，《合伙企业法》[①]未做规定
    - ②合伙人可以是自然人，也可以是法人或者其他组织（如个人独资企业、合伙企业）
    - ③合伙人为自然人的，应当具有完全民事行为能力。无民事行为能力人和限制民事行为能力人不得成为普通合伙企业的合伙人，但可以成为有限合伙人
    - ④国有独资公司、国有企业、上市公司以及公益性的事业单位、社会团体不得成为普通合伙人，但可以成为有限合伙人
    - 有限合伙企业合伙人
      - ①有限合伙企业由2个以上50个以下合伙人设立，但法律另有规定的除外
      - **【注】**普通合伙企业的合伙人为2人以上，法律并未规定最高限额
      - ②有限合伙企业至少应当有1个普通合伙人和1个有限合伙人，有限合伙企业仅剩有限合伙人的，应当解散；有限合伙企业仅剩普通合伙人的，应当转为普通合伙企业
  - （3）企业名称
    - ①普通合伙企业应当在名称中标明“普通合伙”字样
    - ②特殊的普通合伙企业应当在名称中标明“特殊普通合伙”字样
    - ③有限合伙企业的名称中应当标明“有限合伙”字样
    - ④合伙企业的名称中必须有“合伙”字样

图3–2　合伙企业的设立相关内容列示图

① 《中华人民共和国合伙企业法》

【例题·单选题】根据合伙企业法律制度的规定，下列关于有限合伙企业的表述中，正确的是（　　）。

A. 国有企业可以成为有限合伙企业的普通合伙人

B. 有限合伙人可以以土地使用权、机器设备和劳务出资

C. 自然人作为有限合伙人，可以执行合伙事务，对外代表有限合伙企业

D. 如合伙协议无相反约定，则有限合伙人可以经营与本有限合伙企业相竞争的业务

【答案】D

【解析】选项A：国有独资公司、国有企业、上市公司以及公益性的事业单位、社会团体不得成为普通合伙人，但可以成为有限合伙人；选项B：有限合伙人不得以劳务出资；选项C：有限合伙人不执行合伙事务，不得对外代表有限合伙企业；选项D：有限合伙人可以自营或者同他人合作经营与本有限合伙企业相竞争的业务，但合伙协议另有约定的除外。

考点2：合伙企业相关内容及损益分配（如图3–3、图3–4所示）

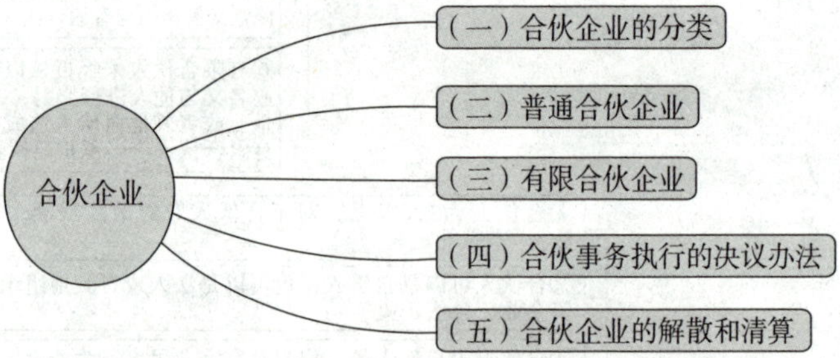

图3–3　合伙企业相关内容列示图

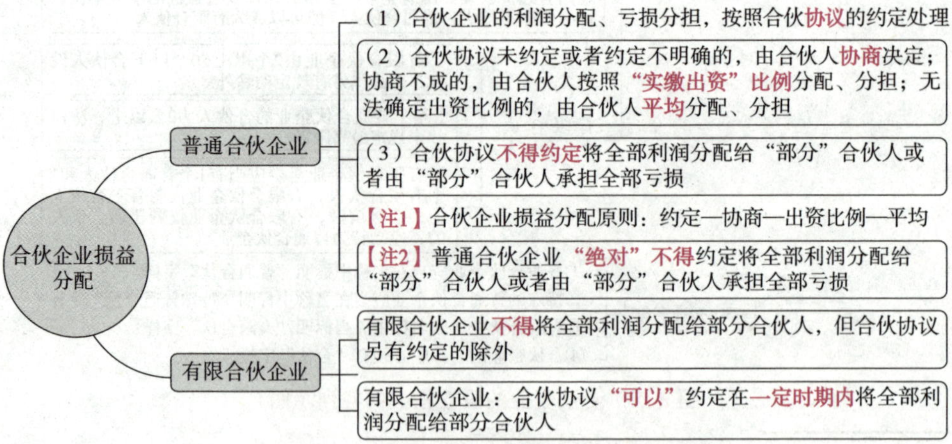

图3–4　合伙企业的损益分配内容列示图

【例题·单选题】某有限合伙企业合伙协议的下列约定中，符合合伙企业法律制度规定的是（　　）。

A. 普通合伙人以现金出资，有限合伙人以劳务出资

B. 合伙企业成立后前 3 年的利润全部分配给普通合伙人

C. 有限合伙人甲对外代表本合伙企业，执行合伙事务

D. 合伙企业由普通合伙人 1 人、有限合伙人 99 人组成

【答案】B

【解析】选项 A: 有限合伙人不得以劳务出资；选项 B: 有限合伙企业不得将全部利润分配给部分合伙人，但是合伙协议另有约定的除外；选项 C：有限合伙企业由普通合伙人执行合伙事务，有限合伙人不执行合伙企业事务，不得对外代表有限合伙企业；选项 D: 有限合伙企业由 2 个以上 50 个以下合伙人设立。

【例题·单选题】根据合伙企业法律制度的规定，合伙协议未约定合伙企业利润分配和亏损分担比例的，合伙人之间分配利润和分担亏损的原则是（　　）。

A. 按各合伙人的实缴出资比例分配和分担

B. 按各合伙人贡献大小分配和分担

C. 在全体合伙人之间平均分配和分担

D. 由各合伙人协商决定如何分配和分担

【答案】D

【解析】合伙企业的利润分配和亏损分担，合伙协议未约定或者约定不明的，由合伙人协商决定；协商不成的，由合伙人按照实缴出资比例分配、分担；无法确定出资比例的，由合伙人平均分配、分担。

【例题·单选题】根据合伙企业法律制度的规定，合伙协议未约定合伙利润分配和亏损分担比例，经合伙人协商不成的，合伙人之间分配利润和分担亏损的原则是（　　）。

A. 按各合伙人的实缴出资比例分配和分担

B. 按各合伙人贡献大小分配和分担

C. 在全体合伙人之间平均分配和分担

D. 由人民法院决定如何分配和分担

【答案】A

【解析】合伙企业的利润分配和亏损分担，合伙协议未约定或者约定不明的，由合伙人协商决定；协商不成的，由合伙人按照实缴出资比例分配、分担；无法确定出资比例的，由合伙人平均分配、分担。

【例题·单选题】甲、乙、丙拟设立一个普通合伙企业，出资比例为4:4:2。有关合伙协议约定的利润分配和亏损分担的下列表述中，不符合《合伙企业法》规定的是（　）。

A. 按4:4:2的比例分配损益

B. 在合伙人之间平均分配损益

C. 按3:3:4的比例分配损益

D. 利润按3:3:4的比例分配，亏损由丙承担

【答案】D

【解析】选项ABC：合伙企业属于契约式企业，其损益分配比例由合伙协议自由约定，与出资比例无关；选项D：普通合伙企业的合伙协议不得约定将全部利润分配给部分合伙人或者由部分合伙人承担全部亏损。

【例题·多选题】根据合伙企业法律制度的规定，普通合伙企业出现亏损时，由合伙人分担。下列有关亏损分担的表述中，正确的有（　）。

A. 合伙协议有约定比例的，按约定比例分担

B. 合伙协议没有约定比例的，由合伙人协商决定

C. 合伙协议没有约定比例的，由各合伙人平均分担

D. 合伙协议可以约定由执行合伙事务的合伙人承担全部亏损

【答案】AB

【解析】选项C：合伙协议未约定或者约定不明确的，由合伙人协商决定；协商不成的，由合伙人按照实缴出资比例分担；无法确定出资比例的，由合伙人平均分担。选项D：合伙协议不得约定将全部利润分配给部分合伙人或者由部分合伙人承担全部亏损。

【例题·判断题】合伙协议未约定合伙企业的利润分配和亏损分担比例的，由各合伙人平均分配和分担。（　）

【答案】×

【解析】合伙协议未约定或者约定不明确的，由合伙人协商决定；协商不

成的，由合伙人按照实缴出资比例分配、分担；无法确定出资比例的，由合伙人平均分配、分担。

【例题·判断题】甲、乙两个自然人出资设立普通合伙企业，双方签订书面合伙协议并约定：甲以 10 万元出资，乙以劳务出资；乙执行合伙企业事务；合伙企业利润由甲、乙按 80% 和 20% 的比例分配，亏损由甲、乙按 20% 和 80% 的比例分担。该合伙协议的约定符合《合伙企业法》的规定。

【答案】√

【例题·判断题】甲、乙共同出资设立普通合伙企业，双方订立书面合伙协议时约定：甲以 10 万元出资，乙以劳务出资；乙执行合伙事务；合伙企业利润由甲乙平均分配，亏损由乙承担。该合伙协议的约定符合《合伙企业法》的规定。

【答案】×

【解析】普通合伙企业的合伙协议不得约定将全部利润分配给部分合伙人或者由部分合伙人承担全部亏损。

考点3：合伙企业决议（如图3–5所示）

合伙企业决议

- 1. 某些事项法律有明确规定的，合伙协议的约定不得与法律相抵触，其中包括但不限于：
  - ①普通合伙人以其财产份额出资的，必须经其他合伙人一致同意
  - ②普通合伙人绝对不得从事同本企业相竞争的业务
  - ③普通合伙企业的合伙协议绝对不得约定将全部利润分配给部分合伙人或者由部分合伙人承担全部亏损
  - ④将合伙人除名必须经其他合伙人一致同意
  - ⑤普通合伙人死亡，继承人为无民事行为能力人或者限制民事行为能力人的，经全体合伙人一致同意，其可以依法成为有限合伙人
- 2. 法律规定只需“通知”的事项
  - ①普通合伙人之间转让在合伙企业中的全部或者部分财产份额时，应当通知其他合伙人
  - ②有限合伙人可以按照合伙协议的约定向合伙人以外的人转让其在有限合伙企业中的财产份额，但应当提前30日通知其他合伙人
- 3. 合伙协议未约定，但法律做出“特别规定”（经全体合伙人一致同意）的事项（先约定，后法定）
  - （1）合伙企业委托一个或者数个合伙人执行企业事务的，除合伙协议另有约定外，合伙企业的下列事项应经全体合伙人一致同意：
  - ① 改变合伙企业的名称
  - ② 改变合伙企业的经营范围、主要经营场所的地点
  - ③ 处分合伙企业的不动产
  - ④ 转让或者处分合伙企业的知识产权和其他财产权利
  - ⑤ 以合伙企业的名义为他人提供担保
  - ⑥ 聘任合伙人以外的人担任合伙企业的经营管理人员
  - （2）合伙协议未约定的，法律规定必须经全体合伙人一致同意的事项还包括（但不限于）：
  - ①除合伙协议另有约定外，修改或者补充合伙协议
  - ②新合伙人入伙，除合伙协议另有约定外
  - ③除合伙协议另有约定外，普通合伙人转变为有限合伙人，或者有限合伙人转变为普通合伙人
  - ④除合伙协议另有约定外，普通合伙人向合伙人以外的人转让其在合伙企业中的全部或者部分财产份额
  - ⑤按照合伙协议的约定或者经全体合伙人一致同意，普通合伙人可以同本合伙企业进行交易
  - ⑥普通合伙人死亡，继承人具备完全民事行为能力的，按照合伙协议的约定或者经全体合伙人一致同意，其可以取得普通合伙人资格
- 4. 合伙协议未约定或者约定不明、法律也没有特别规定时，实行合伙人一人一票并经“全体合伙人过半数通过”的表决办法
  - 需区分以下三种情况：
  - ①如果普通合伙人以其财产份额出资，必须经其他合伙人一致同意，这是法律的强制性规定，合伙协议不得越雷池半步
  - ②如果要改变合伙企业的名称，先看合伙协议有没有约定（合伙协议爱怎么约定，就怎么约定），合伙协议未约定的，应当经全体合伙人一致同意
  - ③如果执行合伙事务的两个合伙人产生争议，先看合伙协议有没有约定（合伙协议爱怎么约定，就怎么约定），合伙协议对此未做约定的（法律对此也没有特别规定），实行合伙人一人一票并经全体合伙人过半数通过的表决办法
- 5. 合伙协议
  - ①合伙协议经全体合伙人签名、盖章后生效
  - ②合伙企业的营业执照签发日期，为合伙企业成立日期
  - ③修改或补充合伙协议，应当经全体合伙人一致同意，但合伙协议另有约定的除外
    【解释】修改或者补充合伙协议时，先约定，后法定；先看合伙协议有没有约定（合伙协议爱怎么约定，就怎么约定）；合伙协议没有约定的，再看法定（经全体合伙人一致同意）
  - ④合伙人违反合伙协议的，应当依法承担违约责任
  - ⑤争议
    - 合伙人履行合伙协议产生争议的，合伙人可以通过协商或者调解解决
    - 不愿通过协商、调解解决或者协商、调解不成的，可以按照合伙协议约定的仲裁条款或者事后达成的书面仲裁协议，向仲裁机构申请仲裁
    - 合伙协议中未订立仲裁条款，事后又没有达成书面仲裁协议的，可以向人民法院起诉

图3–5　合伙企业决议相关内容列示图

【例题·单选题】根据合伙企业法律制度的规定，除合伙协议另有约定外，下列事项中，需全体合伙人一致同意的是（　　）。

A. 聘请合伙人以外的人担任企业的财务负责人

B. 出售合伙企业名下的动产

C. 合伙人以其个人财产为他人提供担保

D. 聘请会计师事务所承办合伙企业的审计业务

【答案】A

【解析】除合伙协议另有约定外，合伙企业的下列事项应当经全体合伙人一致同意：改变合伙企业的名称；改变合伙企业的经营范围、主要经营场所的地点；处分合伙企业的“不动产”（选项 B 排除）；转让或者处分合伙企业的知识产权和其他财产权利；以“合伙企业”名义为他人提供担保（选项 C 排除）；聘任合伙人以外的人担任合伙企业的经营管理人员（选项 A 正确）。

【例题·多选题】根据合伙企业法律制度的规定，下列各项中，除合伙协议另有约定外，应当经全体合伙人一致同意才能做出决议的有（　　）。

A. 修改合伙协议

B. 改变合伙企业名称

C. 处分合伙企业的不动产

D. 吸收新的合伙人

【答案】ABCD

【解析】选项 A：修改或者补充合伙协议，应当经全体合伙人一致同意，但合伙协议另有约定的除外；选项 D: 新合伙人入伙，除合伙协议另有约定外，应当经全体合伙人一致同意，并依法订立书面入伙协议。

考点 4：合伙企业债务清偿（如图 3-6 所示）

【例题·单选题】甲为普通合伙企业的合伙人，乙为甲个人债务的债权人，当甲的个人财产不足以清偿对乙的债务时，根据合伙企业法律制度的规定，乙可以行使的权利是（　　）。

A. 代位行使甲在合伙企业中的权利

B. 依法请求人民法院强制执行甲在合伙企业中的财产份额用于清偿债务

C. 自行接管甲在合伙企业中的财产份额

D. 以对甲的债权抵销其对合伙企业的债务

【答案】B

【解析】选项 A、D: 合伙人发生与合伙企业无关的债务，相关债权人不得以其债权抵销其对合伙企业的债务，也不得代位行使合伙人在合伙企业中的权利；选项 B、C: 合伙人的自有财产不足清偿其与合伙企业无关的债务的，该合伙人可以其从合伙企业中分取的收益清偿，债权人也可以依法请求人民法院强制执行该合伙人在合伙企业中的财产份额用于清偿。

合伙企业债务清偿

- （1）对外代表权的效力
  - ①合伙企业对合伙人执行合伙事务以及对外代表合伙企业权利的限制，**不得对抗**善意第三人
  - ②合伙人在合伙企业清算前私自转移或者处分合伙企业财产的，合伙企业**不得**以此**对抗**善意第三人
- （2）企业的债务清偿
  - ①先企业后个人——合伙企业对其债务，应先以其**全部财产**进行清偿。合伙企业不能清偿到期债务的，普通合伙人承担**无限连带**责任
  - ②无限连带责任——合伙人之间的分担比例**对债权人没有约束力**。债权人可以根据自己的清偿利益，请求全体合伙人中的一人或者数人承担全部清偿责任，也可以按照自己确定的比例向各合伙人分别追索
  - ③内部追偿——如果某一合伙人实际支付的清偿数额超过其依照既定比例所应承担的数额，该合伙人有权就超过部分向其他未支付或者未足额支付应承担数额的合伙人**追偿**
- （3）普通合伙企业**个人**的**债务**清偿
  - ①合伙人发生与合伙企业**无关**的债务，相关债权人**不得**以其债权“**抵销**”其对合伙企业的债务，也不得“代位”行使合伙人在合伙企业中的权利
  - ②合伙人的自有财产不足清偿其与合伙企业无关的债务的，该合伙人可以以其从合伙企业中**分取的“收益”**清偿，债权人也可以依法“请求人民法院强制执行”该合伙人在合伙企业中的财产份额用于清偿
  - ③债权人不能自行接管（或者直接变卖）该合伙人在合伙企业中的财产份额，只能依法“请求人民法院强制执行”该合伙人在合伙企业中的**财产份额**用于清偿
  - ④人民法院强制执行普通合伙人的财产份额时，应当**通知全体**合伙人，其他合伙人有**优先购买权**；其他合伙人未购买，又不同意将该财产份额转让给他人的，依照《合伙企业法》的规定为该合伙人办理退伙结算，或者办理削减该合伙人相应财产份额的结算
  - ⑤合伙人在合伙企业中的“**全部**”财产份额被人民法院强制执行的，该合伙人“**当然退伙**”
- （4）有限合伙企业个人的债务清偿
  - ①有限合伙人的自有财产不足清偿其与合伙企业无关的债务的，该合伙人可以以其从有限合伙企业中**分取的收益**清偿；债权人也可以依法请求人民法院强制执行该合伙人在有限合伙企业中的**财产份额**用于清偿
  - ②普通合伙人的自有财产不足清偿其与合伙企业无关的债务的，该合伙人可以以其从合伙企业中分取的收益清偿；债权人也可以依法请求人民法院强制执行该合伙人在合伙企业中的财产份额用于清偿
  - 优先购买权
    - ①人民法院强制执行“**有限**合伙人”的财产份额时，应当**通知全体**合伙人，在**同等条件**下，其他合伙人有**优先购买权**
    - ②人民法院强制执行“**普通**合伙人”的财产份额时，应当**通知全体**合伙人，其他合伙人有**优先购买权**
    - ③人民法院依照强制执行程序转让有限责任公司股东的股权时，应当通知公司及全体股东，其他股东在同等条件下有优先购买权。其他股东自人民法院**通知之日起满20日**不行使优先购买权的，视为**放弃**优先购买权

图 3-6　合伙企业债务清偿相关内容列示图

【例题·单选题】某合伙企业欠甲到期借款 3 万元，该合伙企业的合伙人乙亦欠甲到期借款 2 万元；甲从该合伙企业购买了一批产品，应付货款 5 万元。根据合伙企业法律制度的规定，下列表述中，正确的是（　　）。

A. 甲可将其所欠合伙企业 5 万元货款与该合伙企业所欠其 3 万元到期借款以及合伙人乙所欠其 2 万元到期借款相抵销，甲无须再向合伙企业偿付货款

B. 甲只能将其所欠合伙企业 5 万元货款与该合伙企业所欠其 3 万元到期借款进行抵销，因此甲仍然应向该合伙企业偿付 2 万元

C. 甲只能将其所欠合伙企业 5 万元货款与乙所欠其 2 万元到期借款进行抵销，因此甲仍然应向该合伙企业偿付 3 万元

D. 甲所欠合伙企业之债务与该合伙企业及乙所欠其债务之间均不能抵销

【答案】B

【解析】合伙人发生与合伙企业无关的债务，相关债权人不得以其债权抵销其对合伙企业的债务。

【例题·多选题】汪、钱、潘、刘共同投资设立了一个有限合伙企业，其中汪、钱为普通合伙人，潘、刘为有限合伙人。后该合伙企业因经营不善，企业资产不足以清偿到期债务。根据合伙企业法律制度的规定，下列选项中，正确的有（　　）。

A. 债权人可以依法申请该合伙企业破产

B. 债权人可以要求任一合伙人清偿全部债务

C. 债权人只能要求汪、钱清偿全部债务

D. 如果该合伙企业被宣告破产，则汪、钱仍需承担无限连带责任

【答案】ACD

【解析】选项 A、B、C: 合伙企业不能清偿到期债务的，债权人可以依法向人民法院提出破产清算申请，也可以要求“普通合伙人”清偿；选项 D: 合伙企业依法被宣告破产的，“普通合伙人”对合伙企业债务仍应承担无限连带责任。

【例题·判断题】合伙人个人负有债务的，其债权人可以代位行使该合伙人在合伙企业中的权利。（　　）

【答案】×

【解析】合伙人发生与合伙企业无关的债务，相关债权人不得“代位”行使该合伙人在合伙企业中的权利。

【例题·判断题】甲为乙普通合伙企业的合伙人。甲欠丙 20 万元，丙欠乙 30 万元。丙提出：将甲欠丙的 20 万元抵销丙欠乙的 20 万元，丙再偿还乙 10 万元。丙的主张符合《合伙企业法》的规定。（　　）

【答案】×

【解析】合伙人发生与合伙企业无关的债务，相关债权人不得以其债权“抵销”其对合伙企业的债务。

【例题·判断题】合伙企业不能清偿到期债务的，债权人可以依法向人民法院提出破产清算申请，也可以要求普通合伙人清偿。(　　)

【答案】√

考点5：合伙企业入伙、退伙及责任（如图3–7所示）

【例题·单选题】甲、乙、丙、丁成立一普通合伙企业，1年后甲转为有限合伙人。此前，合伙企业欠银行30万元债务，该债务直至合伙企业因严重资不抵债被宣告破产仍未偿还。对该30万元银行债务的偿还，根据合伙企业法律制度的规定，下列选项中，正确的是(　　)。

A. 乙、丙、丁应按合伙份额对该笔债务承担清偿责任，甲无须承担责任

B. 各合伙人均应对该笔债务承担无限连带责任

C. 乙、丙、丁应对该笔债务承担无限连带责任，甲无须承担责任

D. 合伙企业已宣告破产，债务归于消灭，各合伙人无须偿还该笔债务

【答案】B

【解析】甲：普通合伙人转变为有限合伙人的，对其作为普通合伙人期间合伙企业发生的债务承担无限连带责任；乙、丙、丁：合伙企业依法被宣告破产的，普通合伙人对合伙企业债务仍应承担无限连带责任。

【例题·单选题】甲、乙、丙、丁设立一个有限合伙企业，其中甲、乙为普通合伙人，丙、丁为有限合伙人。1年后，甲转为有限合伙人，同时丙转为普通合伙人。合伙企业设立之初，企业欠银行50万元，该债务直至合伙企业被宣告破产仍未偿还。下列关于该50万元债务清偿责任的表述中，符合合伙企业法律制度规定的是(　　)。

A. 乙、丙承担无限连带责任，甲、丁以其出资额为限承担责任

B. 甲、乙、丙承担无限连带责任，丁以其出资额为限承担责任

C. 甲、乙承担无限连带责任，丙、丁以其出资额为限承担责任

D. 乙承担无限责任，甲、丙、丁以其出资额为限承担责任

【答案】B

【解析】甲：普通合伙人转变为有限合伙人的，对其作为普通合伙人期间合伙企业发生的债务承担无限连带责任；丙：有限合伙人转变为普通合伙人的，对其作为有限合伙人期间有限合伙企业发生的债务承担无限连带责任。

合伙企业入伙、退伙及责任

- **入伙**
  - ①新合伙人入伙，除合伙协议另有约定外，应当经**全体**合伙人一致同意，并依法订立**书面**入伙协议
  - ②入伙的新合伙人与原合伙人享有**同等权利**，承担**同等责任**。入伙协议另有约定的，从其约定
  - 【注】如果原合伙人愿意以更优越的条件吸引新合伙人入伙，或者新合伙人愿意以较为不利的条件入伙，则也可以在入伙协议中另行约定
  - ③新合伙人对**入伙前**合伙企业的债务承担**无限连带**责任
  - ④新入伙的**有限**合伙人对入伙前有限合伙企业的债务，以其“**认缴的出资额**”（而非实缴）为限承担责任
- **退伙**
  - **自愿**退伙
    - **协议**退伙
      - ①合伙协议约定的退伙事由出现
      - ②经全体合伙人一致同意
      - ③发生合伙人难以继续参加合伙的事由
      - ④其他合伙人严重违反合伙协议约定
    - **通知**退伙——合伙协议未约定合伙期限的，合伙人在不给合伙企业事务执行造成不利影响的情况下，可以退伙，但应当提前30日通知其他合伙人
    - 协议退伙、通知退伙的主要**区别：合伙协议是否约定了合伙期限**
  - **法定**退伙
    - **当然**退伙
      - ①作为合伙人的自然人死亡或者被依法宣告死亡
      - ②个人丧失偿债能力
      - ③作为合伙人的法人或者其他组织依法被吊销营业执照，责令关闭、撤销，或者被宣告破产
      - ④法律规定或者合伙协议约定合伙人必须具有相关资格而其丧失该资格
      - ⑤合伙人在合伙企业中的全部财产份额被人民法院强制执行
      - 【注】退伙事由实际发生之日为退伙生效日
      - 普通合伙人与有限合伙人当然退伙的区别

事由	普通合伙人	有限合伙人
合伙人死亡	√	√
全部财产份额被人民法院强制执行	√	√
丧失偿债能力	√	x
丧失民事行为能力	经其他合伙人一致同意，可以依法转为有限合伙人，普通合伙企业依法转为有限合伙企业；否则，视为退伙	x

    - **除名**
      - ①未履行出资义务
      - ②因故意或者重大过失给合伙企业造成损失
      - ③执行合伙事务时有不正当行为
      - ④发生合伙协议约定的事由
      - 【注】如果合伙人“故意、主动”犯错误，则应当除名；如果合伙人“被动”出问题，则属于当然退伙
      - 【注】对合伙人的除名决议应当书面通知被除名人。被除名人自接到除名通知之日起，除名生效，被除名人退伙。被除名人对除名决议有异议的，可以自接到除名通知之日起30日内，向人民法院起诉
  - 责任
    - ①退伙的普通合伙人对基于其退伙前的原因发生的合伙企业债务，承担无限连带责任
    - ②普通合伙企业所有的退伙人（不论是通知退伙还是除名），均应当对其退伙前的合伙企业债务，承担无限连带责任
    - ③普通合伙人只对基于“退伙前”的原因发生的企业债务承担无限连带责任，退伙后的企业债务与其无关（不在其位，不谋其政）
    - ④有限合伙人退伙后，对基于其退伙前的原因发生的有限合伙企业债务，以其退伙时从有限合伙企业取回的财产承担责任
  - 合伙人的性质转变
    - ①有限合伙人转变为普通合伙人的，对其作为有限合伙人期间有限合伙企业发生的债务承担无限连带责任
    - 【理解】如果有限合伙人胆敢“弃明投暗”“不顾一切地往火坑里跳”，就应当对身份转变之前、转变之后的合伙企业债务承担无限连带责任（普通合伙人对所有的企业债务均承担无限连带责任）
    - ②普通合伙人转变为有限合伙人的，对其作为普通合伙人期间合伙企业发生的债务承担无限连带责任
    - 【理解】如果普通合伙人“弃暗投明”，其不能“立地成佛”，需要把“旧账”处理完了再“重新做人”，必须对身份转变之前的合伙企业债务承担无限连带责任

图 3-7　合伙企业入伙、退伙及责任相关内容列示图

【例题·单选题】某有限合伙企业在经营期间吸收甲为有限合伙人。关于甲入伙前有限合伙企业的债务，下列表述中，符合《合伙企业法》规定的是（　　）。

A. 甲不承担责任

B. 甲承担无限连带责任

C. 甲以其认缴的出资额为限承担责任

D. 甲以其实缴的出资额为限承担责任

【答案】C

【解析】新入伙的"有限合伙人"对入伙前有限合伙企业的债务，以其"认缴的出资额"（而非实缴）为限承担责任。

【例题·单选题】根据合伙企业法律制度的规定，下列各项中，属于普通合伙人当然退伙情形的是（　　）。

A. 合伙人在执行合伙企业事务的过程中有侵占合伙企业财产的行为

B. 合伙人未履行出资义务

C. 合伙人被法院强制执行其在合伙企业中的全部财产份额

D. 合伙人因重大过失给合伙企业造成损失

【答案】C

【解析】选项A、B、D属于应"除名"的情形。

【例题·单选题】赵某、钱某、孙某和李某共同设立了一家合伙企业，钱某被委托单独执行合伙企业事务。钱某因重大过失给合伙企业造成了较大的损失，但自己并未谋取私利。为此，赵某、孙某和李某一致同意将钱某除名，并做出除名决议，书面通知钱某本人。根据合伙企业法律制度的规定，关于该除名决议的下列表述中，正确的是（　　）。

A. 赵某、孙某和李某不能决议将钱某除名，但可以终止对钱某单独执行合伙事务的委托

B. 如果钱某对除名决议没有异议，则该除名决议自做出之日起生效

C. 如果钱某对除名决议有异议，则可以在接到除名通知之日起30日内，向人民法院起诉

D. 如果钱某对除名决议有异议，则可以在接到除名通知之日起30日内，请求市场监管机关做出裁决

【答案】C

【解析】选项 A: 合伙人因故意或者重大过失给合伙企业造成损失的，经其他合伙人一致同意，可以决议将其除名；选项 B：被除名人自“接到除名通知”之日起，除名生效，被除名人退伙；选项 C、D: 被除名人对除名决议有异议的，可以自接到除名通知之日起 30 日内，向“人民法院”起诉。

【例题·单选题】甲、乙、丙共同投资设立一个普通合伙企业，合伙协议对合伙人的资格取得或丧失未作约定。合伙企业存续期间，甲因车祸去世，甲的妻子丁是其唯一继承人。根据合伙企业法律制度的规定，下列表述中，正确的是（　）。

A. 丁自动取得该企业合伙人资格

B. 经乙、丙一致同意，丁取得该企业合伙人资格

C. 丁不能取得该企业合伙人资格，只能由该企业向丁退还甲在企业中的财产份额

D. 丁自动成为有限合伙人，该企业转为有限合伙企业

【答案】B

【解析】选项 A、B、D: 继承人具备完全民事行为能力的（甲的妻子具备完全民事行为能力），按照合伙协议的约定或者经全体合伙人一致同意，其可以取得普通合伙人资格；选项 C：普通合伙人死亡，继承人不愿意成为合伙人或者继承人未取得合伙协议约定的合伙人资格时，合伙企业应当向合伙人的继承人退还被继承合伙人的财产份额。

【例题·单选题】2020 年 3 月，刘、关、张三人分别出资 2 万元、2 万元、1 万元设立甲普通合伙企业，并约定按出资比例分配损益。8 月，甲合伙企业为乙企业的借款提供担保；12 月因乙企业无偿债能力，甲合伙企业承担保证责任，为乙企业支付 1 万元。12 月底，刘提出退伙要求，关、张同意，经结算，甲合伙企业净资产为 3 万元。根据合伙企业法律制度的规定，应退还刘的财产数额是（　）。

A. 2 万元　　B. 1.2 万元

C. 1 万元　　D. 0.8 万元

【答案】B

【解析】合伙人退伙，其他合伙人应当与该退伙人按照“退伙时”的合伙企业财产状况进行结算，并退还退伙人的财产份额。因此，在刘某退伙时应退还其的财产数额为 $3 \times 2 \div 5=1.2$（万元）。

【例题·多选题】甲、乙、丙三人各自出资10万元、6万元、4万元设立普通合伙企业。因经营管理不善，对丁负债10万元，丙遂提出退伙，并拿出1万元由甲、乙代为偿还对丁的债务。如合伙企业财产不能清偿对丁的债务，则根据合伙企业法律制度的规定，下列表述中，正确的有（ ）。

A. 丁可以分别向甲、乙、丙要求偿还5万元、3万元、2万元

B. 丁只能要求丙偿还1万元，其余部分向甲、乙追偿

C. 丁可以只向甲或只向乙要求偿还全部10万元，但不能要求丙单独偿还10万元

D. 丁可以向甲、乙、丙中任何一人要求偿还10万元

【答案】AD

【解析】选项A、D：债权人可以根据自己的清偿利益，请求全体合伙人中的一人或者数人承担全部清偿责任，也可以按照自己确定的比例向各合伙人分别追索；选项B、C：普通合伙人丙应当对其退伙前的企业债务10万元承担无限连带责任。

【例题·多选题】根据合伙企业法律制度的规定，下列情形中，属于普通合伙人当然退伙的有（ ）。

A. 合伙人未履行出资义务

B. 合伙人个人丧失偿债能力

C. 合伙人故意给合伙企业造成损失

D. 合伙人被依法宣告死亡

【答案】BD

【解析】选项A、C：属于应除名的情形；选项B：普通合伙人丧失偿债能力，当然退伙；有限合伙人丧失偿债能力，无须退伙。

【例题·多选题】根据合伙企业法律制度的规定，下列情形中，经其他合伙人一致同意，可以决议将其除名的有（ ）。

A. 普通合伙人甲在执行事务的过程中有贪污合伙企业财产的行为

B. 普通合伙人乙未履行出资义务

C. 普通合伙人丙个人丧失偿债能力

D. 普通合伙人丁加入了另一经营同类业务的合伙组织

【答案】ABD

【解析】选项C：属于当然退伙；选项A、D：属于执行合伙事务时的不正当

行为。

【例题·多选题】甲死亡，乙对甲在某普通合伙企业中的财产份额享有合法继承权。根据合伙企业法律制度的规定，下列表述中，正确的有（　　）。

A. 如果乙不愿意成为合伙企业的合伙人，则该合伙企业可以不必向乙退还甲的财产份额

B. 如果乙未取得合伙协议约定的合伙人资格，则该合伙企业可以不必向乙退还甲的财产份额

C. 如果乙为无民事行为能力人，全体合伙人未能一致同意乙入伙，则该合伙企业应当将甲的财产份额退还乙

D. 如果乙为无民事行为能力人，则经全体合伙人一致同意，乙可以成为有限合伙人，但该合伙企业应转为有限合伙企业

【答案】CD

【解析】选项 A、B：普通合伙人死亡，继承人不愿意成为合伙人或者继承人未取得合伙协议约定的合伙人资格时，合伙企业应当向合伙人的继承人退还被继承合伙人的财产份额。选项 C、D：继承人为无民事行为能力人或者限制民事行为能力人的，经全体合伙人一致同意，其可以依法成为有限合伙人，普通合伙企业依法转为有限合伙企业；全体合伙人未能一致同意的，合伙企业应当将被继承合伙人的财产份额退还给该继承人。

【例题·多选题】根据合伙企业法律制度的规定，普通合伙企业的下列人员中，应对合伙企业债务承担连带责任的有（　　）。

A. 合伙企业的全体合伙人

B. 合伙企业债务发生后办理入伙的新合伙人

C. 合伙企业债务发生后办理退伙的退伙人

D. 合伙企业聘用的合伙人以外的经营管理人员

【答案】ABC

【解析】经营管理人员属于“非合伙人”，无须对合伙企业债务承担无限连带责任。

【例题·多选题】根据合伙企业法律制度的规定，在普通合伙企业中，当合伙企业的财产不足以清偿其债务时，下列人员中，应对合伙企业的债务承担连带责任的有（　　）。

A. 合伙企业债务发生后入伙的新合伙人

B. 合伙企业债务发生后自愿退伙的合伙人

C. 合伙企业债务发生后被除名的合伙人

D. 不参与执行合伙企业事务的合伙人

【答案】ABCD

【解析】选项 A：普通合伙企业的新合伙人对入伙前合伙企业的债务承担无限连带责任；选项 B、C: 普通合伙企业的退伙人对基于其退伙前的原因发生的合伙企业债务，承担无限连带责任；选项 D: 普通合伙企业的所有合伙人（不论是否执行企业事务）均应对合伙企业的债务承担连带责任。

【例题 · 多选题】某普通合伙企业在经营期间吸收甲入伙。甲入伙前，合伙企业对乙负债 10 万元。甲入伙后，该合伙企业继续亏损，甲遂要求退伙，获其他合伙人一致同意。在此期间，该合伙企业欠丙货款 20 万元。甲退伙后，合伙企业又向丁借款 20 万元。后合伙企业解散，上述债务均未清偿。根据合伙企业法律制度的规定，下列表述中，正确的有（　　）。

A. 对于合伙企业对乙的债务，甲应承担无限连带责任

B. 对于合伙企业对丙的债务，甲应承担无限连带责任

C. 对于合伙企业对丁的债务，甲应承担无限连带责任

D. 对于合伙企业对乙、丁的债务，甲均不承担责任

【答案】AB

【解析】新入伙的普通合伙人对入伙前合伙企业的债务（对乙的债务 10 万元）承担无限连带责任；退伙的普通合伙人对基于其退伙前的原因发生的合伙企业债务（对丙的债务 20 万元）承担无限连带责任；退伙的普通合伙人对退伙后的债务（对丁的债务 20 万元）不承担责任。

【例题 · 多选题】根据合伙企业法律制度的规定，当有限合伙企业的财产不足以清偿其债务时，下列人员中，应对有限合伙企业的债务承担无限连带责任的有（　　）。

A. 有限合伙企业债务发生后新入伙的有限合伙人

B. 有限合伙企业债务发生后退伙的有限合伙人

C. 有限合伙企业债务发生后新入伙的普通合伙人

D. 不参与执行有限合伙企业事务的普通合伙人

【答案】CD

【解析】选项 A: 新入伙的有限合伙人对入伙前有限合伙企业的债务，以其

认缴的出资额为限承担责任，不承担无限连带责任；选项 B: 有限合伙人退伙后，对基于其退伙前的原因发生的有限合伙企业债务，以其退伙时从有限合伙企业取回的财产承担责任，不承担无限连带责任；选项 C：新入伙的普通合伙人对入伙前合伙企业的债务承担无限连带责任; 选项 D: 有限合伙企业的普通合伙人，不论是否执行企业事务，均对企业债务承担无限连带责任。

【例题·判断题】新入伙的普通合伙人只对其入伙后的合伙企业债务承担连带责任。(　　)

【答案】×

【解析】新入伙的普通合伙人对入伙前合伙企业的债务承担无限连带责任。

【例题·判断题】入伙的新合伙人与原合伙人可以在入伙协议中约定，新合伙人比原合伙人享有更大的权利，承担更小的责任。(　　)

【答案】√

考点 6：特殊的普通合伙企业（如图 3–8 所示）

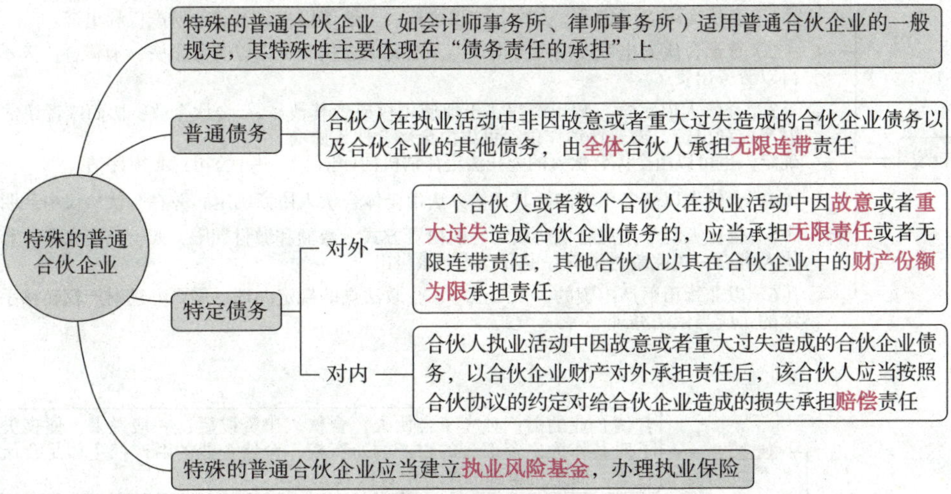

图 3–8　特殊的普通合伙企业相关内容列示图

【例题·单选题】注册会计师甲、乙、丙共同出资设立一个特殊的普通合伙制的会计师事务所。甲、乙在某次审计业务中，因故意出具不实审计报告被人民法院判决由会计师事务所赔偿当事人 80 万元。根据合伙企业法律制度的规定，下列有关该赔偿责任承担的表述中，正确的是(　　)。

A. 甲、乙、丙均承担无限连带责任

B. 以该会计师事务所的全部财产为限承担责任

C. 甲、乙、丙均以其在会计师事务所中的财产份额为限承担责任

D. 甲、乙应当承担无限连带责任，丙以其在会计师事务所中的财产份额为限承担责任

【答案】D

【解析】特殊的普通合伙企业中，一个合伙人或者数个合伙人在执业活动中因故意或者重大过失造成合伙企业债务的，应当承担无限责任或者无限连带责任，其他合伙人以其在合伙企业中的财产份额为限承担责任。

【例题·判断题】注册会计师甲、乙、丙共同出资设立一合伙制会计师事务所（特殊的普通合伙企业）。甲、乙在某次审计业务中，因出具虚假审计报告造成会计师事务所负债 80 万元。对该笔债务，甲、乙应承担无限连带责任，丙应以其在会计师事务所中的财产份额为限承担责任。（　　）

【答案】√

考点 7：合伙企业的出资及财产性质（如图 3-9 所示）

- 出资
  - （1）合伙人可以用货币、实物、知识产权、土地使用权或者其他财产权利出资
  - （2）普通合伙人也可以用劳务出资，只有普通合伙人可以以劳务出资，有限合伙人不得以劳务出资
  - （3）合伙人以实物、知识产权、土地使用权或者其他财产权利出资，需要评估作价，可以由全体合伙人协商确定，也可以由全体合伙人的委托法定评估机构评估
    - 合伙企业：协商或者评估
    - 公司：必须评估
  - （4）合伙人以劳务出资的，其评估办法由全体合伙人协商确定，并在合伙协议中载明
  - （5）合伙人应当按照合伙协议约定的出资方式、数额和缴付期限，履行出资义务；合伙人可以一次性缴付出资，也可以按期缴付出资
  - （6）以非货币财产出资的，依照法律、行政法规的规定办理，需要办理财产权转移手续的，应当依法办理

- 财产的性质
  - 独立性：合伙企业的财产独立于合伙人，合伙人出资以后，一般说来，便丧失了对其作为出资部分的财产的所有权，合伙企业的财产权主体是合伙企业，而不是单独的每一个合伙人
  - 完整性：合伙企业的财产作为一个完整的统一体而存在，合伙人对合伙企业财产权益的表现形式，仅是依照合伙协议所确定的财产收益份额或者比例。合伙人在合伙企业清算前，不得请求分割合伙企业的财产，但法律另有规定的除外
  - 合伙人在合伙企业清算前私自转移或者处分合伙企业财产的，合伙企业不得以此对抗善意第三人

图 3-9　合伙企业的出资及财产性质

考点 8：合伙企业财产份额转让（如图 3–10 所示）

- 财产份额的转让
  - 对内转让
    - 通知——普通合伙人之间转让在合伙企业中的全部或者部分财产份额时，应当通知其他合伙人
  - 对外转让
    - 约定一致同意
      - （1）除合伙协议另有约定外，普通合伙人向合伙人以外的人转让其在合伙企业中的全部或者部分财产份额时，须经其他合伙人一致同意
      - （2）对外转让财产份额时，先约定，后法定；先看合伙协议是否另有约定（爱怎么约定，就怎么约定）；合伙协议未约定的，法律才规定必须经其他合伙人一致同意
      - （3）合伙人以外的人依法受让合伙人在合伙企业中的财产份额的，经修改合伙协议即成为合伙企业的合伙人，未修改合伙协议的，不应算作法律所称的“合伙企业的合伙人”
    - 约定优先购买权
      - （1）普通合伙人向合伙人以外的人转让其在合伙企业中的财产份额的，在同等条件下，其他合伙人有优先购买权，但合伙协议另有约定的除外
      - （2）合伙人对外转让财产份额时，其他合伙人是否享有优先购买权，先看合伙协议是否另有约定
    - 有限合伙企业对外转让
      - （1）有限合伙人可以按照合伙协议的约定向合伙人以外的人转让其在有限合伙企业中的财产份额，但应当提前30日“通知”其他合伙人（而非经其同意）
      - （2）除合伙协议另有约定外，“普通合伙人”向合伙人以外的人转让其在合伙企业中的全部或者部分财产份额时，须经其他合伙人一致同意
      - ①有限合伙人：提前30日通知
      - ②普通合伙人：先看合伙协议的约定，未约定的，须经其他合伙人一致同意
      - ③有限合伙人对外转让其在有限合伙企业中的财产份额时，有限合伙企业的其他合伙人有优先购买权
      - ④普通合伙人向合伙人以外的人转让其在合伙企业中的财产份额的，在同等条件下，其他合伙人有优先购买权，但合伙协议另有约定的除外

图 3–10　合伙企业财产份额转让

考点 9：合伙企业财产份额出资（如图 3-11 所示）

- 财产份额的出资
  - 普通合伙企业要求一致同意
    - 普通合伙人以其在合伙企业中的财产份额出资的，须经其他合伙人一致同意；未经其他合伙人一致同意，其行为无效，由此给善意第三人造成损失的，由行为人依法承担赔偿责任
    - 【注】普通合伙人以其财产份额出资的，必须经其他合伙人一致同意，这是法律的强制性规定，合伙协议不得越雷池半步
  - 有限合伙企业出资
    - 有限合伙人可以将其在有限合伙企业中的财产份额出资，但合伙协议另有约定的除外
    - 【注】有限合伙人一般情况下“可以”出资，除非合伙协议事先“明确禁止”
    - 【注】普通合伙人的出资必须经其他合伙人一致同意（法律的强制性规定）

图 3-11 合伙企业财产份额出资

考点 10：合伙企业财产继承（如图 3-12 所示）

- 财产继承
  - 有限合伙人“死亡”
    - 作为有限合伙人的自然人死亡，被依法宣告死亡或者作为有限合伙人的法人及其他组织终止时，其继承人或者权利承受人可以依法取得该有限合伙人在有限合伙企业中的资格
  - 普通合伙人“死亡”
    - （1）继承人具备完全民事行为能力的，按照合伙协议的约定或者经全体合伙人一致同意，可以取得普通合伙人资格
    - （2）继承人为无民事行为能力人或者限制民事行为能力人的，经全体合伙人一致同意，可以依法成为有限合伙人，普通合伙企业依法转为有限合伙企业。全体合伙人未能一致同意的，合伙企业应当将被继承合伙人的财产份额退还该继承人
    - （3）如果继承人不愿意成为合伙人或者不能成为合伙人的，则合伙企业应当向其退还被继承合伙人的财产份额
    - （4）普通合伙人应具备承担无限连带责任的能力，因此普通合伙人的继承人为无民事行为能力人或者限制民事行为能力人的，不可能取得普通合伙人资格
    - （5）有限合伙人以其认缴的出资额为限对合伙企业的债务承担有限责任，因此有限合伙人死亡后，无论其继承人是否具备完全民事行为能力，都可以依法取得有限合伙人的资格

图 3-12 合伙企业财产继承

【例题·单选题】甲、乙、丙、丁拟共同投资设立一个有限合伙企业，甲、乙为普通合伙人，丙、丁为有限合伙人。各合伙人经协商后草拟了一份合伙协议。该合伙协议的下列约定中，符合《合伙企业法》有关规定的是（　　）。

A. 甲以房屋作价 15 万元出资，乙以专利技术作价 12 万元出资，丙以劳务作价 10 万元出资，丁以现金 20 万元出资

B. 经 3 个以上合伙人同意，甲、乙可以向合伙人以外的第三人转让其在合伙企业中的全部或者部分财产份额

C. 合伙事务由甲、丁共同执行，乙、丙不参与合伙事务的执行

D. 甲、乙以自己的财产份额出质的，须经其他合伙人过半数同意

【答案】B

【解析】选项 A：有限合伙人丙不得以劳务出资；选项 B：除合伙协议另有约定外，普通合伙人向合伙人以外的人转让其在合伙企业中的全部或者部分财产份额时，须经其他合伙人一致同意；选项 C：有限合伙人丁不得执行合伙企业事务；选项 D: 普通合伙人以其在合伙企业中的财产份额出质的，须经其他合伙人一致同意（法定要求）。

【例题·单选题】普通合伙企业合伙人李某因车祸遇难，生前遗嘱指定 14 岁的儿子李明为其全部财产继承人；根据合伙企业法律制度的规定，下列表述中，错误的是（　　）。

A. 李明有权继承其父在合伙企业中的财产份额

B. 如其他合伙人均同意，李明可以取得有限合伙人资格

C. 如合伙协议约定合伙人必须是完全民事行为能力人，则李明不能成为合伙人

D. 应当待李明成年后由其本人做出其是否愿意成为合伙人的意思表示

【答案】D

【解析】继承人为无民事行为能力人或者限制民事行为能力人的，经全体合伙人一致同意，可以依法成为有限合伙人，普通合伙企业依法转为有限合伙企业。全体合伙人未能一致同意的，合伙企业应当将被继承合伙人的财产份额退还该继承人。

【例题·多选题】甲、乙、丙共同出资设立一个普通合伙企业，在合伙企业存续期间，甲拟以其在合伙企业中的财产份额出质借款。根据合伙企业法律制度的规定，下列表述中正确的有（　　）。

A. 无须经乙、丙同意，甲可以出质

B. 经乙、丙同意，甲可以出质

C. 未经乙、丙同意，甲私自出质的，其行为无效

D. 未经乙、丙同意，甲私自出质给善意第三人造成损失的，由甲承担赔偿责任

【答案】BCD

【解析】普通合伙人以其在合伙企业中的财产份额出质的，须经其他合伙人一致同意；未经其他合伙人一致同意，其行为无效，由此给善意第三人造成损失的，由行为人依法承担赔偿责任。

【例题·判断题】合伙人在合伙企业清算前私自转移或者处分合伙企业财产的，合伙企业不得以此对抗善意第三人。（ ）

【答案】√

考点 11：合伙企业事务执行的形式（如图 3-13 所示）

事务执行的形式

- 普通合伙人无论其出资多少，都对企业债务承担无限连带责任，因此各合伙人无论其出资多少，都有权“平等”享有执行合伙企业事务的权利。一般情况下，由全体合伙人共同执行合伙事务。此外，按照合伙协议的约定或者经全体合伙人决定，也可以委托一个或者数个合伙人执行合伙事务，其他合伙人不再执行合伙事务
- （1）对外代表权
  - 委托一个或者数个合伙人执行合伙事务的，执行合伙事务的合伙人对外代表合伙企业，其他合伙人不得对外代表合伙企业
  - 作为合伙人的法人、其他组织执行合伙事务的，由其委托的代表执行
- （2）报告义务——由一个或者数个合伙人执行合伙事务的，执行事务的合伙人应当定期向其他合伙人报告事务执行情况以及合伙企业的经营和财务状况
- （3）监督权——委托一个或者数个合伙人执行合伙事务的，其他合伙人不再执行合伙事务，但不执行合伙事务的合伙人有权监督执行事务合伙人执行合伙事务的情况
- （4）查阅账簿权——合伙人有权查阅合伙企业会计账簿等财务资料
- （5）撤销委托权——受托执行合伙事务的合伙人不按照合伙协议或者全体合伙人的决定执行事务的，其他合伙人可以决定撤销该委托
- （6）异议权——合伙人分别执行合伙事务的，执行事务合伙人可以对其他合伙人执行的事务提出异议。提出异议时，应当暂停该项事务的执行。如果发生争议，则按照合伙协议约定的表决办法办理，合伙协议未约定或者约定不明确的，实行合伙人一人一票并经全体合伙人过半数通过的表决办法

图 3-13 合伙企业事务执行的形式

考点 12：合伙人执行合伙事务（如图 3–14 所示）

- 合伙人执行合伙事务
  - 普通合伙人的义务
    - （1）普通合伙人不得自营或者同他人合作经营与本合伙企业相竞争的业务，这是法律的强制性规定，合伙协议不得做出与此相矛盾的约定
    - （2）除合伙协议另有约定或者经全体合伙人一致同意外，普通合伙人不得同本合伙企业进行交易
    - （3）除非合伙协议事先“明确可以”或者经全体合伙人一致同意，否则，普通合伙人“不能”同本合伙企业进行交易（对第2条解释）
    - （4）合伙人违反《合伙企业法》规定或者合伙协议的约定，从事与本合伙企业相竞争的业务或者与本合伙企业交易的业务，该收益归合伙企业所有；给合伙企业或者其他合伙人造成损失的，依法承担赔偿责任
  - 非合伙人参与经营管理
    - （1）除合伙协议另有约定外，经全体合伙人一致同意，可以聘任合伙人以外的人担任合伙企业的经营管理人员
    - （2）合伙人以外的经营管理人员属于“非合伙人”，无须对企业债务承担无限连带责任
    - （3）被聘任的合伙企业的经营管理人员，超越合伙企业授权范围履行职务，或者在履行职务过程中因故意或者重大过失给合伙企业造成损失的，依法应承担赔偿责任
  - 有限合伙人事务执行
    - （1）有限合伙企业由“普通合伙人”执行合伙事务，“有限合伙人”不执行合伙事务，不得对外代表有限合伙企业
    - 【注】如合伙协议无约定，则全体普通合伙人是合伙事务的共同执行人
    - 【注】执行事务合伙人可以就执行事务的劳动付出，要求企业支付报酬。对于报酬的支付方式及其数额，应由合伙协议约定或者经全体合伙人讨论决定
    - （2）有限合伙人的下列行为，不视为执行合伙事务
      - ①参与决定普通合伙人入伙、退伙
      - ②对企业的经营管理提出建议
      - ③参与选择承办有限合伙企业审计业务的会计师事务所
      - ④获取经审计的有限合伙企业财务会计报告
      - ⑤对涉及自身利益的情况，查阅有限合伙企业财务会计账簿等财务资料
      - ⑥在有限合伙企业中的利益受到侵害时，向有责任的合伙人主张权利或者提起诉讼
      - ⑦执行事务合伙人怠于行使权利时，督促其行使权利或者为了本企业的利益以自己的名义提起诉讼
      - ⑧依法为本企业提供担保

图 3–14　合伙人执行合伙事务

考点 13：与合伙企业交易与竞争（如图 3-15 所示）

- 与合伙企业交易与竞争
  - 交易
    - （1）**有限**合伙人**可以**同本有限合伙企业进行**交易**，但合伙协议另有约定的除外
    - （2）除合伙协议另有**约定**或者经全体合伙人一致**同意**外，**普通**合伙人**不得**同本合伙企业进行**交易**
    - ①普通合伙人：先看合伙协议的约定（爱怎么约定，就怎么约定），合伙协议没有约定的，经全体合伙人一致同意才能同本合伙企业进行交易，否则，普通合伙人不得同本合伙企业进行交易
    - ②有限合伙人：先看合伙协议的约定（爱怎么约定，就怎么约定），合伙协议没有约定的，有限合伙人可以同本合伙企业进行交易
    - ③公司的董事、高级管理人员不得违反公司章程的规定或者未经股东（大）会同意与本公司订立合同或者进行交易
  - 竞争
    - （1）**有限**合伙人**可以**自营或者同他人合作经营与本有限合伙企业相**竞争**的业务，但合伙协议另有约定的除外
    - （2）**普通**合伙人**不得**自营或者同他人合作经营与本合伙企业相竞争的业务
    - ①普通合伙人："绝对不能"从事同本合伙企业相竞争的业务，这是法律的**强制性**规定，合伙协议不能越雷池半步
    - ②有限合伙人：先看合伙协议的**约定**（爱怎么约定，就怎么约定），合伙协议没有约定的，有限合伙人**可以**自营或者同他人合作经营与本合伙企业相竞争的业务
    - ③未经股东（大）会同意，公司的董事、高级管理人员不得自营或者为他人经营与所任职公司同类的业务

图 3-15 与合伙企业交易与竞争

【例题·单选题】甲是某有限合伙企业的有限合伙人，持有该企业 15% 的股份。在合伙协议无特别约定的情况下，甲在合伙期间未经其他合伙人同意实施的下列行为中，违反《合伙企业法》规定的是（　　）。

A. 将自购的机器设备出租给合伙企业使用

B. 以合伙企业的名义购买汽车一辆归合伙企业使用

C. 以自己在合伙企业中的财产份额向银行提供质押担保

D. 提前 30 日通知其他合伙人将其部分合伙份额转让给合伙人以外的人

【答案】B

【解析】选项 A：有限合伙人可以同本有限合伙企业进行交易，但合伙协议另有约定的除外；选项 B：有限合伙人不执行合伙事务，不得对外代表有限合伙企业；选项 C：有限合伙人可以将其在有限合伙企业中的财产份额出质，但合伙协议另有约定的除外；选项 D：有限合伙人可以按照合伙协议的约定向

合伙人以外的人转让其在有限合伙企业中的财产份额，但应当提前30日通知其他合伙人。

【例题·多选题】甲与乙、丙成立普通合伙企业，甲被推举为合伙事务执行人，乙、丙授权甲在3万元以内的开支及30万元以内的业务可以自行决定。根据合伙企业法律制度的规定，甲在任职期间实施的下列行为中，属于法律禁止或无效的有（　　）。

A. 自行决定向善意的A公司支付广告费5万元

B. 未经乙、丙同意，与善意的B公司签订50万元的合同

C. 未经乙、丙同意，将自有房屋以1万元租给合伙企业

D. 与其妻子一道经营与合伙企业相同的业务

【答案】CD

【解析】选项A、B：合伙企业对合伙人执行合伙企业事务以及对外代表合伙企业权利的限制，不得对抗不知情的善意第三人；选项C：除合伙协议另有约定或者经全体合伙人同意外，普通合伙人不得同本合伙企业进行交易；选项D：普通合伙人不得自营或者同他人合作经营与本合伙企业相竞争的业务。

【例题·多选题】根据合伙企业法律制度的规定，有限合伙人的下列行为中，不视为执行合伙事务的有（　　）。

A. 参与决定普通合伙人退伙

B. 参与对外签订买卖合同

C. 参与选择承办企业审计业务的会计师事务所

D. 依法为本企业提供担保

【答案】ACD

【解析】选项B：有限合伙人不执行合伙事务，不得对外代表有限合伙企业。

【例题·判断题】除合伙协议另有约定外，有限合伙企业的有限合伙人不得自营或者同他人合作经营与本有限合伙企业相竞争的业务。（　　）

【答案】×

【解析】有限合伙企业的有限合伙人可以自营或者同他人合作经营与本有限合伙企业相竞争的业务，但合伙协议另有约定的除外。

【例题·判断题】除合伙协议另有约定外，有限合伙企业的有限合伙人不得同本有限合伙企业进行交易。（　　）

【答案】×

【解析】有限合伙企业的有限合伙人可以同本有限合伙企业进行交易，但合伙协议另有约定的除外。

考点 14：合伙企业的解散和清算（如图 3–16 所示）

合伙企业的解散和清算

- 1. 解散
  - （1）事由
    - ①合伙期限届满，合伙人决定不再经营
    - ②合伙协议约定的解散事由出现
    - ③全体合伙人决定解散
    - ④合伙人已不具备法定人数满30天
    - ⑤合伙协议约定的合伙目的已经实现或者无法实现
    - ⑥依法被吊销营业执照、责令关闭或者被撤销
    - ⑦法律、行政法规规定的其他原因
  - （2）【链接】其他情况
    - ①有限合伙企业仅剩有限合伙人的，应当解散
    - ②合伙协议未约定合伙期限的，合伙人在不给合伙企业事务执行造成不利影响的情况下，可以退伙，但应当提前30日通知其他合伙人
    - ③被除名人对除名决议有异议的，可以自接到除名通知之日起30日内，向人民法院起诉
    - ④有限合伙人可以按照合伙协议的约定向合伙人以外的人转让其在有限合伙企业中的财产份额，但应当提前30日通知其他合伙人
- 2. 清算人
  - （1）清算人由全体合伙人担任
  - （2）经全体合伙人过半数同意，可以自合伙企业解散事由出现后15日内指定一个或者数个合伙人，或者委托第三人担任清算人
  - （3）自合伙企业解散事由出现之日起15日内未确定清算人的，“合伙人或者其他利害关系人”可以申请人民法院指定清算人
- 3. 债权申报期限
  - （1）清算人自被确定之日起10日内将合伙企业解散事项通知债权人，并于60日内在报纸上公告
  - （2）债权人应当自接到通知书之日起30日内，未接到通知书的自公告之日起45日内，向清算人申报债权
- 4. 财产清偿顺序
  - 清算费用
  - 合伙企业职工工资
  - 社会保险费用和法定补偿金
  - 缴纳所欠税款
  - 清偿债务
- 5. 民事赔偿优先执行
  - 违反《合伙企业法》的规定，应当承担民事赔偿责任和缴纳罚款、罚金，其财产不足以同时支付的，首先承担“民事赔偿责任”
- 6. 合伙企业不能清偿到期债务的处理
  - 合伙企业不能清偿到期债务的，债权人可以依法向人民法院提出破产清算申请，也可以要求“普通合伙人”清偿。合伙企业依法被宣告破产的，“普通合伙人”对合伙企业的债务仍应承担无限连带责任
  - （1）新入伙的“有限合伙人”对入伙前有限合伙企业的债务，以其认缴的出资额为限承担责任
    （2）新入伙的“普通合伙人”对入伙前合伙企业的债务承担无限连带责任
  - （1）“有限合伙人”退伙后，对基于其退伙前的原因发生的有限合伙企业的债务，以其退伙时从有限合伙企业中取回的财产承担责任
    （2）退伙的“普通合伙人”对基于其退伙前的原因发生的合伙企业的债务，承担无限连带责任
  - （1）有限合伙人转变为普通合伙人的，对其作为有限合伙人期间有限合伙企业发生的债务承担无限连带责任
    （2）普通合伙人转变为有限合伙人的，对其作为普通合伙人期间合伙企业发生的债务承担无限连带责任

图 3–16 合伙企业的解散和清算相关内容列示

【例题·单选题】根据合伙企业法律制度的规定，下列各项中，不属于合伙企业应当解散情形的是（　　）。

A. 合伙人因决策失误给合伙企业造成重大损失

B. 合伙企业被依法吊销营业执照

C. 合伙企业的合伙人已不具备法定人数满 30 天

D. 合伙协议约定的合伙目的无法实现

【答案】A

【解析】选项 A：合伙人因故意或者重大过失给合伙企业造成损失，属于应“除名”的情形。

【例题·单选题】根据合伙企业法律制度的规定，下列关于有限合伙企业解散和清算的表述中，不正确的是（　　）。

A. 有限合伙企业仅剩有限合伙人的，应当解散

B. 经全体合伙人过半数同意，可以自合伙企业解散事由出现后 15 日内指定一个或者数个合伙人，或者委托第三人担任清算人

C. 清算人自被确定之日起 10 日内将合伙企业解散事项通知债权人，并于 30 日内在报纸上公告

D. 债权人应当自接到通知书之日起 30 日内，未接到通知书的自公告之日起 45 日内，向清算人申报债权

【答案】C

【解析】清算人自被确定之日起 10 日内将合伙企业解散事项通知债权人，并于 60 日内在报纸上公告。

【例题·多选题】某合伙企业解散时，在如何确定清算人的问题上，合伙人甲、乙、丙、丁各执一词。下列各合伙人的主张中，不符合合伙企业法律制度规定的有（　　）。

A. 甲：由我们 4 人共同担任清算人

B. 乙：我是大家一致同意的企业事务执行人，只能由我担任清算人

C. 丙：建议从我们 4 人中推选一人担任清算人

D. 丁：合伙企业清算不允许由合伙人担任，因此建议请一名注册会计师来担任清算人

【答案】BD

【解析】清算人由全体合伙人担任；经全体合伙人过半数同意，可以自合

续表

伙企业解散事由出现后15日内指定一个或者数个合伙人，或者委托第三人担任清算人。

【例题·多选题】根据合伙企业法律制度的规定，下列各项中，可导致合伙企业解散的有（　　）。

A. 2/3 的合伙人决定解散

B. 合伙人已不具备法定人数满 15 天

C. 合伙企业被依法吊销营业执照

D. 合伙协议约定的合伙目的已经实现

【答案】CD

【解析】选项 A：应当由"全体"合伙人决定解散；选项 B：应为合伙人已不具备法定人数满 30 天。

考点 15：有限合伙人与普通合伙人的比较（见表 3–1）

表 3–1　　有限合伙人与普通合伙人的比较

项目	普通合伙人	有限合伙人
合伙人死亡	√	√
全部财产份额被人民法院强制执行	√	√
丧失偿债能力	√	×
丧失民事行为能力	经其他合伙人一致同意，可以依法转为有限合伙人，普通合伙企业依法转为有限合伙企业；否则，视为退伙	×
能否以劳务出资	√	×
国有独资公司、国有企业、上市公司以及公益性的事业单位、社会团体	×	√
事务执行	√	×
交易	约定→一致同意→×	约定→√
竞争	×	约定→√
出质	必须经其他合伙人一致同意	约定→√
对外转让财产份额	约定→一致同意	提前 30 日通知
丧失偿债能力时是否当然退伙	√	×
丧失民事行为能力时是否当然退伙	经其他合伙人一致同意，可以依法转为有限合伙人；其他合伙人未能一致同意的，只能退伙	×

续表

项目	普通合伙人	有限合伙人
继承	（1）继承人具备完全民事行为能力的，按照合伙协议的约定或者经全体合伙人一致同意，从继承开始之日起，取得普通合伙人资格	无论该继承人是否具备完全民事行为能力，都可以依法取得有限合伙人的资格
	（2）继承人为无民事行为能力人或者限制民事行为能力人的，经全体合伙人一致同意，可以依法成为有限合伙人，普通合伙企业依法转为有限合伙企业。全体合伙人未能一致同意的，合伙企业应当将被继承合伙人的财产份额退还该继承人	
新入伙	新入伙的普通合伙人对入伙前、入伙后合伙企业的债务承担无限连带责任	新入伙的有限合伙人对入伙前有限合伙企业的债务，以其认缴的出资额为限承担责任
退伙	对基于其退伙前的原因发生的合伙企业的债务，承担无限连带责任	对基于其退伙前的原因发生的有限合伙企业的债务，以其退伙时从有限合伙企业取回的财产承担责任
合伙人的性质转变	普通合伙人转变为有限合伙人的，对其作为普通合伙人期间合伙企业发生的债务承担无限连带责任	有限合伙人转变为普通合伙人的，对其作为有限合伙人期间有限合伙企业发生的债务承担无限连带责任
人数不够时	有限合伙企业仅剩普通合伙人的，应当转为普通合伙企业	有限合伙企业仅剩有限合伙人的，应当解散

注：此表是对前面内容的一个总结，因此表中有些内容并未详述，仅用"√""×"号来表示。

【例题·多选题】甲、乙、丙、丁欲设立一个有限合伙企业，合伙协议中约定了如下内容，其中符合合伙企业法律制度规定的有（　　）。

A. 甲仅以出资额为限对企业的债务承担责任，同时被推举为合伙事务执行人

B. 乙为有限合伙人，乙在合伙企业存续期间不得从事同本合伙企业相竞争的业务

C. 丙以其劳务出资，为普通合伙人，其出资份额经各合伙人商定为5万元，丙在合伙企业存续期间可以同本合伙企业进行交易

D. 经全体合伙人同意，有限合伙人可以全部转变为普通合伙人，普通合伙人也可以全部转变为有限合伙人

【答案】BC

【解析】选项A：甲仅以出资额为限对企业的债务承担责任，说明其为有限合伙人，不能再执行合伙事务。选项B：有限合伙人可以自营或者同他人合作

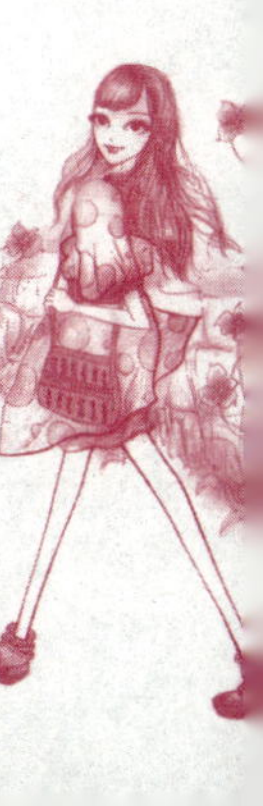

经营与本有限合伙企业相竞争的业务，但合伙协议另有约定的除外。选项C：普通合伙人可以劳务出资，合伙人以劳务出资的，其评估办法由全体合伙人协商确定，并在合伙协议中载明；除合伙协议另有约定或者经全体合伙人一致同意外，普通合伙人不得同本合伙企业进行交易。选项D：有限合伙企业至少应当有1个普通合伙人和1个有限合伙人。

【例题·多选题】甲、乙、丙、丁拟共同投资设立一个有限合伙企业，甲、乙为普通合伙人，丙、丁为有限合伙人。各合伙人经协商后草拟了一份合伙协议。该合伙协议的下列约定中，符合合伙企业法律制度规定的有（　　）。

A. 甲以房屋作价15万元出资，乙以专利技术作价12万元出资，丙以劳务作价10万元出资，丁以现金20万元出资

B. 经3个以上合伙人同意，甲、乙可以向合伙人以外的第三人转让其在合伙企业中的全部或者部分财产份额

C. 合伙事务由甲、丁共同执行，乙、丙不参与合伙事务的执行

D. 乙、丙均不能同本合伙企业进行交易

【答案】BD

【解析】选项A：有限合伙人丙不得以劳务出资；选项B：普通合伙人对外转让出资时，先看合伙协议的约定，未约定的，才须经其他合伙人一致同意；选项C：有限合伙人丁不得执行合伙企业事务；选项D：普通合伙人、有限合伙人能否同本合伙企业进行交易，均应先看合伙协议的约定。

【例题·多选题】贾某是一有限合伙企业的有限合伙人。根据合伙企业法律制度的规定，下列选项中，正确的有（　　）。

A. 若贾某被法院判决认定为无民事行为能力人，则其他合伙人可以因此要求其退伙

B. 若贾某死亡，则其继承人可以取得贾某在有限合伙企业中的资格

C. 若贾某转为普通合伙人，则其必须对作为有限合伙人期间企业发生的债务承担无限连带责任

D. 如果合伙协议没有限制，则贾某可以不经过其他合伙人同意而将其在合伙企业中的财产份额出质

【答案】BCD

【解析】选项A：有限合伙人被认定为无民事行为能力人的，无须退伙；选项B：作为有限合伙人的自然人死亡、被依法宣告死亡或者作为有限合伙人的法人终止时，其继承人或者权利承受人可以依法取得该有限合伙人在有限合伙企业中的有限合伙人资格；选项C：有限合伙人转变为普通合伙人的，对其

作为有限合伙人期间有限合伙企业发生的债务承担无限连带责任；选项 D：有限合伙人可以将其在有限合伙企业中的财产份额出质，但合伙协议另有约定的除外。

【例题·判断题】有限合伙人转变为普通合伙人的，对其作为有限合伙人期间有限合伙企业发生的债务，以其认缴的出资额为限承担责任。（ ）

【答案】×

【解析】有限合伙人转变为普通合伙人的，对其作为有限合伙人期间有限合伙企业发生的债务承担无限连带责任。

【例题·判断题】有限合伙企业的普通合伙人转变为有限合伙人的，对其作为普通合伙人期间合伙企业发生的债务承担无限连带责任。（ ）

【答案】√

【例题·判断题】第三人有理由相信有限合伙人为普通合伙人并与其交易的，该有限合伙人对该笔交易承担与普通合伙人同样的责任。（ ）

【答案】√

【例题·判断题】新入伙的有限合伙人对入伙前有限合伙企业的债务，以其实缴的出资额为限承担责任。（ ）

【答案】×

【解析】新入伙的有限合伙人对入伙前有限合伙企业的债务，以其认缴的出资额为限承担责任。

【例题·判断题】作为有限合伙人的自然人在有限合伙企业存续期间丧失民事行为能力的，其他合伙人不得因此要求其退伙。（ ）

【答案】√

【例题·判断题】有限合伙企业依法被宣告破产的，普通合伙人对合伙企业的债务仍应承担无限连带责任。（ ）

【答案】√

（四）人生是一场开卷考试

花了差不多三天的时间，我才勉强归纳完这一章。而和杜老师一起复习时，我只要花几个小时就能搞定一章。原因在于，杜老师对《中级经济法》的复习了如指掌，他实在是太熟悉了，因为他考过中级会计职称、注册会计师，而且还通过了司法考试。他能快速且准确地给你画出这一章的考点，并且能立马把要点画出来。而自己归纳总结时，虽然也在遵循杜老师说的二八原则，先抓重点，

但哪些是重点呢？如何去归纳呢？归纳后，还是不理解，怎样才能让自己理解呢？看一两道对应的习题能理解。但是，对应的习题去哪里找呢？我怎样判断哪些习题就是针对这个考点的呢？就算好不容易判断出来了，时间花在找题上，对我的复习是不是有帮助呢？那我的进度是不是又慢下来了呢？

我突然想到了一个词，叫作“杠杆”。在财务上叫财务杠杆，财务杠杆又叫筹资杠杆或融资杠杆，它是指由于固定债务利息和优先股股利的存在而导致普通股每股利润变动幅度大于息税前利润变动幅度的现象。其实，就是用别人的钱赚钱，风险高，但收益也大。

在物理学中，也有一个类似的理论，就是利用一根杠杆和一个支点，就能用很小的力量抬起很重的物体。正如阿基米德所说：“给我一个支点，我能撬动地球。”那么在学习中，是否也有杠杆呢？

有，**这个杠杆就是学习方法、学习资料及其他相关的学习资源**。

很多学霸分享经验的时候，都是说自己如何如何地努力，如何通过提高劳动密度来提高产出。努力虽然重要，但是盲目地努力，就悲催了。

而真正的学霸会找到一个高效的学习方法去提升自己做某件事的杠杆率。所以，比尔·盖茨说：“**我总是会选择一个懒人去完成一份困难的工作，因为他会找到捷径。**”

明白“提高杠杆率可以事半功倍”这个道理后，我突然想把它作为最高纲领铭记于心，以防止资源被不必要地浪费。对于学习《中级经济法》，我也在拼命地寻找相应的杠杆，比如巧妙的学习方法、好的学习资源，但是杠杆不是那么容易就能找到的。

好在中级会计职称考试是一场闭卷考试，但是人生是一场开卷考试。

我可以充分利用别人已经有的成果，利用自己身边已有的资源，就像牛顿一样，站在巨人的肩上，自然就看得更远、走得更快！

有一个故事是这样讲的：一个小孩搬石头，父亲在旁边鼓励他：“孩子，只要你全力以赴，一定搬得起来！”最终孩子未能搬起石头，他告诉父亲：“我已经拼尽全力了！”

父亲答道：“你没有拼尽全力，因为我在你旁边，你都没请求我的帮助！”

而杜老师就是资源，也是我的复习杠杆。

第四章

物权法律制度

（一）会开迷箱机关的猫

一个著名的教育学家曾做过一个有趣的实验，将一只饿猫关入笼中，笼外放一条鱼，饿猫急于冲出笼门去吃笼外的鱼。但是要想打开笼门，饿猫必须一口气完成三个动作。首先，它要提起两个门闩，然后按压一块带有铰链的台板，最后把横在门口的板条拨至垂直的位置。经观察，猫第一次被放入迷箱时，拼命挣扎，或咬或抓，试图逃出迷箱。在这些努力和尝试中，它可能无意间抓到门闩或踩到台板或触及横条，使门打开，逃出箱外，吃到食物。实验人员记下猫逃出迷箱所需的时间后，再把猫放回迷箱内，进行下一轮实验。猫仍然会乱抓乱咬，不过持续的时间可能会短一些。经过多次连续的实验后，猫逃出迷箱所需的时间越来越短，无效动作逐渐被排除。到了最后，猫一进迷箱内，就会做出按动台板等一系列动作，并跑出迷箱，获得食物。根据实验，可以画出猫的学习曲线。

教育学家把猫在迷笼中不断地尝试、排除错误，最终学会开门出来取食的过程称为尝试错误学习，并提出了学习的“尝试—错误”理论。

他们认为，动物在每次尝试的过程中，都会建立起一种“刺激—反应”型联系，那些能够促使成功的反应被保留，而那些无效的反应则会逐渐被排除，所以，动物学习就是从各种“刺激—反应”中挑选那些能够导致成功的“刺激—反应”型。教育学家又把这种“刺激—反应”型称作“联结”，认为学习的实质就在于形成“刺激—反应”联结。

所以，学习的过程很多时候就是一个重复的过程，在这个过程中，有成功，有失败，成功的经验会自动保留，失败的经验最后也会逐渐被排除。因此，你学习得越多，保留的积极效应也就越多；你考试的成功次数越多，你的成功经

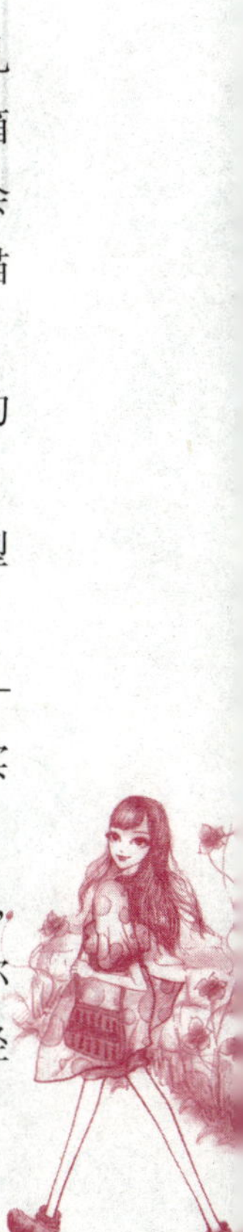

验就越多。我身边有的会计，见到考试就想去考一下，甚至有段时间不去考试，就不习惯了。

《中华人民共和国物权法》是《中华人民共和国民法》的理论基础，需要多次理解背诵，掌握相关概念，为日后更深入地理解《中华人民共和国民法典》打下坚实的基础。

（二）高频考点提炼

1. 物与物权

考点1：物的界定（见表4-1）

作为物权客体的物，是指人们能够支配和利用的物质实体和自然力：

（1）物须具有客观物质性，系属有体物，且可为人们支配和使用。

（2）人体虽具物理属性，但基于人性尊严的考量，活人的身体并不属于物。

表4-1　物的辨别

特性＼分类	不属于物	属于物
有体性	**权利、行为、智力成果**（包括电脑程序）等	权利在特殊情况下成为物权客体，如权利质权
可支配性	①不为人力所支配：**太阳、月亮、星星**等 ②不为人所需：**汽车尾气**等	能够为人力控制的电、光波等
非人格性	人（包括人身体内的血液等）	**与人体分离的毛发、假牙、义肢、捐献器官和尸体**

【例题·单选题】根据物权法律制度的规定，下列各项中，属于物权法上的“物”的是（　　）。

A. 太阳

B. 海域

C. 月亮

D. 星星

【答案】B

【解析】（1）选项A、C、D：不可为人们支配和使用，不属于物权法上的物；（2）选项B：属于不动产。

【例题·多选题】根据物权法律制度的规定，下列各项中，能够成为所有权客体的有（　　）。

A. 土地

B. 月球表面

C. 药品

D. 存有计算机程序的光盘

【答案】ACD

【解析】物权法律制度上的物，具有以下特点：有体性、可支配性、在人的身体之外。选项 B：月球表面，不具有可支配性，不能成为物权客体。

考点 2：物的分类（见表 4–2）

表 4–2 物的分类

分类标准	分类	典型例子	区分的主要意义
物能否移动且是否因移动而损害其价值	动产	桌子、手机、书本、汽车、船舶、航空器等	动产物权与不动产物权，在公示方法和物权变动要件方面不同
	不动产	土地、建筑物、构筑物、在建房屋、纪念碑、林木、矿藏、海域、水库、贮水池、停车位、停车库等	
两个独立存在的物在用途上客观存在的主从关系	主物	独立 + 从属 典型的从物如旅馆设置的家具、房间的钥匙、书的封套、汽车后箱中的备用胎、机器的维修工具、电视的遥控器等	除非法律有特别规定或当事人另有约定，对于主物的处分，及于从物
	从物		
两物之间存在的原有物产生新物的关系	原物	（1）天然孳息，如果实、鸡蛋、幼畜 （2）法定孳息，如利息、股利、租金	（1）天然孳息，由所有权人取得；既有所有权人又有用益物权人的，由用益物权人取得。当事人另有约定的，按照其约定 （2）法定孳息，当事人有约定的，按照约定取得；没有约定或者约定不明确的，按照交易习惯取得
	孳息物		

【例题·单选题】下列各项中，属于天然孳息的是（　　）。

A. 母牛腹中的小牛

B. 母鸡下的鸡蛋

C. 绵羊身上的羊毛

D. 储蓄存款的利息

【答案】B

【解析】（1）选项 AC：此两选项中的“小牛”“羊毛”因未与原物分离，尚不属于独立物，不界定为孳息物；（2）选项 D：属于法定孳息。

考点3：物权

物权的属性与合同债权的属性见表4–3。

表4–3　物权的属性与合同债权的属性

物权的属性	合同债权的属性
物权是主体**直接支配**标的物的权利	合同债权作为请求权，其实现需要债务人的履行行为予以配合
物权是**排他性的财产权**，同一标的物上不得存在两个或两个以上**不相容**的物权	合同债权是相对性权利，原则上不具有对抗第三人的效力
物权的客体具有**特定性**	合同债权的客体是行为，不具有特定性
物权是**对世权**，权利人特定而义务人不特定	合同债权是对人权，权利人和义务人特定

物权法定主义见表4–4。

表4–4　物权法定主义

物权法定主义	概念	物权法定主义，是指物权的类型以及各类型的内容，均以民法或其他法律所规定的为限，而不许当事人任意创设
	类型法定	即当事人不得创设民法或其他法律所不承认的物权类型
	内容法定	即当事人不得创设与物权法定内容相异的内容

物权的种类如图4–1所示。

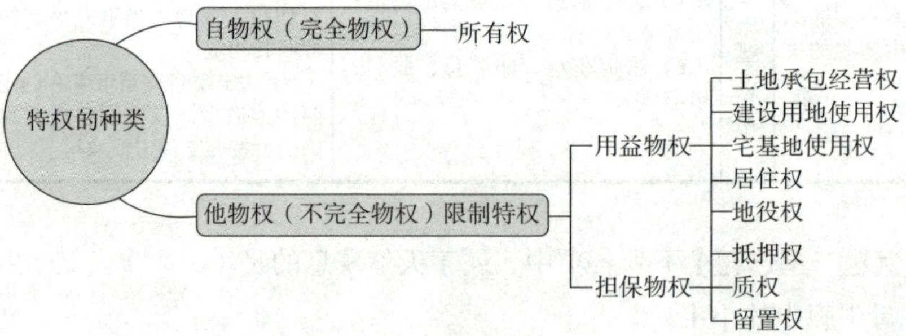

图4–1　物权的种类

物权的效力见表4–5。

表4–5　物权的效力

物权的效力		具体阐述
物权的优先效力	物权相互间的优先效力	例如，限制物权优先于所有权，留置权最优先等

续表

物权的优先效力	物权优先于债权的效力	物权存在于某标的物上，而债权请求的内容也指向该物而与物权发生冲突时，无论物权成立于债权之前或之后，物权均具有优先于债权的效力
物权的追及效力		物权的追及效力，是指物权设立后，其标的物不论辗转至何人之手，物权人都有权追及标的物之所在而直接支配该物
物权的妨害排除效力		物权是直接且排他地支配物的权利，该权利受到侵害时可以行使物权请求权

考点 4：物权的保护（见表 4–6）

表 4–6　**物权的保护**

类型	权利	具体阐述
确认物权请求权		因物权的归属、内容发生争议的，利害关系人可以请求确认权利
债法层面的保护	替代救济	造成不动产或者动产毁损的，权利人可以依法请求修理、重作、更换或者恢复原状
	损害赔偿	侵害物权而造成权利人损害的，权利人可以依法请求损害赔偿，也可以依法请求承担其他民事责任
物权请求权	标的物返还请求权	请求人向相对人主张标的物返还请求权，须举证证明自己是**物权人**或依法可以行使标的物**返还请求权的人**。占有人可以举证证明请求人欠缺物权或者自己对物的占有存在正当权源
	妨害排除请求权	妨害、损害与危险的区别与排除前提： （1）妨害是构成对物支配的障碍；损害是造成标的物的毁损、灭失，危险是将来可能发生的危害 （2）排除妨害、消除危险请求权均以妨害、危险的**客观存在**为前提
	消除危险请求权	

【例题·多选题】下列各项当事人提出的返还请求权中，符合物权法律制度规定的有（　　）。

A. 刘某侵占孙某的电脑，曹某偷走该电脑，刘某有权向曹某主张返还

B. 刘某侵占孙某的电脑，曹某偷走该电脑，孙某有权向曹某主张返还

C. 刘某租用孙某的手机，曹某偷走该手机，刘某有权向曹某主张返还

D. 刘某租用孙某的手机，曹某偷走该手机，孙某有权向曹某主张返还

【答案】BCD

【解析】（1）选项 A、B：刘某对电脑的占有属于无权占有，不享有标的物返还请求权，该电脑应由所有权人孙某行使标的物返还请求权；（2）选项 C、D：刘某可以证明自己是有权占有该手机，依法可以行使标的物的返还请求权，而孙某可以证明自己是所有权人而行使标的物的返还请求权。

【例题·单选题】王某发现邻居家的院墙受地震影响倾斜严重，估计很快

倒塌并很可能砸坏王某家的院墙。根据物权法律制度的规定，王某可以行使的物权保护方法是（　　）。

A. 妨害排除请求权

B. 损害赔偿请求权

C. 消除危险请求权

D. 恢复原状请求权

【答案】C

【解析】妨害尚未发生，损害更无从谈起，只是客观存在危险，因此，王某可以行使消除危险请求权。

考点5：占有

占有的分类标准见表4–7。

表4–7　　占有的分类标准

占有的分类标准	分类	典型例子
占有是否具有法律上的原因	有权占有	基于各种物权或债权的占有
	无权占有	抢夺人对于赃物的占有
无权占有人是否误信为有占有的权源	善意占有	继承误以为是遗产的财产而占有该财产
	恶意占有	对盗窃物的占有
占有人对物的占有是否具有所有的意思	自主占有	（1）买卖中对动产标的物的移转占有 （2）盗窃者对于所盗赃物的占有
	他主占有	承租人、借用人、保管人、质权人等对标的物的占有
占有人在事实上是否直接占有其物	直接占有	质权人、保管人、承租人等对物的占有
	间接占有	出质人、出租人等基于一定法律关系对物的占有

恶意占有人见表4–8。

表4–8　　恶意占有人

恶意占有人	（1）不动产或者动产被占有人占有的，权利人可以请求返还原物及其孳息；但是，应当支付善意占有人因维护该不动产或者动产支出的必要费用
	（2）占有人因使用占有的不动产或者动产，致使该不动产或者动产受到损害的，恶意占有人应当承担赔偿责任
	（3）占有的不动产或者动产毁损、灭失，该不动产或者动产的权利人请求赔偿的，占有人应当将因毁损、灭失取得的保险金、赔偿金或者补偿金等返还给权利人；权利人的损害未得到足够弥补的，恶意占有人还应当赔偿损失

恶意占有人与善意占有人比较见表 4–9。

表 4–9　　恶意占有人与善意占有人比较

	返还必要费用	损失 / 害赔偿
恶意占有人	×	√
善意占有人	√	×

占有保护请求权见表 4–10。

表 4–10　　占有保护请求权

占有保护请求权	（1）种类	①占有的不动产或者动产被侵占的，占有人有权请求返还原物（占有物返还请求权）
		②对妨害占有的行为，占有人有权请求排除妨害或者消除危险（占有妨害排除请求权、占有妨害防止请求权）
		③因侵占或者妨害造成损害的，占有人有权依法请求损害赔偿（占有损害赔偿请求权）
	（2）占有人返还原物的请求权，自侵占发生之日起 1 年内未行使的，该请求权消灭	

【例题·多选题】刘某侵占孙某的电脑，将其据为己有，曹某偷走该电脑并将其出售给不知情的周某。根据物权法律制度的规定，下列有关占有类型的说法中，不正确的有（　　）。

A. 刘某对电脑的占有属于无权占有、恶意占有、自主占有

B. 孙某对电脑的占有属于有权占有、善意占有、自主占有

C. 曹某对电脑的占有属于无权占有、恶意占有、自主占有

D. 周某对电脑的占有属于有权占有、善意占有、自主占有

【答案】BD

【解析】（1）有权占有还是无权占有：由于刘某是侵占，曹某是盗窃，周某是购买赃物，所以均为无权占有，只有孙某的占有属于所有权人对自己所有物的有权占有。（2）善意占有还是恶意占有：孙某是有权占有，不谈善恶意；作为侵占人、盗窃人，刘某和曹某为恶意占有；作为不知情的赃物购买方，周某的占有为善意占有。（3）自主占有还是他主占有：所有权人孙某、侵占人刘某、赃物出售人曹某和赃物购买人周某均以自己所有的意思而占有，属于自主占有。

考点 6：物权变动

物权变动的类型如图 4–2 所示。

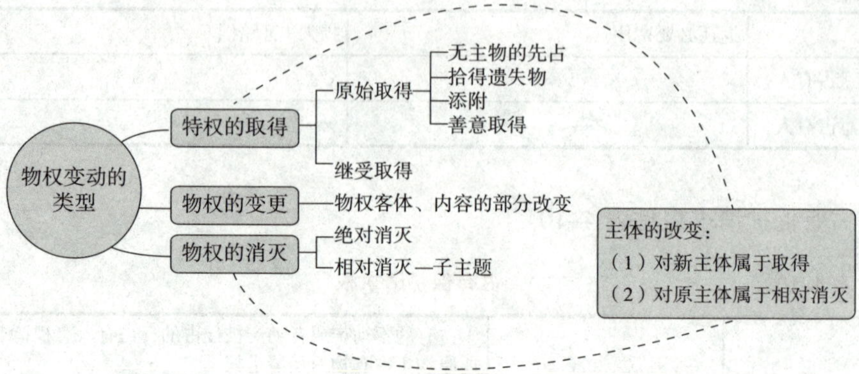

图 4–2　物权变动的类型

物权变动的公示与公信原则见表 4–11。

表 4–11　**物权变动的公示与公信原则**

物权变动的公示与公信原则	（1）物权变动行为须以法定公示方式进行才能生效
	（2）物权变动即以登记、交付为公示方法，即使此表征与真实的权利不符，对于信赖此公示方法而为交易的善意第三人，法律也应对其信赖予以保护
	【例题】刘某以其对手机的占有公示其对手机的所有权，关某看到刘某对手机的公然、持续占有而相信刘某对该手机享有所有权（刘某的占有产生公信力），刘某将手机交付给关某时，以交付公示该手机的所有权发生变动，从此，关某以其对该手机的占有向他人公示其对该手机的所有权
	【例题】孙某的房屋登记在刘某名下，不知实情的曹某以市价购买房屋时有理由相信刘某对该房屋享有所有权（登记产生公信力），房屋转移登记到曹某名下后，曹某取得对该房屋的所有权（相信公示公信力的曹某优先得到保护），孙某的损失应向刘某进行追偿

考点 7：不动产物权的变动

基于法律行为的不动产物权变动见表 4–12。

表 4–12　**基于法律行为的不动产物权变动**

<table>
<tr><td rowspan="4">基于法律行为的不动产物权变动</td><td rowspan="2">（1）以登记生效为原则</td><td>①不动产物权的设立、变更、转让和消灭，经依法登记，发生效力；未经登记，不发生效力，但是法律另有规定的除外</td></tr>
<tr><td>②当事人之间订立有关设立、变更、转让和消灭不动产物权的合同，除法律另有规定或者当事人另有约定外，自合同成立时生效；未办理物权登记的，不影响合同效力（教材未收录）</td></tr>
<tr><td colspan="2">（2）土地承包经营权、地役权的设定，以登记为对抗要件</td></tr>
<tr><td colspan="2">（3）依法属于国家所有的自然资源，所有权可以不登记</td></tr>
</table>

非基于法律行为的不动产物权变动见表 4–13。

表 4–13　　非基于法律行为的不动产物权变动

非基于法律行为的不动产物权变动	（1）不以登记为生效要件	①非基于法律行为而取得不动产物权的，不以登记为生效要件（即尚未完成不动产登记的权利人，属于法律确认保护的物权人）
		②若其拟进一步处分上述不动产物权，则需要依照法律的一般规定处理，法律规定需要办理登记的，未经登记，不发生物权变动效力
	（2）情形	①因人民法院、仲裁机构的法律文书或者人民政府的征收决定等，导致物权设立、变更、转让或者消灭的，自法律文书或者征收决定等生效时发生效力
		②因继承取得物权的，自继承开始时发生效力
		③因合法建造、拆除房屋等事实行为设立或者消灭物权的，自事实行为成就时发生效力

【例题·单选题】蔡永父母在共同遗嘱中表示，二人共有的某处房产由蔡永继承。蔡永父母去世前，该房由蔡永之姐蔡花借用，借用期未明确。2018 年 5 月，蔡永父母先后去世，蔡永一直未办理该房屋所有权转移登记，也未要求蔡花腾退房屋。2021 年下半年，蔡永因结婚要求蔡花腾退，蔡花拒绝搬出。有关本案的下列说法中，正确的是（　　）。

A. 蔡永因未办理房屋所有权转移登记，无权要求蔡花搬出

B. 因诉讼时效期间届满，蔡永的房屋腾退请求不受法律保护

C. 蔡永已于 2018 年 5 月取得房屋所有权，有权要求蔡花腾退

D. 蔡永应当先办理所有权转移登记，凭其产权登记要求蔡花腾退

【答案】C

【解析】(1) 选项 A、C、D：蔡永因继承取得房产所有权，自继承开始时（2018 年 5 月）房产归蔡永所有，不必公示（不必办理房屋所有权转移登记）；（2）选项 B：不动产物权的权利人请求返还财产，不适用诉讼时效抗辩。

考点 8：不动产物权登记制度（见表 4–14）

表 4–14　　不动产物权登记制度

1. 不动产权属证书与不动产登记簿	不动产权属证书记载的事项，应当与不动产登记簿一致；记载不一致的，除有证据证明不动产登记簿确有错误外，以不动产登记簿为准

续表

<table>
<tr><td rowspan="2">2. 转移登记与变更登记</td><td colspan="3">（1）转移登记，俗称过户登记，是指不动产物权从转让人移转至受让人所办理的登记</td></tr>
<tr><td colspan="3">（2）变更登记，是指不动产物权在分割、合并、设立和增减时所做的登记</td></tr>
<tr><td rowspan="6">3. 更正登记与异议登记</td><td rowspan="2">（1）经申请更正</td><td>①申请人</td><td>权利人、利害关系人认为不动产登记簿记载的事项错误的，可以申请更正登记</td></tr>
<tr><td>②更正条件</td><td>不动产登记簿记载的权利人书面同意更正或者有证据证明登记确有错误的，登记机构应当予以更正</td></tr>
<tr><td>（2）依职权更正</td><td colspan="2">不动产登记机构发现不动产登记簿记载的事项错误，应当通知当事人在 30 个工作日内办理更正登记。当事人逾期不办理的，不动产登记机构应当在公告 15 个工作日后，依法予以更正；但在错误登记之后已经办理了涉及不动产权利处分的登记、预告登记和查封登记的除外</td></tr>
<tr><td rowspan="3">（3）异议登记</td><td colspan="2">①不动产登记簿记载的权利人不同意更正的，利害关系人可以申请异议登记。登记机构予以异议登记</td></tr>
<tr><td colspan="2">②申请人自异议登记之日起 15 日内不提起诉讼的，异议登记失效</td></tr>
<tr><td colspan="2">③异议登记不当，造成权利人损害的，权利人可以向申请人请求损害赔偿</td></tr>
<tr><td rowspan="3">4. 预告登记</td><td colspan="3">（1）当事人签订买卖房屋的协议或者签订其他不动产物权的协议，为保障将来实现物权，按照约定可以向登记机构申请预告登记</td></tr>
<tr><td colspan="3">（2）预告登记后，未经预告登记的权利人同意，处分该不动产（包括转让不动产所有权等物权，或者设立建设用地使用权、居住权、地役权、抵押权等物权）的，不发生物权效力
【提示】通过预告登记，权利人使得自己的债权获得了如同物权一样的对抗第三人的效力。预告登记制度是“物权优于债权”的例外</td></tr>
<tr><td colspan="3">（3）预告登记后，债权消灭（买卖不动产物权的协议被认定无效、被撤销，或者预告登记的权利人放弃债权）或者自能够进行不动产登记之日起 90 日内未申请登记的，预告登记失效</td></tr>
</table>

考点 9：基于法律行为的动产物权变动（见表 4–15）

表 4–15　　基于法律行为的动产物权变动

<table>
<tr><td rowspan="2">1. 动产抵押</td><td>合同生效设立、登记对抗</td></tr>
<tr><td>以动产抵押的，抵押权自抵押合同生效时设立；未经登记，不得对抗善意第三人</td></tr>
<tr><td rowspan="2">2. 动产所有权、质权</td><td>（1）普通动产：交付生效、占有对抗
动产物权的设立和转让，自交付时发生效力，但法律另有规定的除外</td></tr>
<tr><td>（2）特殊动产：交付生效、登记对抗
船舶、航空器和机动车等的物权的设立、变更、转让和消灭，未经登记，不得对抗善意第三人</td></tr>
</table>

【案例】甲汽车 4S 店（以下简称“甲店”）与乙公司签订汽车买卖合同，约定乙公司从甲店购入 10 辆货车，由所购品牌汽车生产商直接向乙公司发货，车到后甲店 10 日内上门为其完成后续的检测、保险及登记手续。1 月 5 日，货车送达乙公司，1 月 10 日甲店利用将货车送往办理后续手续的机会，将其中 1 辆货车高价售予急需货车、不知情的丙公司并交付。

【分析】（1）乙公司已于 1 月 5 日取得货车的所有权，但因未办理登记手续，其所有权不得对抗善意的丙公司。

（2）甲店的行为属于无权处分行为，丙公司对此事实尚不知情，又因乙公司的货车所有权尚未登记，丙公司也不应当知情，丙公司属于善意第三人；同时，该货车以合理价格转让且完成交付，丙公司有权主张善意取得所购货车的所有权，乙公司的损失应向甲店追偿。

【例题·多选题】刘某因出国工作将自己的房屋售予孙某，双方签订了《房屋买卖合同》但尚未办理转移登记。清理物品时，刘某又将屋内的家电、家具及车库里的小汽车售予孙某并交付，孙某当场付清款项，双方约定待办理房屋转移登记之日一并办理小汽车转移登记。根据物权法律制度的规定，下列说法正确的有（　　）。

A. 孙某已经取得房屋的所有权

B. 孙某已经取得家电的所有权

C. 孙某已经取得家具的所有权

D. 孙某已经取得小汽车的所有权

【答案】BCD

【解析】（1）不论普通动产还是特殊动产，所有权均于交付时转移；

（2）房屋所有权在转移登记时转移。

考点 10：动产交付制度（见表 4–16）

表 4–16 动产交付制度

类型		概念	物权变动时点
现实交付		当事人双方形成合意后，物的出让人将出让之物实际交受让人占有	交付时
观念交付	简易交付	动产物权设立和转让前，权利人已经占有该动产的，物权自民事法律行为生效时发生效力	民事法律行为生效时
	指示交付	动产物权设立和转让前，第三人占有该动产的，负有交付义务的人可以通过转让请求第三人返还原物的权利代替交付	受让人取得返还原物请求权时
	占有改定	动产物权转让时，当事人又约定由出让人继续占有该动产的，物权自该约定生效时发生效力	占有改定约定生效时

【例题·单选题】 承租人甲想要购买其租用的相机，遂与出租人乙订立买卖合同，由于甲已占有该相机，为了节约交易成本，双方达成一致意见，相机所有权自买卖合同生效时归甲所有。根据物权法律制度的规定，本案中甲、乙买卖相机采用的交付方式是（　　）。

A. 现实交付

B. 简易交付

C. 占有改定

D. 指示交付

【答案】 B

考点 11：非基于法律行为的动产物权变动（见表 4–17）

表 4–17　　非基于法律行为的动产物权变动

<table>
<tr><td colspan="3">1. 先占</td><td>所谓先占，就是以所有权人的意思占有无主动产，先占人基于先占行为取得无主动产的所有权（教材未收录）</td></tr>
<tr><td colspan="3" rowspan="4">2. 拾得遗失物</td><td>（1）拾得遗失物，拾得人应当及时通知权利人领取，或者送交公安等有关部门</td></tr>
<tr><td>（2）有关部门收到遗失物，知道权利人的，应当及时通知其领取；不知道的，应当及时发布招领公告。遗失物自发布招领公告之日起 1 年内无人认领的，归国家所有</td></tr>
<tr><td>（3）拾得人在遗失物送交有关部门前，有关部门在遗失物被领取前，应当妥善保管遗失物。因故意或者重大过失致使遗失物毁损、灭失的，应当承担民事责任</td></tr>
<tr><td>（4）必要费用与报酬
①权利人领取遗失物时，应当向拾得人或者有关部门支付保管遗失物等支出的必要费用
②权利人悬赏寻找遗失物的，领取遗失物时应当按照承诺履行义务（例如支付报酬）
③拾得人侵占遗失物的，无权请求保管遗失物等支出的费用，也无权请求权利人按照承诺履行义务</td></tr>
<tr><td rowspan="7">3. 添附</td><td rowspan="2">（1）概念</td><td colspan="2">添附，是指不同所有权人的物因结合或因加工而形成不可分割的物或具有新质的物，由于恢复原状之不可能或不合理而由一位所有人取得或数位所有人共同取得该物所有权，并由取得人对于他方因此所受的损失予以补偿</td></tr>
<tr><td colspan="2">【提示】如果新物并不难以分割（分离），则不构成添附。例如，若错拿他人车辆备胎换到自己车上，则因轮胎与车辆并不难以分离而不构成添附</td></tr>
<tr><td rowspan="3">（2）形态</td><td>附合</td><td>比如，错拿邻居家的砖块砌墙，错拿他人油漆粉刷家具</td></tr>
<tr><td>混合</td><td>比如，不同所有人的同品质大米被倒在一个米缸里</td></tr>
<tr><td>加工</td><td>比如，雕刻他人木材为木雕，在他人的画布上作画</td></tr>
<tr><td rowspan="2">（3）法律效果</td><td colspan="2">①因加工、附合、混合而产生的物的归属，有约定的，按照约定；没有约定或者约定不明确的，依照法律规定；法律没有规定的，按照充分发挥物的效用以及保护无过错当事人的原则确定</td></tr>
<tr><td colspan="2">②对因一方当事人的过错或者确定物的归属造成另一方当事人损害的，应当给予赔偿或者补偿</td></tr>
</table>

考点12：所有权（见表4-18）

所有权概述见表4-18。

表4-18　　　　　　　　　　**所有权概述**

所有权概述	1. 所有权具有全面支配性、统一性（整体性）、恒久性（法律不限制所有权的存续期限）和弹力性	
	2. 所有权的权能	（1）积极权能：占有、使用、收益、处分（包括事实处分与法律处分）
		（2）消极权能：排除他人不法侵夺、干扰或妨害

善意取得所有权见表4-19。

表4-19　　　　　　　　　　**善意取得所有权**

善意取得所有权	1. 基本规定	无处分权人将不动产或者动产转让给受让人的，所有权人有权追回；除法律另有规定外，符合下列情形的，受让人取得该不动产或者动产的所有权： （1）受让人受让该不动产或者动产时是善意的（依法完成不动产物权转移登记或者动产交付时不知道转让人无处分权，且无重大过失） （2）以合理的价格转让 （3）转让的不动产或者动产依照法律规定应当登记的已经登记，不需要登记的已经交付给受让人
	2. 法律效果	（1）受让人取得动产或不动产的所有权 （2）原所有权人可向让与人主张损害赔偿
	3. 遗失物的善意取得	（1）所有权人或者其他权利人有权追回遗失物 （2）该遗失物通过转让被他人占有的，权利人有权向无处分权人请求损害赔偿，或者自知道或者应当知道受让人之日起2年内向受让人请求返还原物；但是，受让人通过拍卖或者向具有经营资格的经营者购得该遗失物的，权利人请求返还原物时应当支付受让人所付的费用。权利人向受让人支付所付费用后，有权向无处分权人追偿
		【提示】除本规定所述情形外，遗失物、赃物等脱手物不适用善意取得制度

【例题·单选题】甲、乙、丙三兄弟共同继承一幅古董字画，由甲保管。甲擅自将该画以市场价出卖给丁，双方钱物两清，丁对该画的共有权属关系并不知情。根据物权法律制度的规定，下列表述中，正确的是（　　）。

A. 丁取得该画的所有权，但须以乙和丙均追认为前提

B. 无论乙和丙追认与否，丁均不能取得该画的所有权

C. 无论乙和丙追认与否，丁均可取得该画的所有权

D. 经乙和丙其中一人追认，丁即可取得该画的所有权

【答案】C

【解析】（1）由于甲、乙、丙三人为兄弟关系，所以三人对该画的共有应推定为共同共有，甲处分该画未经全体共同共有人同意，属于无权处分。（2）丁对该画的共有权属关系并不知情也不应当知情，属于善意第三人，该画以市场价格出卖并钱物两清，丁有权主张善意取得该画的所有权（符合法定要件即可，与乙、丙追认与否无关）。

【例题·多选题】乙拾得甲丢失的手机，以市场价 500 元出让给不知情的旧手机经销商丙。根据物权法律制度的规定，下列表述中，正确的有（　　）。

A. 乙拾得手机后，甲即失去手机所有权

B. 甲有权请求丙返还手机，但应向丙支付 500 元

C. 乙将手机出让给丙的行为属于无权处分

D. 甲有权请求乙给予损害赔偿

【答案】CD

【解析】（1）选项 A、C：乙不能取得手机的所有权，乙将手机出让给丙的行为构成无权处分。（2）选项 B：甲是否有权请求丙返还手机，取决于是否在“知道或者应当知道丙之日起 2 年内”；甲要求返还时是否需要向丙支付 500 元，取决于丙是否“通过拍卖或者向具有经营资格的经营者购得”。（3）选项 D：乙的行为侵害了甲对手机的所有权，甲有权要求乙承担侵权损害赔偿责任。

共有见表 4-20。

表 4-20　　共有

共有	1. 共有形态的界定	共有人对共有的不动产或者动产没有约定为按份共有或者共同共有，或者约定不明确的，除共有人具有家庭关系等外，视为按份共有
	2. 对外关系	因共有的不动产或者动产（不论按份共有，还是共同共有）产生的债权债务，在对外关系上，共有人享有连带债权、承担连带债务，但是法律另有规定或者第三人知道共有人不具有连带债权债务关系的除外
	3. 共有物的管理	（1）按份共有人按照约定管理共有的不动产或者动产；没有约定或者约定不明确的，各共有人都有管理的权利和义务
		（2）共同共有人的权利，及于共有物全部。对于共有物的使用与管理，除法律另有规定或合同另有约定外，应经全体共有人同意
	4. 管理费用等的内部分担	在共有人内部关系上，除共有人另有约定外，按份共有人按照份额享有债权、承担债务。偿还债务超过自己应当承担份额的按份共有人，有权向其他共有人追偿
	5. 处分共有物	（1）处分共有的不动产或者动产以及对共有的不动产或者动产作重大修缮、变更性质或者用途的，应当经占份额 2/3 以上的按份共有人同意，但是共有人之间另有约定的除外
		（2）在共同共有中，只有依全体共有人的共同意思，对共有物的处分行为才能发生对外效力

续表

<table>
<tr><td rowspan="4">共有</td><td rowspan="4">6. 按份共有人转让共有份额</td><td colspan="2">（1）按份共有人可以转让其享有的共有的不动产或者动产份额，其他共有人在同等条件下享有优先购买的权利
【提示】其他共有人的优先购买权仅存在于对外的情形且为转让，即内部转让份额、继承份额等情形下，其他共有人不享有优先购买权（另有约定除外）</td></tr>
<tr><td colspan="2">（2）优先购买权的行使期间
优先购买权的行使期间，除按份共有人之间另有约定外，按照下列情形确定：
①转让人向其他按份共有人发出的包含同等条件内容的通知中载明行使期间的，以该期间（≥ 15 日）为准
②通知中未载明行使期间，或者载明的期间短于通知送达之日起 15 日的，为 15 日
③转让人未通知的，为其他按份共有人知道或者应当知道最终确定的同等条件之日起 15 日
④转让人未通知，且无法确定其他按份共有人知道或者应当知道最终确定的同等条件的，为共有份额权属转移之日起 6 个月</td></tr>
<tr><td>（3）优先购买权不具有排他的物权性质</td><td>按份共有人转让其享有的共有的不动产或者动产份额时，其他按份共有人不得以其优先购买权受到侵害为由，仅请求撤销共有份额转让合同或者认定该合同无效</td></tr>
<tr><td colspan="2">（4）两个以上其他共有人主张行使优先购买权的，协商确定各自的购买比例；协商不成的，按照转让时各自的共有份额比例行使优先购买权</td></tr>
</table>

【例题·单选题】朋友 6 人共同出资购买一辆小汽车，未约定共有形式，且每人的出资额也不能确定。现部分共有人欲对外转让该车，为避免该转让成为无权处分，在没有其他约定的情况下，同意转让的共有人至少应当达到的人数是（　　）。

A. 4 人

B. 3 人

C. 6 人

D. 5 人

【答案】A

【解析】（1）“未约定共有形式”，出资人之间为“朋友”关系，应推定为按份共有；（2）共有人之间对转让决议没有特别约定，应当经占份额 2/3 以上的按份共有人同意；（3）由于没有约定份额，也无法确定出资额，视为等额享有，2/3 份额＝ 6 × 2/3 ＝ 4（人）。

【例题·多选题】甲、乙、丙、丁按份共有一艘货船，份额分别为 10%、20%、30% 和 40%。甲欲将其共有份额转让，戊愿意以 50 万元的价格购买，价款一次付清。有关甲的共有份额转让，下列说法错误的有（　　）。

A. 甲向戊转让其共有份额，须经乙、丙、丁同意

B. 如乙、丙、丁均以同等条件主张优先购买权，则丁的主张应得到支持

C. 如丙在法定期限内以50万元分期付款的方式要求购买该共有份额，则应予支持

D. 如甲改由向乙转让其共有份额，则丙、丁在同等条件下享有优先购买权

【答案】ABCD

【解析】（1）选项A：按份共有人转让财产份额是自由的，无须经其他共有人同意；（2）选项B：乙、丙、丁应协商，协商不成的，可以请求按照转让时各自份额比例行使优先购买权；（3）选项C：虽然都是50万元，但一次性付款和分期付款不属于同等条件；（4）选项D：内部转让份额时，除非按份共有人之间另有约定，否则其他共有人不得主张优先购买权。

建筑物区分所有权见表4–21。

表4–21 建筑物区分所有权

建筑物区分所有权	1. 什么是建筑物区分所有权	建筑物区分所有权，是指由区分所有建筑物的专有部分所有权（专有权）、共有部分共有权（共有权）以及因区分所有建筑物共同关系所生的成员权（共同管理权）共同构成的特别所有权
	2. 业主共有	（1）建筑区划内的道路，属于业主共有，但是属于城镇公共道路的除外 （2）建筑区划内的绿地，属于业主共有，但是属于城镇公共绿地或者明示属于个人的除外 （3）建筑区划内的其他公共场所、公用设施和物业服务用房，属于业主共有 （4）占用业主共有的道路或者其他场地用于停放汽车的车位，属于业主共有
	3. 费用分摊与收益分配	建筑物及其附属设施的费用分摊、收益分配等事项，有约定的，按照约定；没有约定或者约定不明确的，按照业主专有部分面积所占比例确定

相邻关系见表4–22。

表4–22 相邻关系

相邻关系	概念	相邻关系，是指相邻各方在对各自所有或使用的不动产行使所有权或使用权时，因相互间依法应当给予对方方便或接受限制而发生的权利义务关系
	具体包括	（1）避免邻地地基动摇或其他危险的相邻关系 （2）相邻用水与排水关系 （3）相邻必要通行关系 （4）相邻管线铺设关系 （5）因建造建筑物利用邻地，不得影响相邻方通风、采光、日照的关系 （6）固体污染物、不可量物不得侵入的相邻关系
	提示	（1）相邻关系仅存在于不动产上 （2）区别于地役权，相邻关系是利用自己不动产时应当获得的尊重或者受到的限制，而地役权是“奴役”他人的不动产（利用他人的不动产或限制他人不动产的利用）

【例题·多选题】甲房地产开发公司（以下简称“甲公司”）在与乙印刷公司（以下简称“乙公司”）相邻30米处建造一座大厦，因甲公司基础工程建设期间大量抽排地下水，乙公司厂区地面下沉、墙体开裂，并导致印刷机基础部件移位致印刷质量下降，直接经济损失达100万元。乙公司提起诉讼要求甲公司停止抽排地下水并赔偿损失。根据物权法律制度的规定，下列说法正确的有（　　）。

A. 甲公司和乙公司的纠纷属于地役权纠纷

B. 甲公司和乙公司的纠纷属于相邻权纠纷

C. 乙公司要求甲公司停止抽排地下水，属于物权请求权的行使

D. 乙公司要求甲公司赔偿损失，属于物权请求权的行使

【答案】BC

【解析】（1）选项A、B：本案不存在甲公司“奴役”乙公司不动产的问题，是甲公司利用自己的不动产时对邻居造成侵害，属于相邻关系纠纷；（2）选项C、D：停止侵害属于物权请求权，赔偿损失属于债权请求权。

考点13：用益物权

土地承包经营权见表4-23。

表4-23　土地承包经营权

<table>
<tr><td rowspan="4">土地承包经营权</td><td rowspan="3">1. 通过土地承包经营合同取得</td><td>（1）取得：合同生效时</td><td>土地承包经营权自土地承包经营权合同生效时设立。登记机构应当向土地承包经营权人发放土地承包经营权证、林权证等证书并登记造册，确认土地承包经营权</td></tr>
<tr><td>（2）内部流转土地承包经营权：登记对抗</td><td>①土地承包经营权人依照法律规定，有权将土地承包经营权互换、转让
②互换、转让的对象只能是本集体经济组织成员
③互换需进行备案，转让需要得到发包方的同意
④土地承包经营权互换、转让的，当事人可以向登记机构申请登记；未经登记，不得对抗善意第三人</td></tr>
<tr><td>（3）对外流转土地经营权：登记对抗</td><td>①土地承包经营权人可以自主决定依法采取出租、入股或者其他方式向他人流转土地经营权
②流转期限为5年以上的土地经营权，自流转合同生效时设立。当事人可以向登记机构申请土地经营权登记；未经登记，不得对抗善意第三人</td></tr>
<tr><td>2. 通过招标、拍卖、公开协商等方式取得</td><td colspan="2">通过招标、拍卖、公开协商等方式承包农村土地，经依法登记取得权属证书的，可以依法采取出租、入股、抵押或者其他方式流转土地经营权</td></tr>
</table>

建设用地使用权见表 4–24。

表 4–24　**建设用地使用权**

<table>
<tr><td rowspan="7">建设用地使用权</td><td>1. 划拨取得建设用地使用权</td><td colspan="2">（1）具有公益目的性（通常国家机关、国防等公益事业用地才有可能获得划拨建设用地使用权）
（2）无偿性
（3）取得的土地使用权的转让受到限制（转让应依法办理相关手续并缴足土地出让金）
（4）无期限性
（5）行政性（须经严格的行政审批程序）</td></tr>
<tr><td rowspan="4">2. 出让取得建设用地使用权</td><td>（1）期限</td><td>①居住用地为 70 年
②工业用地和教育、科技、文化、卫生、体育用地为 50 年
③商业、旅游、娱乐用地为 40 年
④综合或者其他用地为 50 年</td></tr>
<tr><td>（2）期满的处理</td><td>①住宅建设用地使用权期限届满的，自动续期。续期费用的缴纳或者减免，依照法律、行政法规的规定办理
②非住宅建设用地使用权期限届满后的续期，依照法律规定办理</td></tr>
<tr><td colspan="2">（3）工业、商业、旅游、娱乐和商品住宅等经营性用地以及同一土地有两个以上意向用地者的，应当采取招标、拍卖等公开竞价的方式出让</td></tr>
<tr><td colspan="2">（4）土地使用权出让，依法须订立书面出让合同，应向登记机构申请建设用地使用权登记，建设用地使用权自登记时设立</td></tr>
<tr><td rowspan="2">3. 受让取得建设用地使用权</td><td colspan="2">（1）建设用地使用权转让，同样须订立书面转让合同，并办理过户的登记，登记是建设用地使用权转让的生效条件</td></tr>
<tr><td colspan="2">（2）受让人得依法行使剩余年限内的建设用地使用权</td></tr>
</table>

【例题·单选题】根据物权法律制度的规定，以有偿出让方式取得的工业用地的建设用地使用权，出让最高年限是（　　）。

A. 50 年

B. 40 年

C. 70 年

D. 30 年

【答案】A

【例题·多选题】根据物权法律制度的规定，有关建设用地使用权的下列表述中，正确的有（　　）。

A. 以无偿划拨方式取得的建设用地使用权，最高使用年限为 50 年

B. 住宅建设用地使用权期限届满的，自动续期

C. 经营性用地的建设用地使用权出让，应采取招标、拍卖等公开竞价方式

D. 登记是建设用地使用权转让的生效条件

【答案】BCD

宅基地使用权见表 4–25。

表 4–25　　　　宅基地使用权

宅基地使用权	1. 农村宅基地使用权是无偿取得的、永久性的权利	
	2. 宅基地使用权原则上禁止流转，即不得买卖、赠与、投资入股、抵押等。作为例外，承认宅基地使用权可以继承，以及随宅基地上的房屋所有权的转让而流转	
	3. 宅基地使用权随地上房屋所有权的转让而流转的限制	（1）受让人只能是本集体经济组织的成员 （2）根据“一户一宅”原则，农村村民出卖住房后，再申请宅基地的，不予批准 （3）受让人的宅基地面积不得超过省、自治区、直辖市规定的标准，否则不得受让

居住权见表 4–26。

表 4–26　　　　居住权

居住权	1. 什么是居住权	居住权，是指按照合同约定，为了满足生活居住的需要，对他人所有的住宅得以占有、使用并排除房屋所有权人干涉的用益物权
		【案例】小王继承了其父亲所有的房屋，但按照父亲遗嘱，小王的姑姑有权终身在该房屋内居住 【分析】 （1）小王的姑姑对小王继承所得的房屋所享有的权利就是居住权 （2）居住权区别于住房租赁权，居住权是“物权”，而住房租赁权是“债权”居住权往往是无偿的，而住房租赁权往往是有偿的；居住权不可转让，而住房租赁权通常可以转让；居住权的权利人只能是自然人，而住房租赁权的权利人可以是单位；居住权期限可以是“终身”，而住房租赁的租赁期限不得超过 20 年，超过 20 年的，超过部分无效
	2. 居住权的设立	（1）当事人设立居住权，应当采用书面形式订立居住权合同，也可以以遗嘱方式设立居住权，居住权自登记时设立
		（2）居住权无偿设立，但是当事人另有约定的除外
	3. 居住权不得转让、继承	
	4. 设立居住权的住宅不得出租，但当事人另有约定的除外	
	5. 居住权的消灭	居住权期限届满或者居住权人死亡的，居住权消灭；居住权消灭的，应当及时办理注销登记

地役权见表 4–27。

表 4–27　　　　地役权

地役权	1. 什么是地役权	地役权，是指为实现自己土地的利益而使用他人土地的权利
	2. 地役权的设立	（1）设立地役权，当事人应当采用书面形式订立地役权合同，地役权自地役权合同生效时设立
		（2）当事人要求登记的，可以向登记机构申请地役权登记；未经登记，不得对抗善意第三人
	3. 期限	地役权的期限由当事人约定，但不得超过土地承包经营权、建设用地使用权等用益物权的剩余期限

考点 14：担保物权

担保方式如图 4-3 所示。

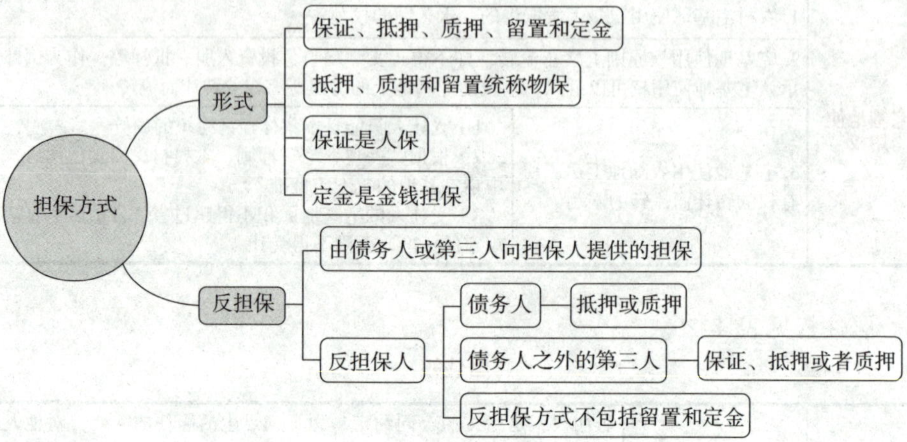

图 4-3　担保方式

担保物权的特性见表 4-28。

表 4-28　　担保物权的特性

担保物权的特性	1. 从属性	（1）主债权债务合同无效的，担保合同无效，但是法律另有规定的除外	
		（2）独立保函	①当事人在担保合同中约定担保合同的效力独立于主合同，或者约定担保人对主合同无效的法律后果承担担保责任，该有关担保独立性的约定无效 ②主合同有效的，有关担保独立性的约定无效不影响担保合同的效力；主合同无效的，人民法院应当认定担保合同无效，但是法律另有规定的除外
	2. 不可分性	（1）主债权被分割	被担保的债权即使被分割、部分清偿或消灭，担保物权仍为担保各部分的债权或余存的债权而存在
		（2）主债务被分割	主债务被分割或者部分转移： ①债务人自己提供物的担保，债权人请求以该担保财产担保全部债务履行的，人民法院应予支持 ②第三人提供物的担保，主张对未经其书面同意转移的债务不再承担担保责任的，人民法院应予支持
		（3）担保标的物被分割	担保标的物即使被分割或部分灭失，分割后各部分或余存的部分担保物，仍为担保全部债权而存在
	3. 物上代位性	在担保期间，因担保财产毁损、灭失或者被征收等，担保物权人可以就获得的保险金、赔偿金或者补偿金等优先受偿 被担保债权的履行期限未届满的，也可以提存该保险金、赔偿金或者补偿金等	
	4. 补充性	只有在债务人不履行到期债务或者发生当事人约定的实现担保物权的情形，担保物权补充性的担保功能才会发动，以保障债权的实现	

担保合同的无效见表 4–29。

表 4–29　**担保合同的无效**

担保合同的无效	1. 机关法人提供担保的，担保合同无效，但是经国务院批准为使用外国政府或者国际经济组织贷款进行转贷的除外
	2. 居民委员会、村民委员会提供担保的，担保合同无效，但是依法代行村集体经济组织职能的村民委员会，依照规定的讨论决定程序对外提供担保的除外
	3. 以公益为目的的非营利性学校、幼儿园、医疗机构、养老机构等提供担保的，担保合同无效，但是有下列情形之一的除外： （1）在购入或者以融资租赁方式承租教育设施、医疗卫生设施、养老服务设施和其他公益设施时，出卖人、出租人为担保价款或者租金实现而在该公益设施上保留所有权 （2）以教育设施、医疗卫生设施、养老服务设施和其他公益设施以外的不动产、动产或者财产权利设立担保物权
	【提示】登记为营利法人的学校、幼儿园、医疗机构、养老机构等提供担保，当事人不得以其不具有担保资格为由主张担保合同无效

担保合同无效时的责任承担见表 4–30。

表 4–30　**担保合同无效时的责任承担**

主合同无效导致	担保人有错：担保人承担补充赔偿责任，≤不能清偿部分的 1/3
	担保人没错：担保人不承担
担保合同无效	债权人担保人均有错：担保人承担补充赔偿责任，≤不能清偿部分的 1/2
	债权人有错，担保人没错：担保人不承担责任
	债权人无错，担保人有错：担保人对债务人不能清偿的部分承担赔偿责任

2. 抵押

考点 15：抵押的概念

抵押权的概念见表 4–31。

表 4–31　**抵押权的概念**

抵押权的概念	定义：指为担保债务的履行，债务人或者第三人不转移财产的占有，将该财产抵押给债权人的，债务人不履行到期债务或者发生当事人约定的实现抵押权的情形，债权人有权就该财产优先受偿
	流押条款：抵押权人在债务履行期届满前，不得与抵押人约定债务人不履行到期债务时抵押财产归债权人所有 该条款无效，抵押合同有效

【例题·判断题】甲向乙借款，将自己的房屋抵押给乙，甲、乙在抵押合同中约定：若甲到期不返还借款本息，该房屋所有权归乙，该约定条款无效。（　　）

【答案】√

【解析】本题考核流押条款。抵押权人在债务履行期届满前，不得与抵押人约定债务人不履行到期债务时抵押财产归债权人所有。

可以抵押的不动产和动产如图 4–4 所示。

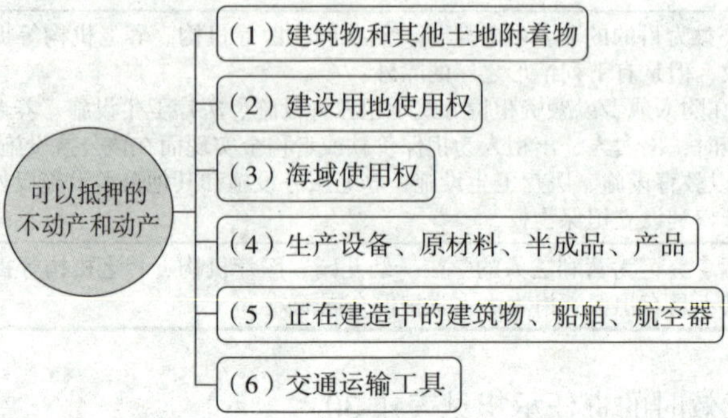

图 4–4　可以抵押的不动产和动产

不可以抵押的不动产和动产如图 4–5 所示。

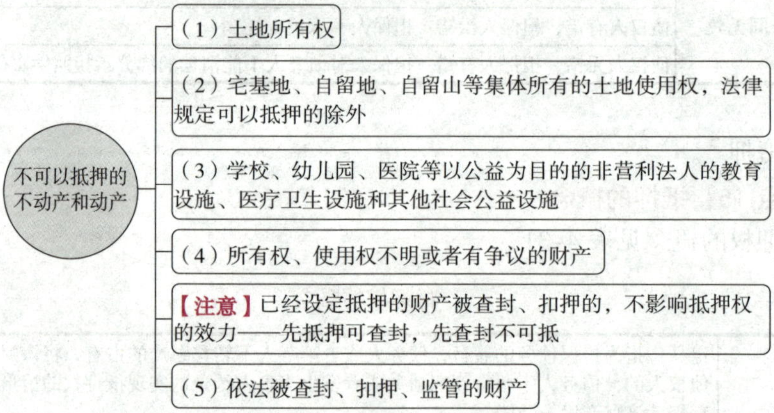

图 4–5　不可以抵押的不动产和动产

房地一体原则如图 4-6 所示。

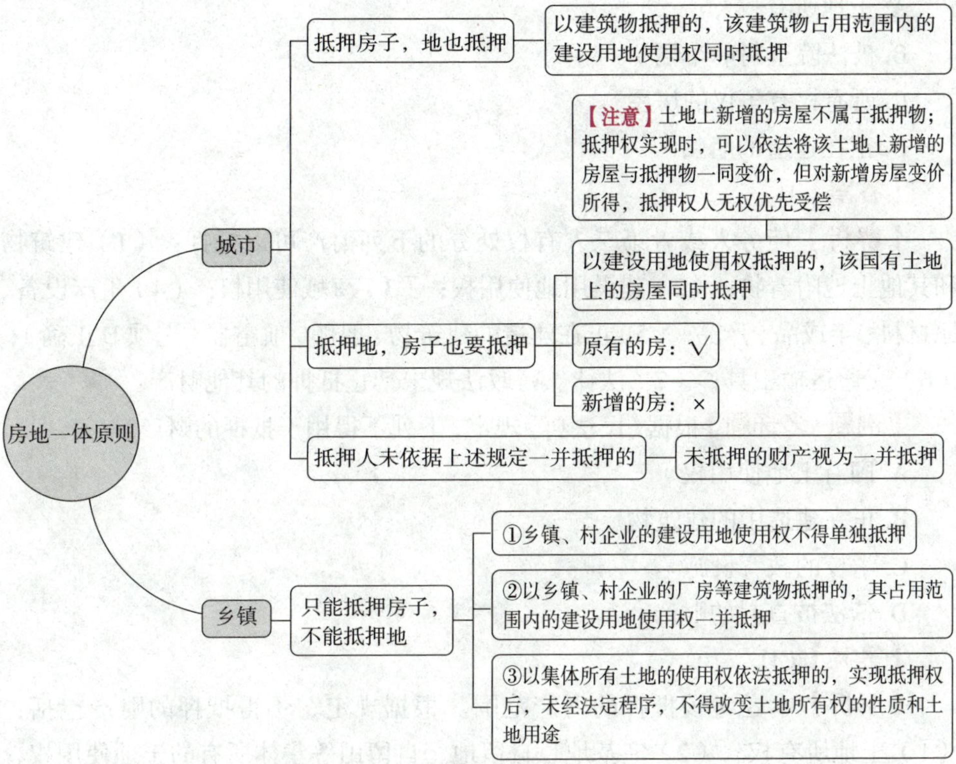

图 4-6　房地一体原则

【例题·多选题】根据《民法典》的规定，债务人有权处分的下列权利中，可以抵押的有（　　）。

A. 现有的应收账款

B. 交通运输工具

C. 依法可以转让的股权

D. 建设用地使用权

【答案】BD

【解析】债务人或者第三人有权处分的下列财产可以抵押：（1）建筑物和其他土地附着物；（2）建设用地使用权（选项 D）；（3）海域使用权；（4）生产设备、原材料、半成品、产品；（5）正在建造的建筑物、船舶、航空器；（6）交通运输工具（选项 B）；（7）法律、行政法规未禁止抵押的其他财产。

【例题·单选题】根据《民法典》的规定，下列财产中，可用于设立抵押

权的是（　　）。

A. 土地所有权

B. 被法院查封的车辆

C. 所有权有争议的房屋

D. 正在建造的船舶

【答案】D

【解析】债务人或者第三人有权处分的下列财产可以抵押：（1）建筑物和其他土地附着物；（2）建设用地使用权；（3）海域使用权；（4）生产设备、原材料、半成品、产品；（5）正在建造的建筑物、船舶、航空器（选项D正确）；（6）交通运输工具；（7）法律、行政法规未禁止抵押的其他财产。

【例题·多选题】根据《民法典》规定，下列不得用于抵押的财产有（　　）。

A. 国有土地使用权

B. 正在建造中的建筑物

C. 学校的教育设施

D. 依法被查封的财产

【答案】CD

【解析】本题考核抵押的财产范围。根据规定，不得抵押的财产包括：（1）土地所有权；（2）宅基地、自留地、自留山等集体所有的土地使用权，但法律规定可以抵押的除外；（3）学校、幼儿园、医院等以公益为目的的事业单位、社会团体的教育设施、医疗卫生设施和其他社会公益设施；（4）所有权、使用权不明或者有争议的财产；（5）依法被查封、扣押、监管的财产。本题中，学校的教育设施和依法被查封的财产，是不得用于抵押的。

房地一体原则的其他细节（一）见表4-32。

表4-32　　房地一体原则的其他细节（一）

房地一体原则	抵押人将建设用地使用权、土地上的建筑物或者正在建造的建筑物分别抵押给不同债权人的，人民法院应当根据抵押登记的时间先后确定清偿顺序
抵押权设立后新增的建筑物	（1）建设用地使用权抵押后，该土地上新增的建筑物不属于抵押财产。该建设用地使用权实现抵押权时，应当将该土地上新增的建筑物与建设用地使用权一并处分，但新增建筑物所得的价款，抵押权人无权优先受偿
	（2）当事人仅以建设用地使用权抵押，债权人有权主张抵押权的效力及于土地上已有的建筑物以及正在建造的建筑物已完成部分。债权人不得主张抵押权的效力及于正在建造的建筑物的续建部分以及新增建筑物
	（3）当事人以正在建造的建筑物抵押，抵押权的效力范围限于已办理抵押登记的部分。对当事人按照担保合同的约定，主张抵押权的效力及于续建部分、新增建筑物以及规划中尚未建造的建筑物的，人民法院不予支持

【例题】2019 年 7 月 10 日，甲公司与 A 银行签订借款合同，同时甲公司将其一宗土地的建设用地使用权抵押给 A 银行，双方签订书面抵押合同，并于 7 月 11 日办理了抵押登记。2019 年 8 月，甲公司在已设立抵押权的建设用地上开始建造建筑物 M。2020 年 7 月，因甲公司无法归还到期借款的本息，A 银行依法实现抵押权。经评估，抵押的建设用地使用权连同建筑物 M 价值为 800 万元，其中建筑物 M 的价值为 300 万元。（不考虑评估、拍卖的税费）

【分析】

①建筑物 M 是建设用地使用权抵押后新增的建筑物，不属于抵押财产；

② A 银行实现抵押权时，可将建筑物 M 和建设用地使用权一并拍卖，但 A 银行就建筑物 M 拍卖所得价款 300 万元无权优先受偿，A 银行就拍卖所得优先受偿的数额应为 500 万元 (800 万元 –300 万元)。

房地一体原则的其他细节（二）见表 4–33。

表 4–33　　**房地一体原则的其他细节（二）**

涉及违法建筑物	（1）以**违法的建筑物**抵押的，抵押合同**无效**，但是一审法庭辩论终结前已经办理合法手续的除外
	（2）当事人以**建设用地使用权**依法设立抵押，抵押人以土地上存在违法的建筑物为由主张抵押合同无效的，人民法院不予支持
涉及划拨建设用地	（1）抵押人以**划拨建设用地上的建筑物**抵押，当事人不得以该建设用地使用权不能抵押或者未办理批准手续为由主张抵押合同无效或者不生效。抵押权依法实现时，拍卖、变卖建筑物所得的价款，应当**优先用于补缴**建设用地使用权**出让金**
	（2）当事人以**划拨方式取得的建设用地使用权**抵押，抵押人不得以未办理批准手续为由主张抵押合同无效或者不生效。已经依法办理抵押登记，抵押权人可以主张行使抵押权。抵押权依法实现时，拍卖、变卖建筑物所得的价款，应当**优先用于补缴**建设用地使用权**出让金**
从物	（1）从物产生于抵押权依法**设立前**，抵押权人**有权**主张抵押权的效力及于从物，但当事人另有约定的除外
	（2）从物产生于抵押权依法**设立后**，抵押权人**无权**主张抵押权的效力及于从物，但是在抵押权实现时可以一并处分
代位物	（1）抵押权依法设立后，抵押财产毁损、灭失或者被征收等情形发生时，抵押权人可以请求按照原抵押权的顺位就**保险金、赔偿金或者补偿金等优先受偿**
	（2）给付义务人已经向抵押人给付了保险金、赔偿金或者补偿金，抵押权人不得请求给付义务人向其给付保险金、赔偿金或者补偿金，但是给付义务人接到抵押权人要求向其给付的通知后仍然向抵押人给付的除外

【例题】甲公司向乙公司借款，以自有货车设定抵押，签订了抵押合同但未办理抵押登记。抵押期间，该货车在经营使用过程中遭遇事故全部毁损，获得责任人赔款 20 万元。有关乙公司的抵押权，下列说法不正确的有（　　）。

A. 由于未办理抵押登记，乙公司不享有抵押权

B. 由于抵押物已经全部毁损，乙公司的抵押权消灭

C. 以 20 万元的责任人赔款继续担保乙公司的债权

D. 乙公司不能就该 20 万元的责任人赔款主张任何权利

【答案】ABD

【解析】（1）选项 A：货车属于动产，乙公司的动产抵押权自抵押合同生效时设立；（2）选项 B、C、D：虽然抵押物已经全部毁损，但以赔款 20 万元可继续担保乙公司债权的实现，乙公司可以就该赔款优先受偿。

添附物见表 4-34。

表 4-34　　添附物

添附物	（1）抵押权依法设立后，抵押财产被添附，添附物归第三人所有的，效力抵押权及于**抵押人应获得的补偿金**
	（2）抵押权依法设立后，抵押财产被添附，**抵押人对添附物享有所有权**的，抵押权的效力及于添附物，但是添附导致抵押财产价值增加的，抵押权的效力**不及于增加的价值部分**
	（3）抵押权依法设立后，抵押人与第三人因添附成为添附物的共有人，抵押权的**效力及于抵押人对共有物享有的份额**

【注】抵押合同对被担保的主债权种类、抵押财产没有约定或者约定不明，根据主合同和抵押合同不能补正或者无法推定的，抵押不成立。

考点 16：抵押物登记（见表 4-35）

表 4-35　　抵押登记

	范围	抵押权生效	未登记的后果
登记生效（不动产）	□建筑物和其他土地附着物 □建设用地使用权 □海域使用权 □正在建造的建筑物	抵押权自登记之日起设立	未经登记，不影响抵押合同生效
登记对抗（动产）	□生产设备、原材料、半成品 □正在建造中的船舶、航空器 □交通运输工具	抵押权自抵押合同生效时设立	未经登记，不得对抗善意第三人

【例题·单选题】根据《民法典》的规定，以特定财产作为抵押物的，抵押权须办理抵押登记才能设立。下列各项中，属于该类特定财产的是（　　）。

A. 飞机

B. 正在建造的建筑物

C. 正在建造的轮船

D. 轿车

【答案】B

【解析】以建筑物和其他土地附着物、建设用地使用权、海域使用权或者正在建造的建筑物抵押的，应当办理抵押登记。抵押权自登记时设立。

抵押权的设定见表 4–36。

表 4–36 抵押权的设定

抵押权的设定	（1）不一致：抵押物登记记载的内容与抵押合同约定的内容不一致的，以登记记载的内容为准
	（2）程序：以尚未办理权属证书的财产抵押的，只要当事人在一审法庭辩论终结前能够提供权利证书或者补办登记手续，法院就可以认定抵押有效

【例题·多选题】甲以自有的一批布匹作抵押向乙借款，甲乙签订了抵押合同，但未办理抵押登记。在抵押期间，甲擅自将该批布匹卖给了善意第三人丙，并已交货付款完毕。根据《民法典》的规定，下列表述中，正确的有（　　）。

A. 甲与乙之间的抵押合同有效

B. 丙无权取得对该批布匹的所有权

C. 乙的抵押权可以对抗受让人丙的所有权

D. 乙的抵押权不得对抗受让人丙的所有权

【答案】AD

【解析】本题考核抵押权的生效。选项 A：抵押合同自签订之日起生效；选项 B：丙基于善意取得制度取得该货物的所有权；选项 C、D：当事人以动产设定抵押的，抵押权自抵押合同生效之日起设立。只是未登记的，不能对抗善意第三人。

考点 17：抵押权的效力

抵押权的效力见表 4–37。

表 4–37 抵押权的效力

所担保的债权的范围	包括主债权及其利息、违约金、损害赔偿金和实现抵押权的费用 当事人另有约定的，按照约定
孳息收取权	（1）一般情况下，抵押权的效力不及于抵押物的孳息
	债务人不履行到期债务致使抵押财产被人民法院依法扣押的，自扣押之日起抵押权人有权收取该抵押财产的天然孳息或者法定孳息，但抵押权人未通知应当清偿法定孳息的义务人的除外 【示例】甲将房子抵押给乙取得借款，甲又将房子出租给丙。在正常情况下，租金（孳息）交给甲；但如果甲无法偿还借款，房子被扣押了，则从扣押日起，乙有权收取租金。但是必须是在通知了丙的情况下，换句话说，如果未通知丙，则丙向甲交付租金也是可以的
	（2）孳息的清偿顺序：收取孳息的费用→主债权的利息→主债权

续表

抵押期间抵押物的转让 【注意】抵押物依法被继承或者赠与的，抵押权不受影响	可以转	抵押期间，抵押人可以转让抵押财产。当事人另有约定的，按照其约定。抵押财产转让的，抵押权不受影响
	要通知	抵押人转让抵押财产的，应当及时通知抵押权人。抵押权人能够证明抵押财产转让可能损害抵押权的，可以请求抵押人将转让所得的价款向抵押权人提前清偿债务或者提存。转让的价款超过债权数额的部分归抵押人所有，不足部分由债务人清偿
抵押权的从属性 【总结】债权转，抵押转；各个人，按份额	（1）主债权未受全部清偿，抵押权人可以就抵押物的“全部”行使其抵押权	
	（2）抵押物被分割或部分转让，各债权人可就分割或转让后的抵押物行使抵押权	
	（3）债权转让的，担保该债权的抵押权一并转让，但法律另有规定或者当事人另有约定的除外	
	（4）主债权被分割或部分转让，各债权人可以就其享有的债权份额行使抵押权	
	（5）主债务被分割或部分转让的，抵押人仍以其抵押物担保数个债务人履行债务。但是，第三人提供抵押的，债权人许可债务人转让债务未经抵押人书面同意的，抵押人对未经其同意转让的债务，不再承担担保责任 【口诀】 债务转，看谁抵；自己抵，担责任；第三人，看同意	
抵押权人权利	保全措施	抵押人的行为足以使抵押财产价值减少的，抵押权人有权要求抵押人停止其行为。抵押财产价值减少的，抵押权人有权要求恢复抵押财产的价值，或者提供与减少的价值相应的担保。抵押人不恢复抵押财产的价值也不提供担保的，抵押权人有权要求债务人提前清偿债务
	物上代位性	在抵押物灭失、毁损或者被征用的情况下，抵押权人可以就该抵押物的保险金、赔偿金或者补偿金优先受偿★
	孳息收取权	自扣押之日起有权收取，收取法定孳息要通知义务人

抵押与租赁如图 4-7 所示。

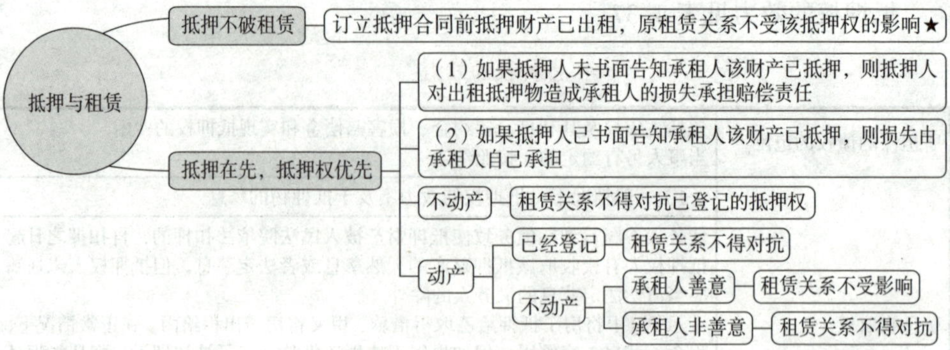

图 4-7 抵押与租赁

【例题·多选题】陈某用自己的轿车作抵押向银行借款40万元，并办理了抵押登记手续。陈某驾驶该车出行时，不慎发生交通事故。经鉴定，该车的价值损失了30%，保险公司赔偿了该车损失，根据合同法律制度的规定，下列关于该抵押担保的表述中，正确的有（　　）。

A. 该轿车不再担保银行债权

B. 该轿车应担保银行债权

C. 保险赔偿不应担保银行债权

D. 保险赔款应担保银行债权

【答案】BD

【解析】本题考核抵押担保。根据规定，在所担保的债权未受全部清偿前，担保权人可就担保物的全部行使权利，担保物部分灭失，残存部分仍担保全部债权，因此B选项正确、A选项错误；在抵押物灭失、毁损或者被征用的情况下，抵押权人可以就该抵押物的保险金、赔偿金或者补偿金优先受偿，因此C选项错误、D选项正确。

【例题·单选题】甲向乙借款并将自己的房子抵押给乙，并办理了抵押登记。抵押后甲又将该房屋出租给丙，因甲无力还款，所以乙欲行使抵押权。下列表述正确的是（　　）。

A. 甲与丙之间的租赁合同不具有效力，因为该房已抵押给乙

B. 甲与丙之间的租赁合同具有效力，抵押权行使后租赁合同对新的受让人具有效力

C. 甲与丙之间的租赁合同具有效力，但抵押权行使后租赁合同对新的受让人不具有效力

D. 甲与丙之间的租赁合同效力待定

【答案】C

【解析】本题考核抵押权的效力。抵押权设立后抵押财产出租的，该租赁关系不得对抗已登记的抵押权。

考点18：抵押权的实现（见表4–38和表4–39）

表4–38　　抵押权的实现

抵押权的实现	实现方式	债务人不履行到期债务时，抵押权人可以与抵押人协议以抵押财产折价或者以拍卖、变卖该抵押财产所得的价款优先受偿
	偿还顺序	实现抵押权的费用→主债权的利息→主债权

表 4-39　　　　**重复抵押**

重复抵押顺序确定★	（1）抵押权已经登记的，按照登记的时间先后确定清偿顺序	
	（2）抵押权已经登记的，先于未登记的受偿	
	（3）抵押权未登记的，按照债权比例清偿	
重复抵押顺序变更	（1）抵押权人可以放弃抵押权或者抵押权的顺位。抵押权人与抵押人可以协议变更抵押权顺位以及被担保的债权数额等内容，但抵押权的变更，未经其他抵押权人书面同意，不得对其他抵押权人产生不利影响（没有参与变更的，所得到的清偿数不变）	
	（2）债务人以自己的财产设定抵押，抵押权人放弃该抵押权、抵押权顺位或者变更抵押权的，其他担保人在抵押权人丧失优先受偿权益的范围内免除担保责任，但其他担保人承诺仍然提供担保的除外	
重复抵押顺序实现【注意】无论哪种情形，必须优先保障顺序在先的抵押权	顺序在先的抵押权先到期	抵押权实现后的剩余价款应予提存，留待清偿顺序在后的抵押担保债权
	顺序在后的抵押权先到期	抵押权人只能就抵押物价值超出顺序在先的抵押担保债权的部分受偿

【例题·单选题】同一财产向两人以上债权人抵押的，拍卖、变卖抵押财产所得价款应当依照有关担保法律制度的规定清偿。下列各项中，不符合《民法典》规定的是（　　）。

A. 抵押权已登记的，按照登记的先后顺序清偿

B. 抵押权未登记的，按照债权比例清偿

C. 抵押权已登记的先于未登记的受偿

D. 抵押权未登记的，按抵押合同生效时间的先后顺序清偿

【答案】D

【解析】本题考核抵押权的实现。抵押权未登记的，按照债权比例清偿。

考点 19：特殊抵押形式

特殊的抵押形式见表 4-40。

表 4-40　　　　**特殊的抵押形式**

特殊的抵押形式	最高额抵押
	浮动抵押

最高额抵押见表 4–41。

表 4–41　**最高额抵押**

定义	指为担保债务的履行，债务人或者第三人对一定期间内将要连续发生的债权提供担保财产的，债务人不履行到期债务或者发生当事人约定的实现抵押权的情形，抵押权人有权在最高债权额限度内就该担保财产优先受偿 （双限：时间限、金额限）
	如果实际发生的债权余额高于最高限额的，则以最高限额为限，超过部分不具有优先受偿的效力
	如果实际发生的债权余额低于最高限额的，则以实际发生的债权余额为限对抵押物优先受偿（孰低）
条件	①抵押担保的是将来发生的债权，现在尚未发生
	②抵押担保的债权额不定，但设有最高限制额
	③实际发生的债权是连续的、不特定的
	④债权人仅对抵押财产行使最高限度内的优先受偿权
	⑤最高抵押只需登记即可设置
债权的确定	①约定的债权确定期间届满
	②对没有约定债权确定期间或者约定不明确的，抵押权人或者抵押人自最高额抵押权设立之日起满 2 年后可请求确定债权
	③新的债权不可能发生
	④抵押财产被查封、扣押
	⑤债务人、抵押人被宣告破产或者被撤销
转让	最高额抵押担保的债权确定前，部分债权转让的，最高额抵押权不得转让，但当事人另有约定的除外 【链接】债权转让的，担保该债权的抵押权一并转让，但法律另有规定或者当事人另有约定的除外

动产抵押见表 4–42。

表 4–42　**动产抵押**

总原则		具体内容
正常经营活动		以动产抵押的，不得对抗正常经营活动中已经支付合理价款并取得抵押财产的买受人 **无论动产抵押是否登记，均不得对抗上述买受人**
非正常经营活动	已登记	（1）抵押期间，抵押人可以转让抵押财产（当事人另有约定的除外） （2）抵押财产转让的，**抵押权不受影响**
	未登记	动产抵押权未经登记，不得对抗善意第三人

续表

<table>
<tr><td colspan="2" rowspan="2">1. 动产抵押未办理抵押登记</td><td>（1）动产抵押未办理抵押登记，抵押人与抵押权人之间又不存在“禁止转让”约定的，抵押人转让抵押财产，受让人占有抵押财产后，抵押权人不得向受让人请求行使抵押权，但是抵押权人能够举证证明受让人知道或者应当知道已经订立抵押合同的除外</td></tr>
<tr><td>（2）对动产抵押未办理抵押登记、抵押人破产的，抵押权人不得主张对抵押财产优先受偿</td></tr>
<tr><td rowspan="4">2. “存货抵押”</td><td rowspan="2">（1）不得对抗正常买受人</td><td>动产抵押即使登记，亦不得对抗正常经营活动中已经支付合理价款并取得抵押财产的买受人</td></tr>
<tr><td>【案例】甲手机店因资金周转困难将库存的全部A型号手机（100台）抵押给乙银行借款20万元，借期1周并办理了抵押登记。抵押登记后第2天，王某从该手机店购买了一台A型号手机，支付了购买价款并取走手机。一周后，甲手机店无力向乙银行清偿欠款。已知，甲手机店A型号手机本周只售出1台
【分析】王某属于在正常经营活动中购得该手机，并已经支付合理对价，乙银行的抵押权不得对抗王某，乙银行仅能就甲手机店其余库存的99台A型号手机行使抵押权</td></tr>
<tr><td>（2）正常经营活动</td><td>所谓“出卖人正常经营活动”，是指出卖人的经营活动属于其营业执照明确记载的经营范围，且出卖人持续销售同类商品</td></tr>
<tr><td>（3）不属于正常买受人的情形</td><td>①购买商品的数量明显超过一般买受人
②购买出卖人的生产设备
③订立买卖合同的目的在于担保出卖人或者第三人履行债务
④买受人与出卖人存在直接或者间接的控制关系
⑤买受人应当查询抵押登记而未查询的其他情形</td></tr>
<tr><td rowspan="3">3. 同一动产上留置权、抵押权、质权并存</td><td colspan="2">（1）同一动产上已设立抵押权或者质权，该动产又被留置的，留置权人优先受偿</td></tr>
<tr><td colspan="2">（2）同一财产既设立抵押权又设立质权的，拍卖、变卖该财产所得的价款按照登记、交付的时间先后确定清偿顺序</td></tr>
<tr><td colspan="2">【案例】甲公司向乙公司借款，以其自有的小汽车设定抵押，1月1日签订了借款合同、抵押合同，但未办理抵押登记
2月1日甲公司向丙公司借款，以该小汽车设定质押，当日签订了借款合同、质押合同并交付质物
2月10日，乙公司担心自己的抵押权得不到保障，要求甲公司配合补办了抵押登记
【分析】虽然乙公司的抵押合同签订在先，但抵押登记在质物交付之后，该小汽车拍卖、变卖所得的价款应当由丙公司优先受偿，余款由乙公司受偿</td></tr>
<tr><td rowspan="2">4. 超级优先权</td><td colspan="2">动产抵押担保的主债权是抵押物的价款，标的物交付后10日内办理抵押登记的，该抵押权人优先于抵押物买受人的其他担保物权人受偿，但是留置权人除外</td></tr>
<tr><td colspan="2">【案例】甲公司向A公司购买一台设备，价款100万元，约定平均分10期，10个月内付清。买卖合同签订后，A公司向甲公司交付了设备，并于次日就该设备办理了抵押登记，为价款作担保。甲公司收到设备后，依约支付了6期价款后经营陷入困难，便以该设备向B公司抵押，借款10万元但未办理抵押登记。不久，设备损坏送到C公司处维修，欠付C公司维修费5万元，设备被C公司留置，现C公司依法行使留置权，设备变现所得50万元（不考虑利息、费用）
【分析】（1）C公司的留置权最优，C公司可以获得5万元的全额清偿
（2）A公司享有中间价款的超级优先权，可以获得40万元的全额清偿
（3）B公司虽未办理抵押登记，但动产抵押的抵押权在抵押合同生效时设立，登记只产生对抗效力，因此，B公司享有普通抵押权，在最后顺位，获得5万元的优先受偿（起码比不享有任何担保物权的甲公司其他债权人优先）</td></tr>
</table>

超级优先权如图 4-8 所示。

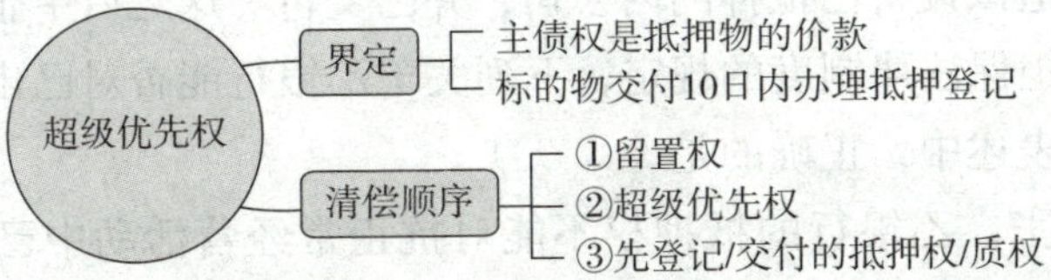

图 4-8　超级优先权

浮动抵押见表 4-43。

表 4-43　浮动抵押

浮动抵押	定义	经当事人书面协议，企业、个体工商户、农业生产经营者可以将现有的以及将有的生产设备、原材料、半成品、产品抵押，债务人不履行到期债务或者发生当事人约定的实现抵押权的情形，债权人有权就实现抵押权时的动产优先受偿，但不得对抗正常经营活动中已支付合理价款并取得抵押财产的买受人	
	主体	企业、个体工商户、农业生产经营者	
	形式	书面协议	
	财产	动产（现有的以及将有的）	
		抵押财产结晶	债务履行期届满，债权未实现
			抵押人被宣告破产或者被撤销
			当事人约定的实现抵押权的情形
			严重影响债权实现的其他情形
	登记	抵押人住所地的市场监督管理部门	
	生效★	（1）浮动抵押的设立以合同生效为条件。未经登记，不得对抗善意第三人（登记对抗主义）	
		（2）即使浮动抵押办理了登记，该抵押权也不得对抗正常经营活动中已支付合理价款并取得抵押财产的买受人，无论是否登记，无论恶意与善意	

抵押生效见表 4-44。

表 4-44　抵押生效

结晶前	正常流转相当于无抵押
结晶后	结晶后未登记不得对抗

【例题·单选题】甲企业向乙银行贷款时，将其现有的以及将有的生产设备、原材料、半成品、产品一并抵押给乙银行，双方签订了书面抵押合同，但

未办理抵押登记。抵押期间，甲企业未经乙银行同意，以合理价格将一台生产设备出卖给知道该设备已抵押的丙公司，并已交付。这之后甲企业到期无力偿还贷款，根据担保法律制度的规定，下列关于乙银行能否对已出卖的生产设备主张抵押权的表述中，正确的是（　　）。

A. 不能主张，乙银行的抵押权不能对抗正常经营活动中已支付合理价款并取得抵押财产的买受人

B. 不能主张，乙银行的抵押权因未办理抵押登记而未设立

C. 可以主张，因甲企业未经乙银行同意处分抵押物，所以属于无效行为

D. 可以主张，乙银行的抵押权虽未经登记，但已设立，只是不得对抗善意第三人

【答案】A

【解析】本题考核浮动抵押。浮动抵押不得对抗正常经营活动中已支付合理价款并取得抵押财产的买受人。本题中，由于是抵押期间甲企业将生产设备转让给丙公司，因此是在浮动抵押的抵押财产未“确定”之前发生的转让行为，可以认定为是正常经营活动的转让。即便丙公司知情，但其已经支付了合理的价款并取得了甲企业交付的生产设备，因此属于正常经营活动中已支付合理价款并取得抵押财产的买受人，此时乙银行不能以抵押权对抗丙公司。

【例题·单选题】甲企业将其现有的以及将有的生产设备、原材料、半成品、产品一并抵押给乙银行，但未办理抵押登记。抵押期间，甲企业未经乙银行同意以合理价格将一批产成品出售给知情的丙公司，并已交付。这之后甲企业不能向乙银行履行到期债务，乙银行拟行使抵押权。下列关于该抵押权效力的表述中，正确的是（　　）。

A. 该抵押权已成立且可以对抗知情的丙公司

B. 该抵押权因未办理抵押登记而不能成立

C. 该抵押权因抵押物不特定而不能成立

D. 该抵押权已成立但不得对抗丙公司

【答案】D

【解析】以动产抵押的，不得对抗正常经营活动中已经支付合理价款并取得抵押财产的买受人。

3. 质押

考点20：动产质押

为担保债务的履行，债务人或者第三人将其动产“出质给债权人占有”，债务人不履行到期债务或者发生当事人约定的实现质权的情形的，债权人有权

就该动产优先受偿。

抵押与质押见表 4–45。

表 4–45　**抵押与质押**

	抵押	质押
对象	动产或不动产	动产或权利
是否转移	不需要转移占有	必须移转占有
权利生效	不动产登记生效，动产合同成立时生效，登记对抗	动产交付时生效，权利一般是登记时生效

动产质押见表 4–46。

表 4–46　**动产质押**

<table>
<tr><td rowspan="10">动产质押</td><td colspan="2">1. 范围：主债权及利息、违约金、损害赔偿金、质物保管费用和实现质权的费用</td></tr>
<tr><td rowspan="2">2. 生效：质押合同自成立时生效；质权自出质人交付质押财产时设立</td><td>（1）出质人代质权人占有质物的，质权不生效。若质权人丧失质物占有后不能主张返还，或者质权人将质物返还于出质人，则质权消灭</td></tr>
<tr><td>（2）间接占有时的质押：出质人以间接占有的财产出质的，自“书面通知送达占有人”时视为移交</td></tr>
<tr><td colspan="2">3. 流质条款无效：质权人在债务履行期届满前，不得与出质人约定债务人不履行到期债务时质押财产归债权人所有</td></tr>
<tr><td colspan="2">4. 财产确定：在质押合同中对质押的财产约定不明，或者约定的出质财产与实际交付的财产不一致的，以实际交付占有的财产为准</td></tr>
<tr><td rowspan="4">5. 质权人对质物的权利责任</td><td>（1）孳息收取权：质权人有权收取质押财产的孳息，但合同另有约定的除外。上述孳息应当先充抵收取孳息的费用</td></tr>
<tr><td>（2）物上代位权：质押期间，质押财产毁损灭失的，质权人就赔偿金优先受偿</td></tr>
<tr><td>（3）妥善保管：质权人的行为可能使质押财产毁损、灭失的，出质人可以要求质权人将质押财产提存，或者要求提前清偿债务并返还质押财产。但质物提存费用由质权人负担，出质人提前清偿债权的，应当扣除未到期部分的利息</td></tr>
<tr><td>（4）不得擅自使用或处分：质权人在质权存续期间，未经出质人同意转质，造成质押财产毁损、灭失的，应当向出质人承担赔偿责任</td></tr>
</table>

【例题·单选题】甲从乙银行贷款 200 万元，双方于 8 月 1 日签订贷款合同，丙以保证人身份在贷款合同上签字，因担心丙的资信状况，乙银行又要求甲提供担保，为此双方于 8 月 3 日签订书面质押合同，质物为甲的一辆轿车，但甲未将轿车交付给乙银行。甲到期无力偿还贷款。根据《民法典》的规定，下列关于乙银行主张担保权利的表述中，正确的是（　　）。

A. 乙银行只能主张保证债权，因为甲未将该轿车交付给乙银行，质权未设立

B. 乙银行只能主张质权，因为丙与乙银行未签订保证合同，保证债权不成立

C. 乙银行应先主张保证债权，因为保证债权先于质权成立

D. 乙银行应先主张质权，因为质押担保是债务人甲自己提供的

【答案】A

【解析】本题考核保证合同和质押。主合同中虽然没有保证条款，但是，保证人在主合同上以保证人的身份签字或者盖章的，保证合同也成立。因此，选项 B 的说法错误。根据规定，质押合同自成立时生效，质权自出质人交付质押财产时设立。本题中轿车没有交付，因此质权没有设立。因此，选项 CD 的说法错误，选项 A 的说法正确。

考点 21：权利质押（见表 4–47）

表 4–47　　权利质押

汇票、支票、本票、债券、存款单；仓单、提单	三票三单一债券，交付或登记时生效，能交付的先交付	
基金份额、股权	以基金份额、证券登记结算机构登记的股权出质	证券登记结算机构办理登记时设立
	以其他股权出质	工商行政管理部门办理登记时设立
知识产权中的财产权：注册商标专用权、专利权、著作权	有关主管部门办理出质登记时设立	
应收账款	信贷征信机构办理出质登记时设立	

【注意】出质后不得转让，但经出质人与质权人协商同意的除外。转让价款时，应当向质权人提前清偿债务或者提存。

【例题·单选题】根据物权法律制度的规定，以下列权利出质时，质权自权利凭证交付时设立的是（　　）。

A. 仓单

B. 股票

C. 基金份额

D. 应收账款

【答案】A

【解析】本题考核权利质权。以汇票、支票、本票、债券、存款单、仓单、提单出质的，当事人应当订立书面合同。质权自权利凭证交付质权人时设立；没有权利凭证的，质权自有关部门办理出质登记时设立。

【例题·多选题】根据《民法典》的规定，债务人有权处分的下列权利中，可用于设立权利质押的有（　　）。

A. 仓单

B. 应收账款

C. 交通运输工具

D. 建设用地使用权

【答案】AB

【解析】（1）选项C：质押分为动产质押和权利质押，动产所有权设立的是动产质押，不是权利质押。（2）选项D：建设用地使用权可以设定抵押，但不能设定质押。

【例题·简答题】甲于5月12日向银行借款10 000元，以其在该银行的11 000元1年期定期存单出质。8月20日，10 000元借款到期，甲无力偿还，银行支取了存单金额11 000元及利息300元。甲存单上的本息是否应全部归银行所有？

【答案】如果质押合同中没有特别约定，应就全部债务承担质押保证责任，包括主债务及利息、违约金、损害赔偿金、质物保管费用和实现质权的费用。从银行支取的11 000元本金和300元利息中，扣除银行的10 000元借款及其利息、违约金；如有剩余，则应返还给甲。

考点22：质押的其他细节（见表4-48）

表4-48　　质押的其他细节

质押的其他细节	（1）汇票质押	以汇票出质，当事人以背书记载“**质押**”字样并在汇票上签章，汇票已经交付质权人的，质权自汇票交付质权人时设立
	（2）仓单质押	①存货人或者仓单持有人在仓单上以背书记载“**质押**”字样，并经保管人签章，仓单已经交付质权人的，质权自仓单交付质权人时设立 没有权利凭证的仓单，依法可以办理出质登记的，仓单质权自办理出质登记时设立
		②出质人既以仓单出质，又以仓储物设立担保的，按照公示的先后确定清偿顺序；难以确定先后顺序的，按照债权比例清偿
	（3）应收账款质押	①以现有的应收账款出质，应收账款债务人向质权人确认应收账款的真实性后，不得又以应收账款不存在或者已经消灭为由主张不承担责任
		②以现有的应收账款出质，应收账款债务人已经向应收账款债权人履行了债务，质权人不得请求应收账款债务人履行债务，但是应收账款债务人接到质权人要求向其履行的通知后，仍然向应收账款债权人履行的除外
		③以基础设施和公用事业项目收益权、提供服务或者劳务产生的债权以及其他将有的应收账款出质，当事人为应收账款设立特定账户，发生法定或者约定的质权实现事由时，质权人有权请求就该特定账户内的款项优先受偿；对特定账户内的款项不足以清偿债务或者未设立特定账户的，质权人有权请求折价或者拍卖、变卖项目收益权等将有的应收账款，并以所得的价款优先受偿

4. 留置

考点 23：留置权（见表 4–49）

表 4–49 留置权

留置权的概念	定义	留置权是指债务人不履行到期债务，债权人可以留置已经合法占有的债务人的动产，并有权就该动产优先受偿 抵押的标的物：动产或不动产 质押的标的物：动产或权利 留置的标的物：动产
	条件	（1）债权人须合法占有债务人动产，如在承揽、运输、保管、仓储、行纪合同中产生的
		（2）债权已届清偿期
		（3）债权人留置的动产，应当与债权属于同一法律关系，但企业之间留置的除外

【例题·多选题】陈某租住王某的房屋，租期至 2020 年 8 月。王某欠陈某 10 万元货款，应于 2020 年 7 月偿付。至 2020 年 8 月，王某尚未清偿货款，但要求收回房屋并请求陈某支付 1 万元租金。根据《民法典》的规定，下列关于陈某的权利的表述中，不正确的有（　　）。

A. 陈某可以留置该房屋作为担保

B. 陈某可以出售该房屋并优先受偿

C. 陈某可以以应付租金抵销 1 万元货款

D. 陈某可以行使同时履行抗辩权而不交还房屋

【答案】ABD

【解析】本题考核合同抵销与留置权。不动产不能留置，A 选项表述错误；陈某作为承租人，对房屋没有优先受偿权，B 选项表述错误；同时履行抗辩权，是存在于同一双务合同中，题目中是 2 个合同，D 选项表述错误。

考点 24：企业间留置（见表 4–50 和表 4–51）

表 4–50 企业间留置

企业间留置	（1）企业之间留置的动产与债权并非同一法律关系，债务人有权以该债权**不属于企业持续经营**中发生的债权为由请求债权人**返还**留置财产
	【例题】甲建筑企业（以下简称“甲企业”）欠乙建材生产企业（以下简称“乙企业”）40 万元款项，后甲企业又将一台价值 30 万元的施工设备委托乙企业保管。40 万元款项到期后，经乙企业多次催告，甲企业仍不支付 【分析】 ①如果该 40 万元款项为建材购买款，则属于乙企业**持续经营**中发生的债权，虽然建材买卖合同价款与保管合同标的物不属于同一法律关系，但乙企业仍可主张留置 ②如果该 40 万元款项为甲企业侵害乙企业商誉的赔偿款，**不属于乙企业持续经营中发生的债权**，则该赔偿款与保管合同标的物不属于同一法律关系，乙企业不得主张留置

续表

企业间留置	（2）债务人不履行**到期**债务，债权人因**同一法律关系**留置合法占有的**第三人的动产**，并主张就该留置财产优先受偿的，人民法院应予支持
	【例题】甲食品企业委托 A 冷库保管一批冷冻食品，保管费用已付清。A 冷库由于设备故障，将该批冷冻食品转委托 B 冷库保管，但欠付 B 冷库 2 万元保管费，到期未支付 **【分析】** 保管费的债务人是 A 冷库，而该批冷冻食品的所有权人是甲食品企业，但： ①该批冷冻食品与 2 万元保管费属于同一法律关系 ②该 2 万元保管费已经到期 ③ B 冷库对该批冷冻食品的占有属于合法占有，因此，B 冷库仍可留置
	（3）企业之间留置的动产与债权并非同一法律关系，债权人留置第三人的财产，因此**第三人有权请求**债权人**返还**留置财产
	【例题】甲食品企业委托 A 冷库保管一批冷冻食品，保管费用已付清。A 冷库由于设备故障，将该批冷冻食品转委托 B 冷库保管，保管费现付，但 A 冷库此前向 B 冷库购入一批制冷剂，欠付 2 万元货款，到期未支付 **【分析】**制冷剂购买款的债务人是 A 冷库，而该批冷冻食品的所有权人是甲食品企业，但该批冷冻食品与 2 万元制冷剂购买款不属于同一法律关系，B 冷库无权留置

表 4–51　　**民事留置和商事留置对比**

项目	民事留置	商事留置
债权应否到期	√	√
债权人应否合法占有动产	√	√
主体不同	至少有一方为自然人	企业之间留置
“同一法律关系”	必须为同一法律关系	（1）债权为持续经营中发生的：不须为同一法律关系 （2）债权不属于持续经营中发生的：必须为同一法律关系
能否留置第三人的财产	可以	（1）同一法律关系下：可以 （2）非同一法律关系下：不可以

考点 25：留置担保的范围（见表 4–52）

表 4–52　　**留置担保的范围**

留置担保的范围	债权范围	主债权及利息、违约金、损害赔偿金、留置物保管费用和实现留置权的费用 **【链接 1】**质押的责任范围：主债权及利息、违约金、损害赔偿金、质物保管费用和实现质权的费用 **【链接 2】**保证、抵押权的责任范围：主债权及利息、违约金、损害赔偿金和实现债权、抵押权的费用
	留置物范围	（1）留置财产为可分物：留置财产的价值应当相当于债务的金额
		（2）留置财产为不可分物：可以其留置物的全部行使

考点 26：留置权的实现（见表 4–53）

表 4–53　　　　　　　　　　　　留置权的实现

留置权的实现	程序	留置权人与债务人应当约定留置财产后的债务履行期间；没有约定或者约定不明确的，留置权人应当给债务人 60 日以上履行债务的期间，但鲜活易腐等不易保管的动产除外 【总结】给期限（有约定按约定，没约定按 60 日以上）→折价变卖优先受偿
	顺位	同一动产上已设立抵押权或者质权，该动产又被留置的，留置权人优先受偿★ 【总结】留置权＞登记的抵押权＞质权＞未登记的抵押权

【例题·单选题】李某向陈某借款 10 万元，将一辆卡车抵押给陈某。抵押期间，卡车因车祸严重受损，李某将卡车送到某修理厂大修。后李某无力支付 2 万元修理费，修理厂遂将卡车留置。经催告，李某在约定的债务履行期间内仍未支付修理费。此时，李某亦无法偿还欠陈某的到期借款，陈某要求修理厂将卡车交给自己依法进行拍卖，修理厂拒绝。下列关于该争议如何处理的表述中，符合《民法典》规定的是（　　）。

A. 修理厂应将卡车交给陈某依法拍卖，修理费只能向李某主张

B. 陈某应当向修理厂支付修理费，其后修理厂应向陈某交付卡车

C. 修理厂应将卡车交给陈某依法拍卖，拍卖所得资金优先偿付借款，对剩余部分修理厂有优先受偿权

D. 修理厂可将卡车依法拍卖，所得资金优先偿付修理费，剩余部分陈某有优先受偿权

【答案】D

【解析】同一动产上已经设立抵押权或者质权，该动产又被留置的，留置权人优先受偿。

【例题·判断题】已经设立抵押权的动产又被留置的，抵押权人优先受偿。（　　）

【答案】×

【解析】同一动产上已经设立抵押权或者质权，该动产又被留置的，留置权人优先受偿。

第五章

金融法律制度

（一）青出于蓝而胜于蓝

婉晴觉得《中级经济法》怎么记也记不住，想来想去应该是自己记忆力不行。于是，她拉着我去找杜老师，想问问有没有什么方法能快速提高记忆力。

于是，杜老师拿出一副扑克牌，跟她说："回去自己训练，直至3分钟内能识记一副扑克牌（洗牌后，让你看3分钟，然后按顺序背诵下来）。"

我大呼："怎么可能？这简直是赌神风采。"

"别人不行，你肯定行。"杜老师戏谑道。

"你为什么就这么看好我们家小艾？"婉晴问道。

"因为你们家小艾对打牌特别有悟性。这么有慧根的学生，怎么可能不行？"

杜老师这么一说，让我多少有点不好意思。

刚到会计师事务所上班那会儿，因为下班一个人无处可去，无聊至极，就干脆在办公室用电脑玩牌。由于我牌技很差，结果输了好多分。

有一次，杜老师突然对我说："小艾，你也太可怜了，你的分数都输成负数了。"

我说："是呀。"

"我教你一个方法，能让你能赢很多分。"

"什么方法？"

"你看着啊。"

于是，杜老师接过我的牌开始打起来。他一发完牌，就开始在聊天框里跟别的玩家说话：

"活得久，你是不是长得很丑啊？只有长得丑的人才能活得久。"

"跳河自杀的鱼，你娘舅最近还好吗？"

“裸奔的毛毛虫，我最近手肿肿的，很痒，你能帮帮我吗？”

“男人拽，你怎么又改名字了？不用这么拽，拽的男人照样被人甩。”

结果很多玩家忍无可忍，啪啪啪乱出牌，然后就退出了。就这样，杜老师靠打字赢了打牌，赚到 75% 的胜率。

我心想，这无非就是通过说废话，分散别人的注意力嘛。可是套近乎说废话，我不在行的。

我在行的是什么呢？讲故事，哈哈。

于是，我把杜老师的绝招稍微改了改，系统一发牌，我就开始在聊天框里讲故事：

“一对恋人失恋了，女的跳楼死了。男的很害怕，说她的鬼魂缠上他了。他在街上碰上一道士，道士给了那男的一张符，告诉他晚上躲在床底下，不管碰上什么情况都不要出来。晚上，男的躲在床底下，只感觉一阵风吹来和开门的声音，接着就是咚，咚，咚，咚……的响声。第二天，有人发现那个男的死了。之后那道士去调查，才发现……”

接着，我开始打牌。

对话框里一片混乱，其他三个人在嚎叫：“发现什么了？快说，到底发现什么了？”

就这样，靠讲故事赢牌的胜算率比杜老师还要高。

有一次，没想到杜老师也用电脑玩牌，而且还进了我这一桌。

我继续施展我的伎俩。

系统一发牌，我就开始打字：“从前有个神父，他住的村子里最美的姑娘叫小芳。突然小芳怀孕了，死也不肯说是谁的孩子。村民就暴打她，要将她浸猪笼。小芳哭着说，是神父的。村民一起冲进教堂，神父没有否认，任凭他们打断自己的双腿。过了二十年，奇迹发生了……”

然后我就开始打牌。对话框里又是一片混乱。

“发生什么啦，快说！”

我不理他们，打牌赢分，哈哈！

第二天上班，杜老师一见到我就问：“二十年后，到底发生什么奇迹啦？”

我不说话，只是一个劲地抿着嘴笑。

杜老师竖起大拇指说：“牛，我今天才知道什么叫‘青出于蓝而胜于蓝’。”

别人的经验可以借鉴，但也用不着全部照搬，重要的是他给你的启发。

正所谓借别人的知识，长自己的智慧。毕竟我们每个人的思维方式都是独一无二的。

杜老师给了婉晴一副锻炼记忆力的扑克牌，我看了看他的训练方法。

记忆一副扑克牌训练（60 小时达到“世界记忆大师”标准）：每天训练 2 小时，共训练 30 天。

最后的效果为：在 3 分钟之内记住一副扑克牌，并且能够倒背如流。

这 30 天的训练分为 6 个阶段，每个阶段训练 5 天。

52 张牌（去掉大、小王）的对应密码为：

1. 四种花色的 J、Q、K 共 12 张，为“人物牌”，按自己的喜好找出相应的人物代替。

建议：

黑桃、草花用男性人物代替；红桃、方片用女性人物代替。

2. 其余 40 张为“数字牌”，用数字编码来代替。

规则：

黑桃代表十位数的 1（黑桃的下半部分像“1”）；

红桃代表十位数的 2（红桃的上半部分是 2 个半圆的弧形）；

草花代表十位数的 3（草花由 3 个半圆组成）；

方片代表十位数的 4（方片有 4 个尖角）。

例如：

黑桃 1 代表 11，黑桃 2 代表 12；红桃 1 代表 21，红桃 2 代表 22；草花 3 代表 33；方片 4 代表 44；依此类推。

对于数字为 10 的牌，可当作 0，即黑桃 10 代表 10，红桃 10 代表 20，草花 10 代表 30，方片 10 代表 40。

3. 数字牌需要用到 10~49，共 40 个编码。

数字编码：

1——树；　2——鸭子；　3——耳朵；　4——红旗；　5——钩子；

6——勺子；　7——拐杖；　8——葫芦；　9——球拍；　10——棒球；

11——筷子；　12——婴儿；　13——医生；　14——钥匙；　15——鹦鹉；

16——杨柳；　17——玉玺；　18——篱笆；　19——泥鳅；　20——耳环；

21——鳄鱼；　22——鸳鸯；　23——和尚；　24——盒子；　25——二胡；

26——河流；　27——耳机；　28——荷花；　29——阿胶；　30——森林；

31——鲨鱼； 32——仙鹤； 33——仙丹； 34——绅士； 35——珊瑚；
36——山鹿； 37——山鸡； 38——沙发； 39——香蕉； 40——司令；
41——雪梨； 42——雪耳； 43——雪山； 44——石狮； 45——水母；
46——石榴； 47——司机； 48——雪花； 49——雪球； 50——五环。

记忆方法：

首先熟悉每张牌所代表的相应图像，然后找到26个地点。记忆的时候，在每个地点上放2张牌，把这2张牌代表的图像与地点进行紧密的联结，26个地点刚好放下52张牌。回忆的时候，把这26个地点在大脑中过一遍，就能快速地回想起相应的52张牌。

必备工具：

1. 去掉大、小王的扑克牌一副，共52张；
2. 有秒针的钟或表一个；
3. 训练进度表一份，记录每天的训练成绩及心得；
4. 需要为每一个编码找到相对应的图片。

第一步：熟悉数字编码和52张牌。（5天）

1. 完全熟悉50个数字编码，30秒内能够按顺序背诵出来。（3天）
2. 完全熟悉52张牌，找出每张牌的图像记忆点。（2天）

训练关键：

（1）首先要熟悉50个数字编码，虽然我们只需用到其中的40个，但最好对50个编码都熟悉。训练的时候，从1到50，按顺序把50个数字的编码背诵出来。背的时候最好发出声音，就像背书那样；不方便的时候，则可以在心中默念。背诵的要求是能够清楚、流畅地背诵，要做到30秒内能够很顺畅地把50个编码从头到尾全部背诵出来（极限速度是20秒左右）。刚开始随时随地可以背诵，然后则需要对着钟或表来检查自己的背诵速度。

（2）对于数字密码，如果从数字联想相应的图像不太容易，可做这样的联想练习：首先完全熟悉1～9这9个数字编码，然后把相应数字拆开来进行联想。如 31（鲨鱼），可拆为 3（耳朵）和 1（树），可联想为树顶上有一只耳朵，一条鲨鱼要爬上树去吃这只耳朵。这样，当一时想不起 31 所代表的编码时，就可通过“树上有只耳朵”这个图像而把“鲨鱼”联想出来。其他不熟悉的编码，都可按此方法来进行联结。

（3）通过看每张牌左上角的图标，熟悉每张数字牌所对应的数字，然后通过数字转换，熟悉每张数字牌所对应的编码。

（4）选择 12 个人物的时候，要选择那些自己非常熟悉的人物，并找出他们每一个人的特征，并尽量按照特征在头脑中固定他们的表情、动作，尽量让每一个人都特征鲜明、与众不同。

（5）仔细观察 52 张牌，比较它们的相似之处与不同之处，找出 52 张牌的图像记忆点。无论数字牌还是人物牌，都要从牌面的整体图像中找出独特的记忆特征，然后用这个特征与相应的编码进行联结，达到一看这张牌就能在脑海中条件反射出相应图像的目的。

（6）12 张人物牌比较容易找出独特的特征，因此也就比较容易与相应编码进行联结。记忆人物牌的时候，应当从牌面找出独特的特征与相应的人物进行联结，一看到这个特征，立即在脑海中条件反射出相应的人物。

（7）40 张数字牌不太容易找到非常鲜明、独特的特征，但为了能够达到相应的训练效果，即使再难也要找出这些记忆点。不能通过左上角的图标转换为相应数字后再得出编码，因为这样会降低记忆速度。

（8）对着数字牌找记忆点的时候，可以把相同数字的 4 种花色牌放在一起，比较它们的异同，找出各不相同的记忆点，然后通过与邻近数字牌的比较，区分并确认每张牌的记忆点，这样才能达到一看牌面特征就能认出相应编码的效果。通过把这些记忆点与相应编码进行联结来记忆，可以使数字牌的读牌速度与人物牌一样快。

（9）对整副牌的熟悉，还要求对 40 张数字牌能够在脑海中默想出每张牌的图案，并默想出它们的记忆点。这样，就能够在默读 40 个编码的时候，同时在脑海中浮现出相应的牌面，以及相应的记忆点。

第二步：读牌训练。（5 天）

1.30 秒内背诵 52 张牌对应的编码。（1 天）

2.100 秒内读完整副牌。（2 天）

3.60 秒内读完整副牌。（2 天）

训练关键：

（1）经过第一步的训练之后，30 秒内能够背诵 50 个编码。第二步就要在 60 秒内读完 52 张牌。这一步只要求能够快速辨别每张牌对应的编码，并不要求脑海中浮现出清晰的图像。

（2）首先要做的就是在 30 秒内背出 52 张牌所对应的编码，40 张数字牌要按顺序背出编码，12 张人物牌也要按顺序把相应的人物名字背出来。

（3）翻牌的方式为左手握牌，用左手大拇指把每一张读完的牌推给右手。读牌的时候要显示出整张牌，以快速看到每张牌的记忆点。刚开始可能需要看到整张牌，甚至需要看左上角的图标才能辨认，但熟练之后要求只扫一眼记忆点就能辨认出来。显示整张牌的速度虽然比只显示左上角的速度要慢一些，但这个速度对于记忆来说已经足够快了。如果不进行记忆，匀速翻一副牌大约只需要 20 秒。

（4）读牌的时候，要尽量读出声音，并要快速、流畅。刚开始的时候，可以把 52 张牌分为 2~4 组进行读牌练习，在读牌的过程中找出那些辨认速度较慢的牌，把它们抽出来单独练习，直到完全熟悉为止。读牌不太熟练的时候，可以不洗牌，按相同顺序或按数字顺序反复地读牌。

（5）在第一步和第二步这 10 天中，有空的时候可以去找找地点，最好能够找到 3 组（每组 26 个）以上地点。

第三步：想象训练。（5 天）

1. 无须翻牌，60 秒内在脑海中按顺序清晰地过完 52 张牌的图像。（1 天）

2. 翻牌训练，脑海中清晰地浮现出相应的图像，要求 100 秒内翻完 52 张牌。（1 天）

3. 找出 3 组地点中每一个地点的鲜明特征，在脑海中清晰地想象这些特征。（1 天）

4. 在脑海中清晰地想象每一个地点，做到 15 秒内过完一组地点。（1 天）

5. 把任意 2 张牌与每一个地点进行联结想象，找出每一个地点的想象模式。（1 天）

训练关键：

（1）想象训练只要一有空就可以闭上眼睛做，每天再用一段集中的时间进行练习。

（2）地点在前两步的 10 天中就要找好，地点可选择家里、家附近以及常去的地方（如超市、电影院、餐馆等）。记忆一副扑克牌用一组 26 个地点即可，但在训练中如果反复用同一组地点，容易混乱，所以最好找出 3 组以上的地点。如果时间不够，也可以只找一组地点。

（3）选择地点的时候，要尽量避免出现过多类似的地点，以避免记忆的时候出现混乱。每一个地点都要找出其鲜明的特征，只有特征鲜明，才容易与 2 张牌进行联结。

（4）进行想象训练的时候，要放松身体、闭上眼睛，在脑海中想象每一张牌的记忆点，尽量在脑海中“看见”清晰的图案，包括相应的颜色。对地点，则要清晰地想象出每一个地点的特征。

（5）图像想象要尽量清晰，联结想象要尽量生动。对每一个地点最好能够找出最容易记忆的动作，思考 2 张牌应该如何摆、如何与这个地点联结才是最好的方式。

（6）对于不清晰的编码图像，要尽可能找出相应的图画，仔细观察后记住；而对于不清晰的地点，最好也能拍成照片反复观察。

（7）对想象训练的主要要求是：在 100 秒内翻 52 张牌时，能清晰地想象出每张牌所对应的图像。如果能够达到这个要求，基本上就可以在 5 分钟内记住一副扑克牌。

（8）记忆速度取决于三个因素：① 对每张牌能快速清晰地想象出相应的图像；② 对地点特征的快速清晰想象；③ 2 张牌与一个地点联结时的鲜明快速。这三个因素中任何一个因素的加强，都可以使记牌速度加快；相反，任何一个因素不达标，都会使我们无法在 3 分钟内完成对一副牌的记忆。这三个因素中，训练时间最长的是第一个因素，会占用 80% 以上的时间。

（9）如果可能，找一些介绍 NLP 的书来阅读，了解每个图像都可以在想象中划分出几类次感元，可以对这些图像进行放大、缩小，以及进行明暗、颜色的随意调整。这对想象训练很有帮助。

第四步：整副扑克记忆训练。（5 天）

1. 把整副扑克牌分为 2 组，26 张一组，5 分钟内记住一组。（1 天）

2. 8 分钟内，完成对整副扑克牌的记忆。（2 天）

3. 5 分钟内，完成对整副扑克牌的记忆。（2 天）

训练关键：

（1）经过前面三步共 15 天的练习，记忆扑克牌已经具备了非常好的基础，这时候来记忆整副扑克牌，速度会非常快。从时间来估算，经过前面三步的练习，读牌时间和过地点的时间加起来不足 2 分钟，只要能把地点与牌进行联结的时间控制在 3 分钟内，就可做到 5 分钟内记住一副扑克牌。事实上，这是一件很容易的事情。

（2）如果前面三步的训练效果好，事实上在第四步一开始就能达到 5 分钟内记住一副扑克牌的效果。如果仍然不能在 5 分钟内记住一副扑克牌的话，就必须找出自己的薄弱环节，进行针对性的强化训练，力争能够在最后一天的训练中达到要求。

（3）在每个地点放置 2 张牌的时候，这 2 张牌的先后顺序一定要确定，如果是动作就要安排好先后，如果是画面就要分出上下。第 1 张牌的图像放在上方或前面，第 2 张牌的图像放在下方或后面。

第五步：连续联结训练。（5 天）

1. 把 52 张牌分为 4 张一组，共 13 组，运用想象将每组的 4 张牌联结起来。（2 天）

2. 把 52 张牌分为 6 组，每组 9 张左右，运用想象对每组的几张牌进行联结。（2 天）

3. 把 52 张牌分为 13 张一组，共 4 组，运用想象把每组的 13 张牌联结起来。（1 天）

训练关键：

（1）这是对串联联想能力的训练，主要训练的是牌与牌之间进行紧密联结的能力。

（2）每进行一组联结训练之后，要回忆一下联结的效果，看能否把所联结的这组牌都记下来。

（3）如果连续联结 13 张牌都能够回忆起来的话，就说明这种联结想象进行得非常有效。当然，速度不能拖得太慢，最好能够在 3 分钟内完成对所有牌的联结。

第六步：快速联结训练。（5天）

1. 快速地翻牌，对每2张牌进行联结想象，在2分钟内完成整副牌的联结想象。（3天）

2. 运用地点法记忆，3分钟内牢牢记住，要能倒背如流！（2天）

训练关键：

（1）通过第五步的联结训练，我们的联结能力已经有所提高，这时再来训练联结的速度，就会发现速度的提高会比较快。

（2）第六步前3天的训练，就是训练把每2张牌联结在一起的速度，这个速度越快，那么记忆整副牌的速度就会越快。

（3）事实上，如果前面训练比较认真的话，那么在最后2天的整副牌记忆训练中，许多人都能够在2分钟左右记住一副牌，比较快的人甚至可以在100秒以内记住整副牌。

总结：

1. 记忆速度第一取决于读牌的速度，所以前10天的训练一定要达到相应的效果，如果达不到的话，必须找出原因并进行针对性训练；第二取决于联想的清晰与生动，因此最好能够找到相应的图片，通过对照来熟悉，这样在联想的时候才会比较清晰。

2. 必须连续30天每天训练2小时以上，每天可集中训练，也可分段训练，也可见缝插针地进行训练，但时间必须保证在2个小时以上。30天的训练必须连续，如果不连续，效果会打折扣，因为一天不训练，前面所训练的就会相应地被遗忘，必须再花更多的时间重新训练。如果整段的时间不够，就要用零碎的时间来弥补。

3. 增加每天的训练时间，一天训练时间即使再多，也要坚持训练20天以上，这样才能巩固效果。不是说每天10小时，6天就能达到相应效果，这是不能等同的。当然，如果时间允许，每天训练时间可以增多，训练天数也可以增多。最好养成自主训练记忆扑克牌的习惯，一有空就来做一下记忆扑克牌的训练，这样可以持续训练想象力和联结能力。

4. 为了保证能在30天内达到相应的效果，每天应该充分利用可以利用的一切空余时间，在脑海中回想52张牌对应的图像，越熟练越好。最好能随身带一副扑克牌，抓紧一切时间进行练习。

婉晴已经开始实施她的记忆力训练，快速记忆能力主要由联想能力与编码能力所组成，扑克牌训练确实是一种好方法。只是内心有点隐隐担忧，这个时候去训练记忆力，是不是晚了点，同时感觉有点浪费时间，毕竟现在得抓紧时间复习啊！另一个就是，我发现，扑克牌训练的目标非常明确，就是把这一副牌记下来，也就是说，你要记忆的东西是明确的。但是，《中级经济法》记忆的内容是明确的吗？不是，因为你不可能把书上所有的内容都记下来。想到这里，我决定不盲目地训练自己的记忆力，去拼命地识记，而是有步骤、有策略地实施自己的学习计划：

1. 首先，继续提炼书上的考点，因为只有提炼完考点，才能明确自己的记忆目标和范围。

2. 然后，领悟扑克牌中的联想能力和编码能力，将其移植到对《中级经济法》的记忆上来。

3. 接着，扑克牌的记忆训练就是把无意义的东西尽量变成有意义的东西后识记，而《中级经济法》本身很多内容是有意义的，所以还是要先理解，实在理解不了的，再把它当成无意义的东西，利用扑克牌联想记忆的方法，把其记下来。

4. 最后，无聊的时候，休闲的时候，玩玩扑克牌记忆训练，提高一下自己的记忆能力。

（二）本章通关地图（如图 5-1 所示）

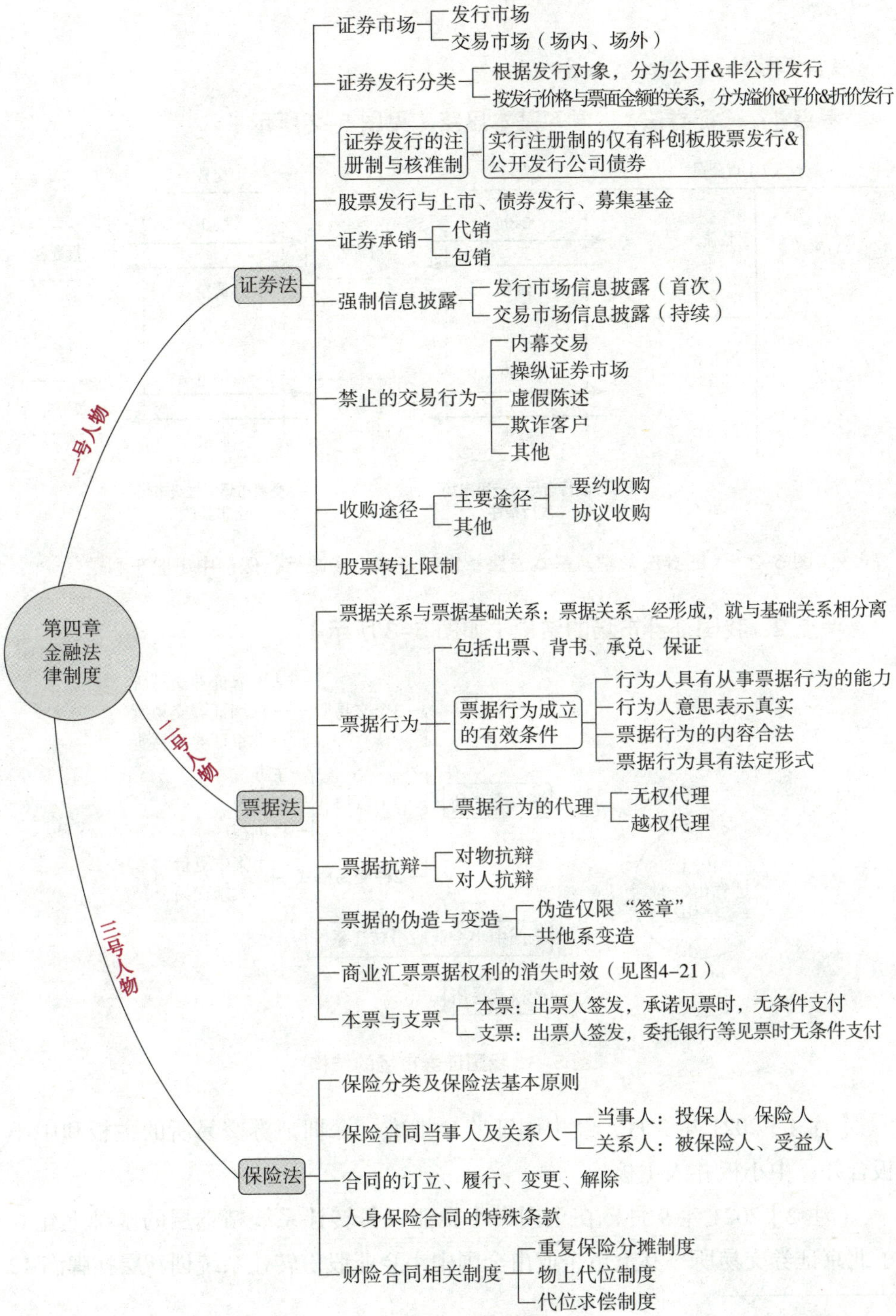

图 5-1　本章通关地图

（三）高频考点提炼

1. 证券法

考点1：《证券法》[①] 学习基本思路（见图5-2所示）

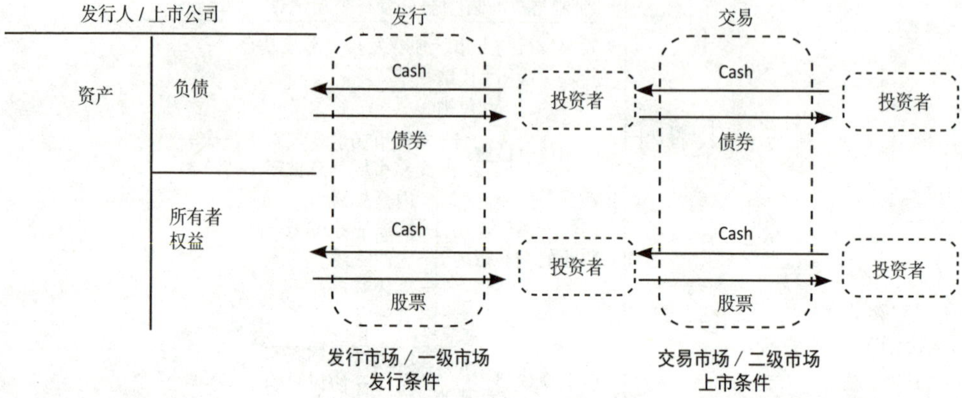

图5-2 《证券法》学习基本思路：维护资本市场诚信，保护中小股东利益

考点2：我国证券市场的结构（如图5-3所示）

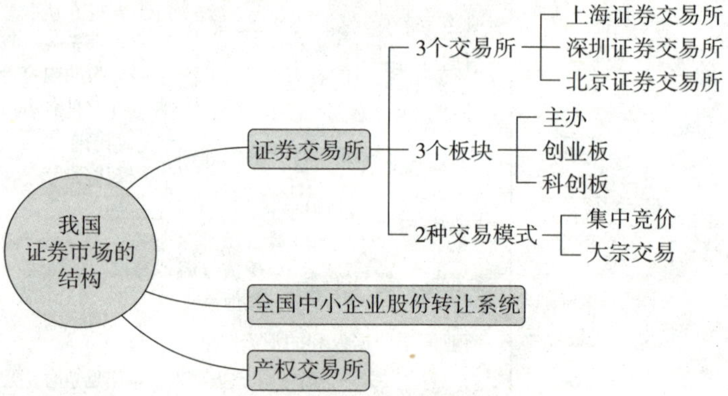

图5-3 我国证券市场的结构

【注1】2021年2月，经中国证监会批准，深圳证券交易所的主板和中小板合并，中小板并入主板。

【注2】2021年9月，在全国中小企业股份转让系统精选层的基础上建立了北京证券交易所，其上市企业由全国中小企业股份转让系统创新层挂牌满12

① 《中华人民共和国证券法》，简称《证券法》。

个月的企业产生，“新三板”的基础层、创新层与北京证券交易所是一种层次递进的关系。

【注 3】上海证券交易所主要是主板和科创板，深圳证券交易所主要是主板和创业板。

考点 3：注册制与核准制（如图 5–3 所示）

表 5–1　　注册制与核准制

项目	注册制	核准制
发行人向谁提出	法定的证交所	中国证监会
中国证监会的审查责任	形式审查（只负责对注册文件的形式审查，不对证券发行行为及证券本身进行实质判断）	形式审查＋实质审查
适用板块及证券	(1) 在科创板、创业板公开发行的股票 (2) 在北京证券交易所发行的股票 (3) 公开发行公司债券、企业债券 (4) 公开募集基金	主板公开发行股票

科创板 / 创业板公开发行程序如图 5–4 所示。

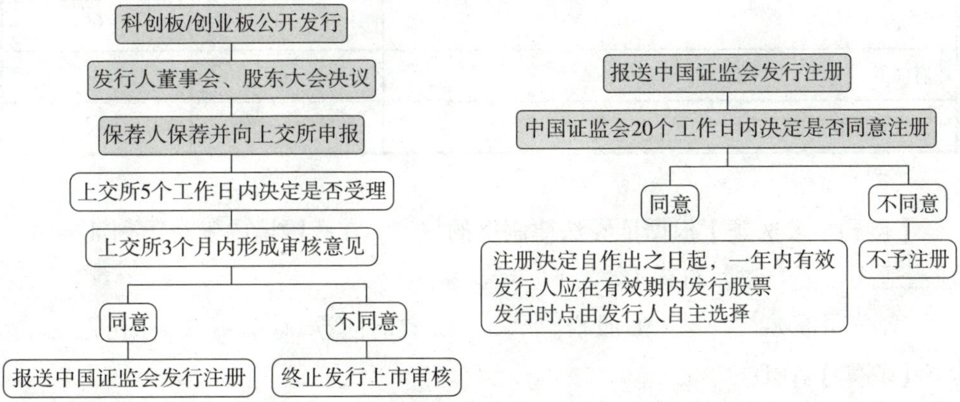

图 5–4　科创板 / 创业板公开发行程序

主板公开发行程序核心要求（核准制）见表 5–2。

表 5–2　　主板公开发行程序核心需求（核准制）

主板公开发行程序核心要求（核准制）	(1) 在主板公开发行股票，发行人应按照规定制作证券发行申请文件，由保荐人保荐并向中国证监会申报
	(2) 在主板公开发行股票，发行人应自中国证监会核准发行之日起 6 个月内发行；超过 6 个月未发行的，核准文件失效
	(3) 主板上市公司若发行股票，则应在自中国证监会核准发行之日起 12 个月内发行；超过 12 个月未发行的，核准文件失效

考点 4：《证券法》的适用范围（见表 5-3 和表 5-4）

表 5-3　　《证券法》的适用范围

《证券法》	适用	(1) 在中华人民共和国境内，股票、公司债券、存托凭证和国务院依法认定的其他证券的发行和交易，适用《证券法》
		(2) 政府债券、证券投资基金份额的上市交易，适用《证券法》；其他法律、行政法规另有规定的，适用其规定
		(3) 资产支持证券、资产管理产品发行、交易的管理办法，由国务院依照《证券法》的原则规定
	不适用	**政府债券的发行、证券投资基金份额的募集，不适用**《证券法》。目前，我国中央政府债券的发行适用《中华人民共和国国库券条例》，地方政府债券的发行适用《地方政府债券发行管理办法》，证券投资基金份额的募集适用《证券投资基金法》

表 5-4　　《证券法》的适用范围小结

类型	发行	上市交易
股票	√	√
公司债券（包括可转换公司债券）	√	√
存托凭证	√	√
政府债券	×	√
证券投资基金份额	×	√

【例题·多选题】根据证券法律制度的规定，在我国境内发行下列证券时，应当适用《证券法》的有（　　）。

A. 公司债券　　B. 股票　　C. 政府债券　　D. 存托凭证

【答案】ABD

【解析】选项 C：政府债券的发行不适用《证券法》，政府债券的上市交易适用《证券法》。

考点 5：公开发行

根据《证券法》的规定，有下列情形之一的，为公开发行：

(1) 向不特定对象发行证券；

(2) 向特定对象发行证券累计超过 200 人，但依法实施员工持股计划的员工人数不计算在内。

【注】非公开发行证券，不得采用广告、公开劝诱和变相公开方式。反而

言之，如果采用了广告、公开劝诱等方式宣传证券发行活动，则可认定其构成了公开发行。

如何判断公开发行如图 5–5 所示。

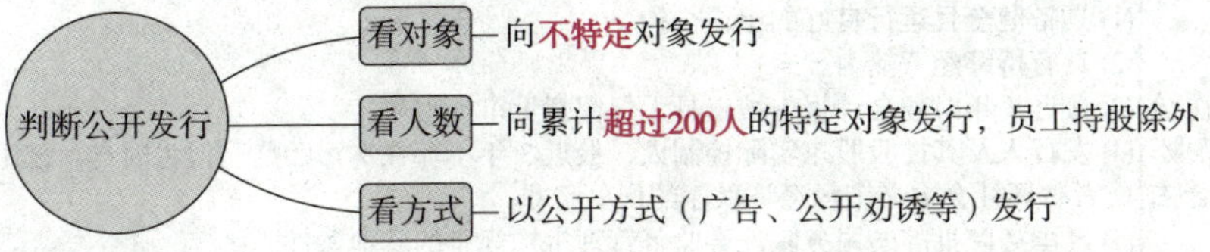

图 5–5　如何判断公开发行

【例题·多选题】根据证券法律制度的规定，下列属于证券公开发行情形的有（　　）。

A. 向不特定对象发行证券的

B. 向累计不超过 200 人的不特定对象发行证券的，依法实施员工持股计划的员工人数不计算在内

C. 向累计不超过 200 人的特定对象发行证券的，依法实施员工持股计划的员工人数不计算在内

D. 采取电视广告方式发行证券的

【答案】ABD

【解析】本题考核证券的公开发行。有下列情形之一的，为公开发行：（1）向不特定对象发行证券的；（2）向特定对象发行证券累计超过 200 人的，依法实施员工持股计划的员工人数不计算在内；（3）法律、行政法规规定的其他发行行为。非公开发行证券，不得采用广告、公开劝诱和变相公开方式。

考点 6：股票发行（如图 5–6 所示）

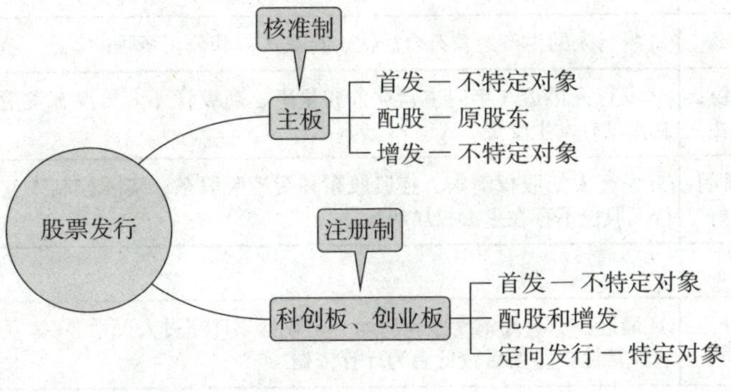

图 5–6　股票发行

小艾上班记8

考点7：主板发行

首次公开发行股票的一般条件见表5-5。

表5-5　首次公开发行股票的一般条件

公司首次公开发行新股，应当符合右列条件	(1) 具备健全且运行良好的组织机构 (2) 具有持续经营能力 (3) 最近3年财务会计报告被出具无保留意见审计报告 (4) 发行人及其控股股东实际控制人，最近3年不存在贪污贿赂、侵占财产、挪用财产或者破坏社会主义市场经济秩序的刑事犯罪 (5) 经国务院批准的国务院证券监督管理机构规定的其他条件 **【记忆口诀】组织健全机构好，持续经营无障碍 3年意见无保留，发行两控无3刑（污贿占挪坏秩序）**

【例题·多选题】根据证券法律制度的规定，下列关于发行人首次公开发行股票应具备条件的表述中，正确的有（　　）。

A. 具有持续经营能力

B. 具备健全且运行良好的组织机构

C. 实际控制人不存在债务违约情形

D. 最近3年财务会计报告被出具无保留意见的审计报告

【答案】ABD

在主板上市的公司首次公开发行股票的独有条件见表5-6。

表5-6　在主板上市的公司首次公开发行股票的独有条件

1. 主体资格	
成立至今满3年，有限折股从头算	(1) 发行人自股份有限公司成立后，持续经营时间应当在3年以上，但经国务院批准的除外。有限责任公司按原账面净资产值折股整体变更为股份有限公司的，持续经营时间可以从有限责任公司成立之日起计算
资本充实无纠纷	(2) 发行人的注册资本已足额缴纳，发起人或者股东用作出资的资产的财产权转移手续已办理完毕，发行人的主要资产不存在重大权属纠纷
生产经营合规章	(3) 发行人的生产经营符合法律、行政法规和公司章程的规定，符合国家产业政策
主营董高3年稳，实控3年无变更	(4) 发行人最近3年内主营业务和董事、高级管理人员没有发生重大变化，实际控制人没有发生变更
股权清晰权属明，治理完善运行好	(5) 发行人的股权清晰，控股股东和受控股股东、实际控制人支配的股东持有的发行人股份不存在重大权属纠纷
2. 财务指标	
3年净利3 000万[①]（连续）	(1) 最近**3个会计年度净利润均为正数**且累计超过人民币**3 000万元**，净利润以扣除非经常性损益前后较低者为计算依据

① 3 000万元，因为这是口诀，所以“元”字省略了，下同。

续表

3 年经现 5 000 万，或者营收超 3 亿	(2) 最近 3 个会计年度经营活动产生的现金流量净额累计超过人民币 5 000 万元；或者最近 3 个会计年度营业收入累计超过人民币 3 亿元
发前股本 3 000 万	(3) 发行前股本总额不少于人民币 3 000 万元
无形资产仅两成	(4) 最近一期期末无形资产（扣除土地使用权、水面养殖权和采矿权等后）占净资产的比例不高于 20%
未弥亏损近期无	(5) 最近一期期末不存在未弥补亏损
3. 持续盈利能力	**发行人应当具有持续盈利能力，不得有下列影响持续盈利能力的情形：**
品种结构无变化	(1) 发行人的经营模式、产品或者服务的品种结构已经或者将发生重大变化，并对发行人的持续盈利能力构成重大不利影响
行业地位无影响	(2) 发行人的行业地位或者发行人所处行业的经营环境已经或者将发生重大变化，并对发行人的持续盈利能力构成重大不利影响
1 年营利无依赖	(3) 发行人最近 1 个会计年度的营业收入或者净利润对关联方或者存在重大不确定性的客户存在重大依赖
1 年净利报表内	(4) 发行人最近 1 个会计年度的净利润主要来自合并财务报表范围以外的投资收益
在用资产无风险	(5) 发行人在用的商标、专利、专有技术以及特许经营权等重要资产或者技术的取得或者使用存在重大不利变化的风险
持续盈利无障碍	(6) 其他可能对发行人持续盈利能力构成重大不利影响的情形
4. 规范运行	**发行人不得有下列情形：**
3 年未核擅自发	(1) 最近 36 个月内未经法定机关核准，擅自公开或者变相公开发行过证券；或者有关违法行为虽然发生在 36 个月前，但目前仍处于持续状态
3 年处罚骗发行	(2) 最近 36 个月内违反工商、税收、土地、环保、海关以及其他法律、行政法规，受到行政处罚，且情节严重
	(3) 最近 36 个月内曾向中国证监会提出发行申请，但报送的发行申请文件有虚假记载、误导性陈述或重大遗漏；或者不符合发行条件以欺骗手段骗取发行核准；或者以不正当手段干扰中国证监会及其发行审核委员会审核工作；或者伪造、变造发行人或其董事、监事、高级管理人员的签字、盖章
本次文件有虚假	(4) 本次报送的发行申请文件有虚假记载、误导性陈述或者重大遗漏
犯罪立案未查明	(5) 涉嫌犯罪被司法机关立案侦查，尚未有明确结论意见
严重损人损社会	(6) 严重损害投资者合法权益和社会公共利益的其他情形
违规担保不得行	(7) 发行人的公司章程中已明确对外担保的审批权限和审议程序，不存在为控股股东、实际控制人及其控制的其他企业进行违规担保的情形
资金占用不允许	(8) 发行人有严格的资金管理制度，不得有资金被控股股东、实际控制人及其控制的其他企业以借款、代偿债务、代垫款项或者其他方式占用的情形
5. 规范运行 2	**发行人的董事、监事和高级管理人员符合法律、行政法规和规章规定的任职资格，且不得有下列情形：**

续表

董监高管做榜样，3罚1责立案查	(1) 被中国证监会采取证券市场禁入措施尚在禁入期的
	(2) 最近36个月内受到中国证监会行政处罚，或者最近12个月内受到证券交易所公开谴责
	(3) 因涉嫌犯罪被司法机关立案侦查或者涉嫌违法违规被中国证监会立案调查，尚未有明确结论意见
主板首发常见考点口诀记忆如下： 成立至今满3年，有限折股从头算 主营董高3年稳，实控3年无变更 发前股本3 000万，3年净利3 000万 3年经现5 000万，或者营收超3亿 无形资产仅两成，未弥亏损近期无 1年营利无依赖，1年净利报表内 3年未核擅自发，3年处罚骗发行 董监高管做榜样，3罚1责立案查	

【例题·多选题】某股份有限公司拟在主板首次公开发行股票并上市。根据证券法律制度的规定，下列各项中，符合公司在主板首次公开发行股票的条件的有（　　）。

A. 公司发行股票前股本总额为人民币6 000万元

B. 公司上一年度严重违反环境保护管理法规受到罚款的行政处罚

C. 公司最近3个会计年度净利润均为正数且累计为人民币4 000万元

D. 公司最近一个会计年度的净利润主要来自合并财务报表范围以外的投资收益

【答案】AC

【解析】(1)选项B"上一年度"——在最近36个月内;"严重违反"——属于"情节严重"，不符合发行条件。（2）选项D：依赖非主营业务盈利，不具有持续盈利能力，不符合发行景件。

向原股东配股的条件，见表5-7。

表5-7　　向原股东配股的条件

配股	(1) 拟配售股份数量不超过本次配售股份前股本总额的30% (2) 控股股东应在股东大会召开前公开承诺认配股份的数量 (3) 采用代销方式发行（非包销） 【提示】控股股东不履行认配股份的承诺，或代销期限届满，原股东认购股票的数量未达到拟配售数量70%，发行人应按发行价并加算银行同期存款利息返还已认购的股东
记忆口诀： 拟配数量仅三成，控股大哥须先认 方式代销非包销，配售失败本利返	

【例题·单选题】根据证券法律制度的规定，下列关于主板上市公司配股条件的表述中，不正确的是（　　）。

A. 拟配售股份数量不超过本次配售股份前股本总额的 30%

B. 控股股东应当在股东大会召开前公开承诺认配股份的数量

C. 采用代销方式发行

D. 采用包销方式发行

【答案】D

【解析】选项 C、D：配股只能采用代销方式发行。

增发的条件见表 5-8。

表 5-8　**增发的条件**

增发	(1) 最近 3 个会计年度加权平均净资产收益率平均不低于 6% 扣除非经常性损益后的净利润与扣除前的净利润相比，以低者作为加权平均净资产收益率的计算依据 (2) 最近一期期末不存在持有金额较大的交易性金融资产和可供出售金融资产、借予他人款项、委托理财等财务性投资的情形；金融类企业除外 (3) 发行价格应不低于公告招股意向书前 20 个交易日公司股票均价“或”前 1 个交易日的均价
记忆口诀： 3 年加权净收 6，近期期末不投资 发行价格有底线，20 均价前日均	

考点 8：科创板、创业板

科创板、创业板首发见表 5-9。

表 5-9　**科创板、创业板首发**

(1) 行业技术符合科创板定位	发行人应当面向世界科技前沿，面向经济主战场，面向国家重大要求，符合国家战略，拥有关键核心技术，科技创新能力突出，主要依靠核心技术开展生产经营，具有稳定的商业模式，市场认可度高，社会形象好，具有较强成长性
(2) 组织机构健全，持续经营满三年	①发行人应当是依法设立且持续经营 3 年以上的股份有限公司，具备健全且运行良好的组织机构，相关机构和人员能够依法履行职责 ②有限责任公司按原账面净资产值折股整体变更为股份有限公司的，持续经营时间可以从有限责任公司成立之日起计算
(3) 会计基础工作规范，内控制度健全有效	①发行人会计基础工作规范、财务报表的编制和披露，符合企业会计准则和相关信息披露规则的规定，在所有重大方面，公允地反映了发行人的财务状况、经营成果和现金流量，并由注册会计师出具标准无保留意见的审计报告 ②发行人内部制度、内部控制制度健全，且被有效执行，能够合理保证公司运行效率、合法合规和财务报告的可靠性，并由注册会计师出具无保留结论的内部控制鉴证报告
基本情况口诀： 成立至今满 3 年，有限折股从头算 科技创新高成长，审计内控无保留	

续表

(4) 业务完整并具有直接面向市场独立持续经营的能力	①资产完整，业务及人员、财务、机构独立，与控股股东、实际控制人以及其控制的其他企业间，不存在对发行人构成重大不利影响的同业竞争，不存在严重影响独立性或显示公平的关联方交易 【口诀：竞争关联无不利】
	②发行人的主营业务、控制权，管理团队和核心技术人员稳定，最近 2 年内主营业务和董事，高级管理人员及核心技术人员均没有发生重大不利变化，控股股东和受控股股东、实际控制人支配的股东所持发行人的股份权属清晰，最近 2 年实际控制人没有发生变更，不存在导致控制权可能变更的重大权属纠纷 【口诀：主营董高 2 年稳，核心人员 2 年定，实控 2 年无变更】
	③发行人不存在主要资产、核心技术、商标等的重大权属纠纷，重大偿债风险，重大担保、诉讼、仲裁等或有事项，经营环境已经或者将要发生重大变化等对持续经营有重大不利影响的事项 【口诀：在用资产无风险】
持续经营口诀： 竞争关联无不利，在用资产无风险 主营董高 2 年稳，核心人员 2 年定 实控 2 年无变更，持续经营无障碍	
(5) 生产经营合法合规，相关主体不存在违法违规记录	①发行人生产经营符合法律行政法规的规定，符合国家产业政策
	②最近 3 年内，发行人及其控股股东、实际控制人不存在贪污、贿赂，侵占财产，挪用财产或者破坏社会主义市场经济秩序的刑事犯罪，不存在欺诈发行、重大信息披露违法，或者其他涉及国家安全、公共安全，生态安全、生产安全，公众健康安全等领域的重大违法行为
	③董事、监事和高级管理人员不存在最近 3 年内受到中国证监会行政处罚，或者因涉嫌犯罪被司法机关立案侦查，或者涉案涉嫌违法违规被中国证监会立案调查，尚未有明确结论意见等情形
合法合规口诀： 违法违规害公司，发行两控不能有 3 年黑 5 刑事罪，3 年欺诈和违法 董监高管做榜样，3 罚立案不能有	

【例题·多选题】根据证券法律制度的规定，下列关于在科创板首次公开发行股票应满足条件的表述中，正确的有（　）。

A. 发行人应当是依法设立且持续经营 3 年以上的股份有限公司

B. 发行人最近 2 年内董事、高级管理人员没有发生重大不利变化

C. 控股股东最近 3 年内不存在贪污、贿赂、破坏社会主义市场经济秩序等的刑事犯罪

D. 发行人最近 3 年内实际控制人没有发生变更

【答案】ABC

【解析】在科创板首次公开发行股票要求最近 2 年内实际控制人没有发生

变更，所以选项 D 错误。

科创板、创业板配股和增发条件见表 5-10：

表 5-10　　科创板、创业板配股和增发条件

1. 应当符合的条件	(1) 科创板（5 条） ①具备健全且运行良好的组织机构 ②现任董事、监事和高级管理人员符合法律、行政法规规定的任职要求 ③具有完整的业务体系和直接面向市场独立经营的能力，不存在对持续经营有重大不利影响的情形 ④会计基础工作规范，内部控制制度健全且有效执行，财务报表的编制和披露符合企业会计准则和相关信息披露规则的规定，在所有重大方面公允反映了上市公司的财务状况、经营成果和现金流量，最近 3 年财务会计报告被出具无保留意见审计报告 ⑤除金融类企业外，最近一期期末不存在金额较大的财务性投资
	(2) 创业板（5+1 条） 创业板上市公司还应当符合盈利要求，即最近 2 年盈利和净利润以扣除非经常性损益前后孰低者为计算依据
记忆口诀： 组织健全机构好，董监高管合要求 业务体系要完整，持续经营无障碍 内控健全且有效，3 年财报无保留 近期期末无投资，创业还应 2 年利	
2. 不能出现的情形	(1) 擅自改变前次募集资金用途未作纠正，或者未经股东大会认可
	(2) 上市公司及其现任董事、监事和高级管理人员最近 3 年受到中国证监会行政处罚，或者最近 1 年受到证券交易所公开谴责，或者因涉嫌犯罪正在被司法机关立案侦查或者涉嫌违法违规正在被中国证监会立案调查
	(3) 上市公司及其控股股东、实际控制人最近 1 年存在未履行向投资者作出的公开承诺的情形
	(4) 上市公司及其控股股东、实际控制人最近 3 年存在贪污、贿赂、侵占财产、挪用财产或者破坏社会主义市场经济秩序的刑事犯罪，或者存在严重损害上市公司利益、投资者合法权益和社会公共利益的重大违法行为
记忆口诀： 擅改用途不纠正，或经股东未认可 公司两控不能有：3 年黑 5 刑事罪，1 年承诺不兑现 董监高管不能有：3 罚 1 责立案查	

科创板、创业板上市公司向特定对象发行股票见表 5-11。

表 5-11　　科创板、创业板上市公司向特定对象发行股票

科创板、创业板上市公司存在下列情形之一的，不得向特定对象发行股票	(1) 擅自改变前次募集资金用途未作纠正，或者未经股东大会认可
	(2) 最近 1 年财务报表的编制和披露在重大方面不符合企业会计准则或者相关信息披露规则的规定；最近 1 年财务会计报告被出具否定意见或者无法表示意见的审计报告；最近 1 年财务会计报告被出具保留意见的审计报告，且保留意见所涉及事项对上市公司的重大不利影响尚未消除。本次发行涉及重大资产重组的除外
	(3) 现任董事、监事和高级管理人员最近 3 年受到中国证监会行政处罚，或者最近 1 年受到证券交易所公开谴责
	(4) 上市公司及其现任董事、监事和高级管理人员因涉嫌犯罪正在被司法机关立案侦查或者涉嫌违法违规正在被中国证监会立案调查
	(5) 控股股东、实际控制人最近 3 年存在严重损害上市公司利益或者投资者合法权益的重大违法行为
	(6) 最近 3 年存在严重损害投资者合法权益或者社会公共利益的重大违法行为
记忆口诀： 擅改用途不纠正，或经股东未认可 1 年财报不合规，保留意见未消除 无法表示兼否定，本次重组则除外 董监高管不能有，3 罚 1 责立案查 两控 3 年大违法，公司投资与社会	

考点 9：公开发行公司债券（见表 5-12）

表 5-12　　公开发行公司债券

1. 公开发行公司债券条件	(1) 具备健全且运行良好的组织机构 (2) 最近 3 年平均可分配利润足以支付公司债券 1 年的利息 (3) 具有合理的资产负债结构和正常的现金流量 (4) 国务院规定的其他条件
2. 存在下列情形之一的，不得再次公开发行公司债券	(1) 对已公开发行的公司债券或者其他债务有违约或者延迟支付本息的事实，仍处于继续状态 (2) 违反《证券法》规定，改变公开发行公司债券所募资金用途
记忆口诀： 组织健全机构好，3 年均利 1 年息 结构合理现金稳，其他条件国家定 违约延迟还继续，擅改用途不得行	
3. 资信状况符合以下标准的公开发行公司债券，专业投资者和普通投资者可以参与认购	(1) 发行人最近 3 年无债务违约或者延迟支付本息的事实 (2) 发行人最近 3 年平均可分配利润不少于债券 1 年利息的 1.5 倍 (3) 发行人最近一期期末净资产规模不少于 250 亿元 (4) 发行人最近 36 个月内累计公开发行债券不少于 3 期，发行规模不少于 100 亿元 (5) 中国证监会根据投资者保护的需要规定的其他条件 未达到上述规定标准的公开发行公司债券，仅限于专业投资者参与认购

续表

记忆口诀： 违约延迟3年无，3年均利1.5 期末净产250，3年累计有3期 发行规模达百亿，其他条件证监定 普罗大众有你我，未达标准不得行	
4. 募集资金的用途	(1) 公开发行公司债券筹集的资金，必须按照公司债券募集说明书所列资金用途使用；改变资金用途，必须经**债券持有人会议**作出决议。
	(2) 公开发行公司债券筹集的资金，不得用于弥补亏损和非生产性支出
记忆口诀： 擅改用途不得行，要改须经会议议 不得补亏非生产，否则影响再发行	
5. 注册制	(1) 公开发行公司债券，由**证券交易所**负责受理、审核，并报**中国证监会**注册。证券交易所应当自受理**注册申请文件之日起2个月**内出具审核意见，中国证监会应当自证券交易所受理**注册申请文件之日起3个月**内作出同意注册或者不予注册的决定 【口诀：**证交审核需2月，证监审核需3月**】
	(2) 公开发行公司债券，可以申请**一次注册，分期发行**。中国证监会同意注册的决定自作出之日起**2年内有效**，发行人应当在注册决定有效期内发行公司债券，并自主选择发行时点 【口诀：**一次注册，分期发行，2年有效，自主择时**】
	(3) 公开发行公司债券的募集说明书自最后签署之日起**6个月内**有效。发行人应当及时更新债券募集说明书等公司债券发行文件，并在每期发行前报**证券交易所备案**
6. 受托管理人	(1) 公开发行公司债券的，**发行人**应当为债券持有人**聘请**债券受托管理人，并订立债券受托管理协议
	(2) 受托管理人应当由**本次发行的承销机构**或者其他经国务院证券监督管理机构**认可的机构**担任，债券持有人会议可以决议**变更**债券受托管理人
	(3) 债券发行人未能按期兑付债券本息的，债券受托管理人可以接受**全部或者部分**债券持有人的委托，**以自己的名义**代表债券持有人提起、参加民事诉讼或者清算程序

【例题·多选题】根据证券法律制度的规定，公司出现特定情形的，不得再次公开发行公司债券。下列各项中，属于该情形的有（　　）。

A. 存在延迟支付债务本息的事实且仍处于继续状态

B. 高级管理人员发生重大变化

C. 发生重大资产转让

D. 对已公开发行的公司债券有违约事实且仍处于继续状态

【答案】AD

【例题·单选题】根据证券法律制度的规定，下列关于公开发行公司债券的表述中，不正确的是（ ）。

A. 公开发行公司债券筹集的资金，不得用于弥补亏损和非生产性支出

B. 公开发行公司债券，可以申请一次注册，分期发行

C. 公开发行公司债券的募集说明书自最后签署之日起 1 年内有效

D. 中国证监会同意注册的决定自作出之日起 2 年内有效

【答案】C

考点 10：非公开发行公司债券（见表 5–13）

表 5–13 非公开发行公司债券

非公开发行公司债券	(1) 非公开发行的公司债券应当向**专业投资者**发行，不得采用广告、公开劝诱和变相公开方式，每次发行对象不得超过 200 人
	(2) 非公开发行的公司债券仅限于专业投资者范围内**转让**。转让后，持有同次发行债券的投资者合计不得超过 200 人
	(3) 非公开发行公司债券，募集资金应当用于**约定的用途**；改变资金用途，应当履行募集说明书**约定的程序**
	(4) 在非公开发行公司债券时，可以申请在证券交易场所、证券公司柜台转让
	(5) 在非公开发行公司债券时，承销机构或者依法自行销售的发行人应当在每次发行完成后 **5 个工作日**内向**中国证券业协会报备**

【例题·单选题】根据证券法律制度的规定，下列关于非公开发行公司债券的表述中，不正确的是（ ）。

A. 非公开发行的公司债券应当向专业投资者发行，每次发行对象不得超过 200 人

B. 非公开发行的公司债券仅限于专业投资者范围内转让，转让后，持有同次发行债券的投资者合计不得超过 200 人

C. 在非公开发行公司债券时，可以申请在证券交易场所、证券公司柜台转让

D. 在非公开发行公司债券时，承销机构或者依法自行销售的发行人应当在每次发行完成后 5 个工作日内向中国证监会报备

【答案】D

考点 11：证券上市（见表 5–14）

表 5–14　　　　**证券上市**

1. 新《证券法》的基本规定	(1) 申请证券上市交易，应当向证券交易所提出申请，由证券交易所依法审核同意，并由双方签订上市协议
	(2) 申请证券上市交易，应当符合证券交易所上市规则规定的上市条件。证券交易所上市规则规定的上市条件，应当对发行人的经营年限、财务状况、最低公开发行比例和公司治理、诚信记录等提出要求
2. 股票的科创板上市条件	向上交所[①]申请股票的科创板上市，发行人除应当符合科创板股票首次公开发行条件外，还应当满足下列条件： (1) 发行后股本总额不低于人民币 3 000 万元 (2) 公开发行的股份达到公司股份总数的 25% 以上，公司股本总额超过人民币 4 亿元的，公开发行股份的比例为 10% 以上 (3) 市值及财务指标符合上交所上市规则规定的标准 (4) 上交所规定的其他上市条件 记忆口诀： 发后股本 3 000 万，发行比例 25 股本总额超 4 亿，比例则为 10%
3. 终止上市	上市交易的证券，有证券交易所规定的终止上市情形的，由证券交易所按照业务规则终止其上市交易 证券交易所决定终止证券上市交易的，应当及时公告，并报中国证监会备案

考点 12：基金募集（见表 5–15 和表 5–16）

表 5–15　　　　**公募基金**

公开募集基金	(1) 公开募集基金，应当经中国证监会注册。未经注册，不得公开或者变相公开募集基金 (2) 根据《证券投资基金法》，公开募集基金包括向不特定对象募集资金、向特定对象募集资金累计超过 200 人，以及法律、行政法规规定的其他情形公开募集基金应当由基金管理人管理，基金托管人托管 (3) 申请公开募集基金的基金份额上市交易，基金管理人应当向证券交易所提出申请，证券交易所依法审核同意的，双方应当签订上市协议
基金份额上市交易的条件	(1) 基金的募集符合《证券投资基金法》的规定（基金募集期限届满，封闭式基金募集的基金份额总额达到准予注册规模的 80% 以上）
	(2) 基金合同期限为 5 年以上
	(3) 基金募集金额不低于 2 亿元人民币
	(4) 基金份额持有人不少于 1 000 人
	(5) 基金份额上市交易规则规定的其他条件
记忆口诀： 基金上市要协议，封闭基金达 80（%） 合同期限要 5 年，金额不得低 2 亿 人数不少 1 000 人，其他条件看规定	

①上海证券交易所。

续表

开放式基金的申购和赎回	(1) 开放式基金的基金份额的申购、赎回和登记，由基金管理人或者其委托的基金服务机构办理
	(2) 基金管理人应当在每个工作日办理基金份额的申购、赎回业务；基金合同另有约定的，按照其约定办理
	(3) 投资人交付申购款项，申购成立；基金份额登记机构确认基金份额时，申购生效
	(4) 基金份额持有人递交赎回申请，赎回成立；基金份额登记机构确认赎回时，赎回生效

【例题·多选题】根据证券法律制度的规定，下列关于公开募集基金的基金份额上市交易的表述中，正确的有（　）。

A. 基金管理人应当与证券交易所签订上市协议

B. 基金合同期限为 1 年以上

C. 基金募集金额不低于 2 亿元人民币

D. 基金份额持有人不超过 200 人

【答案】AC

表 5-16　　非公开募集基金

1. 合格投资者	非公开募集基金即私募基金，是指在我国境内以非公开的方式向投资者募集资金设立的投资基金 私募基金应当向合格投资者募集，合格投资者是指具备相应风险识别能力和风险承担能力，投资于单只私募基金的金额不低于 100 万元且符合下列相关标准的单位和个人： (1) 净资产不低于 1 000 万元的单位 (2) 金融资产不低于 300 万元或者最近 3 年个人年均收入不低于 50 万元的个人
	此外，下列投资者视为合格投资者： (1) 社会保障基金、企业年金等养老基金，慈善基金等社会公益基金 (2) 依法设立并在基金业协会备案的投资计划 (3) 投资于所管理私募基金的私募基金管理人及其从业人员 (4) 中国证监会规定的其他投资者
2. 除基金合同另有约定外，私募基金应当由基金托管人托管。	
合格投资者口诀： 单只金额达 100，单位净产达 1000 个人资产要 300，或 3 年年均达 50 社保养老兼慈善，投资计划有备案 私募管理与从业，其他投资看规定	

【例题·多选题】根据金融法律制度的规定，下列非公开募集基金的合格投资者应满足具备相应风险识别能力和风险承担能力且投资于单只私募基金的金额不低于 100 万元的条件的有（　）。

A. 甲公司净资产 1 200 万元人民币

B. 赵某名下金融资产 250 万元，最近 3 年个人年均收入 60 万元

C. 社保基金

D. 投资于自己所管理的 ABC 私募基金的管理人李某

【答案】AB

【解析】尽管四个选项都是合格投资者，但是选项 C 与 D 并不需要满足投资于单只私募基金的金额不低于 100 万元的条件，因此选项 C 与 D 不选。

考点 13：证券承销（见表 5–17）

表 5–17　　　　证券承销

考点	具体内容
承销方式	代销、包销
承销团	向不特定对象发行证券聘请承销团承销的，承销团应当由主承销和参与承销的证券公司组成
期限	代销、包销期限≤“90 日”
对承销证券公司的限制	(1)“不得为本公司预留”所代销的证券 (2)“不得预先购入并留存”所包销的证券
承销失败	股票发行采用“代销方式”，代销期限届满，向投资者出售的股票数量未达到拟公开发行股票数量“70%”的，为发行失败；发行人应当按照发行价并加算银行同期存款利息返还股票认购人 【注意】只有代销方式存在发行失败
备案	代销、包销期限届满，发行人报证监会备案

【例题·单选题】下列关于证券发行承销团承销证券的表述中，不符合证券法律制度规定的是（　）。

A. 承销团承销适用于向不特定对象公开发行的证券

B. 发行证券的票面总值必须超过人民币 1 亿元

C. 承销团由主承销和参与承销的证券公司组成

D. 承销团代销、包销期最长不得超过 90 日

【答案】B

【解析】本题考核承销团承销证券。发行人向不特定对象发行证券，法律、行政法规规定应当由证券公司承销的，发行人应当同证券公司签订承销协议，选项 A 表述正确。承销团应当由主承销和参与承销的证券公司组成，选项 C 表述正确。证券的代销、包销期限最长不得超过 90 日，选项 D 表述正确。

考点14：强制信息披露制度（见表5–18）

表5–18　　强制信息披露制度的内容

类型		具体规定	
证券发行市场信息披露（首次信息披露）	证券发行文件的预先披露制度	发行人申请首次公开发行股票的，在提交申请文件后，应当按照中国证监会的规定，预先披露有关申请文件	
证券发行市场信息披露（首次信息披露）	证券发行信息披露制度	证券发行申请经注册后，发行人应依法在证券公开发行前，公告公开发行募集文件，主要有招股说明书、公司债券募集说明书和上市公告书，并将上述文件置备于指定场所，供公众查阅	
证券交易市场信息披露（持续信息披露）	定期报告	年度报告	每一会计年度结束之日起4个月内报送并公告
		中期报告	每一会计年度的上半年结束之日起2个月内报送并公告
	临时报告	发生法定的重大事件，投资者尚未得知时报送并公告	

【例题·单选题】根据证券法律制度的规定，下列各项中属于上市公司持续信息披露文件的是（　　）。

A. 招股说明书

B. 重大事件的临时报告

C. 债券募集说明书

D. 上市公告书

【答案】B

考点15：股票发行公司发布临时报告的重大事件（见表5–19）

表5–19　　股票发行公司发布临时报告的重大事件

（1）公司的经营方针和经营范围的重大变化
（2）公司的重大投资行为，公司在1年内购买、出售重大资产，超过公司资产总额的30%，或者公司营业用主要资产的抵押、质押、出售，或者报废一次超过总资产的30%
（3）公司订立重要合同、提供重大担保或者从事关联交易，可能对公司的资产、负债、所有者权益和经营成果产生重大影响
（4）公司发生重大债务和未能清偿到期重大债务的违约情况
（5）公司发生重大亏损或者重大损失
（6）公司生产经营的外部条件发生重大变化
（7）公司的董事、1/3以上监事或者经理（不是所有高管）发生变动；董事长或者经理无法履行职责
（8）持有公司5%以上股份的股东或者实际控制人，持有股份或者控制公司的情况发生较大变化，公司的实际控制人及其控制的其他企业，从事与公司相同或者相似业务的情况发生较大变化

续表

（9）公司分配股利、增资的计划，公司股权结构的重大变化，公司减资、合并、分立、解散及申请破产的决定，或者依法进入破产程序，被责令关闭
（10）涉及公司的重大诉讼、仲裁，股东大会、董事会决议被依法撤销或者宣告无效
（11）公司涉嫌犯罪被司法机关立案调查，公司控股股东、实际控制人、董事、监事、高级管理人员涉嫌犯罪被司法机关采取强制措施
（12）其他

发生可能对上市公司、股票交易价格产生较大影响的“重大事件”，投资者尚未得知时，上市公司应当立即将有关该重大事件的情况向国务院证券监督管理机构和证券交易所报送临时报告。

【例题·单选题】根据证券法律制度的规定，上市公司发生的下列事件中，应当立即公告的是（　　）。

A. 公司副总经理发生变动

B. 公司 30% 的监事发生变动

C. 公司财务负责人发生变动

D. 人民法院依法撤销股东大会决议

【答案】D

【解析】选项 ABC：上市公司的董事、1/3 以上监事或者经理发生变动，属于重大事件；选项 D：股东大会、董事会决议被依法撤销或者宣告无效，属于重大事件。

【例题·多选题】根据证券法律制度的规定，下列各项中，属于重大事件的有（　　）。

A. 公司经理发生变动

B. 公司 40% 的监事发生变动

C. 公司财务负责人发生变动

D. 人民法院依法撤销董事会决议

【答案】ABD

【例题·单选题】根据证券法律制度的规定，下列各项中，属于重大事件的有（　　）。

A. 上市公司变更会计政策、会计估计

B. 上市公司的主要资产被查封、扣押、冻结或者被抵押、质押

C. 董事会就股权激励方案形成相关决议

小艾上班记8

D. 上市公司 40% 的监事发生变动

【答案】D

考点 16：债券上市交易公司发布临时报告的重大事件（见表 5-20）

表 5-20　　债券上市交易公司发布临时报告的重大事件

（1）公司股权结构或者生产经营状况发生重大变化
（2）公司债券信用评级发生变化
（3）公司重大资产被抵押、质押、出售、转让、报废
（4）公司发生未能清偿到期债务的情况
（5）公司新增借款或者对外提供担保，超过上年年末净资产的 20%
（6）公司放弃债权或者财产，超过上年年末净资产的 10%
（7）公司发生超过上年年末净资产 10% 的重大损失
（8）公司分配股利，做出减资、合并、分立、解散及申请破产的决定，或者依法进入破产程序，被责令关闭
（9）涉及公司的重大诉讼、仲裁
（10）公司涉嫌犯罪，被依法立案调查，公司的控股股东、实际控制人，董事、监事、高级管理人员涉嫌犯罪被依法采取强制措施
（11）其他

考点 17：临时报告披露时点（见表 5-21）

表 5-21　　临时报告披露时点

1. 上市公司应当在最先发生的右列任一时点，及时（2 个交易日内）履行重大事件的信息披露义务	（1）董事会或者监事会就该重大事件形成决议时
	（2）有关各方就该重大事件签署意向书或者协议时
	（3）董事、监事或者高级管理人员，知悉该重大事件的发生并报告时
2. 提前披露：在法定的及时披露时点之前出现右列情形之一的，上市公司应当及时（2 个交易日内）披露相关事项的现状和可能影响事件进展的风险因素	（1）该重大事件难以保密
	（2）该重大事件已经泄露或者市场出现传闻
	（3）公司证券及其衍生品种出现异常交易情况

考点 18：强制信息披露的其他规定（见表 5-22）

表 5-22　　强制信息披露的其他规定

1. 义务人	发行人及法律、行政法规和中国证监会规定的其他信息披露义务人（控股股东、实际控制人、保荐人和证券承销商等），应当及时依法履行信息披露义务

续表

2. 对象	不特定的社会公众	
3. 基本要求	（1）信息披露义务人披露的信息应当真实、准确、完整、简明清晰、通俗易懂，不得有虚假记载、误导性陈述或者重大遗漏	
	（2）时间的一致性	①证券同时在境内境外公开发行、交易的，其信息披露义务人在境外披露的信息应当在境内同时披露
		②信息披露义务人披露的信息应当同时向所有投资者披露，不得提前向任何单位和个人泄露，但法律、行政法规另有规定的除外
		③任何单位和个人不得非法要求信息披露义务人提供依法需要披露，但尚未披露的信息，任何单位和个人提前获知前述信息的，在依法披露前应当保密
	（3）内容的一致性	除依法需要披露的信息之外，信息披露义务人可以自愿披露与投资者做出价值判断和投资决策有关的信息，但不得与依法披露的信息相冲突，不得误导投资者
4. 董事、监事、高级管理人员的信息披露职责	（1）书面确认意见	①发行人的董事、高级管理人员应当对证券发行文件和定期报告签署书面确认意见
		②发行人的监事会应当对董事会编制的证券发行文件和定期报告进行审核，并提出书面审核意见，监事应当签署书面确认意见
	（2）保证责任	①发行人的董事、监事和高级管理人员，应当保证发行人及时、公平地披露信息，所披露的信息真实、准确和完整
		②董事、监事和高级管理人员无法保证证券发行文件和定期报告内容的真实性、准确性和完整性或者有异议的，应当在书面确认意见中发表意见，并陈述理由，发行人应当披露
		③发行人不予披露的，董事、监事和高级管理人员可以直接申请披露
5. 民事责任	（1）100% 责任	信息披露义务人未按照规定披露信息，或者公告的证券发行文件、定期报告、临时报告及其他信息披露资料，存在虚假记载、误导性陈述或者重大遗漏，导致投资者在证券交易中遭受损失的，信息披露义务人应当承担赔偿责任
	（2）自证清白	发行人的控股股东、实际控制人、董事、监事、高级管理人员和其他直接责任人员以及保荐人、承销的证券公司及其直接责任人员，应当与发行人承担连带赔偿责任，但能够证明自己没有过错的除外

考点 19：禁止的交易行为（见表 5–23 至表 5–27）

表 5–23　内幕交易行为

基本规定	（1）证券交易内幕信息的知情人和非法获取内幕信息的人，在内幕信息公开前，不得买卖该公司的证券，或者泄露该信息，或者建议他人买卖该证券
	（2）持有或者通过协议、其他安排与他人共同持有公司 5% 以上股份的自然人、法人、非法人组织收购上市公司股份，法律另有规定的，适用其规定（更为严格的规定：并非允许收购人利用内幕信息进行交易）
	（3）内幕交易行为给投资者造成损失的，其应当依法承担赔偿责任

续表

内幕信息	在证券交易活动中，涉及发行人的经营、财务或者对该发行人证券的市场价格有重大影响的、尚未公开的信息为内幕信息，主要指重大事件（见考点：发布临时报告的重大事件）
内幕信息知情人员	（1）发行人及董事、监事、高级管理人员
	（2）持有公司5%以上股份（不计优先股）的股东，及其董事、监事和高级管理人员，公司的实际控制人及其董事、监事和高级管理人员
	（3）发行人控股或者实际控制的公司及其董事、监事和高级管理人员
	（4）由于所任公司职务，或者因与公司有业务往来，可以获取公司有关内幕信息的人员
	（5）上市公司收购人或者重大资产交易方及其控股股东、实际控制人、董事、监事和高级管理人员
	（6）因职务、工作可以获取内幕信息的证券交易场所、证券公司、证券登记结算机构和证券服务机构的有关人员
	（7）因职责、工作可以获取内幕信息的证券监督管理机构的工作人员
	（8）因法定职责对证券的发行、交易或者对上市公司及其收购、重大资产交易进行管理，可以获取内幕信息的有关主管部门、监管机构的工作人员
	（9）其他

表 5-24　　操纵证券市场行为

禁止任何人以右列手段操纵证券市场，影响或者意图影响证券交易价格或者证券交易量，给投资者造成损失的，应当依法承担赔偿责任	（1）单独或者通过合谋，集中资金优势、持股优势，或者利用信息优势，联合或者连续买卖
	（2）与他人串通，以事先约定的时间、价格和方式相互进行证券交易
	（3）在自己实际控制的账户之间进行证券交易
	（4）不以成交为目的，频繁或者大量申报并撤销申报
	（5）利用虚假或者不确定的重大信息，诱导投资者进行证券交易
	（6）对证券发行人公开做出评价、预测或者投资建议，并进行反向证券交易
	（7）利用在其他相关市场的活动操纵证券市场
	（8）操纵证券市场的其他手段

表 5-25　　虚假陈述行为

1. 虚假陈述包括虚假记载、误导性陈述、重大遗漏以及不正当披露	
2. 利用信息扰乱证券市场	（1）禁止任何单位和个人编造、传播虚假信息或者误导性信息，扰乱证券市场
	（2）禁止证券交易场所、证券公司、证券登记结算机构、证券服务机构及其从业人员，证券业协会、证券监督管理机构及其工作人员，在证券交易活动中做出虚假陈述或者信息误导

续表

2. 利用信息扰乱证券市场	（3）各种传播媒介传播证券市场信息时，必须真实、客观，禁止误导。传播媒介及其从事证券市场信息报道的工作人员，不得从事与其工作职责发生利益冲突的证券买卖
	（4）编造、传播虚假信息或者误导性信息，扰乱证券市场，给投资者造成损失的，应当依法承担赔偿责任

表 5–26　欺诈客户行为

违反规定，给客户造成损失的，依法承担赔偿责任	（1）违背客户的委托为其买卖证券
	（2）不在规定时间内向客户提供交易的确认文件
	（3）未经客户的委托，擅自为客户买卖证券，或者假借客户的名义买卖证券
	（4）为谋取佣金收入，诱使客户进行不必要的证券买卖
	（5）其他违背客户真实意思表示、损害客户利益的行为

表 5–27　其他禁止的交易行为

（1）禁止任何单位和个人违反规定出借自己的证券账户，或者借用他人的证券账户从事证券交易
（2）禁止资金违规流入股市
（3）禁止投资者违规利用财政资金、银行信贷资金买卖证券
（4）国有独资企业、国有独资公司、国有资本控股公司买卖上市公司交易的股票，必须遵守国家有关规定

【例题·多选题】根据证券法律制度的规定，下列选项中，属于知悉证券交易内幕信息的知情人员的有（　　）。

A. 发行人的董事、监事和高级管理人员

B. 持有上市公司 3% 股份的股东的董事、监事和高级管理人员

C. 上市公司的实际控制人的董事、监事和高级管理人员

D. 发行人控股的公司的董事、监事和高级管理人员

【答案】ACD

【解析】选项 B：持有上市公司 5% 以上股份的股东的董事、监事和高级管理人员，才属于内幕人员。

【例题·判断题】甲、乙、丙、丁合谋，集中资金优势、持股优势，或者利用信息优势联合或者连续买卖证券，影响证券交易价格，从中牟取利益的行

为是欺诈客户行为。(　　)

【答案】×

【解析】当事人的行为属于“操纵市场”。

【例题·判断题】证券公司不在规定时间内向客户提供交易的书面确认文件，属于欺诈客户行为。(　　)

【答案】√

【例题·单选题】张某与他人串通，以事先约定的时间、价格和方式相互进行证券交易，严重影响证券交易价格。根据证券法律制度的规定，该行为属于(　　)。

A. 内幕交易　　B. 操纵市场　　C. 欺诈客户　　D. 虚假陈述

【答案】B

考点 20：投资者保护（见表 5-28）

表 5-28　　投资者保护

<table>
<tr><td rowspan="3">1. 投资者适当性管理制度</td><td colspan="2">（1）证券公司向投资者销售证券或者提供服务时，应当按照规定充分了解投资者的基本情况、财产状况、金融资产状况、投资知识和经验以及专业能力等相关信息，如实说明证券服务的重要内容，充分揭示投资风险，提供与投资者上述状况相匹配的证券服务</td></tr>
<tr><td colspan="2">（2）投资者在购买证券或者接受服务时，应当按照证券公司明示的要求，提供前述所列真实信息。拒绝提供或者未按照要求提供信息的，证券公司应当告知其后果，并按照规定拒绝向其销售证券、提供服务</td></tr>
<tr><td colspan="2">（3）证券公司违反投资者适当性管理规定，导致投资者损失的，应当承担相应的赔偿责任</td></tr>
<tr><td rowspan="4">2. 对普通投资者的特殊保护</td><td colspan="2">（1）根据财产状况、金融资产状况、投资知识和经验、专业能力等因素，投资者可以分为普通投资者和专业投资者</td></tr>
<tr><td colspan="2">（2）证券公司自证清白制度
普通投资者与证券公司发生纠纷的，证券公司应当证明其行为符合相关规定，不存在误导、欺诈等情形，证券公司不能证明的，应当承担相应的赔偿责任</td></tr>
<tr><td rowspan="2">（3）强制调解</td><td>①投资者与发行人、证券公司等发生纠纷的，双方可以向投资者保护机构申请调解</td></tr>
<tr><td>②普通投资者与证券公司发生证券业务纠纷，普通投资者提出调解请求的，证券公司不得拒绝</td></tr>
<tr><td>3. 上市公司股东权利代为行使征集制度</td><td colspan="2">（1）上市公司董事会、独立董事、持有 1% 以上有表决权股份的股东或者依法设立的投资者保护机构，可以作为征集人，自行或者委托证券公司、证券服务机构，公开请求上市公司股东委托其代为出席股东大会，并代为行使提案权、表决权等股东权利</td></tr>
</table>

续表

3. 上市公司股东权利代为行使征集制度	（2）征集要求	①依法征集股东权利的，征集人应当披露征集文件，上市公司应当予以配合
		②禁止以有偿或者变相有偿的方式公开征集股东权利
		③公开征集股东权利违反有关规定，导致上市公司或者其他股东遭受损失的，应当依法承担赔偿责任
4. 现金分红制度	（1）上市公司应当在章程中明确分配现金股利的具体安排和决策程序，依法保障股东的资产收益权	
	（2）上市公司当年税后利润在弥补亏损及提取法定公积金后有盈余的，应当按照公司章程的规定分配现金股利	
5. 公司债券持有人会议和债券受托管理人制度	（1）公开发行公司债券的，应当设立债券持有人会议，并在募集说明书中说明债券持有人会议的召集程序、会议规则和其他重要事项	
	（2）受托管理人	①公开发行公司债券的，发行人应当为债券持有人聘请债券受托管理人，并订立债券受托管理协议
		②受托管理人应当由本次发行债券的承销机构或者其他经国务院证券监督管理机构认可的机构担任，债券持有人会议可以决议变更债券受托管理人
		③债券受托管理人应当勤勉尽责，公正履行受托管理职责，不得损害债券持有人利益
		④债券发行人未能按期兑付债券本息的，债券受托管理人可以接受全部或者部分债券持有人的委托，以自己的名义代表债券持有人提起、参加民事诉讼或者清算程序
6. 先行赔付制度	发行人因欺诈发行、虚假陈述，或者其他重大违法行为，给投资者造成损失的，发行人的控股股东、实际控制人以及相关的证券公司，可以委托投资者保护机构，就赔偿事宜与受到损失的投资者达成协议，予以先行赔付。先行赔付后，可以依法向发行人以及其他连带责任人追偿	
7. 投资者保护机构代表诉讼	（1）投资者保护机构对损害投资者利益的行为，可以依法支持投资者向人民法院提起诉讼	
	（2）发行人的董事、监事和高级管理人员执行公司职务时违反规定，给公司造成损失，或发行人的控股股东、实际控制人等侵犯公司合法权益，给公司造成损失，投资者保护机构持有该公司股份的，可以出于公司的利益，以自己的名义向人民法院提起诉讼，持股比例和持股期限不受“股东代表诉讼”相关规定（1%，180 日）的限制	
8. 代表人诉讼制度	（1）投资者提起虚假陈述等证券民事赔偿诉讼时，诉讼标的是同一种类，且当事人一方人数众多的，可以依法推选代表人进行诉讼	
	（2）对按照前述规定提起的诉讼，可能存在有相同诉讼请求的其他众多投资者的，人民法院可以发出公告，说明该诉讼请求的案件情况，通知投资者在一定期间向人民法院登记。人民法院做出的判决、裁定，对参加登记的投资者发生效力	
	（3）投资者保护机构受 50 名以上投资者委托，可以作为代表人参加诉讼，并为经证券登记结算机构确认的权利人依照规定向人民法院登记，但投资者明确表示不愿意参加该诉讼的除外	

考点 21：实际控制权与收购人的限制（如图 5-7、图 5-8 所示）

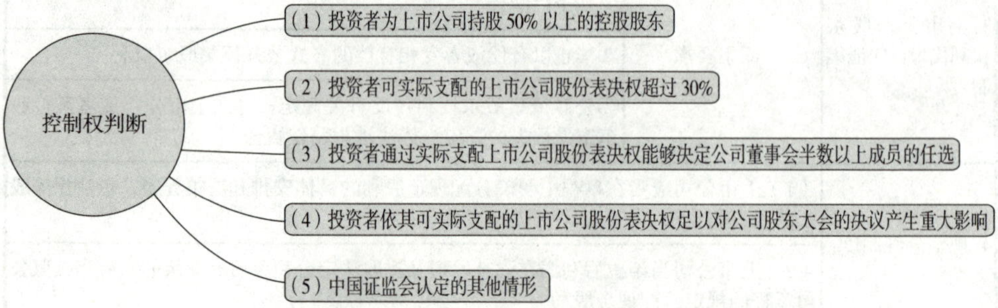

图 5-7　控制权判断

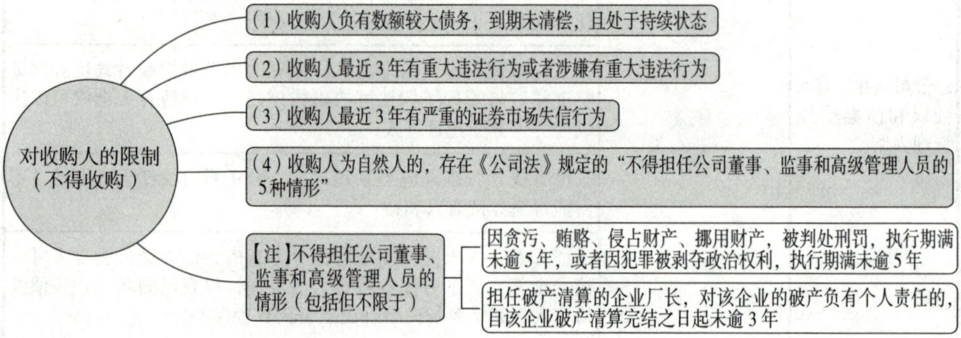

图 5-8　对收购人的限制（不得收购）

考点 22：收购途径

（1）收购途径构成（如图 5-9 所示）

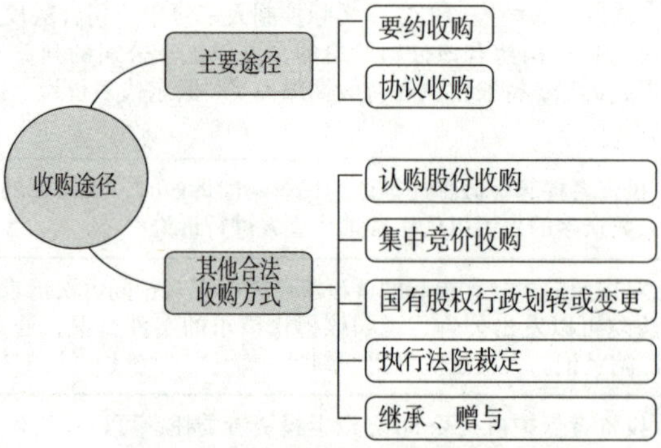

图 5-9　收购途径一览图

（2）几种收购途径比较（见表 5-29）

表 5-29　　几种收购途径比较

要约收购	收购人在证券交易所内集中竞价系统之外直接向股东发出要购买其手中持有股票的要约的一种收购方式
协议收购	收购人在证券交易所之外，通过与被收购公司的股东协商一致、达成协议，受让其持有的上市公司的股份而进行的收购 以协议收购方式收购上市公司时，收购协议的各方应当获得相应的内部批准；收购协议达成后，收购人必须在 3 日内将该收购协议向中国证监会、证券交易所做出书面报告，并予以公告，在公告前不得履行收购协议
认购股份收购	收购人经上市公司股东大会非关联股东批准，通过认购上市公司发行的新股，使其在公司拥有表决权，达到控制权的获得与巩固
集中竞价收购	收购人在场内交易市场上，通过证券交易所集中竞价交易的方式，对目标上市公司进行收购

考点 23：一致行动人（如图 5-10 所示）

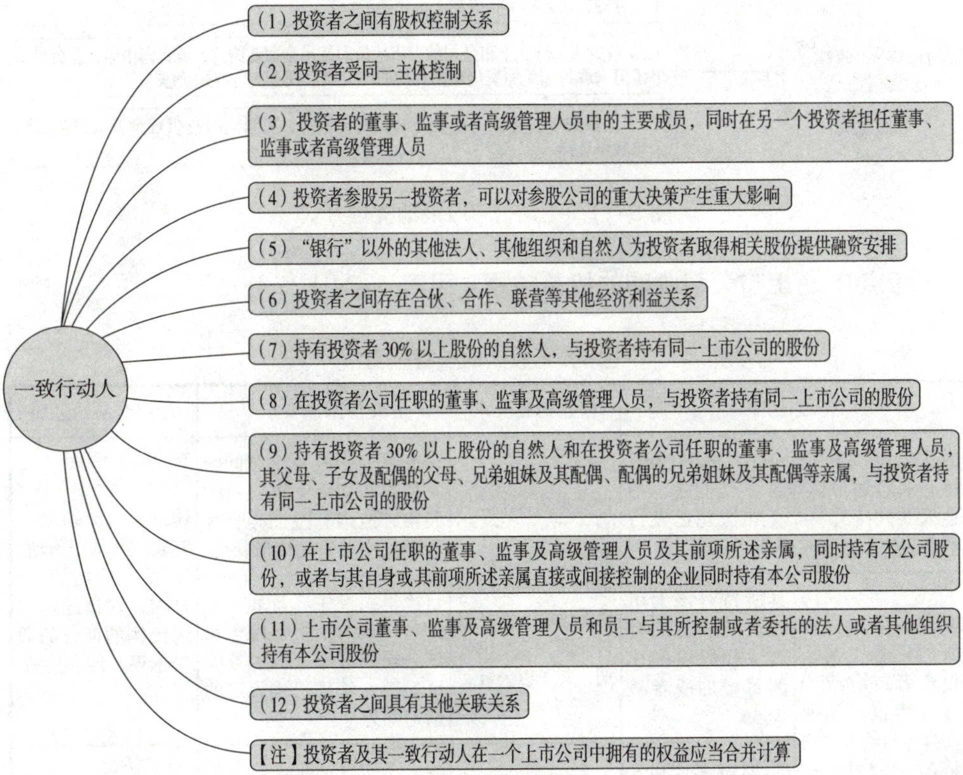

图 5-10　一致行动人

考点 24：收购人的义务与收购支付方式（见表 5–30 和图 5–11）

表 5–30　　　　　　　　　　　　**收购人的义务**

公告义务	实施要约收购的收购人，应当编制要约收购报告书，聘请财务顾问，通知被收购公司，同时对要约收购报告书摘要做出提示性公告
	要约收购完成后，收购人应当在 15 日内将收购情况报告中国证监会和证券交易所，并予以公告
禁售义务	一个人在要约收购期内不得卖出被收购公司的股票，也不得采取要约规定以外的形式和超出要约的条件，买入被收购公司的股票
锁定义务	收购人持有的被收购的上市公司的股票，在收购行为完成后的 18 个月内不得转让，但收购人在被收购公司中拥有表决权的股份在同一实际控制人控制的不同主体之间进行转让，不受该 18 个月的限制
平等对待所有股东	公平对待被收购公司的所有股东，持有同一种类股份的股东应当得到同等对待

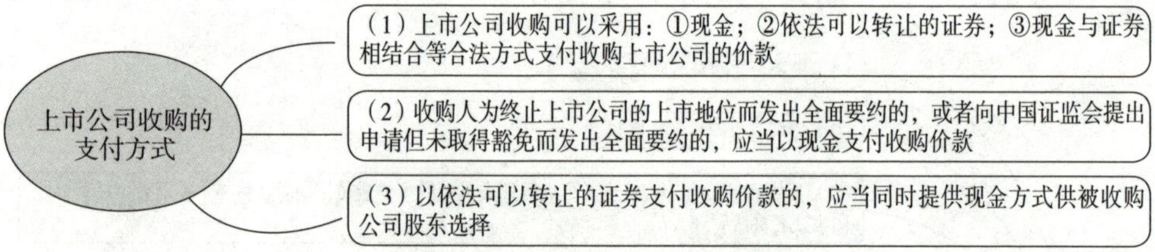

图 5–11　上市公司收购的支付方式

考点 25：上市公司收购的权益披露（见表 5–31）

表 5–31　　　　　　　　　　**上市公司收购的权益披露**

<table>
<tr><th colspan="2">持股比例</th><th>权益披露要求</th><th>交易限制要求</th><th>违规交易的惩罚</th></tr>
<tr><td colspan="2">通过在证券交易所的证券交易，投资者持有或者通过协议、其他安排，与他人共同持有一个上市公司已发行的有表决权的股份达到 5% 时</td><td rowspan="2">在该事实发生之日起 3 日内，向国务院证券监督管理机构、证券交易所做出书面报告，通知该上市公司，并予以公告</td><td>在报告、通知、公告期间内不得再买卖该上市公司的股票，但国务院证券监督管理机构规定的情形除外</td><td rowspan="2">违规买入上市公司有表决权的股份的，在买入后的 36 个月内，对该超过规定比例的部分的股份不得行使表决权</td></tr>
<tr><td rowspan="2">通过在证券交易所的证券交易，投资者持有或者通过协议、其他安排，与他人共同持有一个上市公司已发行的有表决权的股份达到 5% 后</td><td>其所持有该上市公司已发行的有表决权股份的比例每增加或者减少 5%</td><td>自该事实发生之日起，至公告 3 日内，不得再买卖该公司的股票，但国务院证券监督管理机构规定的情形除外</td></tr>
<tr><td>其所持有该上市公司已发行的有表决权股份的比例每增加或者减少 1%</td><td>在该事实发生的次日，通知该上市公司，并予以公告</td><td>—</td><td>—</td></tr>
</table>

收购人按照规定免于发出要约的，应当聘请符合《证券法》规定的律师事务所等专业机构出具专业意见。也就是说，要约收购的豁免**无须中国证监会行政许可**，只需律师事务所等专业机构出具**专业意见**。

免于发出要约见表 5–32。

表 5–32　**免于发出要约**

1. 免于以要约方式增持股份	有下列情形之一的，**收购人**可以免于以要约方式增持股份： (1) 收购人与出让人能够证明本次股份转让是在**同一实际控制人控制的不同主体**之间进行，未导致上市公司的实际控制人发生变化 (2) 上市公司面临严重财务困难，收购人提出的**挽救**公司的重组方案取得该公司股东大会批准，且收购人**承诺 3 年内不转让**其在该公司中所拥有的权益
2. 免于发出要约有右列情形之一的，投资者可以免于发出要约	(1) 经政府或者国有资产管理部门批准进行国有资产**无偿划转、变更、合并**，导致投资者在一个上市公司中拥有权益的股份占该公司已发行股份的比例超过 30%
	(2) 因上市公司按照股东大会批准的确定价格**向特定股东回购**股份而减少股本，导致投资者在该公司中拥有权益的股份超过该公司已发行股份的 30%
	(3) 经上市公司股东大会非关联股东批准，投资者**取得**上市公司向其发行的**新股**，导致其在该公司拥有权益的股份超过该公司已发行股份的 30%，投资者**承诺 3 年内不转让**本次向其发行的新股，且公司**股东大会同意**投资者免于发出要约
	(4) 在一个上市公司中拥有权益的股份达到或者超过该公司已发行股份的 30% 的，自上述事实发生之日起 **1**年后，**每 12 个月内**增持**不超**过该公司已发行的 2% 的股份。增持的不超过 2% 的股份**锁定期**为增持行为完成之日起 **6 个月** 【相关链接】上市公司持有 5% 以上股份的股东，将其持有的该公司股票在买入后 6 个月内卖出，或者在卖出后 6 个月内又买入，由此所得收益归该公司所有，公司董事会应当收回其所得收益
	(5) 在一个上市公司中拥有权益的股份达**到或者超过**该公司已发行股份的 **50% 的**，继续增加其在该公司拥有的权益以不影响该公司的上市地位
	(6) 证券公司、银行等金融机构在其经营**范围**内依法从事承销、贷款等业务导致其持有一个上市公司已发行股份超过 30%，没**有实际控制该公司的行为或者意图**，并且提出在**合理期限内向非关联方转让**相关股份的解决方案
	(7) 因**继承**导致在一个上市公司中拥有权益的股份超过该公司已发行股份的 30%
	(8) **因履行“约定购回式证券交易协议”购回上市公司股份**导致投资者在一个上市公司中拥有权益的股份超过该公司已发行股份的 30%，并且能够证明标的股份的**表决权在协议期间未发生转移**
	(9) 因所持**优先股表决权依法恢复导致**投资者在一个上市公司中拥有权益的股份超过该公司已发行股份的 30%

考点26：要约收购与协议收购（如图5-12至图5-14所示）

- 要约收购
  - 要约收购的定义
    - 通过在证券交易所的证券交易，投资者持有或者通过协议、其他安排与他人共同持有一个上市公司的股份达到该公司已发行股份的30%时，继续增持股份的，应当向该上市公司的所有股东发出收购其全部或者部分股份的要约，按规定豁免的除外
    - 【注】要约收购的适用条件
      - 持股比例达到30%
      - 继续增持股份
  - 收购要约的期限
    - 收购要约约定的期限不得少于30日，并不得超过60日
  - 收购要约的撤销
    - 在收购要约确定的承诺期限内，收购人“不得撤销”其收购要约
  - 收购要约的变更
    - 收购要约期限届满前15日内，收购人不得变更收购要约，但是出现竞争要约的除外
    - 收购人需要变更收购要约的，必须及时公告，载明具体变更事项，且不得存在下列情形：
      （1）降低收购价格
      （2）减少预定收购股份的数额
      （3）缩短收购期限
      （4）国务院证券监督管理机构规定的其他情形
  - 在要约收购期间，被收购公司董事不得辞职
  - 收购人应当公平对待被收购公司的所有股东，持有同一种类股份的股东应当得到同等对待

图5-12　要约收购

- 协议收购
  - 收购协议达成后，收购人必须在3日内将该收购协议向中国证监会、证券交易所做出书面报告，并予以公告。在公告前，不得履行收购协议
  - 采取协议收购方式，收购人收购或者通过协议、其他安排与他人共同收购一个上市公司已发行的股份达到30%时，继续进行收购的，应当向该上市公司所有股东发出收购上市公司全部或者部分股份的要约，转化为要约收购，但经中国证监会免除发出要约的除外

图5-13　协议收购

- 上市公司收购的法律后果
  - 收购期限届满，被收购公司股权分布不符合上市条件的，该上市公司的股票应当由证券交易所依法“终止”上市交易。其余仍持有被收购公司股票的股东，有权向收购人以收购要约的同等条件出售其股票，收购人应当收购
  - 【注】上市条件之一：公开发行的股份达到公司股份总数的25%以上；公司股本总额超过人民币4亿元的，公开发行股份的比例为10%以上
  - 收购行为完成后，被收购公司不再具备股份有限公司条件的，应当依法变更企业形式
  - 收购行为完成后，收购人与被收购公司合并，并将该公司解散的，被解散公司的原有股票由收购人依法更换

图5-14　上市公司收购的法律后果

【例题·单选题】根据证券法律制度的规定，在上市公司收购中，要约收购的收购期限为（　　），但是出现竞争要约的除外。

A. 不得少于 15 日，并不得超过 30 日

B. 不得少于 15 日，并不得超过 60 日

C. 不得少于 30 日，并不得超过 60 日

D. 不得少于 30 日，并不得超过 90 日

【答案】C

【例题·单选题】根据证券法律制度的规定，下列关于要约收购的表述中，不正确的是（　　）。

A. 采取要约收购方式的，收购人在收购期限内，不得卖出被收购公司的股票

B. 在要约收购期间，被收购公司董事不得辞职

C. 采取要约收购方式的，在收购要约确定的承诺期限内，收购人不得撤销其收购要约

D. 收购期限届满，被收购公司股权分布不符合上市条件的，该上市公司的股票应当由证券交易所依法暂停上市交易

【答案】D

【解析】选项 D：收购期限届满，被收购公司股权分布不符合上市条件的，该上市公司的股票应当由证券交易所依法“终止”（而非暂停）上市交易。

【例题·多选题】根据证券法律制度的规定，下列关于上市公司要约收购的表述中，正确的有（　　）。

A. 在要约收购期间，被收购公司董事不得辞职

B. 在收购要约确定的承诺期限内，收购人不得撤销其收购要约

C. 收购人需要变更收购要约的，必须及时公告，载明具体变更事项

D. 收购要约期限届满前 20 日内，收购人不得变更收购要约，但是出现竞争要约的除外

【答案】ABC

【解析】选项 D：收购要约期限届满前 15 日内，收购人不得变更收购要约，但是出现竞争要约的除外。

考点 27：股票转让限制总结（见表 5-33）

表 5-33　股票转让限制总结

情形	具体规定
发起人	自公司成立之日起 1 年内不得转让
	自公司股票在证券交易所上市交易之日起 1 年内不得转让

续表

<table>
<tr><td rowspan="5">董事、监事和高级管理人员</td><td colspan="2">自公司股票上市交易之日起1年内不得转让</td></tr>
<tr><td rowspan="2">在任职期间，每年转让的股份不得超过其所持有本公司股份总数的25%</td><td>因司法强制执行、继承、依法分割财产等导致股份变动的除外</td></tr>
<tr><td>上市公司董事、监事和高级管理人员所持股份不超过1 000股的，可一次性全部转让</td></tr>
<tr><td colspan="2">离职后6个月内不得转让其持有的本公司股份</td></tr>
<tr><td colspan="2">在下列期间不得买卖本公司股票：
（1）定期报告公告前30日内
（2）业绩报告、业绩快报公告前10日内
（3）重大事件发生之日或在决策过程中至依法披露后2个交易日内</td></tr>
<tr><td>持有上市公司5%以上股份的股东、董事、监事和高级管理人员</td><td colspan="2">在买入后6个月内卖出，或者在卖出后6个月内又买入，所得收益归上市公司所有，公司董事会负责收回</td></tr>
<tr><td>证券业从业人员</td><td colspan="2">在任期或者法定限期内，不得直接或者以化名、借用他人名义持有、买卖股票，也不得收受他人赠送的股票</td></tr>
<tr><td rowspan="2">证券服务机构和人员</td><td>为股票发行出具审计报告等文件的</td><td>在该股票承销期内和期满后6个月内，不得买卖该股票</td></tr>
<tr><td>除股票发行事项外，为上市公司出具审计报告等文件的</td><td>自接受上市公司委托之日起至上述文件公开后5日内，不得买卖该股票</td></tr>
<tr><td>传播媒介及其从事证券市场信息报道的工作人员</td><td colspan="2">不得从事与其工作职责发生利益冲突的证券买卖</td></tr>
<tr><td rowspan="2">权益披露（通过证券交易所）</td><td>达到5%</td><td>报告、通知、公告期间内不得再行买卖该上市公司的股票，另有规定的除外</td></tr>
<tr><td>每增加或减少5%</td><td>在该事实发生之日起至公告后3日内不得再买卖该上市公司的股票，另有规定的除外</td></tr>
<tr><td>内幕交易</td><td colspan="2">证券交易内幕信息的知情人和非法获取内幕信息的人，在内幕信息公开前，不得买卖该公司的证券，或者泄露该信息，或者建议他人买卖该证券</td></tr>
<tr><td rowspan="3">上市公司收购</td><td colspan="2">收购人在要约收购期内，不得卖出被收购公司的股票，也不得采取要约规定以外的形式和超出要约的条件，买入被收购公司的股票</td></tr>
<tr><td colspan="2">收购人持有的被收购的上市公司的股票，在收购行为完成后的18个月内不得转让，但收购人在被收购公司中拥有表决权的股份在同一实际控制人控制的不同主体之间进行转让，不受该18个月的限制</td></tr>
<tr><td colspan="2">收购协议达成后，收购人必须在3日内，将该收购协议向中国证监会、证券交易所做出书面报告，并予以公告，收购协议公告前不得履行</td></tr>
</table>

2. 票据法

考点 28：票据关系与票据基础关系（如图 5–15 所示）

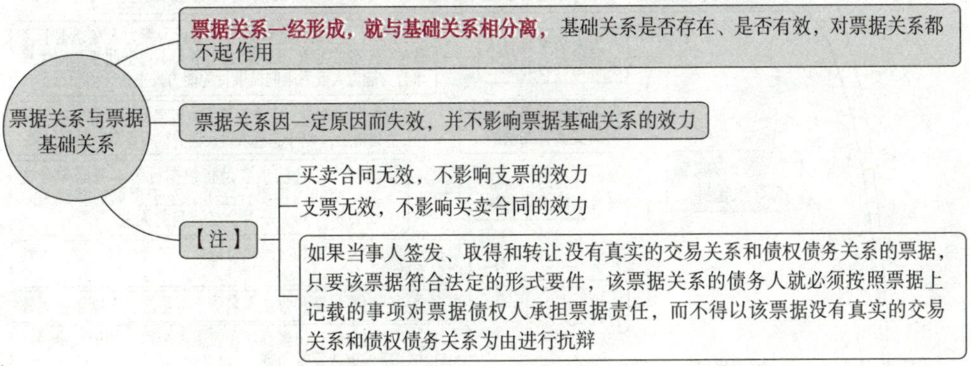

图 5–15　票据关系与票据基础关系

【例题 · 单选题】甲、乙签订了买卖合同，甲以乙为收款人开出一张票面金额为 5 万元的银行承兑汇票，作为预付款交付于乙，乙接受汇票后将其背书转让给丙。后当事人因不可抗力解除该合同。根据票据法律制度的规定，下列表述中，正确的是（　　）。

A. 甲有权要求乙返还汇票

B. 甲有权要求丙返还汇票

C. 甲有权请求付款银行停止支付

D. 甲有权要求乙返还 5 万元的预付款

【答案】D

【解析】票据关系一经形成，就与基础关系相分离，基础关系是否存在、是否有效，对票据关系都不起作用。在本题中，甲、乙之间解除买卖合同，并不影响持票人丙的票据权利。因此，出票人甲无权要求丙返还汇票，也无权请求付款银行停止向丙支付汇票金额。在银行向丙付款后，甲有权要求乙返还 5 万元的预付款。

考点 29：票据行为（如图 5-16 所示）

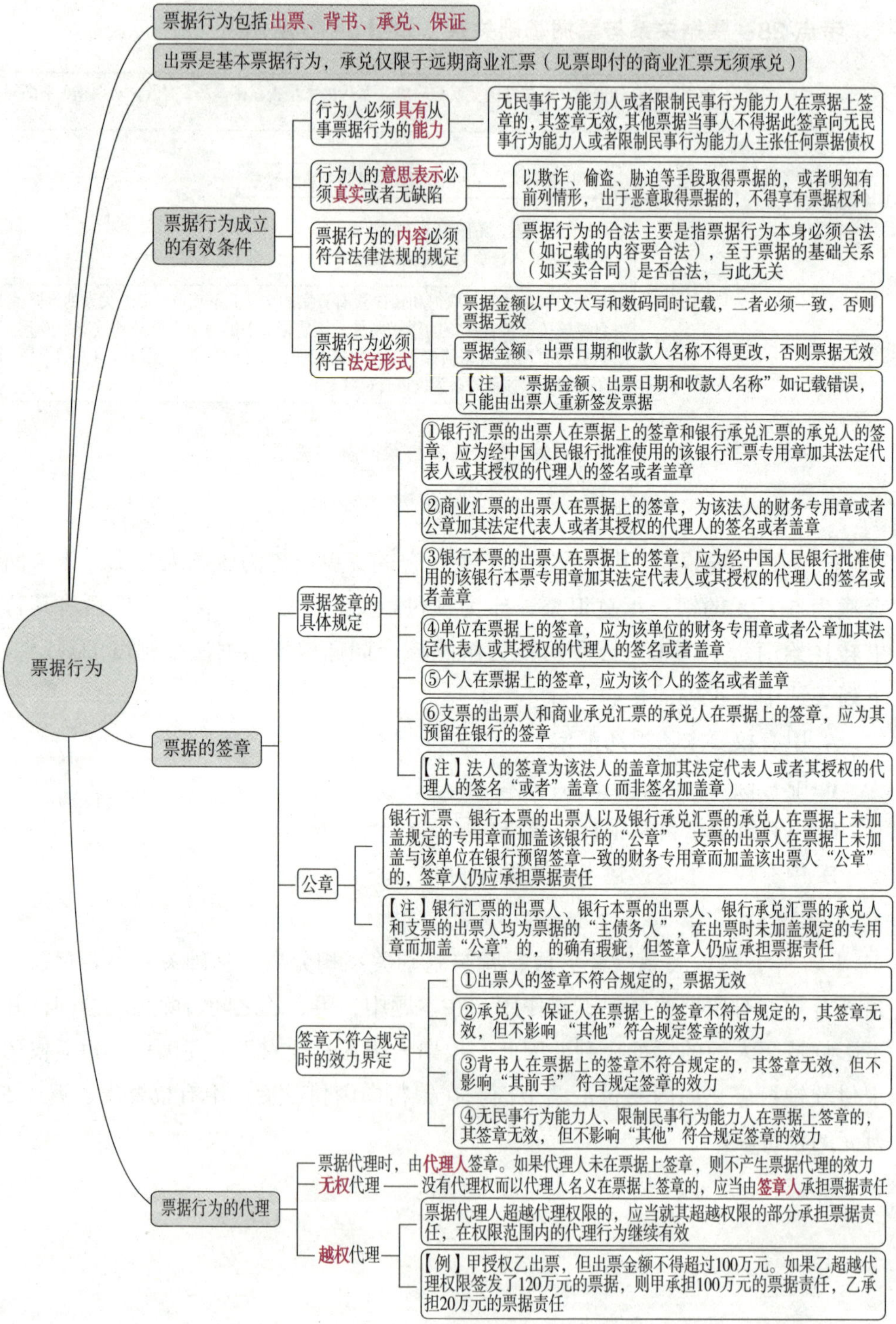

图 5-16　票据行为

【例题·多选题】根据票据法律制度的规定，下列有关票据行为有效要件的表述中，正确的有（　　）。

A. 保证人在票据上的签章不符合规定的，其签章无效，但不影响其他符合规定签章的效力

B. 持票人明知转让者转让的是盗窃的票据，仍受让票据的，不得享有票据权利

C. 票据的基础关系涉及的行为不合法，则票据行为也不合法

D. 银行汇票的出票人未加盖规定的汇票专用章，而加盖该银行的公章，则签章人应承担责任

【答案】ABD

【解析】选项 B：以欺诈、偷盗或者胁迫手段取得票据的，或者明知有前述情形，出于恶意取得票据的，不得享有票据权利；选项 C：票据行为的合法主要是指票据行为本身必须合法，即票据行为的进行程序、记载内容等合法，至于票据的基础关系涉及的行为是否合法，则与此无关。

【例题·多选题】根据票据法律制度的规定，下列有关在票据上签章效力的表述中，正确的有（　　）。

A. 出票人在票据上签章不符合规定的，票据无效

B. 承兑人在票据上签章不符合规定的，其签章无效，但不影响其他符合规定签章的效力

C. 保证人在票据上签章不符合规定的，其签章无效，但不影响其他符合规定签章的效力

D. 背书人在票据上签章不符合规定的，其签章无效，但不影响其前手符合规定签章的效力

【答案】ABCD

【例题·单选题】甲患有精神病，被人民法院宣告为限制民事行为能力人。某日，甲将一张汇票签章背书转让给乙，后乙又将该汇票签章背书转让给丙。根据票据法律制度的规定，下列表述中，正确的是（　　）。

A. 甲的签章有效，乙的签章无效

B. 甲的签章无效，乙的签章有效

C. 甲与乙的签章均有效

D. 甲与乙的签章均无效

【答案】B

【解析】无民事行为能力人、限制民事行为能力人在票据上签章的，其签章无效，但不影响“其他”符合规定签章的效力。

考点 30：票据权利的取得（如图 5-17 所示）

- 票据权利的取得
  - 票据权利包括**付款请求权**和**追索权**。一般情况下，持票人应首先行使付款请求权（第一次权利），得不到付款时，才可以行使追索权（第二次权利）。持票人不先行使付款请求权而先行使追索权遭到拒绝而起诉的，人民法院不予受理
  - 票据权利的取得方式
    - **出票**取得——出票是创设票据权利的票据行为，从出票人处取得票据，即取得票据权利
    - **转让**取得——票据通过背书转让方式可以转让给他人，被背书人即获得票据权利
    - 以税收、继承、赠与、企业合并等方式获得票据
  - 票据权利取得的限制
    - （1）票据的取得，必须**给付对价**。凡是**无对价**或者无相当对价取得票据的，如果属于**善意取得**，仍然享有票据权利，但票据持有人必须承受其前手的权利瑕疵，即该票据权利**不得优于其前手**。如果前手的权利因违法或者有瑕疵而受影响或者丧失，该持票人的权利也因此而**受到影响**或者丧失
    - 【注】凡是善意的、已付对价的正当持票人可以向任何票据债务人请求付款，不受其前手权利瑕疵和前手相互间抗辩的影响
    - 【注】持票人取得的票据是无对价或者不相当对价的，其享有的权利不能优于其前手，因此票据债务人可以对抗持票人前手的抗辩事由对抗该持票人
    - 【注】
      - 如果持票人以胁迫、欺诈等“恶意”手段取得票据，其肯定不享有票据权利
      - 如果持票人“善意”“无对价”取得票据，则要看其前手的情况：如果其前手“干干净净”，则持票人也平安无事；如果其前手的票据权利存在瑕疵，则持票人的票据权利就要受到“牵连”
      - 如果持票人“善意”“对价”取得票据，则享有100%的票据权利，不会受其前手的“牵连”
    - （2）因税收、继承、赠与**依法无偿取得**票据的，不受给付对价的限制，但所享有的票据权利不得优于其前手
    - 【注】只要持票人依法举证，表现其合法取得票据的方式，证明其票据权利，就能享有票据权利，但其票据权利不得优于其前手
    - 【例】甲向乙签发支票，乙将该支票赠与丙。只要持票人丙依法举证（如赠与合同），表现其合法取得票据的方式，证明其票据权利，就能享有票据权利（不受背书连续的限制）。但是，丙（无对价取得）的票据权利不得优于其前手乙。如果乙发给甲的货物存在严重的质量问题，则出票人甲就可以对抗乙的理由来对抗丙
    - （3）因欺诈、偷盗、胁迫、恶意或者重大过失而取得票据的，**不得**享有票据权利

图 5-17 票据权利的取得

【例题·单选题】甲偷盗所得某银行签发的金额为5 000元的银行本票一张，并将该本票赠与其女友乙作为生日礼物，乙不知该本票系甲偷盗所得，按期持票要求银行付款。假设银行知晓该本票系甲偷盗所得并送给乙，对于乙的付款请求，根据票据法律制度的规定，下列表述中，正确的是（　　）。

A. 根据票据无因性原则，银行应当支付

B. 乙无对价取得本票，银行应拒绝支付

C. 虽甲取得本票不合法，但因乙不知情，银行应支付

D. 甲取得本票不合法，且乙无对价取得本票，银行应拒绝支付

【答案】D

【解析】乙因赠与可以无偿取得票据，不受给付对价的限制。但是，其所享有的票据权利不得优于其前手甲，而甲因偷盗所得不享有票据权利，因此乙也不享有票据权利。

考点31：票据权利的补救（如图5–18所示）

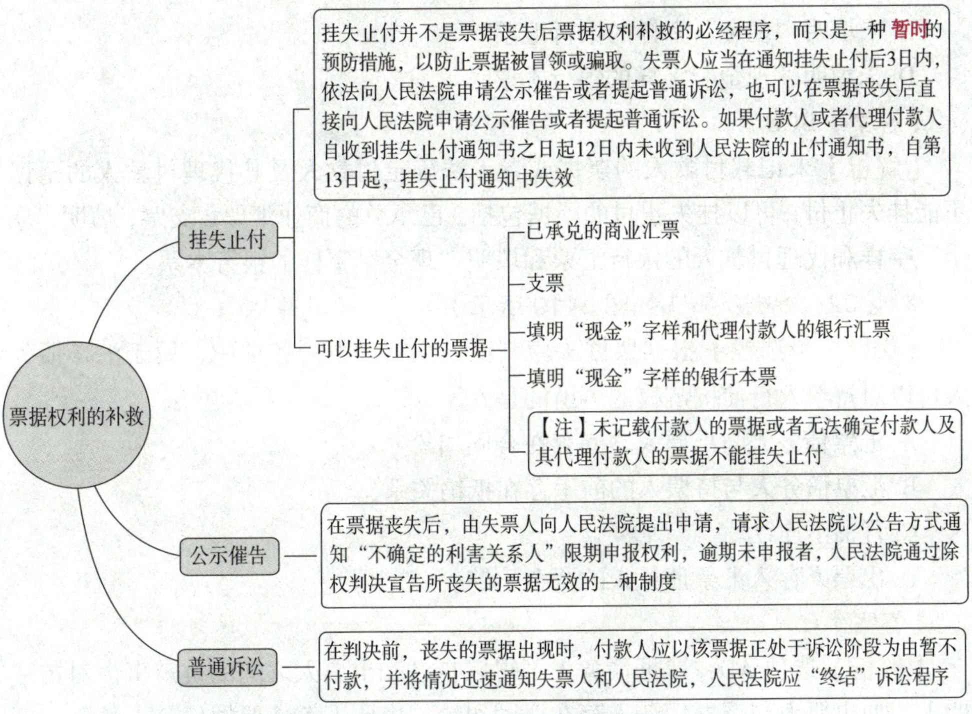

图5–18　票据权利的补救

【例题·单选题】在票据权利补救的普通诉讼中，丧失的票据在判决前出现时，付款人应以该票据正处于诉讼阶段为由暂不付款，并将情况迅速

通知失票人和人民法院。根据票据法律制度的规定，人民法院正确的处理方式是（　）。

A. 终结诉讼程序

B. 中止诉讼程序

C. 判决付款人付款，其他争议另立案审理

D. 追加持票人作为第三人，诉讼程序继续进行

【答案】A

【解析】在判决前，丧失的票据出现时，付款人应以该票据正处于诉讼阶段为由暂不付款，并将情况迅速通知失票人和人民法院，人民法院应终结诉讼程序。

【例题·多选题】根据票据法律制度的规定，下列各项中，属于不可以挂失止付的票据的有（　）。

A. 已承兑的商业汇票

B. 未记载付款人的汇票

C. 未填明“现金”字样的银行汇票

D. 未填明“现金”字样的银行本票

【答案】BCD

【解析】未记载付款人的票据或者无法确定付款人及其代理付款人的票据不能挂失止付。可以挂失止付的票据包括：已承兑的商业汇票、支票，填明“现金”字样和代理付款人的银行汇票和填明“现金”字样的银行本票。

考点 32：票据抗辩（如图 5-19 所示）

【例题·单选题】根据票据法律制度的规定，下列各项中，属于汇票债务人可以对持票人行使抗辩权的事由的是（　）。

A. 汇票债务人与出票人之间存在合同纠纷

B. 汇票债务人与持票人的前手存在抵销关系

C. 背书不连续

D. 出票人存入汇票债务人的资金不够

【答案】C

【解析】选项 AD：票据债务人不得以自己和出票人之间的抗辩事由对抗持票人，如出票人与票据债务人存在合同纠纷、出票人存入票据债务人的资金不够；选项 B：票据债务人不得以自己与持票人的前手之间的抗辩事由对抗持票人，如票据债务人与持票人的前手存在抵销关系；选项 C：属于“对物抗辩”，票据债务人可以对任何持票人提出抗辩。

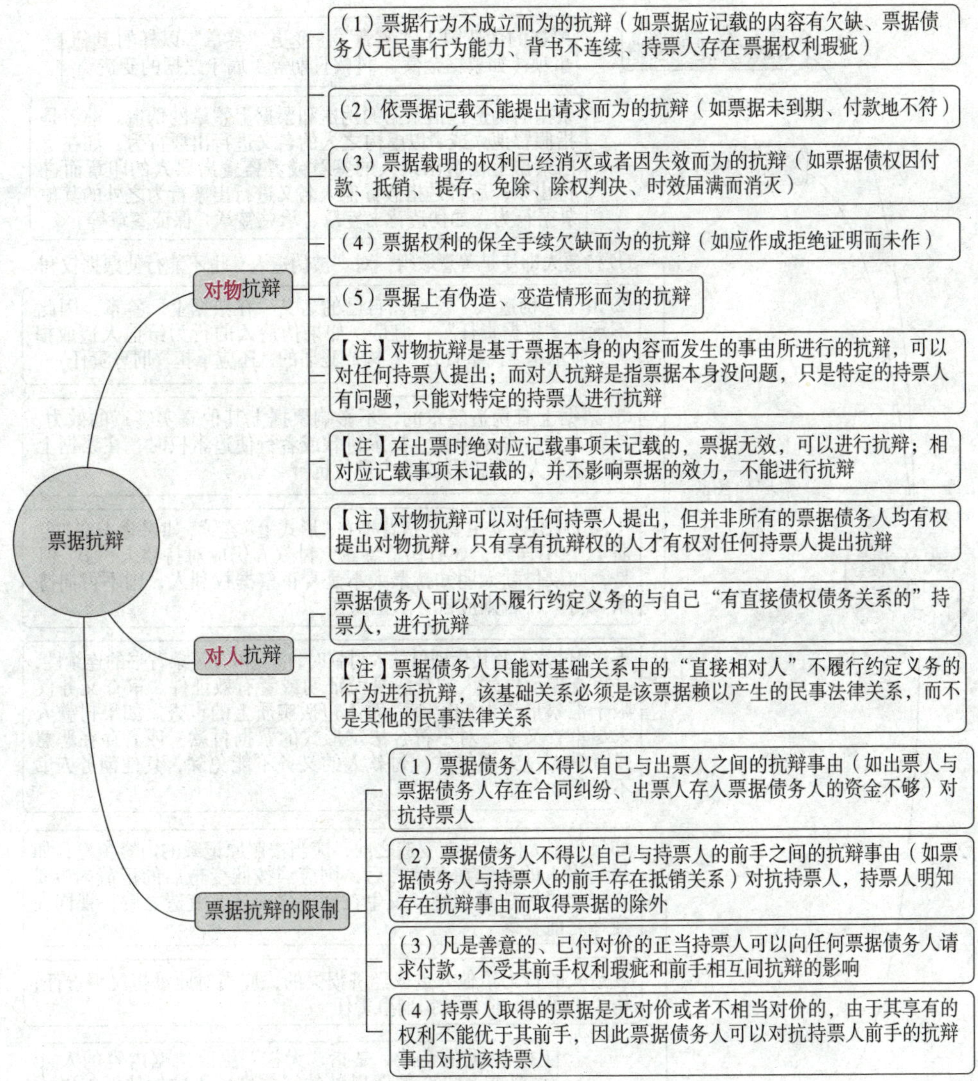

图 5–19　票据抗辩

考点 33：票据的伪造和变造（如图 5–20 所示）

【例题·多选题】下列有关票据伪造的表述中，符合票据法律制度规定的有（　　）。

A. 票据上有伪造签章的，不影响票据上其他真实签章的效力

B. 善意的且支付相当对价的合法持票人有权要求被伪造人承担票据责任

C. 善意的且支付相当对价的合法持票人无权要求被伪造人承担票据责任

D. 票据伪造人的伪造行为即使给他人造成损害，其也不承担票据责任

【答案】ACD

- **票据的伪造和变造**
  - 票据的伪造与变造 —— 票据的伪造限于“签章”，变更“签章”以外的其他事项（如票据金额、付款日期等）属于票据的变造
  - 票据的伪造定义 —— 票据的伪造包括票据的伪造和票据上签章的伪造。前者是指假冒他人或者以虚构之人的名义进行出票行为，如在空白票据上伪造出票人的签章或者盗盖出票人的印章而进行出票；后者是指假冒他人名义进行出票行为之外的其他票据行为，如伪造背书签章、承兑签章、保证签章等
  - 票据的伪造
    - ①持票人即使是善意取得，对“被伪造人”也不能行使票据权利
    - ②由于“伪造人”没有以自己的名义“在票据上”签章，因此不承担“票据责任”。但是，如果伪造人的行为给他人造成损失，应承担“民事责任”；构成犯罪的，还应承担“刑事责任”
    - ③票据上有伪造签章的，不影响票据上其他真实签章的效力。持票人依法提示承兑、提示付款或者行使追索权时，在票据上真正签章人不能以伪造为由进行抗辩
    - 【注】背书连续主要是指背书在“形式上”连续，如果背书在“实质上”不连续，如有伪造签章，付款人仍应对持票人付款。但是，如果付款人明知持票人不是真正票据权利人，则不得向持票人付款，否则应自行承担责任
    - 【注】付款人及其代理付款人付款时，应当审查汇票背书的连续性，并审查提示付款人的合法身份证明或者有效证件。审查义务仅限于汇票形式上的审查，而不包括实质上的审查。如果付款人未尽审查义务，对不符合法定形式的票据付款，或者存在恶意或者重大过失而付款，付款人的义务不能免除，其他债务人也不能免除责任
  - 票据的变造
    - 如果当事人的签章在变造之前，应当按照原记载的内容负责；如果当事人的签章在变造之后，则应当按照变造后的记载内容负责。如果无法辨别签章发生在变造之前还是变造之后，视同在变造之前签章
    - 变造人的行为给他人造成经济损失的，应当对此承担民事责任；构成犯罪的，依法承担刑事责任
    - 【注】
      - （1）票据的变造，是指“无权”更改票据内容的人，对票据上“签章”以外的记载事项（偷偷地）加以变更的行为
      - （2）出票人“有权”对票据的某些内容（票据金额、出票日期和收款人名称除外）进行合法的更改，但应当在更正处盖章
    - 【注】被变造的票据仍然有效，因此在票据上签章的当事人肯定要承担票据责任
    - 【注】
      - （1）在票据上签章的变造人应当按照变造后的金额承担“票据责任”
      - （2）由于“伪造人”没有以自己的名义“在票据上”签章，因此不承担“票据责任”

图 5–20　票据的伪造和变造

【解析】选项 A：票据上有伪造签章的，不影响票据上其他真实签章的效力，在票据上真正签章的当事人，仍应对被伪造的票据的债权人承担票据责任；选项 BC：持票人即使是善意取得，对被伪造人也不能行使票据权利；选项 D：由于伪造人没有在票据上以自己的名义签章，因此不承担票据责任。

【例题·单选题】甲私刻乙公司的财务专用章，假冒乙公司的名义签发一张转账支票交给收款人丙，丙将该支票背书转让给丁，丁又背书转让给戊。当戊主张票据权利时，根据票据法律制度的规定，下列表述中，正确的是（　　）。

A. 甲不承担票据责任　　B. 乙公司承担票据责任

C. 丙不承担票据责任　　D. 丁不承担票据责任

【答案】A

【解析】选项 A：由于伪造人甲在票据上根本没有以自己的名义签章，因此不承担票据责任；选项 B：持票人即使是善意取得，对被伪造人乙也不能行使票据权利；选项 CD：票据上有伪造签章的，不影响票据上其他真实签章的效力，丙和丁属于在票据上真正签章的当事人，仍应对被伪造的票据的债权人承担票据责任。

【例题·单选题】甲签发一张票面金额为 2 万元的转账支票给乙，乙将该支票背书转让给丙，丙将票面金额改为 5 万元后背书转让给丁，丁又背书转让给戊。根据票据法律制度的规定，下列关于票据责任承担的表述中，正确的是（　　）。

A. 甲、乙、丁对 2 万元负责，丙对 5 万元负责

B. 乙、丙、丁对 5 万元负责，甲对 2 万元负责

C. 甲、乙对 2 万元负责，丙、丁对 5 万元负责

D. 甲、乙对 5 万元负责，丙、丁对 2 万元负责

【答案】C

【解析】甲、乙的签章在变造之前，其应当按照原记载的内容（2 万元）负责；丙、丁的签章在变造之后，其应当按照变造后的记载内容（5 万元）负责。

【例题·单选题】一张汇票的出票人是甲，乙、丙、丁依次是背书人，戊是持票人。戊在行使票据权利时发现该汇票的金额被变造。经查，乙是在变造之前签章，丁是在变造之后签章，但不能确定丙是在变造之前还是变造之后签章。根据票据法律制度的规定，下列关于甲、乙、丙、丁对汇票金额承担责任的表述中，正确的是（　　）。

A. 甲、乙、丙、丁均只就变造前的汇票金额对戊负责

B. 甲、乙、丙、丁均需就变造后的汇票金额对戊负责

C. 甲、乙就变造前的汇票金额对戊负责，丙、丁就变造后的汇票金额对戊负责

D. 甲、乙、丙就变造前的汇票金额对戊负责，丁就变造后的汇票金额对戊负责

【答案】D

【解析】如果当事人（甲、乙）签章在变造之前，其应按原记载的内容负责；如果当事人（丁）签章在变造之后，则其应按变造后的记载内容负责；如果无法辨别当事人（丙）是在票据被变造之前还是变造之后签章，视同在变造之前签章。

考点 34：商业汇票票据权利的消灭时效（如图 5-21 所示）

- 商业汇票票据权利的消灭时效
  - 付款请求权的消灭时效
    - 持票人对“汇票承兑人”的付款请求权，消灭时效期间为 2 年，自票据到期日起算
    - 持票人对“本票出票人”的付款请求权，消灭时效期间为 2 年，自出票日起算
  - 追索权的消灭时效
    - （1）持票人对“汇票出票人、承兑人”的追索权，消灭时效期间为 2 年，自票据到期日起算；见票即付的汇票，自出票日起算
    - （2）持票人对“本票出票人”的追索权，消灭时效期间为 2 年，自出票日起算
    - （3）持票人对“支票出票人”的追索权，消灭时效期间为 6 个月，自出票日起算
    - （4）汇票、本票、支票的持票人对其前手的“首次追索权”，消灭时效期间为 6 个月，自被拒绝承兑或者被拒绝付款之日起算
    - （5）汇票、本票、支票的被追索人对其前手的“再追索权”，消灭时效期间为 3 个月，自清偿日或者被提起诉讼之日起算
    - 【注】持票人因超过票据权利时效期间或者因票据记载事项欠缺而丧失票据权利的，仍享有民事权利，可以请求出票人或者承兑人返还其与未支付的票据金额相当的利益
  - 票据列表比较

<table>
<tr><th colspan="2">票据种类</th><th>提示承兑期限</th><th>提示付款期限</th><th>票据权利的消灭时效</th></tr>
<tr><td rowspan="4">商业汇票</td><td>见票即付</td><td>无须提示承兑</td><td>出票日起 1 个月</td><td>出票日起 2 年</td></tr>
<tr><td>定日付款</td><td rowspan="2">到期日前提示承兑</td><td rowspan="3">到期日起 10 日</td><td rowspan="3">到期日起 2 年</td></tr>
<tr><td>出票后定期付款</td></tr>
<tr><td>见票后定期付款</td><td>出票日起 1 个月</td></tr>
<tr><td colspan="2">银行汇票（见票即付）</td><td>无须提示承兑</td><td>出票日起 1 个月</td><td>出票日起 2 年</td></tr>
<tr><td colspan="2">银行本票（见票即付）</td><td>无须提示承兑</td><td>出票日起不得超过 2 个月</td><td>出票日起 2 年</td></tr>
<tr><td colspan="2">支票（见票即付）</td><td>无须提示承兑</td><td>出票日起 10 日</td><td>出票日起 6 个月</td></tr>
</table>

图 5-21 商业汇票票据权利的消灭时效

【例题 · 单选题】丙公司持有一张以甲公司为出票人、乙银行为承兑人、丙公司为收款人的汇票，汇票到期日为 2018 年 6 月 5 日，但是丙公司一直没有主张票据权利。根据票据法律制度的规定，丙公司对甲公司的票据权利的消灭时间是（　　）。

A. 2018 年 6 月 15 日

B. 2018 年 12 月 5 日

C. 2019 年 6 月 5 日

D. 2020 年 6 月 5 日

【答案】D

【解析】持票人对票据（远期商业汇票）的出票人和承兑人的权利，自票据（远期商业汇票）到期日起 2 年后消灭。

【例题 · 单选题】2020 年 6 月 5 日，A 公司向 B 公司开具一张金额为 5 万元的支票，B 公司将支票背书转让给 C 公司。6 月 12 日，C 公司请求付款银行付款时，银行以 A 公司账户内只有 5 000 元为由拒绝付款。C 公司遂要求 B 公司付款，B 公司于 6 月 15 日向 C 公司付清了全部款项。根据票据法律制度的规定，B 公司向 A 公司行使再追索权的期限为（　　）。

A. 2020 年 6 月 25 日之前

B. 2020 年 8 月 15 日之前

C. 2020 年 9 月 15 日之前

D. 2020 年 12 月 5 日之前

【答案】D

【解析】A 公司属于出票人，支票的持票人对出票人的票据权利，自出票之日起 6 个月内不行使而消灭。

考点 35：汇票的出票（如图 5–22 所示）

【例题 · 单选题】根据票据法律制度的规定，下列有关汇票的表述中，正确的是（　　）。

A. 汇票未记载收款人名称的，可由出票人授权补记

B. 汇票未记载付款日期的，为出票后 10 日内付款

C. 汇票未记载出票日期的，汇票无效

D. 汇票未记载付款地的，以出票人的营业场所、住所或经常居住地为付款地

【答案】C

【解析】选项 A：汇票上未记载收款人名称的汇票无效；选项 B：汇票上未记载付款日期的视为见票即付；选项 C：出票日期属于绝对应记载事项，未记载的汇票无效；选项 D：汇票上未记载付款地的，以“付款人”的营业场所、住所或者经常居住地为付款地。

【例题 · 多选题】根据票据法律制度的规定，下列各项中，可以导致汇票无效的有（　　）。

- 汇票的出票
  - 绝对应记载事项（7条）：未记载的，汇票无效
    - 【7条】汇票上必须记载的事项包括：标明“汇票”的字样、无条件支付的委托、确定的金额、付款人名称、收款人名称、出票日期和出票人签章
    - 金额
      - ①票据金额以中文大写和数码同时记载，二者必须一致，否则票据无效
      - ②票据的“金额、出票日期、收款人名称”不能更改，否则票据无效
      - ③金额必须是固定的数额，如果汇票上记载的金额是不确定的（如100万元以下），汇票无效
      - ④支票的金额、收款人名称可以由出票人授权补记，但汇票、本票不能补记。汇票在出票时未记载收款人名称、金额的，该汇票无效
      - ⑤银行汇票上记载实际结算金额的，以实际结算金额为汇票金额；如果银行汇票只记载汇票金额而未记载实际结算金额，并不影响该汇票的效力，而以汇票金额为实际结算金额；实际结算金额只能小于或者等于汇票金额，如果实际结算金额大于汇票金额，实际结算金额无效，以汇票金额为付款金额
    - 出票日期——在出票日期、背书日期、保证日期、付款日期中，只有“出票日期”属于绝对应记载事项
    - 出票人签章
      - 出票人的签章不符合规定的，票据无效
      - 银行汇票、银行本票的出票人以及银行承兑汇票的承兑人在票据上未加盖规定的专用章而加盖该银行的“公章”，支票的出票人在票据上未加盖与该单位在银行预留签章一致的财务专用章而加盖该出票人“公章”的，签章人应当承担票据责任
  - 相对应记载事项（3条）：未记载的，并不影响汇票本身的效力
    - 付款日期——未记载付款日期的，视为见票即付
    - 付款地——未记载付款地的，以“付款人”的营业场所、住所或者经常居住地为付款地
    - 出票地——未记载出票地的，以“出票人”的营业场所、住所或者经常居住地为出票地
  - 非法定记载事项：不具有汇票上的效力
    - 签发票据的原因或者用途
    - 该票据交易项下的交易合同号码
  - 票据绝对应记载事项和相对应记载事项的比较

记载事项	内容	汇票	本票	支票
绝对事项	标明“××”的字样	√	√	√
	无条件支付的委托 / 承诺	√	√	√
	确定的金额	√	√	√
	付款人名称	√	×	√
	收款人名称	√	√	×
	出票日期	√	√	√
	出票人签章	√	√	√
相对事项	付款日期	√	×	×
	付款地	√	√	√
	出票地	√	√	√

  - 表格注释
    - 银行本票是由出票人本人付款的票据，本票出票时的绝对应记载事项只有6条，没有“付款人名称”
    - 支票的金额和收款人名称均可以授权补记，但支票的金额属于绝对应记载事项，收款人名称则不属于绝对应记载事项
    - 银行本票、支票限于见票即付，谈不上“付款日期”
  - 出票的效力
    - 对出票人的效力——出票人成为票据债务人，承担担保承兑和担保付款的责任
    - 对收款人的效力——收款人取得票据权利，包括付款请求权、追索权，以及以背书等方式处分其票据权利的权利
    - 对付款人的效力——出票是出票人的行为，票据上虽记载了出票人委托“付款人”无条件支付票据金额的内容，但这仅仅是出票人的记载，付款人并未在票据上签章，付款人并不因此而承担票据责任。只有当付款人在票据上承兑之后，才基于该票据行为而成为票据的主债务人。此时，其称谓即从“付款人”改为“承兑人”

图 5-22 汇票的出票

A. 汇票上未记载付款日期

B. 汇票上未记载出票日期

C. 汇票上未记载收款人名称

D. 汇票金额的中文大写和数码记载不一致

【答案】BCD

【解析】选项 A：属于相对应记载事项；选项 BC：属于绝对应记载事项；选项 D：票据金额以中文大写和数码同时记载，两者必须一致，不一致时，票据无效。

【例题·单选题】根据票据法律制度的规定，某公司签发汇票时出现的下列情形中，会导致该汇票无效的是（　　）。

A. 汇票上未记载付款日期

B. 汇票上的金额记载为“不超过 50 万元”

C. 汇票上记载了该票据项下的交易的合同号码

D. 签章时加盖了本公司公章，公司负责人仅签名而未盖章

【答案】B

【解析】选项 A：“付款日期”属于相对应记载事项，未记载的不影响汇票的效力；选项 B：汇票金额应为“确定的金额”；选项 C：“合同号码”属于非法定事项，是否记载与汇票的效力无关；选项 D：法定代表人的签章应为“签名或者盖章”。

考点 36：汇票的背书（如图 5-23 所示）

【例题·多选题】根据票据法律制度的规定，下列情形中，属于背书无效的有（　　）。

A. 将汇票金额全部转让给甲

B. 将汇票金额的一半转让给甲

C. 将汇票金额分别转让给甲和乙

D. 将汇票金额转让给甲但要求甲不得对背书人行使追索权

【答案】BC

【解析】选项 BC：将汇票金额的一部分转让或者将汇票金额分别转让给 2 人以上的背书无效；选项 D：背书不得附条件，背书附条件的，所附条件无效，背书有效。

【例题·多选题】根据票据法律制度的规定，下列有关票据背书的表述中，正确的有（　　）。

A. 背书人在背书时记载“不得转让”字样的，被背书人再行背书无效

B. 背书附条件的，背书无效

C. 部分转让票据权利的背书无效

D. 分别转让票据权利的背书无效

- 汇票的背书
  - 背书的定义
    - 背书，是指持票人为将票据权利转让给他人或者将票据权利授予他人行使，在票据背面或者粘单上记载有关事项并签章，然后将票据交付给被背书人的票据行为
    - 背书包括转让背书和非转让背书（委托收款背书和质押背书）
  - 记载事项
    - 绝对应记载事项：背书人的签章
    - 相对应记载事项：背书日期（未记载的，视为到期日前背书）
    - 可以补记：被背书人名称
    - 【注】背书人未记载被背书人名称即将票据交付他人的，持票人在被背书人栏内记载自己的名称与背书人记载具有同等法律效力
    - 【注】背书人在票据上的签章不符合规定的，其签章无效，但不影响“其前手”符合规定签章的效力

汇票背书记载事项		
序号	A	B
1	出票日期	绝对事项
2	付款日期	相对事项（未记载的，视为见票即付）
3	背书日期	相对事项（未记载的，视为汇票到期日前背书）
4	保证日期	相对事项（未记载的，以出票日期为保证日期）

  - 附条件的背书：条件无效，背书有效 —— 背书时附有条件的，所附条件不具有汇票上的效力，即不影响背书行为本身的效力，被背书人仍可依该背书取得票据权利
  - 部分背书、多头背书：背书无效 —— 将汇票金额的一部分转让或者将汇票金额分别转让给2人以上的背书无效
  - 背书连续
    - 已背书转让的汇票，背书应当连续。如果背书不连续，付款人可以拒绝向持票人付款，否则付款人自行承担责任
    - 【注】背书连续主要是指背书在“形式上”连续，如果背书在“实质上”不连续，如有伪造签章，付款人仍应对持票人付款。但是，如果付款人明知持票人不是真正的票据权利人，则不得向持票人付款，否则应自行承担责任
    - 对于非经背书转让，而以其他合法形式（如税收、继承、赠与）取得汇票的，不受背书连续的限制。只要取得汇票的人依法举证，表明其合法取得汇票的方式，证明其票据权利，就能享有票据权利
  - 任意禁止背书
    - 出票人
      - 出票人在汇票上记载“不得转让”字样，其后手再转让的，该转让不发生票据法上的效力，出票人和承兑人对受让人不承担“票据责任”
      - 对于出票人记载“不得转让”字样的汇票，其后手以此票据进行贴现、质押，通过贴现、质押取得票据的持票人主张票据权利的，人民法院不予支持
    - 背书人 —— 背书人在汇票上记载“不得转让”字样，其后手再背书转让的，原背书人对其直接被背书人以后通过背书方式取得汇票的一切当事人，不负担保责任
  - 法定禁止背书
    - 汇票已经被拒绝承兑
    - 汇票已经被拒绝付款
    - 超过付款提示期限，其票据权利中的付款请求权已经丧失
    - 【注】背书转让的，背书人应当承担票据责任
  - 委托收款背书
    - 被背书人因委托收款背书而取得代理权后，可以代为行使付款请求权和追索权
    - 背书人仍是票据权利人，被背书人只是代理人，未取得票据权利，因此不能转让。如果转让，原背书人对后手的被背书人不承担票据责任，但不影响出票人、承兑人以及原背书人之前手的票据责任
  - 质押背书
    - 质押背书确立的是一种担保关系，而不是票据权利的转让。因此，质权人并不享有票据权利，不得将其转让。如果转让，原背书人对其后手的被背书人不承担票据责任，但不影响出票人、承兑人以及原背书人之前手的票据责任
    - 以汇票设定质押时，出质人应当“在汇票上”记载“质押”字样并“签章”，才构成汇票质押。被背书人取得质权人地位后，在背书人不能履行其债务的情况下，质权人可以行使“票据权利”，并从票据金额中按照担保债权的数额优先得到补偿
    - 【注】以汇票设定质押时，出质人在汇票上只记载了“质押”字样而未在票据上签章的，或者出质人未在汇票上记载“质押”字样而另行签订质押合同、质押条款的，不构成汇票质押
    - 【注】
      - 如果构成汇票质押（出质人同时在汇票上“签章”并记载“质押”字样），在质押期间，被背书人（质权人）并不享有票据权利，但是当背书人（债务人）不能履行到期债务时，被背书人（质权人）就可以行使“票据权利”了
      - 如果债务人将汇票直接“交付”给质权人（出质人未同时在汇票上“签章”并记载“质押”字样），根据《物权法》的规定，质权依然自交付之日起设立；但是当债务人不能履行到期债务时，质权人不能直接行使“票据权利”（背书不连续）
  - 背书效力

具体形式	背书的效力
背书人未签章	背书无效
未记载背书日期	背书有效
背书人未记载被背书人名称即将票据交付他人的，持票人在被背书人栏内记载自己的名称	背书有效
附条件的背书	背书有效
部分背书、多头背书	背书无效
背书人在汇票上记载“不得转让”字样，其后手再背书转让的	背书有效

图 5-23 汇票的背书

【答案】CD

【解析】选项 A：对于背书人的“禁止背书”，其后手再背书转让的，原背书人对其直接被背书人以后通过背书方式取得汇票的一切当事人，不负担保责任，但不影响背书本身的效力；选项 B：背书不得附条件，否则所附条件无效，但背书有效；选项 CD：将汇票金额的一部分转让或者将汇票金额分别转让给 2 人以上的背书无效。

【例题 · 多选题】甲公司将一张银行承兑汇票转让给乙公司，乙公司以质押背书方式向 W 银行取得贷款。贷款到期，乙公司偿还贷款，收回汇票并转让给丙公司。票据到期后，丙公司作成委托收款背书，委托开户银行提示付款。根据票据法律制度的规定，下列背书中，属于非转让背书的有（　　）。

A. 甲公司背书给乙公司

B. 乙公司质押背书给 W 银行

C. 乙公司背书给丙公司

D. 丙公司进行委托收款背书

【答案】BD

【解析】非转让背书包括委托收款背书和质押背书。

【例题 · 单选题】甲将一汇票背书转让给乙，但该汇票上未记载乙的名称。其后，乙在该汇票被背书人栏内记载了自己的名称。根据票据法律制度的规定，下列有关该汇票背书与记载效力的表述中，正确的是（　）。

A. 甲的背书无效，因为甲未记载被背书人乙的名称

B. 甲的背书无效，且将导致该票据无效

C. 乙的记载无效，应由背书人甲补记

D. 乙的记载有效，其记载与背书人甲记载具有同等法律效力

【答案】D

【解析】如果背书人未记载被背书人名称而将票据交付他人，持票人在票据被背书人栏内记载自己的名称与背书人记载具有同等法律效力。

【例题 · 单选题】根据票据法律制度的规定，如果持票人将出票人禁止背书的汇票转让，下列有关出票人票据责任的表述中，正确的是（　　）。

A. 出票人对受让人不负票据责任

B. 出票人仍须对善意受让人负偿还票款的责任

C. 出票人与背书人对善意受让人负偿还票款的连带责任

D. 出票人与背书人、持票人共同负责

【答案】A

【解析】出票人在汇票上记载“不得转让”字样，其后手再转让的，该转让不发生票据法上的效力，出票人对受让人不承担票据责任。

【例题·单选题】根据票据法律制度的规定，背书人在汇票上记载“不得转让”字样，其后手再背书转让的，将产生的法律后果是（　　）。

A. 该汇票无效

B. 该背书转让无效

C. 原背书人对后手的被背书人不承担担保责任

D. 原背书人对后手的被背书人承担担保责任

【答案】C

【解析】背书人在汇票上记载“不得转让”字样，其后手再背书转让的，原背书人对其直接被背书人以后通过背书方式取得汇票的一切当事人，不负担保责任。

【例题·单选题】汇票背书人在票据上记载“不得转让”字样，但其后手仍进行背书转让，下列关于票据责任承担的表述中，错误的是（　　）。

A. 不影响承兑人的票据责任

B. 不影响出票人的票据责任

C. 不影响原背书人之前手的票据责任

D. 不影响原背书人对后手的被背书人承担票据责任

【答案】D

【解析】背书人在汇票上记载“不得转让”字样，其后手再背书转让的，原背书人对其直接被背书人以后通过背书方式取得汇票的一切当事人，不负担保责任。

【例题·单选题】甲公司为购买货物而将所持有的汇票背书转让给乙公司，但因担心以此方式付款后对方不交货，因此在背书栏中记载了“乙公司必须按期保质交货，否则不付款”的字样。乙公司在收到票据后没有按期交货。根据票据法律制度的规定，下列表述中，正确的是（　　）。

A. 背书无效

B. 背书有效，乙的后手持票人应受上述记载的约束

C. 背书有效，但是上述记载没有汇票上的效力

D. 票据无效

【答案】C

【解析】背书时附有条件的，所附条件不具有汇票上的效力，即不影响背书行为本身的效力，被背书人仍可依该背书取得票据权利。

【例题·单选题】根据票据法律制度的规定，下列有关汇票背书的表述中，正确的是（　　）。

A. 背书日期为绝对必要记载事项

B. 背书不得附有条件，背书时附有条件的，背书无效

C. 出票人在汇票上记载“不得转让”字样的，汇票不得转让

D. 委托收款背书的被背书人可以再背书转让汇票权利

【答案】C

【解析】选项 A：背书日期属于相对应记载事项，未记载背书日期的，视为到期日前背书；选项 B：背书时附有条件的，所附条件不具有汇票上的效力，即不影响背书行为本身的效力，被背书人仍可依背书取得票据权利；选项 C：出票人在汇票上记载“不得转让”字样，其后手再背书转让的，该转让不发生票据法上的效力，出票人对受让人不承担票据责任；选项 D：委托收款背书的背书人仍是票据权利人，被背书人只是代理人，并未取得票据权利，不能再背书转让汇票权利。

【例题 · 单选题】根据票据法律制度的规定，下列选项中，不构成票据质押的是（　　）。

A. 出质人在汇票上记载了“质押”字样而未在汇票上签章的

B. 出质人在汇票粘单上记载了“质押”字样并在汇票粘单上签章的

C. 出质人在汇票上记载了“质押”字样并在汇票上签章，但是未记载背书日期的

D. 出质人在汇票上记载了“质押”字样并在汇票上签章的

【答案】A

【解析】以汇票设定质押时，出质人在汇票上只记载了“质押”字样而未在票据上签章的，或者出质人未在汇票上记载“质押”字样而另行签订质押合同、质押条款的，不构成汇票质押。

【例题 · 单选题】甲公司对乙公司负有债务，为了担保其债务的履行，甲公司同意将一张以本公司为收款人的汇票质押给乙公司，为此双方订立了书面的质押合同，并交付了票据。甲公司未按时履行债务，乙公司遂于该票据到期时持票据向承兑人提示付款。根据票据法律制度的规定，下列表述中，正确的是（　　）。

A. 承兑人应当向乙公司付款

B. 如果乙公司同时提供了书面质押合同证明自己的权利，承兑人应当付款

C. 如果甲公司书面证明票据质押的事实，承兑人应当付款

D. 承兑人可以拒绝付款

【答案】D

【解析】以汇票设定质押时，出质人未在汇票、粘单上记载“质押”字样而另行签订质押合同、质押条款的，不构成票据质押。在本题中，乙公司

并不享有票据质权，因此甲公司未按时履行债务时，乙公司无权要求承兑人付款。

考点 37：商业汇票的承兑（如图 5–24 所示）

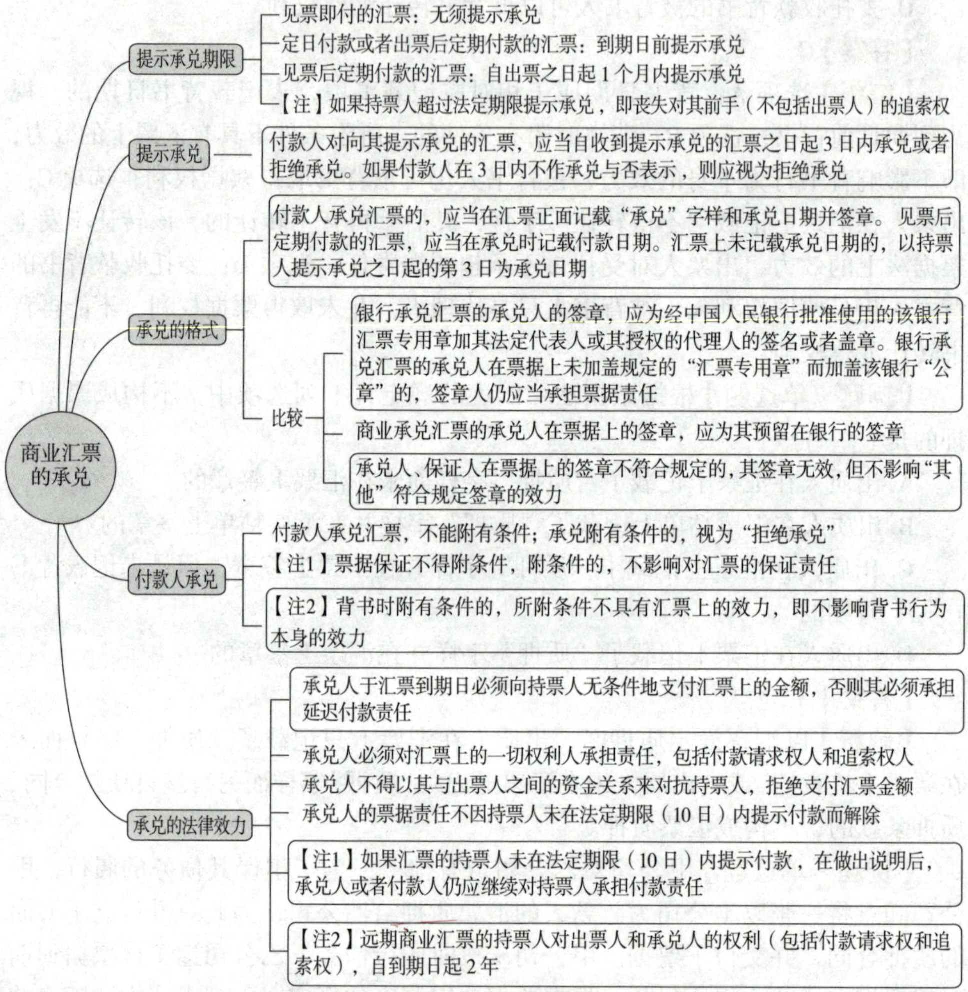

图 5–24 商业汇票的承兑

【例题·单选题】乙公司在与甲公司交易中获得 300 万元的汇票一张，付款人为丙公司。乙公司请求承兑时，丙公司在汇票上签注“承兑，甲公司款到后支付”。根据票据法律制度的规定，下列关于丙公司付款责任的表述中，正确的是（　　）。

A. 丙公司已经承兑，应承担付款责任

B. 应视为丙公司拒绝承兑，丙公司不承担付款责任

C. 甲公司给丙公司付款后，丙公司才承担付款责任

D. 按甲公司给丙公司付款的多少确定丙公司应承担的付款责任

【答案】B

【解析】承兑附有条件的，视为拒绝承兑。

【例题·多选题】根据票据法律制度的规定，下列关于汇票提示承兑的表述中，正确的有（　）。

A. 见票后定期付款的汇票的持票人应当自出票日起 3 个月内向付款人提示承兑

B. 汇票上没有记载付款日期的，无须提示承兑

C. 付款人自收到提示承兑的汇票之日起 3 日内不做出承兑与否表示的，视为承兑

D. 承兑附有条件的，视为拒绝承兑

【答案】BD

【解析】选项 A：见票后定期付款的汇票，持票人应当自出票日起 1 个月内向付款人提示承兑；选项 B：汇票上未记载付款日期的，视为见票即付，无须提示承兑；选项 C：付款人在 3 日内不作承兑与否表示的，应视为拒绝承兑；选项 D：承兑附有条件的，视为拒绝承兑。

考点 38：汇票的保证（如图 5-25 所示）

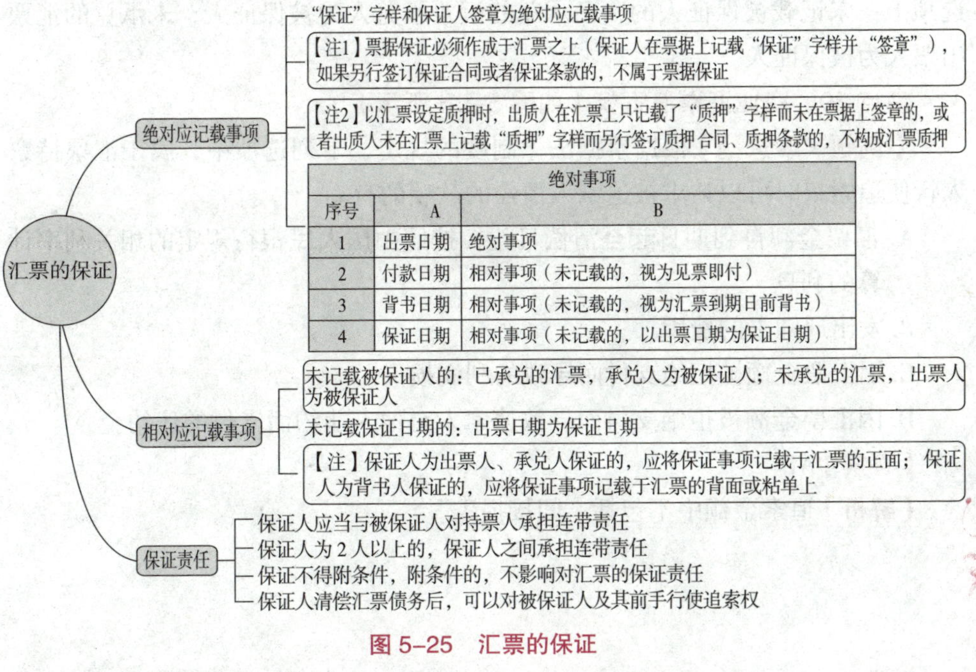

绝对事项		
序号	A	B
1	出票日期	绝对事项
2	付款日期	相对事项（未记载的，视为见票即付）
3	背书日期	相对事项（未记载的，视为汇票到期日前背书）
4	保证日期	相对事项（未记载的，以出票日期为保证日期）

图 5-25　汇票的保证

【例题·单选题】乙公司与丙公司交易时以汇票支付，丙公司见汇票出票人为甲公司，遂要求乙公司提供担保。乙公司请丁公司为该汇票作保证，丁公司在汇票背书栏签注明“若甲公司出票真实，本公司愿意保证”。后经了解，甲公司实际并不存在。根据票据法律制度的规定，下列表述中，正确的是（　　）。

A. 丁公司应承担一定赔偿责任

B. 丁公司只承担一般保证责任，不承担票据保证责任

C. 丁公司应当承担票据保证责任

D. 丁公司不承担任何责任

【答案】C

【解析】保证不得附有条件；附有条件的，不影响对汇票的保证责任。

【例题·单选题】根据票据法律制度的规定，下列关于票据保证的表述中，不正确的是（　　）。

A. 票据上未记载保证日期的，被保证人的背书日期为保证日期

B. 保证人未在票据或粘单上记载被保证人名称的已承兑票据，承兑人为被保证人

C. 保证人为 2 人以上的，保证人之间承担连带责任

D. 保证人清偿票据债务后，可以对被保证人及其前手行使追索权

【答案】A

【解析】选项 A：票据上未记载保证日期的，以出票日期为保证日期；选项 B：未记载被保证人的，已承兑的汇票承兑人为被保证人，未承兑的汇票出票人为被保证人。

考点 39：商业汇票追索权（如图 5-26 所示）

【例题·多选题】根据票据法律制度的规定，下列选项中，属于汇票持票人行使追索权时可以请求被追索人清偿的款项的有（　　）。

A. 汇票金额自到期日起至清偿日止，按照中国人民银行规定的相关利率计算的利息

B. 发出通知书的费用

C. 因汇票金额被拒绝支付而导致的利润损失

D. 因汇票金额被拒绝支付而导致追索人对他人违约而支付的违约金

【答案】AB

【解析】追索金额中不包括“间接损失”。

- 商业汇票追索权
  - 二次权利
    - 票据权利包括付款请求权和追索权。一般情况下，持票人应首先行使付款请求权（第一次权利），得不到付款时，才可以行使追索权（第二次权利）。持票人不先行使付款请求权而先行使追索权遭到拒绝而起诉的，人民法院不予以受理
  - 行使追索权的条件
    - 实质条件
      - 到期追索权——汇票到期被拒绝付款
      - 前期追索权
        - 汇票在到期日前被拒绝承兑
        - 在汇票到期日前，承兑人或者付款人死亡、逃匿的
        - 在汇票到期日前，承兑人或者付款人被依法宣告破产或因违法被责令终止业务活动
      - 【注】如果“承兑人或者付款人”没问题，“出票人或者背书人”死亡、逃匿或者破产的，持票人不能行使前追索权
    - 形式条件
      - 如果持票人不能出示相关证明（如退票理由书、人民法院的有关司法文件），将丧失对其前手的追索权，但承兑人或者付款人仍应对持票人承担责任
      - 追索权的具体情形

序号	A 具体情形	B 法律后果
1	未按照规定期限提示承兑	丧失对“出票人”以外的前手的追索权
2	未按照规定期限提示付款	丧失对“出票人、承兑人”以外的前手的追索权
3	未取得拒绝证明	丧失对“出票人、承兑人”以外的前手的追索权
4	未按照规定期限发出追索通知	仍可以行使追索权

  - 发出追索通知的时间
    - 持票人未按照规定期限（3日）发出追索通知的，持票人仍可以行使追索权。因延期通知给其前手或者出票人造成损失的，由其承担该损失的赔偿责任，但所赔偿的金额以汇票金额为限
  - 追索权的行使期限
    - （1）持票人对前手（不包括出票人、承兑人）的首次追索权，自被拒绝承兑或者被拒绝付款之日起6个月
    - （2）持票人对前手（不包括出票人、承兑人）的再追索权，自清偿日或者被提起诉讼之日起3个月
    - （3）汇票的持票人对“出票人、承兑人”的追索权，消灭时效期间为2年，自票据到期日起算；见票即付的汇票，自出票日起算
  - 追索金额
    - 首次追索权的追索金额
      - 被拒绝付款的汇票金额
      - 汇票金额从到期日或者提示付款日起至清偿日止，按照中国人民银行规定的利率计算的利息
      - 取得有关拒绝证明和发出通知书的费用
      - 【注】追索金额包括汇票金额、利息和费用，但不包括持票人的“间接损失”
    - 再追索权的追索金额
      - 已经清偿的全部金额及其利息
      - 发出通知书的费用
  - 追索对象
    - 出票人、背书人、承兑人和保证人对持票人承担“连带责任”
    - 持票人可以不按照汇票债务人的先后顺序，对其中任何一人、数人或者全体人员行使追索权
    - 持票人对汇票债务人中的一人或者数人已经开始进行追索的，对其他汇票债务人仍然可以行使追索权
    - 【注1】承兑人既是付款义务人，也是被追索人。如果承兑人以其与出票人之间的资金关系来对抗持票人，拒绝支付汇票金额（这样做不对），持票人对承兑人仍可行使追索权
    - 【注2】
      - 持票人未在法定期限（10日）内提示付款的，则丧失对“出票人、承兑人”以外的前手（背书人及其保证人）的追索权
      - 持票人未在规定期限（3日）内发出追索通知的，仍可以行使追索权
    - 【注3】背书人在汇票上记载“不得转让”字样，其后手再背书转让的，如果汇票被拒绝承兑或者被拒绝付款，则持票人对该背书人无追索权
    - 【注4】持票人对伪造人、被伪造人均无追索权
    - 【注5】保证人清偿汇票债务后，可以对“被保证人及其前手”行使追索权

图 5-26　商业汇票追索权

考点 40：银行本票（如图 5-27 所示）

【例题·单选题】根据票据法律制度的规定，下列关于本票的表述中，不正确的是（　　）。

A. 到期日是本票的绝对应记载事项

B. 本票的基本当事人只有出票人和收款人

C. 本票无须承兑

D. 本票是由出票人本人对持票人付款的票据

【答案】A

【解析】选项 A：本票限于见票即付，谈不上到期日。

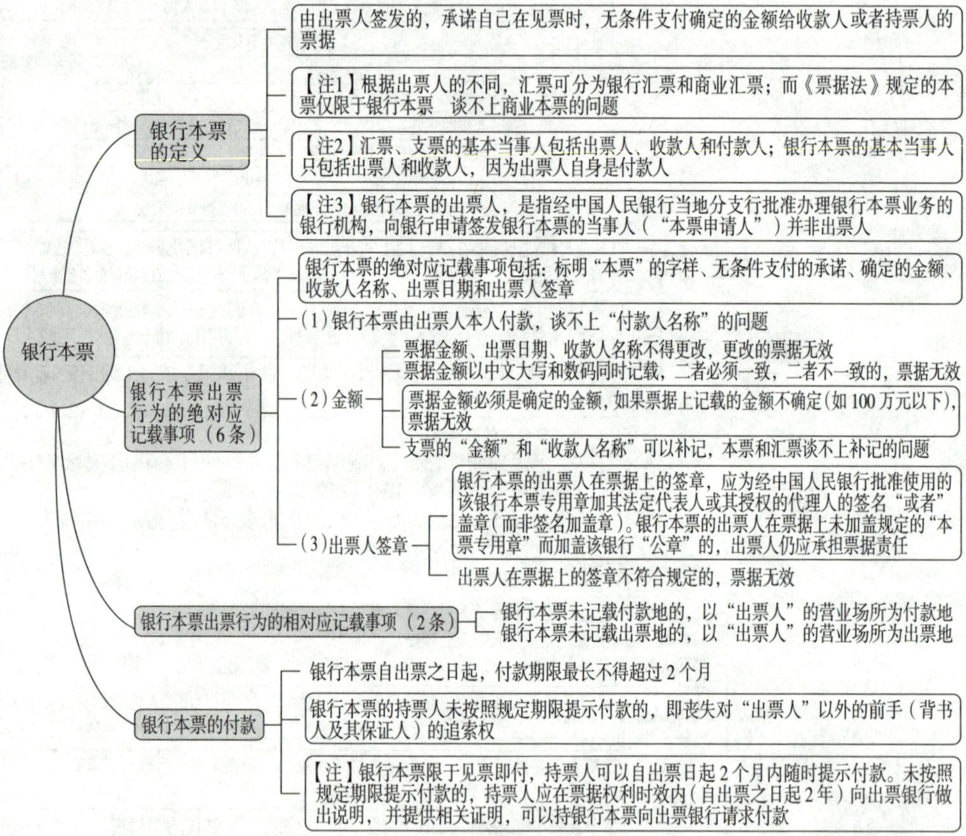

图 5-27　银行本票

【例题·单选题】根据票据法律制度的规定，银行本票自出票之日起，付款期限最长为（　）。

A. 1 个月　　B. 2 个月

C. 6 个月　　D. 9 个月

【答案】B

【解析】本票自出票之日起，付款期限最长不得超过 2 个月。

【例题·单选题】根据票据法律制度的规定，如果本票的持票人未在法定付款提示期限内提示见票，则丧失对特定票据债务人以外的其他债务人的追索权，该特定票据的债务人是（　　）。

A. 出票人　　B. 保证人

C. 背书人　　D. 被背书人

【答案】A

【解析】持票人未按照规定提示付款的，丧失对"出票人以外的"前手（背书人及其保证人）的追索权。

考点 41：支票（如图 5-28 所示）

- 支票
  - 支票的定义
    - 出票人签发的，委托办理支票存款业务的银行或者其他金融机构在见票时无条件支付确定的金额给收款人或者持票人的票据
  - 支票出票行为的绝对应记载事项
    - 支票的出票行为有 6 个绝对应记载事项：表明"支票"的字样、无条件支付的委托、确定的金额、付款人名称、出票日期和出票人签章
    - （1）"无条件支付的委托"属于支票的绝对应记载事项，如果出票人记载了付款人支付票据金额的条件，应认为出票行为欠缺绝对应记载事项，该支票无效
    - （2）金额
      - ① 票据金额、出票日期、收款人名称不得更改，更改的票据无效
      - ② 票据金额以中文大写和数码同时记载，二者必须一致，二者不一致的，票据无效
      - ③ 票据金额必须是确定的金额，如果票据上记载的金额不确定（如 100 万元以下），票据无效
      - ④ 支票上的金额可以由出票人授权补记，未补记前不得背书转让和提示付款
    - （3）收款人名称
      - 支票的"收款人名称"可以由出票人授权补记，但并非绝对应记载事项。出票人既可以授权相对人补记，也可以由相对人再授权他人补记。例如，甲签发支票给乙，但是未记载收款人名称。乙为支付货款，直接将支票交付给丙，丙将自己的名称记载为收款人后，可以持票主张票据权利
      - 出票人可以在支票上记载自己为收款人。如单位签发支票向其开户银行支取现金时，出票人可以在支票上记载自己为收款人，这是一种特殊规定
    - （4）出票人签章
      - 出票人在票据上的签章不符合规定的，票据无效
      - 支票的出票人在票据上的签章，应为其预留银行的签章。如果支票的出票人在票据上未加盖与该单位在银行预留签章一致的"财务专用章"而加盖该出票人"公章"（"合同专用章"不行），出票人仍应承担票据责任
      - 【注】
        - 如果出票人的签章根本就不符合规定（如只有公司的财务专用章但没有法定代表人或者其授权的代理人的签名或者盖章），该支票无效
        - 如果法定代表人的签章没有任何问题，只是未加盖与在银行预留签章一致的财务专用章，而是加盖了公司"公章"，则出票人仍应当承担票据责任
  - 支票出票行为的相对应记载事项
    - 出票地——支票上未记载"出票地"的，以出票人的营业场所、住所或者经常居住地为出票地
    - 付款地——支票上未记载"付款地"的，以付款人（出票人开户银行）的营业场所为付款地
  - 支票限于见票即付，不得另行记载付款日期。另行记载付款日期的，该记载无效，支票有效
  - 提示付款期限
    - 支票的持票人应当自出票日起 10 日内提示付款，超过提示付款期限的，"付款人"可以不予付款；但"出票人"仍应当对持票人承担票据责任
    - 支票的持票人对"出票人"的票据权利，自出票之日起 6 个月不行使而消灭
    - 【注1】超过提示付款期限的，出票人的开户银行作为"付款人"可以不予付款；但"出票人"仍应当对持票人承担票据责任
    - 【注2】出票人的开户银行作为"付款人"并未在票据上签章，并非票据债务人
    - 【注3】支票的付款人可以拒绝付款的情形
      - 持票人未按照规定期限提示付款
      - 出票人签发空头支票

图 5-28　支票

小艾上班记8

【例题·单选题】根据票据法律制度的规定，下列关于支票的表述中，不正确的是（ ）。

A. 支票的基本当事人包括出票人、付款人、收款人

B. 支票的金额和收款人名称可以由出票人授权补记

C. 出票人不得在支票上记载自己为收款人

D. 支票的付款人是出票人的开户银行

【答案】C

【解析】支票的出票人可以在支票上记载自己为收款人。

【例题·多选题】根据票据法律制度的规定，下列有关汇票与支票区别的表述中，正确的有（ ）。

A. 汇票可以背书转让，支票不可背书转让

B. 汇票有即期汇票与远期汇票之分，支票则均为见票即付

C. 汇票的票据权利时效为 2 年，支票的票据权利时效则为 6 个月

D. 汇票上的收款人可以由出票人授权补记，支票则不能授权补记

【答案】BC

【解析】选项 A：汇票、本票、非现金支票均可背书转让；选项 D：支票的金额、收款人名称可以由出票人授权补记，汇票和本票的金额、收款人名称不得由出票人授权补记。

涉外票据的法律适用见表 5–34。

表 5–34 涉外票据的法律适用

涉外票据的法律适用	1. 票据债务人的民事行为能力，适用其本国法律。票据债务人的民事行为能力，依照其本国法律为无民事行为能力或者为限制民事行为能力而依照行为地法律为完全民事行为能力的，适用行为地法律
	2. 汇票、本票出票时的记载事项，适用出票地法律。支票出票时的记载事项，适用出票地法律，经当事人协议，也可以适用付款地法律
	3. 票据的背书、承兑、付款和保证行为，适用行为地法律
	4. 票据追索权的行使期限，适用出票地法律
	5. 票据的提示期限、有关拒绝证明的方式、出具拒绝证明的期限，适用付款地法律
	6. 票据丧失时，失票人请求保全票据权利的程序，适用付款地法律

【例题·多选题】根据票据法律制度的规定，涉外票据的下列情形中，适用出票地法律的有（ ）。

A. 出具拒绝证明的期限

B. 票据的提示期限

C. 票据追索权的行使期限

D. 汇票、本票出票时的记载事项

【答案】CD

【解析】选项 A、B：适用付款地法律。

3. 保险法

考点 42：保险分类及保险法的基本原则（见表 5–35、表 5–36）

表 5–35　　保险分类

按保险人是否转移保险责任	原保险	指保险人对因事故所致损害直接由自己承担赔偿责任的保险
	再保险（分保）	指原保险人为减轻或避免所负风险把原保险责任的一部分或全部转移给其他保险人的保险 【提示】对一次保险事故可能造成的最大损失范围所承担的责任，不得超过实有资本金加公积金总和的 10%；超过的部分，应当办理再保险
按保险人的人数	单保险	与一个保险人订立
	复保险	与两个以上保险人订立

表 5–36　　保险法的基本原则

最大诚信	告知义务		订立保险合同时，双方应履行告知义务 投保人就“重要事实”的履行告知义务： （1）限于“保险人询问”的范围和内容 【提示 1】当事人对询问范围及内容有争议的，保险人负举证责任 （2）保险人不得以概括性条款的如实告知义务为由请求解除合同 【提示 2】该概括性条款有具体内容的除外
	法律后果	投保人	“故意”不履行告知义务：保险人“不赔”“不退”
			“重大过失”不履行告知义务“且”对保险事故的发生有“严重影响”：保险人“不赔”但“退还保费”
		保险人不得解除	（1）在保险合同成立后“知道或者应当知道”投保人未履行如实告知义务，不得仍然收取保险费，又主张解除合同
			（2）在合同订立时“已经知道”投保人未如实告知：“不得解除合同”“承担赔偿责任”
			（3）“知道”解除事由之日起，“超过 30 日”不行使
			（4）自合同成立之日起超过 2 年，保险人不得解除合同
	保证		投保人未履行“特定义务”的承诺，保险人可“解除合同”或“不负赔偿责任”（如不去战乱国家，不改变用途）

续表

保险利益	人身保险	人员	投保人对下列人员具有保险利益： ①本人 ②配偶、子女、父母 ③上述人员以外的与投保人有抚养、赡养或者扶养关系的家庭其他成员、近亲属 ④与投保人有劳动关系的劳动者 除上述规定外，被保险人同意投保人为其订立合同的，视为投保人对被保险人具有保险利益
		时间限制	在“签订保险合同时”，必须对保险标的具有保险利益，否则合同无效 【提示1】保险合同无效，投保人可以主张保险人退还扣减相应手续费后的保险费 【提示2】（人身）保险合同订立后，因投保人丧失对被保险人的保险利益的，当事人不得主张保险合同无效
	财产保险	人员	对财产享有法律上权利的人：所有权人、抵押权人、留置权人
			财产保管人
			合法占有财产的人：承租人、承包人
		时间	在“保险事故发生”时，被保险人对保险标的应当具有保险利益，否则不得对保险人行使请求赔偿或给付保险金的权利
	不具保险利益，合同无效，投保人可主张保险人退还扣减手续费后的保险费		
损失补偿	（1）被保险人只有遭受“约定”的保险危险所造成的“损失”，才能获得赔偿 （2）补偿的金额等于实际损失的金额：保险人的赔付以投保时约定的保险金额（保险人的最高赔偿限额）为限，而且保险金额不得超过保险标的的实际价值，超过保险金额的损失，保险人不予赔偿 【注意】保险金额“低于保险价值”的，按保险金额与保险价值的“比例”赔偿，止损费、查证费、诉讼费另算，由保险人承担		
近因	只对直接的、最接近的原因所引起的损失，承担保险责任		

【例题·判断题】人身保险的投保人在保险合同订立时，对被保险人应当具有保险利益，投保人对被保险人不具有保险利益的，保险合同无效。(　　)

【答案】√

【例题·判断题】财产保险的被保险人在保险合同订立时，对保险标的应当具有保险利益。(　　)

【答案】×

【解析】在财产保险合同中，并不强调被保险人在订立合同时对保险标的具有保险利益，只要求在“保险事故发生时”被保险人对保险标的具有保险利益。

【例题·单选题】根据保险法律制度的规定，下列各项中，人身保险的投保人对其具有保险利益的是(　　)。

A. 与投保人关系密切的邻居

B. 与投保人已经离婚但仍一起生活的前妻

C. 与投保人有劳动关系的劳动者

D. 与投保人合伙经营的合伙人

【答案】C

【解析】选项 BC：在人身保险中，投保人对下列人员具有保险利益：① 本人；② 配偶、子女、父母；③ 上述人员以外的与投保人有抚养、赡养或者扶养关系的家庭其他成员、近亲属；④ 与投保人有劳动关系的劳动者。选项 A、D：只有投保人的邻居、合伙人“同意”投保人为其订立合同时，才视为投保人对被保险人具有保险利益。

【例题·多选题】根据保险法律制度的规定，下列对保险利益的表述中，正确的有（　　）。

A. 人身保险的投保人在保险合同订立时，对被保险人应当具有保险利益，投保人对被保险人不具有保险利益的，保险人有权解除保险合同

B. 人身保险的被保险人同意投保人为其订立合同的，视为投保人对被保险人具有保险利益

C. 财产保险的被保险人在保险事故发生时，对保险标的应当具有保险利益

D. 如果保险事故发生时，财产保险的被保险人对保险标的不具有保险利益，不得对保险人行使请求赔偿或者给付保险金的权利

【答案】BCD

【解析】选项 A：人身保险的投保人在保险合同订立时，对被保险人应当具有保险利益；投保人对被保险人不具有保险利益的，保险合同“无效”。

考点 43：保险合同的当事人及关系人（见表 5-37 和表 5-38）

表 5-37　　保险合同的当事人及关系人

保险合同特点：双务有偿、射幸、诺成、格式或附和、最大诚信 【注意】适用《民法典》对格式合同的规定	
当事人	投保人、保险人
关系人	被保险人、受益人
投保人	负有支付保险费义务的自然人、法人 【注意】具有“相应的”民事权利能力和民事行为能力＋具有保险利益
保险人	保险公司

续表

<table>
<tr><td rowspan="4">被保险人</td><td colspan="3">其财产或者人身受保险合同保障，享有保险金请求权的人</td></tr>
<tr><td rowspan="2">身份</td><td colspan="2">财产保险：自然人、法人</td></tr>
<tr><td colspan="2">人身保险：自然人</td></tr>
<tr><td>权利</td><td colspan="2">（1）请求给付保险金
（2）人身保险的受益人由“被保险人或投保人指定”，指定或变更受益人的，须经被保险人“同意”</td></tr>
<tr><td rowspan="3">被保险人</td><td rowspan="3">死亡险</td><td>（1）“不得”为无民事行为能力人投保死亡保险
（2）未经被保险人“同意”并认可保险金额，保险合同无效</td><td>父母为未成年子女投保除外</td></tr>
<tr><td colspan="2">（3）保险单未经被保险人书面“同意”的，不得转让或质押</td></tr>
<tr><td colspan="2">【注意】“被保险人同意并认可”的，可采取书面、口头等形式；可在合同订立时做出，也可在合同订立后追认
【提示】应认定为被保险人同意投保人为其订立保险合同并认可保险金额的情形：
①被保险人明知他人代其签名而未表示异议的
②被保险人同意投保人指定的受益人的
③有证据足以认定被保险人同意投保人为其投保的其他情形</td></tr>
<tr><td rowspan="7">受益人</td><td colspan="3">“人身保险”合同中由被保险人或者投保人指定的享有保险金请求权的人</td></tr>
<tr><td>（1）投保人、被保险人可以为受益人</td><td colspan="2">受益人的资格一般没有限制，自然人、法人均可以为受益人
【提示】胎儿作为受益人应以活着出生为限，已经死亡的不得作为受益人
【解释】受益人不要求具有行为能力</td></tr>
<tr><td>（2）被保险人或者投保人可以指定“一人或数人”为受益人</td><td colspan="2">受益人为数人的，被保险人或者投保人“可以确定受益顺序和受益份额”；未确定受益份额的，受益人按照“相等份额”享有受益权
【提示】受益人故意造成被保险人死亡、伤残、疾病，或者故意杀害被保险人未遂的，“该受益人”丧失受益权</td></tr>
<tr><td rowspan="4">（3）争议</td><td colspan="2">投保人指定受益人“未经被保险人”同意的，人民法院应认定指定行为无效。当事人对保险合同约定的受益人存在争议时，另有约定的按约定，没约定的按照以下情形分别处理</td></tr>
<tr><td>①约定为“法定”或“法定继承人”的</td><td>以继承法规定的法定继承人为受益人</td></tr>
<tr><td>②受益人仅约定身份关系的</td><td>投保人与被保险人为同一主体的，根据保险事故发生时与被保险人的身份关系确定受益人
投保人与被保险人为不同主体的，根据保险合同成立时与被保险人的身份关系确定受益人</td></tr>
<tr><td>③受益人的约定包括姓名和身份关系</td><td>保险事故发生时身份关系发生变化的，认定为未指定受益人</td></tr>
</table>

续表

受益人	（4）受益人的变更	①投保人或者被保险人变更受益人的，当事人可以主张变更行为自变更意思表示发出时生效 ②投保人或者被保险人变更受益人“未通知”保险人的，保险人可以主张变更对其不发生效力 ③投保人变更受益人“未经被保险人同意”的，人民法院应认定变更无效 ④投保人或者被保险人在保险事故发生“后”变更受益人的，变更后的受益人不得请求保险人给付保险
	（5）被保险人死亡后保险金作为遗产继承的情形	①没有指定受益人，或者受益人指定不明无法确定的 ②受益人先于被保险人死亡，没有其他受益人的 ③受益人依法丧失受益权或者放弃受益权，没有其他受益人的 【注意】受益人与被保险人在同一事件中死亡，且不能确定死亡先后顺序的，推定受益人死亡在先

表 5-38　　　　保险公估人

保险公估人	(1) 保险公估人是指接受委托，专门从事保险**公估业务**的评估机构
	(2) 保险公估是指评估机构及其评估专业人员接受委托，对**保险标的**或者**保险事故**进行**评估、勘验、鉴定、估损理算**以及相关的风险评估
	(3) 保险公估人虽然接受委托从事保险公估业务，却不代表任何一方的利益，处于**中立**的地位，独立、客观、公正地出具保险**公估报告**，其在出险后对保险标的的勘验、鉴定和理算，使保险趋于公平、合理，有利于调停当事人之间关于保险理赔方面的矛盾
	(4) 保险公估机构和人员，因**故意或者过失**给保险人或者被保险人造成损失的，依法承担赔偿责任

【例题·判断题】受益人与被保险人在同一事件中死亡，且不能确定死亡先后顺序的，推定被保险人死亡在先。(　　)

【答案】×

【解析】受益人与被保险人在同一事件中死亡，且不能确定死亡先后顺序的，推定“受益人”死亡在先。

【例题·多选题】根据保险法律制度的规定，下列对被保险人和受益人的表述中，正确的有（　　）。

A. 投保人指定受益人时必须经被保险人同意，投保人变更受益人时也必须经被保险人同意

B. 以死亡为给付保险金条件的合同，未经被保险人同意并认可保险金额的，保险合同无效，父母为其未成年子女投保的人身保险不受此限

C. 投保人不得为无民事行为能力人投保以死亡为给付保险金条件的人身保险，父母为其未成年子女投保的人身保险不受此限

D. 投保人、被保险人不得作为受益人

【答案】ABC

【解析】选项D：投保人、被保险人可以为受益人。

【例题·多选题】甲为其妻乙投保意外伤害保险，指定其子丙为受益人。乙、丙均在同一次车祸中意外身亡。根据保险法律制度的规定，下列表述中，正确的有（　　）。

A. 甲指定受益人时必须经乙同意

B. 甲指定受益人时无须经乙同意

C. 如果丙先于乙死亡，则出现保险事故时保险金应作为乙的遗产

D. 如果丙先于乙死亡，则出现保险事故时保险金应作为丙的遗产

【答案】AC

【解析】选项A、B：投保人指定受益人时必须经被保险人同意；选项CD：受益人先于被保险人死亡，没有其他受益人的，保险金应作为“被保险人”（而非受益人）的遗产。

【例题·单选题】根据保险法律制度的规定，投保人指定受益人时，必须经（　　）同意。

A. 保险人　　B. 被保险人

C. 保险经纪人　　D. 保险代理人

【答案】B

【解析】投保人指定受益人时，须经被保险人同意。

【例题·单选题】根据保险法律制度的规定，下列关于人身保险的受益人的表述中，错误的是（　　）。

A. 受益人可由被保险人指定

B. 投保人指定受益人时，须经被保险人同意

C. 受益人可以为一人或者数人

D. 受益人故意杀害被保险人未遂的，不丧失受益权

【答案】D

【解析】选项A、C：人身保险的受益人由被保险人或者投保人指定，被保险人或者投保人可以指定一人或者数人为受益人；选项D：受益人故意造成被保险人死亡、伤残、疾病，或者故意杀害被保险人未遂的，该受益人丧失受益权。

【例题·单选题】甲向某保险公司投保人寿保险，甲为被保险人，甲指定其秘书乙为受益人。保险期间内，甲、乙因交通事故意外身亡，且不能确定死亡时间的先后，该起交通事故由丙承担全部责任。现甲的继承人和乙的继承人

均要求保险公司支付保险金。根据保险法律制度的规定，下列表述中，正确的是(　　)。

A. 保险金应全部交给甲的继承人

B. 保险金应全部交给乙的继承人

C. 保险金应由甲和乙的继承人平均分配

D. 保险公司承担保险责任后有权向丙追偿

【答案】A

【解析】选项 A、B、C：受益人与被保险人在同一事件中死亡，且不能确定死亡先后顺序的，推定受益人死亡在先，受益人先于被保险人死亡，没有其他受益人的，保险金应作为“被保险人”（而非受益人）的遗产；选项 D：代位求偿制度仅限于财产保险，人身保险并不适用。

【例题·单选题】杜某与其妻陈某经人民法院判决于 2019 年离婚，其女随陈某生活。2020 年，杜某为其母购买了一份人寿保险，并经其母同意指定自己为受益人，杜某无其他亲属。一日，杜某与其母外出旅游遭遇车祸，其母当场死亡，杜某受重伤住院 7 天后亦死亡。根据保险法律制度的规定，下列对人寿保险金的表述中，正确的是(　　)。

A. 因已无受益人，应归国家所有

B. 因已无受益人，应归保险公司所有

C. 应当支付给杜某的前妻陈某和女儿

D. 应当支付给杜某的女儿

【答案】D

【解析】受益人（杜某）后于被保险人死亡，保险人仍应向受益人支付保险金；但因受益人随后死亡，只能向受益人的继承人（杜某的女儿）支付保险金。

【例题·单选题】根据保险法律制度的规定，保险公司对每一危险单位，即对一次保险事故可能造成的最大损失范围所承担的责任，不得超过其实有资本金加公积金总和的(　　)，超过的部分应当办理再保险。

A. 5%　　B. 10%　　C. 20%　　D. 25%

【答案】B

【解析】保险公司对每一危险单位，即对一次保险事故可能造成的最大损失范围所承担的责任，不得超过其实有资本金加公积金总和的 10%，超过的部分应当办理再保险。

考点 44：保险合同的订立（见表 5–39）

表 5–39　　保险合同的订立

订立	成立	投保人提出保险要求，经保险人同意承保 投保（要约）→承保（承诺） 投保人或者投保人的代理人订立保险合同时没有亲自签字或者盖章，而由保险人或者保险人的代理人代为签字或者盖章的，对投保人不生效 【提示】但投保人已经交纳保险费的，视为其对代签字或者盖章行为的追认
	实际履行原则	保险人接受保单并收取保费，尚未承保→发生保险事故 （1）符合承保条件的，保险人应承担保险责任 （2）不符合承保条件的，保险人不承担保险责任，但应退还保费 【注】保险人主张不符合承保条件的，应承担举证责任
免责条款	生效	订立时，保险人应以"书面或口头"形式向投保人做出说明，否则该条款不生效 【注】"法律、行政法规中的禁止性规定情形"系免责条款，保险人"做出提示"后生效
	履行说明义务	（1）以"足以引起投保人注意"的文字、字体、符号等做出提示 （2）以"书面或者口头"形式做出常人能够理解的解释说明 （3）以网页、音频、视频等形式予以提示和明确说明 （4）"投保人"对保险人履行了明确说明义务，通过签字、盖章等形式予以"确认" 【注】"保险人"对其履行的明确说明义务"负举证责任" 未作提示或者明确说明的，该条款不产生效力
		【司法解释四】保险人已向投保人履行了保险法规定的提示和明确说明义务，保险标的受让人以保险标的转让后保险人未向其提示或者明确说明为由，主张免除保险人责任的条款不生效的，人民法院不予支持
		保险人与投保人、被保险人或者受益人对合同条款有争议的，应予以解释 【提示】有两种以上解释的，法院或仲裁机构应当做出"有利于"被保险人和受益人的解释
形式	保险单（正式凭证）	保险合同的"正式"书面凭证，索赔的"主要"凭证 【注】某些情况下，保险单具有有价证券的效用
	保险凭证（简化版）	俗称"小保单"，是内容简化的保险单 内容简化的保险单，"不列明具体"条款，与保险单具有"同等法律效力" 【注】未列明的内容，以保险单记载为准
	暂保单（临时凭证）	保险单发出前的"临时"保险凭证 【注】保险人正式签发保险单"前"，与保险单具有"同等法律效力"
	投保单（不是合同）	保险人事先制定供投保人提出保险要约的格式文件 "不是保险合同"，但经投保人填具后，保险人完全接受并盖章，就成为保险合同的组成部分

考点 45：保险合同中记载的内容不一致的认定

保险合同中记载的内容不一致的，按照下列规则认定（见表 5-40）：

表 5-40　　保险合同中记载的内容不一致的认定

投保单与保险单或其他保险凭证不一致的	以“投保单”为准
投保单与保险单或其他保险凭证不一致的情形经保险人说明并经投保人同意的	以投保人“签收的保险单或其他保险凭证载明的“内容”为准
非格式条款与格式条款不一致的	以“非格式条款”为准
保险凭证记载的时间不同的	以“形成时间在后”的为准
保险凭证存在手写和打印两种方式的	以“双方签字、盖章的手写部分的内容”为准

考点 46：保险价值与保险金额（见表 5-41）

表 5-41　　保险价值与保险金额

<table>
<tr><td colspan="2" rowspan="2">按保险合同中的保险价值是否先予确定分类（只适用于财产保险）</td><td>定值保险</td><td>以约定的保险价值来赔偿</td></tr>
<tr><td>不定值保险</td><td>以实际价值赔偿</td></tr>
<tr><td rowspan="3">按保险价值与保险金额的关系分类</td><td>（1）足额保险</td><td>保险金额＝保险价值</td><td>全部损失，按保险金额赔偿；部分损失，按实际损失赔偿</td></tr>
<tr><td>（2）不足额保险</td><td>保险金额＜保险价值</td><td>按保险金额与保险价值的比例赔偿</td></tr>
<tr><td>（3）超额保险</td><td>保险金额＞保险价值</td><td>保险金额不得超过保险价值，超过部分无效，保险人应当退还相应保险费</td></tr>
</table>

【例题·判断题】对保险合同格式条款有两种以上解释的，人民法院或者仲裁机构应当做出有利于被保险人和受益人的解释。（　）

【答案】√

【例题·判断题】对于财产保险合同，保险金额不得超过保险价值；超过保险价值的，保险合同无效。（　）

【答案】×

【解析】对于财产保险合同，保险金额不得超过保险价值；超过保险价值的，超过部分无效，保险人应当退还相应的保险费。

考点 47：保险合同的履行

1）投保人的义务（见表 5-42）

表 5-42　　投保人的义务

投保人的义务	具体规定
支付保险费（最基本、最主要）	(1) 被保险人、受益人或者他人代为支付保险费，视为投保人交费义务已经履行 (2) 合同约定分期支付保险费的，投保人支付首期保险费后，除另有约定，投保人自保险人“催告之日起超过 30 日”未支付当期保险费，或超过“约定期限 60 日”未支付当期保险费，合同效力“中止”或“减少保险金额” 【注】因投保人未按规定支付保费而导致合同效力“中止”的，经保险人与投保人协商并达成协议，在投保人补交保险费后，合同效力恢复。但自合同效力中止之日起“满 2 年”未达成协议的，保险人有权解除合同
危险增加通知	保险标的的危险显著增加的，被保险人应当按照合同约定及时通知保险人，保险人可以按照合同约定“增加保险费或解除合同” 【注 1】保险人解除合同的，应当将已收取的保险费，按照合同约定“扣除”自保险责任开始日起至合同解除日止应收的部分后，“退还”投保人 【注 2】未通知，不赔付 【提示】认定保险标的是否构成“危险程度显著增加”时，应当综合考虑以下因素： (1) 保险标的用途的改变 (2) 保险标的使用范围的改变 (3) 保险标的所处环境的变化 (4) 保险标的因改装等原因引起的变化 (5) 保险标的使用人或者管理人的改变 (6) 危险程度增加持续的时间 (7) 其他可能导致危险程度显著增加的因素
保险事故后通知	“故意或者因重大过失”未及时通知，致使保险事故的性质、原因、损失程度等难以确定的部分，“不承担赔偿责任”，但保险人通过其他途径已经及时知道或应当及时知道保险事故发生的除外
接受检查和维护标的安全	投保人、被保险人未按照约定履行其对保险标的的安全应尽责任的，保险人有权要求“增加保险费或者解除合同”
积极施救	保险事故发生时，被保险人应当尽力采取必要的措施，防止或者减少损失

2）保险人的义务（见表 5-43）

表 5-43　　保险人的义务

保险人的义务	具体内容	
给付保险赔偿金或保险金（最基本、最主要）	（1）及时核定，情形复杂的，应当在“30 日内”做出核定 （2）对属于保险责任的，与被保险人或者受益人达成赔偿或者给付保险金的协议后“10 日内”履行赔付义务 （3）不属于保险责任的，自做出核定之日起“3 日内”发出拒绝通知并说明理由 （4）“60 日内”对赔偿数额不能确定的，应当先予支付	
支付其他合理、必要费用	保险金额“低于保险价值”的，除合同另有规定外，保险人按照保险金额与保险价值的“比例”承担赔偿保险金的责任	
	止损费	为防止或者减少保险标的的损失所支付的合理费用，如施救费用等 【注】费用在保险标的的损失赔偿金额以外“另行计算”，最高“不超过”保险金额

续表

支付其他合理、必要费用	查证费	为查明和确定保险事故的性质、原因和标的损失程度所支付的合理费用，由“保险人”承担
	诉讼费	责任保险中被保险人被提起诉讼或仲裁而发生的费用及其他费用，除合同另有约定外，由“保险人”承担

【提示】保险事故发生后，被保险人依照保险法的规定，请求保险人承担为防止或者减少保险标的的损失所需支付的必要、合理的费用，保险人以被保险人采取的措施未产生实际效果为由抗辩的，人民法院不予支持。

3）保险索赔的诉讼时效（见表 5–44）

表 5–44 保险索赔的诉讼时效

索赔	索赔权利人	诉讼时效
人身保险	被保险人或受益人	人寿保险：知道保险事故发生之日起 5 年
财产保险	被保险人	人寿保险以外的其他保险：知道保险事故发生之日起 2 年 【提示】按照《民法典》的规定，这里应当是“3 年”

【例题 · 判断题】人身意外伤害保险的被保险人或者受益人向保险人请求给付保险金的诉讼时效期间为 5 年，自其知道或者应当知道保险事故发生之日起计算。(　　)

【答案】×

【解析】人身保险包括人身意外伤害保险、健康保险和人寿保险等，适用 5 年诉讼时效期间的仅限于“人寿保险”。

【例题 · 判断题】因第三者对保险标的的损害而造成的保险事故发生后，保险人未赔偿保险金之前，被保险人放弃对第三者请求赔偿权利的，保险人不承担赔偿保险金的责任。(　　)

【答案】√

【例题 · 单选题】根据保险法律制度的规定，保险合同约定分期支付保险费，投保人支付首期保险费后，除合同另有约定外，投保人自保险人催告之日起超过(　　)未支付当期保险费，或者超过约定的期限(　　)未支付当期保险费的，合同效力中止，或者由保险人按照合同约定的条件减少保险金额。

A. 15 日 /30 日　　B. 30 日 /45 日

C. 30 日 /60 日　　D. 30 日 /90 日

【答案】C

【解析】合同约定分期支付保险费，投保人支付首期保险费后，除合同另有约定外，投保人自保险人催告之日起超过30日未支付当期保险费，或者超过约定的期限60日未支付当期保险费的，合同效力中止，或者由保险人按照合同约定的条件减少保险金额。

【例题·单选题】根据保险法律制度的规定，人寿保险的被保险人或者受益人向保险人请求给付保险金的诉讼时效为（　　），自其知道或者应当知道保险事故发生之日起计算。

A. 1年

B. 2年

C. 4年

D. 5年

【答案】D

【解析】人寿保险的被保险人或者受益人向保险人请求给付保险金的诉讼时效为5年，自其知道或者应当知道保险事故发生之日起计算；人寿保险以外的其他保险的被保险人或者受益人向保险人请求赔偿或者给付保险金的诉讼时效为2年，自其知道或者应当知道保险事故发生之日起计算。

【例题·单选题】张三向保险公司投保了汽车损失险。某日，张三的汽车被李四撞坏，花去修理费5 000元。张三向李四索赔，双方达成如下书面协议：张三免除李四修理费1 000元，李四将为张三提供3次免费咨询服务，剩余的4 000元由张三向保险公司索赔。后张三请求保险公司按保险合同支付保险金5 000元。根据保险法律制度的规定，下列表述中，正确的是（　　）。

A. 保险公司应当按保险合同全额支付保险金5 000元，且不得向李四求偿

B. 保险公司仅应承担4 000元保险金的赔付责任，且有权向李四求偿

C. 因张三免除了李四1 000元的债务，保险公司不再承担保险金给付责任

D. 保险公司应当全额支付5 000元保险金，再向李四求偿

【答案】B

【解析】保险事故发生后，保险公司未赔偿保险金之前，张三就单方面放弃了对李四1 000元修理费请求赔偿的权利，那么保险公司仅应承担剩余4 000元保险金的赔付责任，并且有权就这4 000元向李四求偿。

【例题·单选题】潘某向保险公司投保了3年期的家庭财产保险。保险期间内，潘某一家外出，嘱托其保姆看家。某日，保姆外出忘记锁门，窃贼乘

虑而入，潘某家被盗财物价值近 5 000 元。根据保险法律制度的规定，下列表述中，正确的是（　　）。

A. 应由保险公司赔偿，保险公司赔偿后无权向保姆追偿

B. 损失系保姆过错所致，保险公司不承担赔偿责任

C. 潘某应当向保险公司索赔，不能要求保姆承担赔偿责任

D. 潘某只能要求保姆赔偿，不能向保险公司索赔

【答案】A

【解析】选项 A：因第三者（窃贼，而非保姆）对保险标的的损害而造成保险事故的，保险人自向被保险人赔偿保险金之日起，在赔偿金额范围内代位行使被保险人对第三者（窃贼）请求赔偿的权利，除被保险人的家庭成员或者其组成人员（保姆）故意对保险标的损害而造成保险事故外，保险人不得对被保险人的家庭成员或者其组成人员（保姆）行使代位请求赔偿的权利；选项 BD：保险公司的保险责任并不因保险标的的损害系他人造成而免责，保险公司应当承担赔偿责任；选项 C：被保险人可以选择基于保险合同向保险公司索赔或者基于侵权行为向有过错的保姆行使赔偿请求权。

考点 48：保险合同的变更（见表 5–45）

表 5–45　　保险合同的变更

投保人、被保险人变更	一般财产保险合同：通知保险人，无须经过其同意
	货物运输合同和其他另有约定的合同：无须通知 【注】货物运输合同允许保险单随货物所有权的转移而转移，只需投保方背书即可转让
	保险标的已交付受让人，但尚未依法办理所有权变更登记，承担保险标的毁损灭失风险的受让人主张行使被保险人权利的，人民法院应予支持 被保险人、受让人依法及时向保险人发出保险标的转让通知后，保险人做出答复前，发生保险事故，被保险人或者受让人主张保险人按照保险合同承担赔偿保险金的责任的，人民法院应予支持
内容变更	一般合同：取得“保险人的同意”
	“人身保险”合同：被保险人或者投保人可以变更受益人并“书面通知”保险人 【注】保险事故发生“后”投保人或者被保险人不得变更受益人

【例题·判断题】在人身保险合同中，被保险人或者投保人变更受益人应当经保险人书面同意。（　　）

【答案】×

【解析】在人身保险合同中，被保险人或者投保人可以变更受益人，且书面通知保险人即可。

考点 49：人身保险合同的特殊条款（见表 5–46）

表 5–46　　人身保险合同的特殊条款

<table>
<tr><td rowspan="4">1. 不丧失价值条款</td><td>退保</td><td>如果投保人不愿意继续投保而要求退保，保险金所具有的现金价值并不因此而丧失</td></tr>
<tr><td>误告年龄</td><td>投保人申报的被保险人年龄不真实，并且其真实年龄不符合合同约定的年龄限制的，保险人可以解除合同，并按照合同的约定退还保险单的现金价值</td></tr>
<tr><td rowspan="2">超 2 年</td><td>即使投保人故意造成被保险人死亡、伤残或者疾病，保险人虽不承担给付保险金的责任，但若投保人已交足 2 年以上保费，保险人应向其他权利人退还保险单的现金价值</td></tr>
<tr><td>被保险人故意犯罪或者抗拒依法采取的刑事强制措施导致其伤残或者死亡的，保险人不承担给付保险金的责任。投保人已交足 2 年以上保险费的，保险人应退还保险单的现金价值</td></tr>
<tr><td rowspan="2">2. 误告年龄条款</td><td>超越年龄限制</td><td>投保人申报的被保险人年龄不真实，并且其真实年龄不符合合同约定的年龄限制的，保险人可以解除合同</td></tr>
<tr><td>未超越年龄限制</td><td>投保人申报的被保险人的年龄不真实，致使投保人支付的保险费少于应付保险费的，保险人有权更正并要求投保人补交保险费，或在给付保险金时，按照实付保险费与应付保险费的比例支付
但若投保人为此支付的保险费多于应交的保险费，保险人应将多收的保险费退还投保人</td></tr>
<tr><td>3. 自杀条款</td><td colspan="2">以被保险人死亡为给付保险金条件的合同，自合同成立或者合同效力恢复之日起 2 年内，被保险人自杀的，保险人不承担给付保险金的责任；但被保险人自杀时为无民事行为能力人的除外</td></tr>
</table>

【例题·单选题】投保人申报的被保险人年龄不真实，并且其真实年龄不符合合同约定的年龄限制的，保险人可以（　　）。

A. 解除合同并退还保险费

B. 要求投保人补交保险费

C. 在给付保险金时按照实付保险费与应付保险费的比例支付

D. 解除合同，并按照合同约定退还保险单的现金价值

【答案】D

【解析】本题考核保险合同的解除。投保人申报的被保险人年龄不真实，并且其真实年龄不符合合同约定的年龄限制的，保险人可以解除合同，并按照合同约定退还保险单的现金价值。

【例题·单选题】2017 年 10 月，向某为自己 18 岁的儿子投保了一份以死亡为给付保险金条件的保险合同。2020 年，向某的儿子因抑郁症自杀身亡，向某要求保险公司给付保险金。下列关于保险公司承担责任的表述中，符合保险法律制度规定的是（　　）。

A. 保险公司不承担给付保险金的责任，也不退还保险费

B. 保险公司不承担给付保险金的责任，也不退还保险单的现金价值

C. 保险公司应承担给付保险金的责任

D. 保险公司不承担给付保险金的责任，但应退还保险单的现金价值

【答案】C

【解析】本题考核人身保险合同的特殊条款。以被保险人死亡为给付保险金条件的合同，自合同成立或者合同效力恢复之日起两年内，被保险人自杀的，保险人不承担给付保险金的责任，但被保险人自杀时为无民事行为能力人的除外。本题中 2020 年，向某的儿子自杀自合同成立已经超过 2 年，所以保险人应当承担给付保险金的责任。

考点 50：保险合同的解除（如图 5-29 所示）

【例题·判断题】在财产保险合同中，保险责任开始前，投保人要求解除合同的，应当按照合同约定向保险人支付手续费，保险人应当退还保险费。（　　）

【答案】√

【例题·判断题】投保人故意不履行如实告知义务的，保险合同无效。（　　）

【答案】×

【解析】投保人故意或者因重大过失未履行如实告知义务，足以影响保险人决定是否同意承保或者提高保险费率的，保险人有权解除合同（并不导致保险合同的无效）。

【例题·判断题】投保人因重大过失未履行如实告知义务的，其对保险事故的发生有严重影响，保险人对于合同解除前发生的保险事故，不承担赔偿或给付保险金的责任，并不退还保险费。（　　）

【答案】×

【解析】故意不告知：不赔不退；重大过失：不赔但应当退还保险费。

- 保险合同的解除
  - 解除合同——除法律另有规定，或者保险合同另有约定外，保险合同成立后，投保人可以解除合同，保险人不得解除合同
  - 投保人单方面解除合同权
    - （1）在人身保险合同中，投保人解除合同的，保险人应当自收到解除通知之日起30日内按照合同的约定退还保险单的现金价值
    - （2）在财产保险合同中，保险责任开始前，投保人要求解除合同的，应当按照合同的约定向保险人支付“手续费”，保险人应当退还“保险费”。保险责任开始后，投保人要求解除合同的，保险人应当将已收取的保险费，按照合同约定扣除自保险责任开始之日起至合同解除之日止应收的部分后，退还投保人
    - 【注】投保人要求解除合同时
      - 保险责任开始前，退还“全部保险费”，但收取一定的“手续费”
      - 保险责任开始后，退还“部分保险费”
  - 保险人单方面解除合同权
    - （1）投保人“故意或者因重大过失”未履行如实告知义务，足以影响保险人决定是否同意承保或者提高保险费率的，保险人有权解除合同
    - （2）“被保险人或者受益人”未发生保险事故，谎称发生了保险事故，向保险人提出赔偿或者给付保险金请求的，保险人有权解除合同，并不退还保险费。“投保人、被保险人”故意制造保险事故的，保险人有权解除合同，不承担赔偿或者给付保险金的责任
    - （3）投保人、被保险人未按照合同约定履行其对保险标的的安全应尽责任的，保险人有权解除合同
    - （4）在合同有效期内，保险标的的危险程度显著增加，被保险人未按合同约定及时通知保险人或者保险人要求增加保险费被拒绝的，保险人有权解除合同
    - （5）投保人申报的被保险人年龄不真实，并且其真实年龄不符合合同约定的年龄限制的，保险人可以解除合同
    - （6）人身保险合同效力中止后2年保险合同双方当事人未达成协议恢复合同效力的，保险人有权解除合同
    - 【注】保险人的解除合同权，自保险人知道有解除事由之日起，超过30日内不行使而消灭；自合同成立之日起超过2年的，保险人不得解除合同
  - 投保人、保险人均可解除合同的情形——保险标的发生“部分”损失的，自保险人赔偿之日起30日内，投保人可以解除合同；除合同另有约定外，保险人也可以解除合同，但应当提前15日通知投保人。合同解除的，保险人应当将保险标的的未受损部分的保险费，按照合同约定扣除保险责任开始之日起至合同解除之日止应收的部分后，退还投保人
  - 当事人不得解除的保险合同——货物运输保险合同和运输工具航程保险合同，其保险责任开始后，合同当事人不得解除合同

图5–29　保险合同的解除

【例题·单选题】50岁的徐某在为自己投保人身保险时，申报的年龄为40岁，而该类保险对被保险人的年龄限制为45岁以下。根据保险法律制度的规定，下列表述中，正确的是（　　）。

A. 该保险合同无效

B. 保险公司有权解除合同，无须退还保单的现金价值

C. 保险公司有权解除合同，并按照合同约定退还保单的现金价值

D. 保险公司无权解除合同

【答案】C

【解析】投保人申报的被保险人年龄不真实，并且其真实年龄不符合合同约定的年龄限制的，保险人可以解除合同，并按照合同的约定退还保单的现金价值。

考点 51：保险公司（见表 5–47）

表 5–47　保险公司相关内容

设立	注册资本	最低限额为人民币“2 亿”元，且必须为“实缴货币资本”
	股东	主要股东净资产不低于人民币“2 亿”元 有持续盈利能力，信誉良好，最近 3 年内无重大违法记录
终止	批准	解散、被撤销和破产须由保监会批准
	人寿保险	（1）经营有“人寿保险业务”的保险公司，除因“合并、分立或者被依法撤销”外，不得解散 （2）解散时其持有的人寿保险合同及责任准备金，必须“转让给其他经营人寿保险业务的保险公司”，不能的，由保监会指定公司接受转让 （3）保险人不得兼营“人身保险业务”和“财产保险业务”。但是，经营财产保险业务的保险公司经批准，可以经营“短期健康保险”业务和“意外伤害保险”业务
再保险		（1）原保险人将其承担的保险业务，以分保形式部分转移给其他保险人的，为再保险
		（2）保险公司对每一危险单位即对一次保险事故可能造成的最大损失范围所承担的责任，不得超过其实有资本金加公积金总和的 10%，超过部分应当办理再保险
保险公司的资金运用限制		保险公司的资金运用限于下列形式： （1）银行存款 （2）买卖债券、股票和证券投资基金等有价证券 （3）投资不动产 （4）国务院规定的其他资金运用形式

考点 52：保险代理人与保险经纪人（如图 5–30 所示）

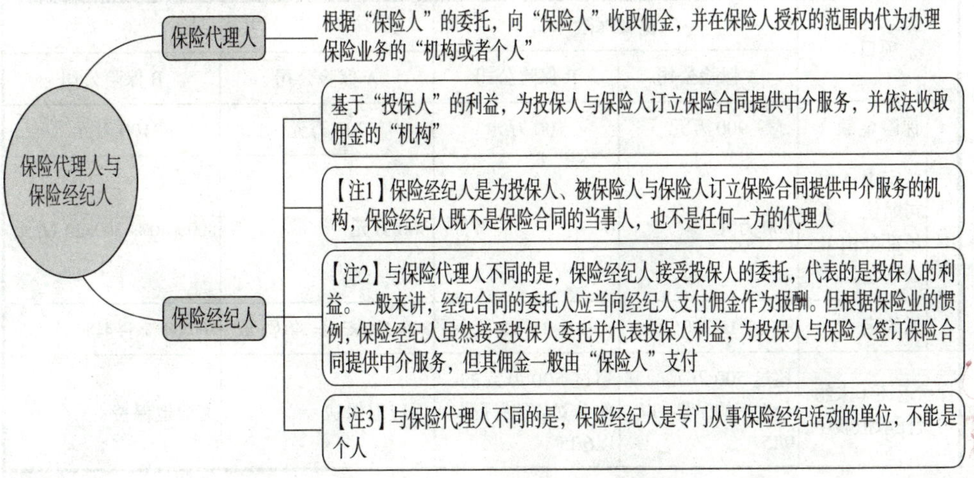

图 5–30　保险代理人与保险经纪人

考点 53：财产保险合同中的重复保险分摊制度（见表 5-48）

表 5-48　　财产保险合同中的重复保险分摊制度

1. 什么是重复保险	投保人对同一保险标的、同一保险利益、同一保险事故，分别与两个以上保险人订立保险合同，且保险金额总和超过保险价值的保险
	重复保险与共同保险的区别为：重复保险要求保险金额总和大于保险价值；如果一投保人对同一保险标的、同一保险利益、同一保险事故，分别与两个以上保险人订立保险合同，但各保险合同的保险金额总和并未超过保险标的的价值，则属于共同保险；在共同保险中各个保险合同的保险人只就其承保部分在保险事故发生时，按比例承担赔偿责任
2. 重复保险是否有效	在财产保险中，不同投保人就同一保险标的分别投保，保险事故发生后，被保险人在其保险利益范围内，依据保险合同主张保险赔偿的，人民法院应予支持
3. 投保人的通知义务	重复保险的投保人，应当将重复保险的有关情况通知各保险人
4. 如何赔偿	（1）重复保险的各保险人赔偿保险金的总和不得超过保险价值
	（2）除合同另有约定外（例如，约定先签单的，先独自履行赔偿义务，依序类推，直到赔足被保险人的损失为止），各保险人按其保险金额与保险金额总和的比例承担赔偿保险金的责任
	（3）重复保险的投保人可以就保险金额总和超过保险价值的部分，请求各保险人按比例返还保险费

【例题 · 案例题】某公司为其价值 1 000 万元的别墅投保火灾险，现保险事故发生，房屋损失 800 万元，具体情况及定性见表 5-49：

表 5-49　　某公司投保情况及定性

项目		重复保险		共同保险	
		A 保险公司	B 保险公司	A 保险公司	B 保险公司
保险金额		900 万元	600 万元	300 万元	100 万元
保险责任	约定由 A 公司赔偿，不足部分由 B 公司赔偿	800 万元	0	300 万元	800 × 40%−300=20（万元）
	无约定	800×9÷15=480（万元）	800 × 6 ÷ 15=320（万元）	800×40%×3÷4=240（万元）	800×40%×1÷4=80（万元）
保费返还（未约定责任承担顺序）		超过 500 万元的部分对应的保费乘以 9/15	超过 500 万元的部分对应的保费乘以6/15	无应退保费	无应退保费

考点 54：财产保险合同中的物上代位制度（见表 5–50）

表 5–50　**财产保险合同中的物上代位制度**

保险事故发生后，保险人已支付了全部保险金额	1. 保险金额等于保险价值的受损保险标的的全部权利归于保险人
	2. 保险金额低于保险价值的保险人，按照保险金额与保险价值的比例，取得受损保险标的的部分权利
	3.【例】甲公司为其价值 1 000 万元的房屋，投保火灾险，现房屋发生保险事故被全部烧毁，但残存的“骨灰”还能卖 200 元，200 元归谁？这就是物上代位制度要解决的问题 (1) 如果保险金额为 1 000 万元，保险公司已赔付 1 000 万元，“骨灰”归保险公司 (2) 如果保险金额为 800 万元，保险公司已赔付 800 万元，则保险公司可获得 80% 的“骨灰”（保险金额为 800 万元除以保险价值 1 000 万元）
	4.【类比考点：代位求偿制度】 甲公司为价值 1 000 万元的房屋投保火灾险，保险金额为 1 000 万元，现因乙公司责任，房屋发生保险事故，被烧毁部分价值 600 万元 (1) 保险公司赔偿 600 万元 (2) 保险公司赔偿后，可以依法向乙公司代位求偿 600 万元
	5.【类比考点：保险合同的解除】 甲公司为其价值 1 000 万元的房屋投保火灾险，现房屋发生保险事故，被烧毁部分价值 600 万元，剩余价值 400 万元的厂房是否继续承保，是“解除权”要解决的问题

考点 55：财产保险合同中的代位求偿制度（见表 5–51）

表 5–51　**财产保险合同中的代位求偿制度**

代位求偿	因“第三者”对保险标的的损害而造成保险事故的，保险人自向被保险人赔偿保险金之日起，在“赔偿金额范围内”代位行使被保险人对第三者请求赔偿的权利
	【司法解释二】保险人代位求偿权的诉讼时效期间应自其“取得”代位求偿权之日起计算
	【司法解释四】投保人和被保险人为不同主体，因投保人对保险标的的损害而造成保险事故，保险人依法主张代位行使被保险人对投保人请求赔偿的权利的，人民法院应予支持，但法律另有规定或者保险合同另有约定的除外
代位求偿的成立要件	（1）因第三者对保险标的的损害而造成的保险事故发生后，保险人未赔偿保险金之前，被保险人放弃对第三者请求赔偿的权利的，保险人不承担赔偿保险金的责任
	【司法解释四】在保险人以第三者为被告提起的代位求偿权之诉中，第三者以被保险人在保险合同订立前已放弃对其请求赔偿的权利为由进行抗辩，人民法院认定上述放弃行为合法有效的，保险人不得就相应部分主张行使代位求偿权
	【司法解释四】保险合同订立时，保险人就是否存在上述放弃情形提出询问，投保人未如实告知，导致保险人不能代位行使请求赔偿的权利，保险人有权请求返还相应保险金，但保险人知道或者应当知道上述情形仍同意承保的除外
	（2）保险人向被保险人赔偿保险金后，被保险人未经保险人同意放弃对第三者请求赔偿权利的，该行为无效
	（3）如果因被保险人故意或重大过失致使保险人不能行使代位请求赔偿的权利，保险人可以扣减或者要求返还相应的保险金

续表

代位求偿的成立要件	（4）只有当被保险人未从负有赔偿责任的第三者处获得赔偿或先向保险人索赔时，经保险人进行赔付后，才有赔偿请求权转让给保险人的必要，代位权才得以产生和适用
	【司法解释四】因第三者对保险标的的损害而造成保险事故，保险人获得代位请求赔偿权利的情况未通知第三者或者通知到达第三者前，第三者在被保险人已经从保险人处获赔的范围内又向被保险人做出赔偿的，保险人无权主张代位行使被保险人对第三者请求赔偿的权利
	【提示】保险人就相应保险金主张被保险人返还的，人民法院应予支持
	【司法解释四】保险人获得代位请求赔偿权利的情况已经通知到第三者，第三者又向被保险人做出赔偿，保险人主张代位行使请求赔偿的权利，第三者以其已经向被保险人赔偿为由抗辩的，人民法院不予支持
代位求偿权的行使	（1）保险人应以自己的名义行使保险代位求偿权
	（2）保险人不得对被保险人的家庭成员或者其组成人员行使代位请求赔偿的权利 【提示】被保险人的家庭成员或其组成人员故意对保险标的进行损害而造成保险事故的除外
	（3）保险人向第三者行使代位请求赔偿的权利时，被保险人应当向保险人提供必要的文件和所知道的有关情况
	【司法解释四】被保险人因故意或者重大过失未履行该义务，致使保险人未能行使或者未能全部行使代位请求赔偿的权利，保险人主张在其损失范围内扣减或者返还相应保险金的，人民法院应予支持

【例题·判断题】因第三者对保险标的损害而造成的保险事故发生后，保险人未赔偿保险金之前，即使被保险人放弃对第三者请求赔偿的权利，保险人仍应承担赔偿保险金的责任。（　　）

【答案】×

【解析】本题考核财产保险的代位求偿。保险事故发生后，保险人未赔偿保险金之前，被保险人放弃对第三者请求赔偿的权利的，保险人不承担赔偿保险金的责任。

【例题·多选题】下列关于保险代位求偿权的表述中，符合《保险法》规定的有（　　）。

A. 保险人未赔偿保险金之前，被保险人放弃对第三人请求赔偿的权利的，保险人不承担赔偿保险金的责任

B. 保险人向被保险人赔偿保险金后，被保险人未经保险人同意放弃对第三人请求赔偿的权利的，该放弃行为无效

C. 因被保险人故意致使保险人不能行使代位请求赔偿的权利的，保险人可以扣减或者要求返还相应的保险金

D. 即使被保险人的家庭成员故意损害保险标的而造成保险事故，保险人也

不得对被保险人的家庭成员行使代位求偿权

【答案】ABC

【解析】本题考核财产保险中的代位求偿制度。除被保险人的家庭成员或其组成人员故意造成保险事故外，保险人不得对被保险人的家庭成员或者其组成人员行使代位请求赔偿的权利，因此选项D不符合规定。

【例题·多选题】下列关于保险代位求偿制度的表述中，符合保险法律制度规定的有（　）。

A. 保险人向被保险人赔偿保险金后，被保险人未经保险人同意放弃对第三者请求赔偿权利的，该行为无效

B. 保险人应以被保险人的名义行使代位求偿权

C. 保险人可在赔偿金额范围内代位行使被保险人对第三者请求赔偿的权利

D. 被保险人因故意致使保险人不能行使代位请求赔偿权利的，保险人可以扣减或者要求返还相应的保险金

【答案】ACD

【解析】本题考核财产保险合同中的代位求偿制度。保险人应以自己的名义行使代位求偿权。

（四）信托小故事

2 500年前古埃及有一个叫乌阿哈的首领写下了一段文字，后来这段文字被一次现代考古发现。

上面记载的大致内容是：这个首领打算把哥哥留给他的全部财产，交给的他妻子来继承，而且要求妻子把全部收益分配给他们的孩子，他还另外找了一个军官作为监督人。

于是有学者就认为，这其实就是信托，而且还是历史上有文字记载的、最早出现的信托形式，因为它几乎符合现代遗嘱信托的全部特征。更多的学者认为这其实只是一份遗嘱，并不是信托，因为在当时以及在之后的很长时间，并没有形成完整的信托制度，仅仅依据这份遗嘱，就认为信托是起源于古埃及的说法是站不住脚的。

后来，到了中世纪，罗马帝国的耶路撒冷地区被伊斯兰国家占领，罗马教

皇为了收复失地，对地中海东岸的国家发动了一场旷日持久的著名战争——“十字军东征”。

士兵们在出征之前会跟邻居达成一项口头约定：他们把自己家的农地交给邻居进行管理，用收成来保障家人的生活，当然邻居也从中获取一定的报酬。

如果自己能够平安回来，邻居就应该按照约定把农地还回来。有学者认为：士兵作为委托人将农地交付给邻居，邻居以受托人的名义持有和管理农地，家人作为受益人享受收益，虽然这只是口头的约定，但已经构成了信托，而且是可撤销的信托。

这种观点比前面第一个故事中的观点更具有合理性，因为这种关系的确已经非常接近信托关系，但还不能说就已经产生了现代意义的信托制度。

到了12世纪，那时英国的宗教徒习惯死后把自己的土地捐献给教会，而根据英国当时的法律，教会的土地是免税收的，因此随着教会土地的不断增加，国家的税收逐渐减少，直接导致了对国王及封建贵族利益的触犯。于是，皇权就对这种土地直接捐献的方式“say no”，并且规定凡是未经许可把土地赠送给教会的，这个土地就会被没收，还出了一部法律——《没收法》。

于是这个时候，非盈利性的第三方就出现了。宗教徒在遗嘱中把土地赠与第三方机构，但同时规定教会拥有土地的实际使用权和收益权。这样教会虽然没有直接掌握土地财产权，但能与直接受赠土地一样受益。这就是英国USE制（尤斯制）的由来（如图5-31所示），现代意义的信托业也是以英国的USE制度为原型逐步发展起来的。

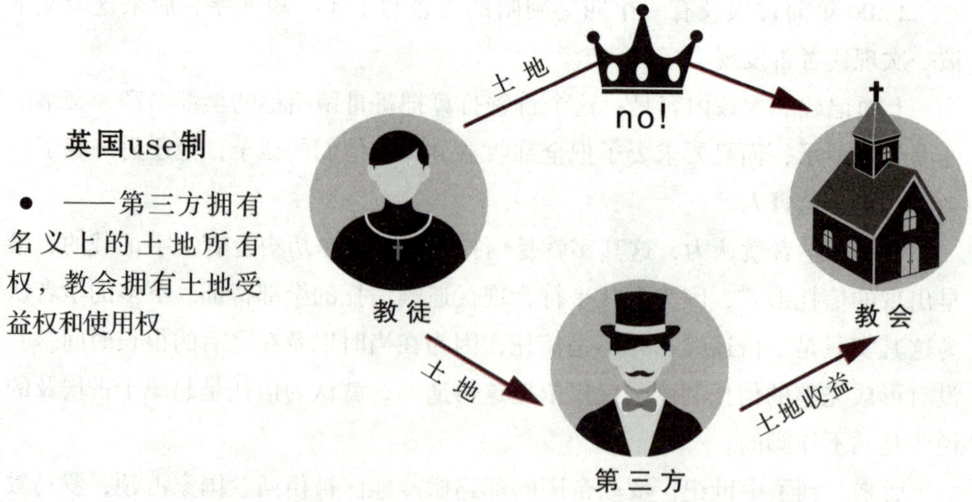

图5-31　英国USE制（尤斯制）

设立信托的好处：

第一，资产隔离。设立信托，财产可能就不在你的名下，能够把资产隔离开来。

第二，婚前资产保障。在美国，如果没有保持婚前财产的独立性，那么离婚后，是需要共同分配财产的，比如加利福尼亚州、亚利桑那州等都属于这种情况。

第三，信托有隐秘性。因为进行信托后资产不在你名下，其他人就无法查到你的家族或者是你名下的资产。

第四，避免遗产认证。在美国，如果你的资产没有受益人，那么你过世后是通过州的遗产法来分配资产。

第五，信托可以达到资产规划、税务规划和财富传承的目的。

信托有避税功能，欧美国家通过信托来避税是很普遍的现象，但因为中国没有遗产税，所以信托的避税功能没怎么被关注。

美国是全球征税，因此如果你是中国籍，但是孩子在美国定居，那么孩子继承你的遗产时，要按美国的法律缴纳遗产税。

解决的方案就是：可以做中国信托，受益人指定为在美国的小孩。

有人会说，那我移民前赶紧设立信托。

可是，“美帝国主义”规定，移民5年前设立的家族信托，在设立信托时，无须缴纳美国的赠与税（遗产税），所以，这里提醒您，如果您要移民“美帝”，不要到移民那一刻才考虑避税，要提早5年，要不然“美帝”会以为您搞突击避税，没用。

有人会想，万一哪天中国也出台遗产税，而且也搞个“5年规定”，那怎么办？我现在就需要做信托吗？

这还只是一个猜想，未来的事谁知道？先把《信托法》[①]背了，把中级过了，再说，我们这些小老百姓也没什么财产，紧张的应该是那些有钱人。

4. 信托法

考点56：信托的概念与特征（见表5-52）

表5-52　信托的概念与特征

信托的概念	信托是委托人基于对受托人的**信任**，将其财产权**委托**给受托人，由**受托人按委托人的意愿以自己的名义，为受益人的利益**或者**特定目的**进行管理和处分的行为

①《中华人民共和国信托法》。

续表

信托的特征	(1) 财产权主体与利益主体相分离。信托财产权主体为受托人，利益主体为受益人 (2) 信托财产独立。信托一旦有效设立，信托财产即从委托人、受托人以及受益人的自有财产中分离出来，成为独立运作的财产，仅服从于信托目的 (3) 有限责任。基于信托财产的独立性，受托人处理信托事务只要没有违反信托并已尽职守则，对受益人所负的债务、对第三人所负责任就均以信托财产为限 (4) 信托管理的连续性。信托不因受托人的欠缺而影响其成立，已成立的信托也不因受托人的更迭而影响其存续 信托作为一种具有长期性、稳定性的财产管理制度，根源于信托管理的连续性

考点 57：信托的制度功能（见表 5–53）

表 5–53　信托的制度功能

信托的制度功能	(1) 信托最为基本的制度功能为转移财产和管理财产
	(2) 转移财产是指委托人将信托财产转移给受托人，实现信托财产与委托人的分离
	(3) 管理财产是指信托受托人受委托人之托，利用自身的专业技能、财产管理经验与能力，为受益人的利益经营管理或者处理信托财产，即“受人之托、代人理财”
	(4) 信托还有融资功能、协调经济关系功能等

考点 58：信托分类（见表 5–54）

表 5–54　信托分类

信托分类标准	信托分类	基本含义
信托事务性质	民事信托	民事信托涉及的是民事范围的信托事务，如家族信托
	商事信托	商事信托涉及的是商事范围的信托事务，如公司资金运用信托
受益人与委托人关系	自益信托	自益信托是受益人与委托人合二为一的信托
	他益信托	他益信托是受益人为委托人以外的他人的信托
委托人人数	单独信托	单独信托是接受单个委托人委托，按照委托人确定的财产管理方式、单独管理与运用信托财产的信托
	集合信托	集合信托是接受两个以上委托人的委托，按照委托人确定的管理方式，集合多数人的财产加以管理与运用并将实现的收益按照个人财产比例或者信托文件约定分给受益人的信托。公募证券投资基金是典型的集合资金信托
信托成立原因	意定信托	意定信托是基于委托人的意思表示，通过法律行为设立的信托
	法定信托	法定信托是基于法律规定而成立的信托

考点 59：信托的成立与生效（见表 5-55）

表 5-55　　信托的成立与生效

信托成立	采取信托合同形式设立信托的，信托合同签订时，信托成立；采取其他书面形式设立信托的，受托人承诺信托时，信托成立	
信托生效	信托成立后，只有在信托当事人、信托财产、信托行为和信托目的四个方面均符合《信托法》的生效条件，才能使已经成立的信托生效	
信托生效	(1) 信托当事人	委托人应当是具有完全民事行为能力的自然人、法人或者依法成立的其他组织。受托人应当是具有完全民事行为能力的自然人、法人，法律、行政法规对受托人的条件另有规定的，从其规定
	(2) 信托财产	设立信托时，必须有确定的信托财产，并且该信托财产必须是委托人合法所有的财产
	(3) 信托行为	设立信托时，委托人和受托人的意思表示应当真实，并应当采取书面形式。书面形式包括信托合同、遗嘱或者法律、行政法规规定的其他书面文件等
	(4) 信托目的	设立信托，必须有合法的信托目的。信托目的不能违反法律、行政法规的强制性规定或者损害公共利益，不能专门以诉讼或者讨债为目的

【注】信托生效后，以信托财产为核心，在委托人、受托人和受益人之间产生《信托法》规定的权利、义务和责任关系，信托受益人也因信托的生效而产生信托受益权。

考点 60：信托的绝对无效与相对无效（见表 5-56）

表 5-56　　信托的绝对无效与相对无效

信托的绝对无效	有下列情形之一的，信托无效 (1) 信托目的违反法律、行政法规或者损害社会公共利益 (2) 信托财产不能确定 (3) 委托人以非法财产或者法律规定不得设立信托的财产设立信托 (4) 专以诉讼或者讨债为目的设立信托 (5) 受益人或者受益人范围不能确定 (6) 法律、行政法规规定的其他情形 【注】绝对无效的信托，无须任何人主张，自始无效、当然无效
信托的相对无效	(1) 委托人设立信托不得损害债权人利益，设立信托损害其债权人利益的，债权人有权申请人民法院撤销该信托
	(2) 债权人的申请权，自债权人知道或者应当知道撤销原因之日起 1 年内不行使的，归于消灭
	(3) 人民法院撤销信托的，不影响善意受益人已经取得的信托利益 【注】根据《民法典》[①] 关于可撤销的民事法律行为因撤销而归于无效的原则，该信托经撤销后自始不发生效力

①《中华人民共和国民法典》。

考点61：信托财产（见表5-57）

表5-57 信托财产

<table>
<tr><td>信托财产概念</td><td colspan="2">信托财产是受托人因信托行为取得的财产。信托财产处于信托关系的核心地位，既是信托法律关系的客体，也是信托权利义务的载体</td></tr>
<tr><td>信托财产的范围</td><td colspan="2">根据《信托法》的规定，受托人因承诺信托而取得的财产是信托财产。受托人因信托财产的管理运用、处分或者其他情形而取得的财产，也归入信托财产
信托财产包括
(1)受托人因承诺信托而取得的财产
(2)受托人因信托财产的管理运用而取得的财产
(3)受托人因信托财产的处分而取得的财产
(4)受托人因其他情形而取得的财产，如被保险的信托财产因第三人的行为而灭失、毁损，根据保险单而取得的保险赔款</td></tr>
<tr><td>信托财产的条件</td><td colspan="2">(1)具有财产价值的东西，只要满足了可转让性、确定性与合法所有性要求，不论其采取何种存在形式，原则上均可以作为信托财产，如金钱、不动产、动产、有价证券、知识产权等
(2)商誉、经营控制权等营业上的利益，因非确定的独立财产，不能成为信托财产；
人身权（如姓名权、名誉权、身份权）等具有专属性质的权利，因不能以金钱计算其价值，且不能转移，也不能成为信托财产
【链接】股东不得以劳务、信用、自然人姓名、商誉、特许经营权或者设定担保的财产等作价出资</td></tr>
<tr><td>信托财产的归属</td><td colspan="2">(1)信托一经设立，财产权便发生转移，信托财产随即而生，这部分财产自此开始不再属于委托人，受益人拥有的也仅仅是向受托人要求以支付信托利益为内容的债权，即受益权，信托财产只能归属于受托人
(2)受托人对信托财产享有的财产权与其本身所有的财产（以下简称“固有财产”）的财产权有着本质区别，受托人对信托财产要根据信托文件的约定，按照委托人的意愿对信托财产进行管理、处分，而不是按照受托人自己的需要来运用信托财产
受托人的固有财产是指一切在信托法律关系成立之前便已经为受托人享有所有权的财产</td></tr>
<tr><td rowspan="4">信托财产的独立性</td><td colspan="2">信托财产在法律关系上属于受托人，但信托财产的管理、处分受信托目的的约束，为信托目的而独立存在，受托人并未取得信托财产的绝对权能</td></tr>
<tr><td>独立于委托人</td><td>信托财产与委托人未设立信托的其他财产相区别
设立信托后，委托人死亡或者依法解散、被依法撤销、被宣告破产时
(1)委托人是唯一受益人的，信托终止，信托财产作为其遗产或者清算财产
(2)委托人不是唯一受益人的，信托存续，信托财产不作为其遗产或者清算财产
但是，作为共同受益人的委托人死亡或者依法解散、被依法撤销、被宣告破产时，其信托受益权作为其遗产或者清算财产</td></tr>
<tr><td rowspan="2">独立于受托人</td><td>(1)信托财产与受托人的固有财产相区别，不得归入受托人的固有财产或者成为固有财产的一部分。
(2)受托人死亡或者依法解散、被依法撤销、被宣告破产而终止，信托财产不属于其遗产或者清算财产</td></tr>
<tr><td>信托关系存续期间，受益人只能主张信托利益，并不享有信托财产权。即使信托关系终了后，委托人也可通过信托文件将信托财产归于自己或者第三人，因此信托财产也独立于受益人的自有财产</td></tr>
</table>

续表

信托财产的独立性	偿债方面具有独立性	受托人占有和控制信托财产，但受托人无权用信托财产清偿其与信托无关的个人债务，**债权人也无权要求通过强制执行或者拍卖信托财产来满足其与该债务相对应的债权** 除因下列情形之一外，对信托财产不得强制执行： ①设立信托前债权人已对该信托财产享有**优先受偿的权利**，并依法行使该权利的 ②受托人处理**信托事务**所产生的债务，债权人要求清偿该债务的 ③信托财产本身应担负的**税款** ④法律规定的其他情形 对于违反规定而强制执行信托财产，委托人、受托人或者受益人有权向人民法院提出异议
	抵销方面具有独立性	受托人管理运用、处分信托财产所产生的债权，不得与其固有财产产生的债务相抵销 受托人管理运用、处分不同委托人的信托财产所产生的债权债务，不得相互抵销
信托财产的物上代位性	信托设立后，因受托人对信托财产的管理、处分，信托财产变化成各种形态，在信托结束前，不管信托财产物质形态如何变换，均属于信托财产 以集合资金信托为例，在信托设立时信托财产为资金，委托人通过认购公募证券投资基金将信托的资金移转至基金管理人。公募基金成立后，基金管理人运作该只基金时投资于甲上市公司的股票、乙有限责任公司发行的公司债券，在这种情况下，信托财产虽然由资金变成了股票、债券，在物质形态上发生了变化，但其并不因物质形态的变化而丧失信托财产的性质	

考点 62：信托当事人

委托人见表 5-58。

表 5-58　　**委托人**

委托人	委托人应当是具有完全民事行为能力的**自然人、法人**或者依法成立的其他**组织**	
	信托财产管理、处分的知情权	(1) 委托人有权**了解**其信托财产的管理运用、处分及收支情况，并有权要求受托人作出说明 (2) 委托人有权查阅、抄录或者复制与其信托财产有关的信托**账目**以及处理信托事务的其他文件 (3) 委托人行使**质询**权和查阅、抄录、复制权，任何人不得干涉
	信托财产管理方法的变更权	委托人因设立信托时未能预见的特别事由，致使信托财产的管理方法**不利于实现信托目的或者不符合受益人的利益时**，委托人有权要求受托人调整该信托财产的管理方法 委托人可以直接向受托人行使这项权利，也可以通过人民法院作出裁定行使这项权利
委托人	对违反信托权限行为的撤销权	(1) 受托人**违反信托目的**处分信托财产或者因**违背管理职责、处理**信托事务**不当**致使信托财产受到损失的，委托人有权申请人民法院撤销该处分行为，并有权要求受托人恢复信托财产的原状或者予以赔偿；该信托财产的受让人明知是违反信托目的而接受该财产的，应当予以返还或者予以赔偿

续表

委托人	对违反信托权限行为的撤销权	(2) 委托人的撤销权，自委托人知道或者应当知道撤销原因之日起1年内不行使的，归于消灭 (3) 委托人的撤销权应当通过诉讼方式行使，人民法院根据委托人的请求作出撤销受托人处分信托财产行为的判决后，受托人的处分行为即发生自始无效的法律后果
	对受托人的解任权	受托人违反信托目的处分信托财产或者管理运用、处分信托财产有重大过失的，委托人有权依照信托文件的规定解任受托人，或者申请人民法院解任受托人

受托人见表5-59。

表5-59 受托人

受托人	具有完全民事行为能力的自然人、法人可以成为受托人 但是，自然人不得成为金融信托的受托人；担任公益信托的受托人，应当经有关公益事业管理机构批准 从事金融信托业务，受托人应当是依法设立的、取得经营金融业务许可证的信托公司、基金管理公司等金融机构	
	谨慎义务	受托人应当遵守信托文件的规定，为受益人的最大利益处理信托事务；受托人管理信托财产，必须恪尽职守，履行诚实、信用、谨慎、有效管理的义务 【解释】谨慎义务是受托人的法定义务，也是一种积极义务，受托人不得违反 对于谨慎义务，可通过信托文件的约定予以增加或者减少，但是，不得约定免除谨慎义务及违反谨慎义务的责任
	忠实义务	(1) 忠实义务是指受托人必须以受益人的利益作为处理信托事务的唯一目的，不得在处理事务时为自己或者第三人谋取利益，必须避免与受益人产生利益冲突的情况 (2) 受托人除依法取得报酬外，不得利用信托财产为自己谋取利益。违反规定，利用信托财产为自己谋取利益的，所得利益归入信托财产 (3) 受托人不得将信托财产转为其固有财产。受托人将信托财产转为其固有财产的，必须恢复该信托财产的原状，造成信托财产损失的，应当承担赔偿责任 (4) 受托人不得将其固有财产与信托财产进行交易或者将不同委托人的信托财产进行相互交易，但信托文件另有规定或者经委托人或者受益人同意，并以公平的市场价格进行交易的除外 【解释】忠实义务是受托人所承担的各项信托义务中最为根本的义务，属于法定义务、消极义务，不可以通过约定加以排除。与违反注意义务实行过错责任不同，违反忠实义务实行无过错责任
	分别管理义务	受托人必须将信托财产与其固有财产分别管理、分别记账，并将不同委托人的信托财产分别管理、分别记账
	自己管理义务	(1) 受托人应当自己处理信托事务，但信托文件另有规定或者有不得已事由的，可以委托他人代为处理 (2) 受托人依法将信托事务委托他人代理的，应当对他人处理信托事务的行为承担责任

续表

受托人	共同受托人	(1) 同一信托的受托人有两个以上的，为**共同受托人** (2) 共同受托人应当共同处理信托事务，但信托文件规定对某些具体事务由受托人分别处理的，从其规定 (3) 共同受托人共同处理信托事务，意见不一致时，按信托文件规定处理；信托文件未规定的，**由委托人、受益人或者其利害关系人决定** 受托人共同处理信托事务是指两个以上受托人处理信托事务时，**没有先后**顺序，**没有主从**关系，**也没有份额**关系 (4) 共同受托人处理信托事务对第三人所负债务，应当**承担连带清偿责任** 第三人对共同受托人之一所作的意思表示，对其他受托人同样有效 共同受托人之一违反信托目的处分信托财产或者因违背管理职责、处理信托事务不当致使信托财产受到损失的，其他受托人应当**承担连带赔偿责任**
	报告、保密义务	(1) 受托人必须**保存**处理信托事务的完整**记录**。完整记录是指有关信托的财产和物品的收支情况、有关信托的金钱方面的收付情况、处理信托事务的方式和交易对方的情况等。完整是指与处理信托事务有关的全部合同、单据、凭证、账户资料等。保存是指记录并装订成册，在计算机处理时应有专门存储方式 (2) **报告义务**是指受托人应当每年定期将信托财产的管理运用、处分及收支情况，报告委托人和受益人 (3) 保密义务是指受托人对信托中了解到的委托人、受益人以及处理信托事务的情况和资料应当依法保守秘密
	支付信托利益的义务	受托人以**信托财产为限**向受益人承担支付信托利益的义务
受托人的权利	(1) 报酬给付请求权	受托人有权依照信托文件的约定取得报酬 信托文件未作事先**约定**的，经信托当事人**协商**同意，可以作出**补充**约定；**未作事先约定和补充约定的，不得收取报酬**。 但是，受托人**违反信托目的**处分信托财产或者因违背管理职责、**处理**信托事务**不当**致使信托财产受到损失的，在未恢复信托财产的原状或者未予赔偿前，不得请求给付报酬
	(2) 优先受偿权	受托人因处理信托事务所支出的费用、对第三人所负的债务，或者所受到的损害，以信托财产承担 受托人以其**固有财产先行支付**的，对信托财产享有**优先受偿**的权利

受益 人见表 5-60。

表 5-60　　**受益人**

受益人	受益人可以是自然人、法人或者依法成立的其他组织，可以是一人，也可以是数人
	委托人、受托人、第三人均可成为受益人，其中委托人可以是同一信托的唯一受益人，但**受托人不得是同一信托的唯一受益人**
	受益人在信托关系中享有信托受益权，信托受益权与受益人身份密不可分，如果信托文件未对受益人享有信托受益权的**起始时间**作出特别规定，受益人**自信托生效之日起享有**信托受益权 受益人为数人时，共同受益人共同享有信托受益权，信托文件对共同受益人享受信托利益的分配有规定的，从其规定；信托文件对信托利益的分配比例或者分配方法未作规定的，受益人按照**均等的比例**享受信托利益

续表

<table>
<tr><td rowspan="5">受益人</td><td>受益人不能清偿到期债务的，其信托受益权可以用于清偿债务，但法律、行政法规及信托文件有限制性规定的除外</td></tr>
<tr><td>受益人的信托受益权可以转让和继承，信托文件有限制性规定的除外</td></tr>
<tr><td>受益人可以放弃信托受益权，全体受益人放弃信托受益权的，信托终止；部分受益人放弃信托受益权的，被放弃的信托受益权按下列顺序确定归属：
(1) 信托文件规定的人
(2) 其他受益人
(3) 委托人或者其继承人</td></tr>
<tr><td>受益人可以行使信托财产管理处分的知情权、信托财产管理方法的变更权、对违反信托权限行为的撤销权以及对受托人的解任权，受益人行使上述权利与委托人意见不一致时，可申请人民法院作出裁定
共同受益人之一行使对违反信托权限行为的撤销权，人民法院所作出的撤销裁定，对全体共同受益人有效</td></tr>
</table>

考点 63：信托的变更（见表 5-61）

表 5-61 **信托的变更**

<table>
<tr><td>信托财产管理方法的变更</td><td colspan="2">因设立信托时未能预见的特别事由，致使信托财产的管理方法不利于实现信托目的或者不符合受益人的利益时，委托人、受益人有权要求受托人调整该信托财产的管理方法
委托人与受益人对变更的意见不一致时，可以申请人民法院作出裁定</td></tr>
<tr><td rowspan="2">受托人的变更</td><td>(1) 解任</td><td>当受托人违反信托目的处分信托财产或者管理运用、处分信托财产有重大过失时，委托人、受益人有权解任受托人
委托人与受益人意见不一致时，可以申请人民法院作出裁定</td></tr>
<tr><td>(2) 辞任</td><td>设立信托后，经委托人和受益人同意，受托人可以辞任。受托人辞任的，在新受托人选出前仍应履行管理信托事务的职责
法律对公益信托的受托人辞任另有规定的，从其规定</td></tr>
<tr><td rowspan="4">受托人的变更</td><td rowspan="2">(3) 受托人职责终止</td><td>受托人对信托财产负有亲自管理和处分的义务，受托人有下列情形之一，无法履责的，其职责终止：
①死亡或者被依法宣告死亡
②被依法宣告为无民事行为能力人或者限制民事行为能力人
③被依法撤销或者被宣告破产
④依法解散或者法定资格丧失
⑤法律、行政法规规定的其他情形</td></tr>
<tr><td>由于受托人管理和处分信托财产的行为需要有一定的连续性，受托人职责终止时，其继承人或者遗产管理人、监护人、清算人应当妥善保管信托财产，协助新受托人接管信托事务</td></tr>
<tr><td colspan="2">(4) 受托人的变更，不影响信托的存续。受托人为一人时，受托人职责终止的，依照信托文件的规定选任新受托人；信托文件未规定的，由委托人选任；委托人不指定或者无能力指定的，由受益人选任；受益人为无民事行为能力人或者限制民事行为能力人的，依法由其监护人代行选任
原受托人处理信托事务的权利和义务，由新受托人承继。受托人为数人时，共同受托人之一职责终止的，信托财产由其他受托人管理和处分</td></tr>
<tr><td>受托人报酬的变更</td><td>对于信托文件约定的报酬，经信托当事人协商同意，可以增减其数额</td></tr>
</table>

续表

受益人的变更	(1) 自益信托	在自益信托中，委托人和受益人为同一人，除信托文件另有规定外，委托人或者其继承人可以解除信托使自己的受益权归于消灭
	(2) 他益信托	在他益信托中，委托人不得擅自变更受益人或者处分受益人的信托受益权，但是，有下列情形之一的，委托人可以变更受益人或者处分受益人的信托受益权 ①受益人对委托人有重大侵权行为 ②受益人对其他共同受益人有重大侵权行为 ③经受益人同意

考点 64：信托的终止（见表 5-62）

表 5-62　　信托的终止

信托的终止	信托具有连续性，信托一经生效，不因委托人及受托人的欠缺而终止，即信托不因委托人或者受托人的死亡、丧失民事行为能力、依法解散、被依法撤销或者被宣告破产而终止，也不因受托人的辞任而终止。但是，《信托法》或者信托文件另有规定的除外
	设立信托后，委托人死亡或者依法解散、被依法撤销、被宣告破产时，委托人是唯一受益人的，信托终止
	除永续信托外，有以下情形之一的，信托终止： (1) 信托文件规定的终止事由发生 (2) 信托的存续违反信托目的 (3) 信托目的已经实现或者不能实现 (4) 信托当事人协商同意 (5) 信托被撤销 (6) 信托被解除
	自益信托，委托人是唯一受益人，除非信托文件另有规定，委托人或者其继承人可以解除信托。他益信托，受益人对委托人有重大侵权行为、经受益人同意或者存在信托文件规定的其他解除情形，委托人可以解除信托
信托终止后的财产归属	信托终止的，信托财产归属于信托文件规定的人；信托文件未规定的，按下列顺序确定归属： (1) 受益人或者其继承人 (2) 委托人或者其继承人 信托财产的归属确定后，在该信托财产转移给权利归属人的过程中，信托视为存续，权利归属人视为受益人
信托终止后的债务处理	(1) 信托终止后，对原信托财产依法强制执行的，以权利归属人为被执行人 (2) 信托终止后，受托人依法行使请求给付报酬、从信托财产中获得补偿的权利时，可以留置信托财产或者对信托财产的权利归属人提出请求

（五）从童话中醒来

楚帆打来电话，说晚上朋友聚会，问我去不去。我问什么聚会？他说，公司几个同事出来一起聚聚，吃个饭，聊个天，晚上还有KTV，你要不要过来一起？我一听，开始判断这个聚会对我是否重要，楚帆带我去参加聚会应该不是让我认识他的同事，进入他的社交圈，因为我们的关系早已确定，他的同事、朋友、同学甚至亲人我都见过，他们也知道我的存在。所以，这应该就是一场他们同事之间工作之余联络感情以期后续更好合作的聚会，我去只不过是可以蹭饭。为了验证我的判断，我还是轻轻地问了一句：

"这个聚会重要吗？我一定要去吗？"

"他们说人多热闹些，你有时间就过来吧。"

那意思就是不重要，既然没什么重要的，我当然得果断地选择拒绝，因为我马上就要考试了。

婉晴在旁边，见我如此干脆利落地拒绝诱惑，对我翘起了大拇指。

我之所以能和婉晴志同道合，臭味相投，很多时候在于我们的价值观是一样的，比如我们都崇尚奋斗。我们都不会守株待兔地等待白马王子来拯救。

每次说起白马王子，我们就会想起小时候看的那个经典童话：

白雪公主就这样一直被安放在小山上。过了很久很久，她的样子看起来仍然像是在那儿安睡，皮肤仍然如雪一样的白嫩，脸色仍然透着血一般的红润，头发仍然如乌木一样又黑又亮。直到有一天，一个王子前来，拜访了七个小矮人。在小山上，他看到了白雪公主及棺材上的铭文，心里非常激动，一刻也不能平静。他对小矮人说要付给他们金钱，求他们让他把白雪公主和棺材带走。但小矮人说："就是用世界上所有的金子来换，我们也不会同意让她离我们而去的。"王子不停地恳求，甚至哀求。看到他如此真心诚意，小矮人终于被他的虔诚所感动，同意让他把棺材带走。但就在他叫人把棺材抬起准备回家时，棺材被撞了一下，那块毒苹果突然从白雪公主的嘴里吐了出来，她马上醒了。她茫然问道："我这是在哪儿呀？"王子回答说："你好端端地与我在一块儿。"接着，把发生的一切都告诉了她，最后说道："我爱你胜过爱世界上的一切，跟我走吧，与我一起到我父亲的王宫去，我将娶你做我的妻子。"白雪公主同意了，并与王子一同回了家。在将一切准备好后，他们举行了婚礼，他们邀请了许多客人来参加……

然后，我们就会哈哈大笑，相互揶揄，半死不活地躺在山上，看有没有王子来拯救你。

白雪公主之所以有白马王子来拯救，那是因为她有着跟王子一样高贵的出身和非凡的美貌，她就是白富美，而王子就是高富帅。白富美自然配高富帅，这样资产负债表两边才会相等，报表才会平衡。有人会说，也有很多夫妻感觉并不相配啊，那他们的报表会平衡吗？答案是“会”，因为有一方会拼命地对另一方好，在合并会计报表上这叫商誉（商誉是企业整体价值的组成部分。在企业合并时，它是购买企业的投资成本超过被合并企业净资产公允价值的差额），在谈恋爱时则被称作爱情。

就像很多女人找男朋友时，经常会说“他虽然没钱、没文凭、没外貌……，但是他真心爱我、对我好啊”。可试问一个没钱、没文凭、没外貌，要什么没什么的男人，不对你好、不宠着你、不让着你，他有戏吗？！就像一家公司账面上什么资产都没有，如果连商誉都没有的话，你会去并购吗？婚后，他高跷胜利的二郎腿玩大变脸，不对你好了，你的人生报表不就失衡了？公司的商誉由市场决定，不是某个人可以左右的，各个因素会相互制衡，而你的爱情，在很大程度上由他一个人把控，风险得有多高。

20 岁出头的我们，无疑是最美好、最美丽的年华。但这时候的我们如果对自己的人生毫无方向，不知道自己要的是什么，追求的是什么，怎样才能得到幸福呢？最美丽的时候几乎全部在恋爱中度过，或许会有一段美好的回忆，可是美好之后呢？

如果在你身边那个 20 多岁一无所有、稚气未脱的男生选择了奋斗，那么假以时日，你们的眼界层次慢慢就拉开了。当爱情的炙热褪去，你们之间的话题会越来越少，差距也会越来越大，这个时候你再生气着急，有用吗？

如果他选择了和你一起玩乐，那人到中年，当你回首人生，与周围不同层次的人作比较时，你是该后悔自己拖累了爱人，还是在听到莎士比亚的那句“真正的爱情使人向上”时怀疑你们之间的感情？然后在日后柴米油盐、经济拮据的时候，暗自神伤？你不觉得这样的现状也有自己的“功劳”吗？

也许你会说，女人应该示弱，太过强势，男生会敬而远之。然而，示弱的前提是你本来强大，而不是在恋爱的温水中煮青蛙，最后变得越来越依赖。

要知道落后就会被动，被动就会“挨打”，一个在男生背后亦步亦趋的女人，三句话不离她男朋友，未来就是典型的三围女人（围着老公、围着孩子、围着

灶台）。直到有一天老公厌她，孩子烦她，自己只能坐在灶台旁抹泪，感叹命运的不公。

更惨的是，年轻的时候众星捧月，最后却没能嫁一个好丈夫。青春转眼逝去，自己在最黄金的时候没有努力奋斗，接下来的人生之路会越发难走。婉晴有一个远房表姨，就是这样。据说她年轻的时候特别漂亮，追她的人很多，然而，却在最该结婚的时候没有结婚，最该奋斗的时候没有奋斗，最该做选择的时候不做选择，现在 40 多岁了，只能在菜市场卖菜。今非昔比，情何以堪！

婉晴妈每次唠叨就拿这个远房表姨说事，说她太傻，不知道自己该找一个什么样的人，也不知道自己想过一种什么样的生活，不努力，不奋斗，没有计划，没有目标，脚踏西瓜皮，滑到哪里算哪里。

所以女人，不论什么时候，都要有自己的目标，都要努力。女人最幸福的一生是人生层次不断提高的一生。不管自己现在处于什么境地，只要每天都在努力，都在前进，就是幸福的。

由此，童话故事应该被这样改写：

很久以前，有一个公主（女孩），在路上碰上了一个王子（男孩），王子问她是否愿意坐他的白马（宝马）。她说道："我想坐你的马（宝马），但不是现在，因为我忙着得到一匹自己的马（宝马）。在太阳落山之前你自己骑吧，我晚些时候会追上你。"王子目瞪口呆，他从来没有听人对他说过这样的话。他的内心受到了强烈的刺激，因为她竟然不需要他。这时他开口说："我的余生一定要和你在一起。"

然后，他们纵马奔向落日余晖，热恋，结婚，而且她开始"折磨"他……

但两人终生相爱。

第六章

合同法律制度

（一）潜意识下操作的能力

一开始总结提炼书上的考点时，总是感觉不顺手，画图也画得很慢，现在感觉越来越熟悉了，也越来越习惯了。再过一段时间，或许我也能像杜老师那样信手拈来。

杜老师说，每个人从头学习一项新的技能时，都必须经历四个阶段：

不知己不能；

知己不能之；

知己已能之；

不知己能之。

就像学开车，对于刚出生的婴儿来说，他压根就不会去想自己会不会开车，不会开车既不会给他们的生活造成不便，也不会产生任何心理上的不安。这就是“不知己不能”，虽无能力，却也尚未萌生出明确的意识。

随着年龄的增长，突然有一天，他们会发现：为什么别人都会开车，而我却不会呢？一旦提出这个问题，就进入了第二个阶段——“知己不能之”，意识到自己缺乏某种能力。

由于意识到了不会开车的种种不便，而且内心感到不安，自然就会主动采取措施，改变现状。高中刚毕业的小女孩或许会缠着爸爸带自己去空旷的地方练车，爸爸或许会给她报名去驾校学习。不管通过哪种途径，重点是她已经迈出了第一步，找到机会开始学习这种新的技能了。这就是第三个阶段——“知己已能之”，在这个阶段明明学会了所有的操作技能，背熟了所有的交通法规，可是每次把手放到方向盘上的时候，心里还是难免会有点紧张。必须时刻留心手部动作和脚下换挡的配合，遇到比较复杂的路况也会略微有点犯怵。总而言

之，必须把自己的精力全部用在开车上面，根本顾不上别的事情。

直到有一天，突然发现自己再也不用盯着倒车镜了，拐弯并线时也不会老急着打转向灯了，离合换挡、停车起步也已经习惯成自然。大脑终于有了空间，可以放松下来，一边开车一边听听音乐。这就说明已经到达最后一个阶段——“不知已能之”，即潜意识有能力。

学习也是一种技能，自然也不例外。刚开始的时候，大家都没想过要去总结，拿着书就看，直到自己越看越头痛，才会想到自己的学习方法是不是有问题，应该进行总结后才能记得住。接着开始学习如何总结，但是总是觉得自己总结得不够好。经过训练后，慢慢地变得差强人意了。那什么时候才能信手拈来呢？

从某种意义上说，我们的终极目标就是要让自己在尽可能多的领域达到上述潜意识下的熟练操作状态。人之所以有这种想法，想要自己做得更好，一方面是出于某些现实的原因，但更重要的是，我们只有在潜意识的状态中才能全身心放松，尽情享受整个过程，并找到乐趣。

继续努力，继续学习，也许等我考过中级会计职称考试，我收获的不仅仅是一张证书，我还学会了如何学习。

（二）本章通关地图（如图 6-1 所示）

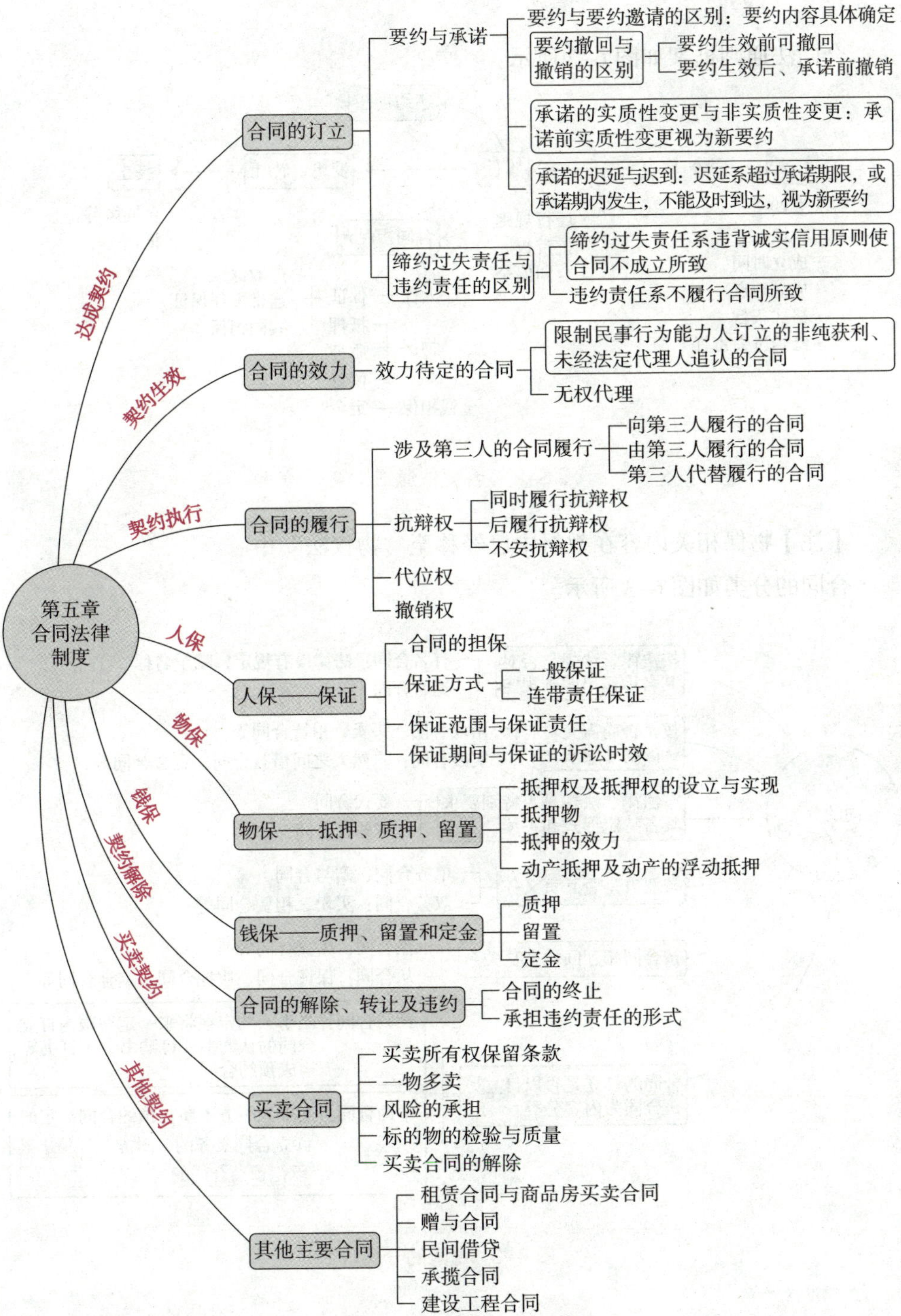

图 6-1　本章通关地图

（三）高频考点提炼

1. 合同的订立

合同法通则框架如图 6–2 所示。

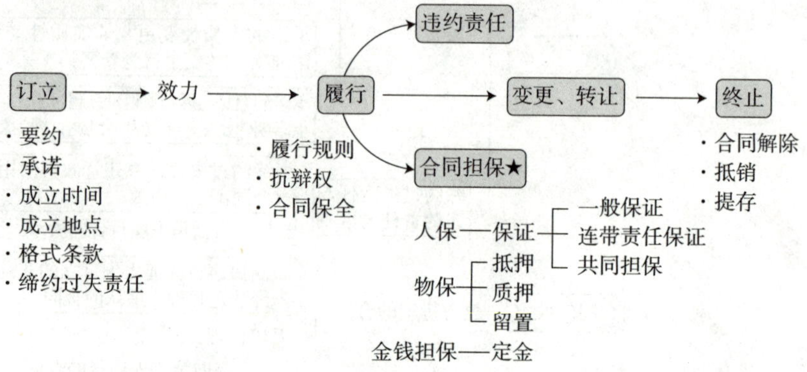

图 6–2　合同法通则框架

【注】物保相关内容在教材中已经移至“物权法”中。

合同的分类如图 6–3 所示。

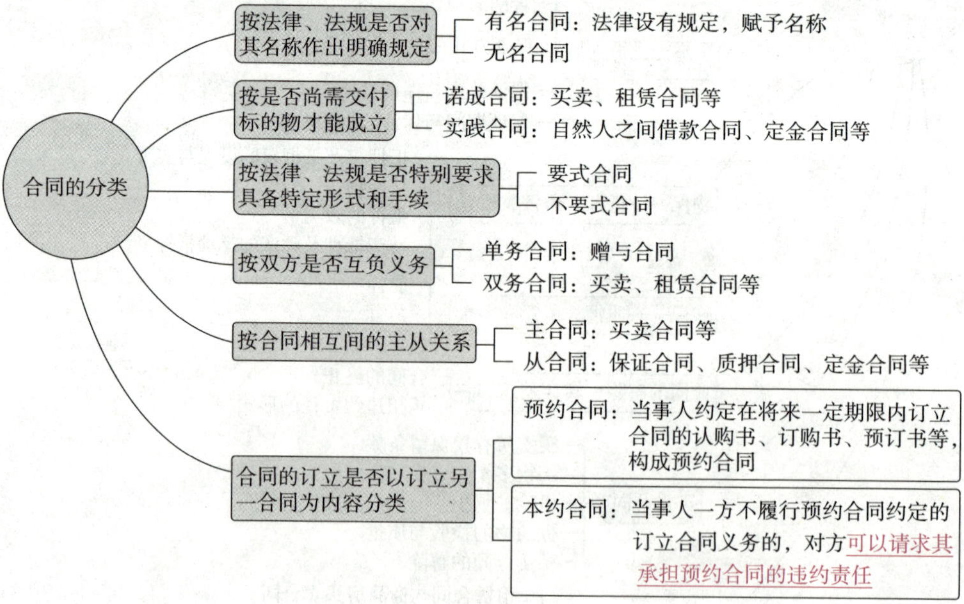

图 6–3　合同的分类

考点 1：要约与承诺（如图 6-4 所示）

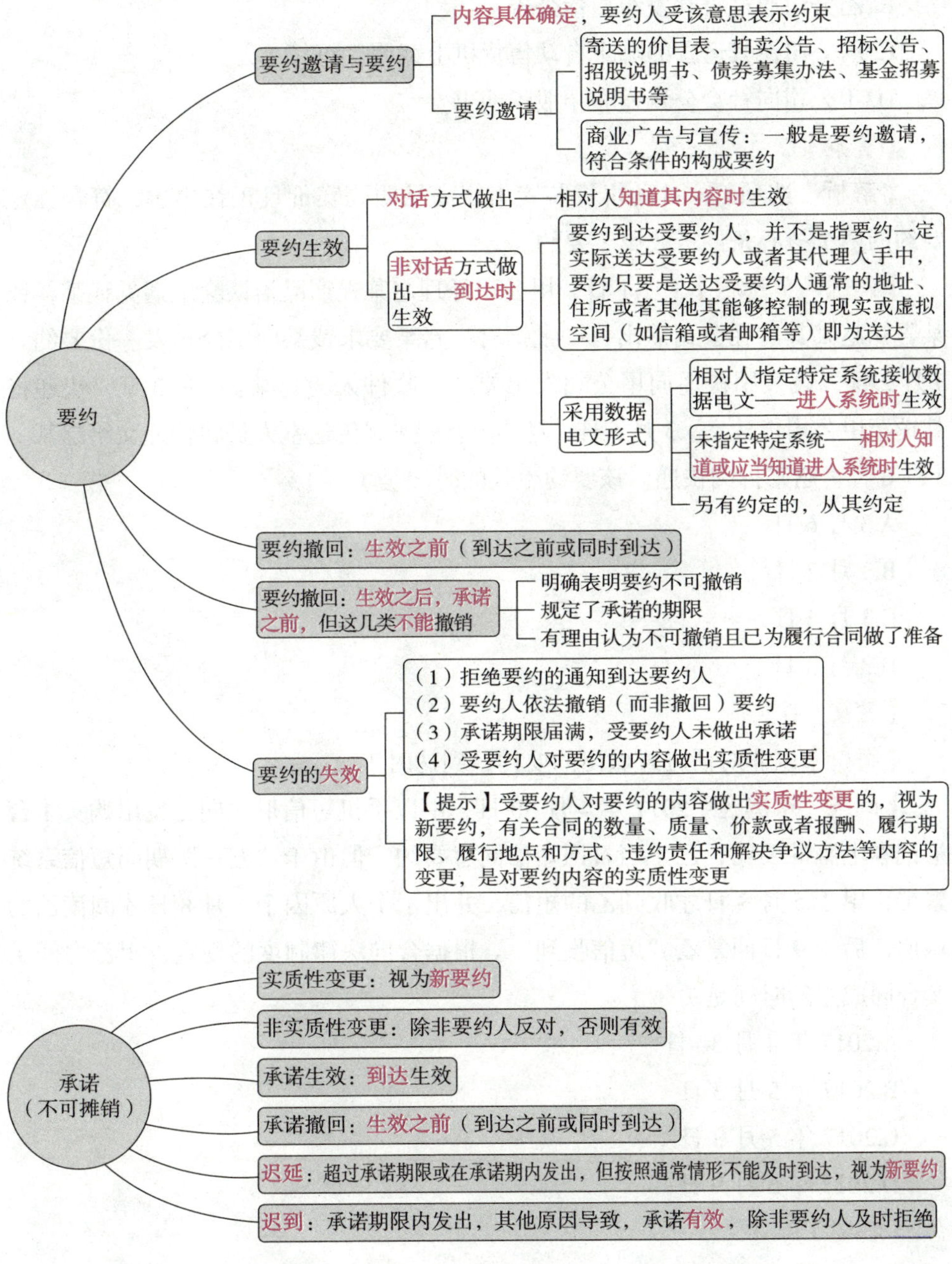

图 6-4　要约与承诺

【例题·单选题】要约邀请是希望他人向自己发出要约的意思表示。根据《民法典》的规定，下列情形中，不属于发出要约邀请的是（　　）。

A. 甲公司向数家贸易公司寄送价目表

B. 乙公司通过报刊发布招标公告

C. 丙公司在其运营的咖啡自动售货机上载明“每杯 1 元”

D. 丁公司向社会公众发布招股说明书

【答案】C

【解析】选项 C：自动售货装置出售商品明码实价且正在出售，符合界定要约的两个核心条件，故属于要约。

【例题·单选题】3 月 1 日，甲公司经理赵某在产品洽谈会上遇见钱某，钱某告知赵某其所在公司欲出售一批钢材，赵某要求钱某向甲公司发一份要约。3 月 2 日，钱某用快递向甲公司发出要约，收件人为赵某。3 月 3 日，快递将其送至甲公司传达室。3 月 5 日，赵某出差归来，传达室人员将快递交给赵某。3 月 6 日，赵某拆阅快递。该要约生效的时间是（　）。

A.3 月 6 日

B.3 月 2 日

C.3 月 5 日

D.3 月 3 日

【答案】D

【解析】以非对话方式做出的要约，到达时生效。

【例题·单选题】2017 年 4 月 30 日，甲以手机短信形式向乙发出购买 1 台笔记本电脑的要约，乙于当日回短信同意要约。但由于“五一”期间短信系统繁忙，甲于 5 月 3 日才收到乙的短信，并出于个人原因于 5 月 8 日才阅读乙的短信，后于 9 日回复乙“短信收到”。根据合同法律制度的规定，甲乙之间买卖合同成立的时间是（　）。

A.2017 年 4 月 30 日

B.2017 年 5 月 3 日

C.2017 年 5 月 8 日

D.2017 年 5 月 9 日

【答案】B

【解析】同意要约（承诺）的短信于 5 月 3 日到达甲处，此时承诺生效，对诺成合同而言，承诺生效则合同成立。

【例题·单选题】甲公司因生产需要，准备购入一套大型生产设备。4 月 1 日，甲公司向乙设备厂发出了一份详细的书面要约，并在要约中注明：请贵公司于4月20日前答复，否则该要约失效。该要约到达乙设备厂后，甲公司拟撤销该要约。根据合同法律制度的规定，下列关于该要约能否撤销的表述中，正确的是（　）。

A. 该要约可以撤销，只要乙设备厂尚未发出承诺

B. 该要约可以撤销，只要乙设备厂的承诺尚未到达甲公司

C. 该要约可以撤销，只要乙设备厂尚未为履行合同做准备工作

D. 该要约不得撤销，因为要约人在要约中确定了承诺期限

【答案】D

【解析】“请贵公司于4月20日前答复”——4月20日前即为承诺期限。要约中有承诺期限的，该要约不得撤销。

【例题·单选题】甲公司于4月1日向乙公司发出订购一批实木沙发的要约，要求乙公司于4月8日前答复。4月2日，乙公司收到该要约。4月3日，甲公司欲改向丙公司订购实木沙发，遂向乙公司发出撤销要约的信件，该信件于4月4日到达乙公司。4月5日，甲公司收到乙公司的回复，乙公司表示暂无实木沙发，问甲公司是否愿意选购布艺沙发。根据《民法典》的规定，甲公司要约失效的时间是（　）。

A.4月3日　　B.4月4日　　C.4月5日　　D.4月8日

【答案】C

【解析】甲公司在要约中要求乙公司于4月8日前答复，其属于不可撤销的要约，因此4月4日撤销要约的通知到达时，不产生撤销要约的效力，直到4月5日乙公司对要约的内容做出实质性变更时，原要约才失去效力。

【例题·单选题】陈某在8月1日向李某发出一份传真，拟出售房屋一套，面积90平方米，价款260万元，合同订立7日内一次性付款，如欲购买请在3日内回复。李某当日传真回复，表示同意购买，但要求分期付款，陈某未回复。8月3日，李某再次给陈某发传真，表示同意按照陈某传真的条件购买，陈某仍未回复。下列关于陈某、李某之间合同成立与否的表述中，符合合同法律制度的规定的是（　）。

A. 李某的第二次传真回复为新要约，陈某未表示反对，合同成立

B. 李某的两次传真回复，均为新要约，合同不成立

C. 李某的第二次传真回复为承诺，合同成立

D. 李某的第一次传真回复为承诺，合同成立

【答案】B

【解析】（1）李某8月1日的回复将付款方式修改为“分期付款”，属于对要约做了实质性变更，应视为新要约，同时，陈某原要约失效；（2）李某8月3日的传真中将其8月1日的“新要约”进一步修改为“一次性付款”，产生了新要约，但由于陈某对李某8月3日的新要约并未答复同意，合同尚未成立。

【例题·单选题】2012年10月8日，甲厂向乙厂发函称其可提供X型号的设备，请乙厂报价。10月10日，乙厂复函表示愿以5万元购买1台设备，甲厂10月12日复函称每台设备的价格为6万元，10月30日前回复有效。乙厂于10月19日复函称愿以5.5万元购买1台设备，甲厂收到后未作回复。后乙厂反悔，于10月26日发函称同意甲厂当初6万元的报价。下列关于双方往来函件法律性质的表述中，不符合合同法律制度规定的是（　）。

A. 甲厂10月8日的发函为要约邀请

B. 乙厂10月10日的复函为要约

C. 甲厂10月12日的复函为新要约

D. 乙厂10月26日的发函为承诺

【答案】D

【解析】（1）甲厂10月8日的发函中无价格，内容不具体、不确定，属于要约邀请；（2）乙厂10月10日的复函明确了价格，使得内容具体、确定，并且表达只要甲厂同意5万元/台的价格，合同即告成立的意思表示，属于要约；（3）甲厂10月12日的复函对乙厂10月10日的要约价格进行修改，属于对要约进行了实质性变更，构成新要约；（4）乙厂10月19日的复函，亦是对甲厂10月12日的要约价格进行修改，构成新要约，同时也使得甲厂10月12日的要约失效；（5）由于甲厂10月12日的要约已经失效，乙厂10月26日的发函也就不能构成承诺，而应视为新要约。

【例题·单选题】甲公司以招标方式采购一套设备，向包括乙公司在内的十余家厂商发出招标书，招标书中包含设备性能、规格、品质、交货日期等内容。乙公司向甲公司发出了投标书。甲公司在接到乙公司及其他公司的投标书后，通过决标，最后决定乙公司中标，并向乙公司发出了中标通知书。根据合同法律制度的规定，下列各项中，属于发出要约行为的是（　）。

A. 甲公司发出招标书

B. 乙公司向甲公司发出投标书

C. 甲公司对所有标书进行决标

D. 甲公司向乙公司发出中标通知书

【答案】B

【解析】（1）招标公告属于要约邀请；（2）投标人投标属于要约；（3）招标人定标属于承诺；（4）中标人在接到中标通知后，在指定的期间、地点与招标人签订书面合同的，买卖合同正式成立。

【例题·单选题】甲公司于 7 月 1 日向乙公司发出要约，出售一批原材料，要求乙公司在 1 个月内做出答复，该要约于 7 月 2 日到达乙公司。当月，因市场行情发生变化，该种原材料市场价格大幅上升，甲公司拟撤销该要约。根据《民法典》的规定，下列关于甲公司能否撤销要约的表述中，正确的是（　　）。

A. 不可以撤销该要约，因该要约确定了承诺期限

B. 可以撤销该要约，撤销通知在乙公司发出承诺通知之前到达乙公司即可

C. 可以撤销该要约，撤销通知在承诺期限届满前到达乙公司即可

D. 可以撤销该要约，撤销通知在乙公司发出承诺通知之前发出即可

【答案】A

【解析】“要求乙公司在 1 个月内做出答复”——“1 个月内”即为承诺期限，该要约不得撤销。

【例题·单选题】2020 年 4 月 24 日，甲向乙发出函件称：“本人欲以每吨 5 000 元的价格出售螺纹钢 100 吨。如欲购买，请于 5 月 10 日前让本人知悉。”乙于 4 月 27 日收到甲的函件，并于次日回函表示愿意购买。但由于投递错误，乙的回函于 5 月 11 日才到达甲处。因已超过 5 月 10 日的最后期限，甲未再理会乙，而将钢材另售他人。乙要求甲履行钢材买卖合同。根据合同法律制度的规定，下列表述中，正确的是（　　）。

A. 甲、乙之间的合同未成立，甲对乙不承担任何责任

B. 甲、乙之间的合同未成立，但乙有权要求甲赔偿信赖利益损失

C. 甲、乙之间的合同成立但未生效，甲有权以承诺迟到为由撤销要约

D. 甲、乙之间的合同成立且已生效，乙有权要求甲履行合同

【答案】D

【解析】甲应当及时通知乙承诺已经迟到且不接受，否则，甲、乙之间的合同成立且生效，乙有权要求甲依约履行。

考点 2：合同成立的时间和地点（如图 6-5 所示）

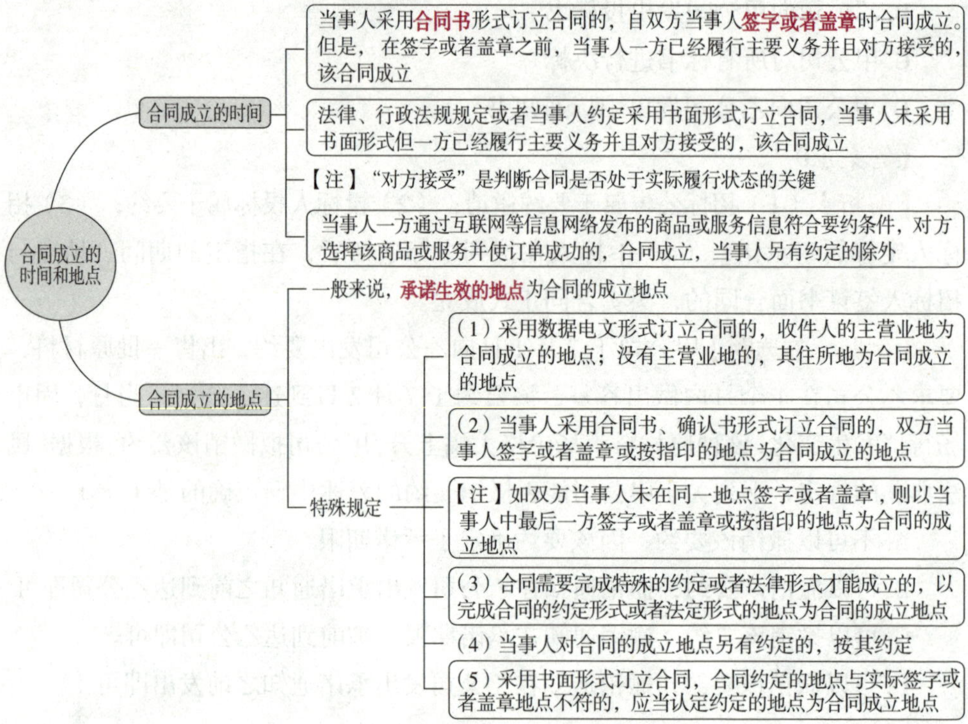

图 6-5　合同成立的时间和地点

【例题·单选题】广州的甲公司与深圳的乙公司在北京协商订立一份书面合同，双方约定合同成立地点在上海，但实际情况是，甲公司在广州签字盖章后，将合同邮寄到深圳给乙公司签字盖章。根据合同法律制度的规定，该合同的成立地点是（　　）。

A. 北京　　B. 广州　　C. 深圳　　D. 上海

【答案】D

【例题·单选题】郑某和张某拟定一份书面合同。双方在甲地谈妥合同的主要条款，郑某于乙地在合同上签字，其后，张某于丙地在合同上盖章，合同的履行地为丁地。根据《民法典》的规定，该合同成立的地点是（　　）。

A. 甲地　　B. 乙地　　C. 丙地　　D. 丁地

【答案】C

【解析】张某于丙地在合同上盖章时，合同达到了“双方当事人签字、盖章”的状态，合同相应成立。

【例题·单选题】甲、乙两公司拟签订一份书面买卖合同，甲公司签字盖章后尚未将书面合同邮寄给乙公司时，即接到乙公司按照合同约定发来的货物，甲公司经清点后将该批货物入库。次日，将签字盖章的书面合同发给乙公司。乙公司收到后，即在合同上签字盖章。根据合同法律制度的规定，该买卖合同成立的时间是（　　）。

A. 甲公司签字盖章时

B. 乙公司签字盖章时

C. 甲公司接受乙公司发来的货物时

D. 甲公司将签字盖章后的合同发给乙公司时

【答案】C

【解析】虽然甲、乙公司约定采用合同书形式订立合同，但是乙公司在合同上签字盖章前，已经履行了主要义务（发货），且甲公司接受（清点入库），此时该合同成立。

【例题·判断题】王某与吴某通过电子邮件签订的化妆品买卖合同属于书面形式的合同。（　　）

【答案】√

考点 3：格式条款（如图 6-6 所示）

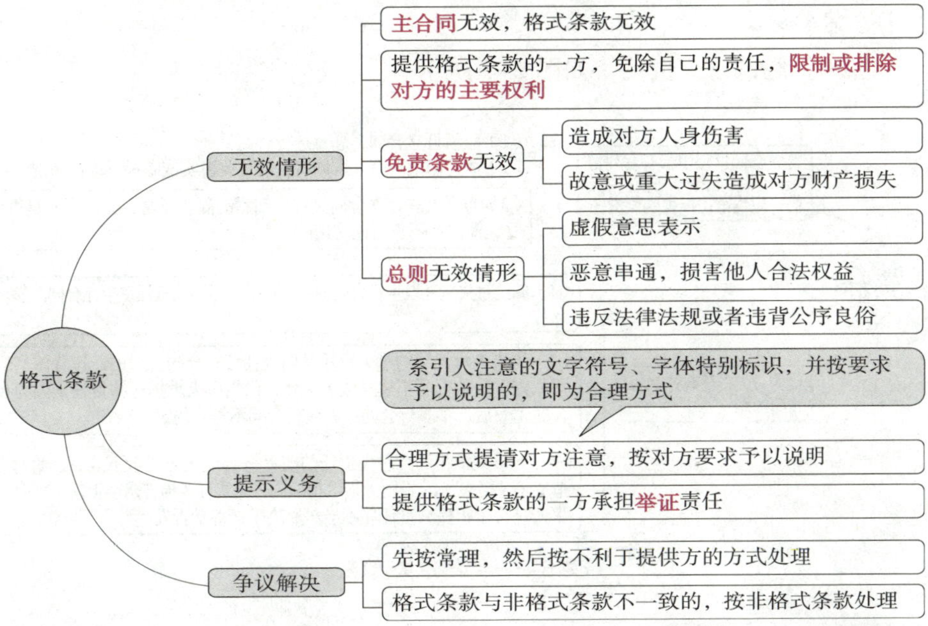

图 6-6　格式条款

【例题·判断题】在一份保险合同履行的过程中，当事人对合同所规定的“意外伤害”条款的含义产生了不同理解，投保人认为其所受伤害属于赔付范围，保险公司则认为不属于赔付范围，双方争执不下，诉至法院。法院认为当事人的观点都有合理性，但还是采用了对投保人有利的解释。法院的做法是正确的。（　　）

【答案】√

【例题·多选题】根据《民法典》的规定，下列属于合同中无效格式条款的有（　　）。

A. 有两种以上解释的格式条款

B. 对因重大过失造成对方财产损失免责的格式条款

C. 就内容理解存在争议的格式条款

D. 对造成对方人身伤害免责的格式条款

【答案】BD

【解析】选项 A、C：对格式条款的理解发生争议的，应当按照通常理解予以解释；对格式条款有 2 种以上解释的，应当做出不利于提供格式条款一方的解释（条款是有效的）。

【例题·判断题】对格式条款有两种以上解释的，应当做出有利于提供格式条款一方的解释。（　　）

【答案】×

考点 4：缔约过失责任（如图 6–7 所示）

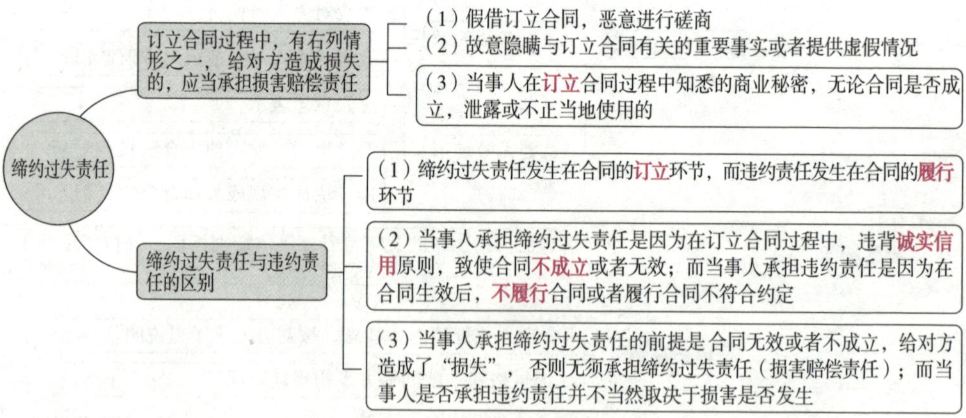

图 6–7　缔约过失责任

【例题·单选题】艾睿公司拟为新三板上市造势，在无真实交易意图的情况下，其短期内以业务合作为由邀请多家公司来其主要办公地点洽谈。其中，真诚公司安排授权代表往返十余次，每次都准备了详尽可操作的合作方案，艾睿公司佯装感兴趣并屡次表达将签署合同的意愿，但均在最后一刻推脱拒签。期间，艾睿公司还将知悉的真诚公司的部分商业秘密不当泄露。有关本案的下列说法中，正确的是（　　）。

A. 未缔结合同，则艾睿公司就磋商事宜无须承担责任

B. 虽未缔结合同，但艾睿公司构成恶意磋商，应赔偿损失

C. 未缔结合同，则商业秘密属于真诚公司自愿披露，不应禁止外泄

D. 艾睿公司也付出了大量的工作成本，如被对方主张赔偿，则据此可主张抵销

【答案】B

【解析】艾睿公司的行为属于“假借订立合同，恶意进行磋商”“泄露或者不正当地使用在订立合同中知悉的商业秘密”。

2. 合同的效力

考点 5：合同的效力（如图 6–8、图 6–9 所示）

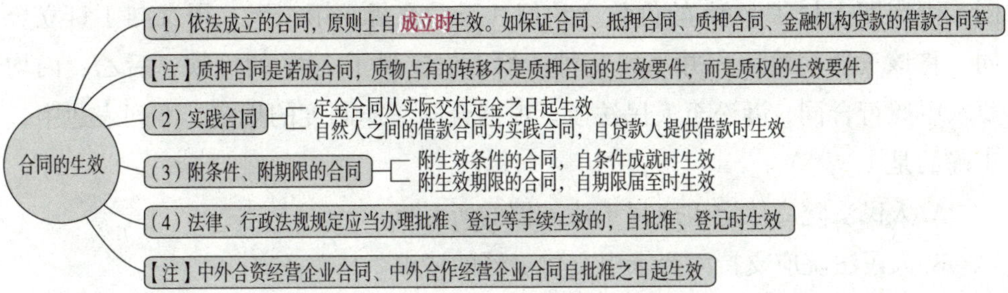

图 6–8　合同的生效

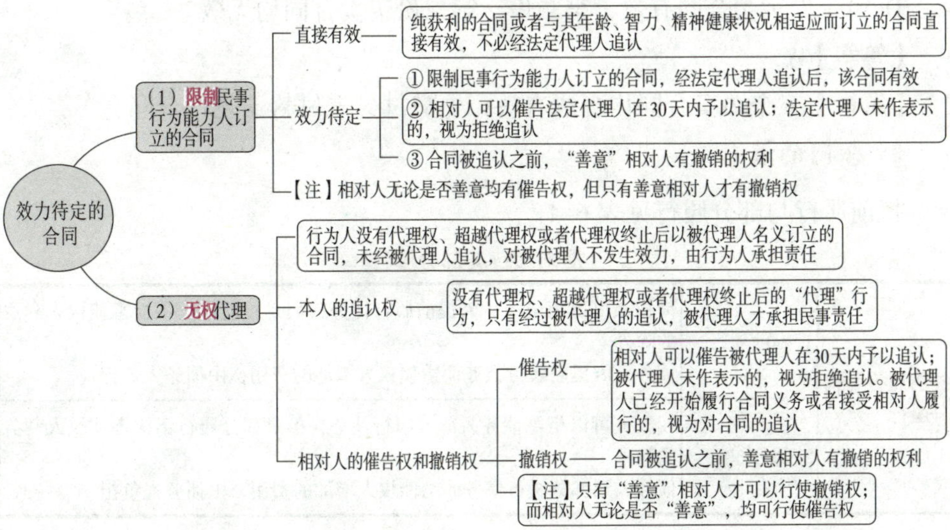

图 6–9　效力待定的合同

【例题·多选题】甲委托乙前往丙厂采购男装，乙对丙生产的女装更为看好，便自作主张以甲的名义向丙订购。丙未问乙的代理权限，便与之订立了买卖合同。根据合同法律制度的规定，下列选项中，正确的有（　　）。

A. 该买卖合同无效

B. 甲有追认权

C. 丙有催告权

D. 乙有撤销权

【答案】BC

【解析】选项 A：该买卖合同属于效力待定合同（而非无效合同）；选项 B：被代理人（甲）有追认权；选项 C：相对人（丙）有催告权；选项 D：在被代理人追认之前，只有善意相对人才享有撤销权，乙作为代理人不享有撤销权。

【例题·单选题】甲有件玉器，欲转让，与乙签订合同，约好 10 日后交货付款。第二天，丙看见该玉器，愿以更高的价格购买，甲遂与丙签订合同，丙当即支付了 80% 的价款，约好 3 天后交货。第三天，甲又与丁订立合同，将该玉器卖给丁，并当场交付，但丁仅支付了 30% 的价款。后乙、丙均要求甲履行合同，诉讼至人民法院。根据合同法律制度的规定，下列表述中，正确的是（　　）。

A. 人民法院应认定丁取得了该玉器的所有权

B. 人民法院应支持丙要求甲交付玉器的请求

C. 人民法院应支持乙要求甲交付玉器的请求

D. 第一份买卖合同有效，第二份、第三份买卖合同均无效

【答案】A

【解析】三个买卖合同均合法有效；先交付 > 先付款 > 先订合同。

3. 合同的履行

提前履行与部分履行见表 6-1。

表 6-1　　提前履行与部分履行

提前履行与部分履行	1. 提前履行	债权人可以拒绝债务人提前履行债务，但是提前履行不损害债权人利益的除外 债务人因提前履行债务而给债权人增加的费用，由债务人负担
	2. 部分履行	债权人可以拒绝债务人部分履行债务，但是部分履行不损害债权人利益的除外 债务人因部分履行债务而给债权人增加的费用，由债务人负担

考点6：约定不明的处理（如图6–10所示）

- 约定不明的处理
  - 总原则 —— 可以协议补充；不能达成补充协议的，按照合同有关条款或者交易习惯确定
  - 具体规则
    - （1）质量要求不明确的，按照强制性国家标准履行；没有强制性国家标准的，按照推荐性国家标准履行；没有推荐性国家标准的，按照行业标准履行；没有国家标准、行业标准的，按照通常标准或者符合合同目的的特定标准履行
    - （2）价款或者报酬不明确的，按照“订立合同时履行地”的市场价格履行
    - （3）履行地点不明确的，给付货币的，在接受货币一方所在地履行；交付不动产的，在不动产所在地履行；其他标的在履行义务一方所在地履行
    - （4）履行期限不明确的，债务人可以随时履行，债权人也可以随时要求履行，但应当给对方必要的准备时间
    - （5）履行方式不明确的，按照有利于实现合同目的的方式履行
    - （6）履行费用的负担不明确的，由履行义务一方负担；因债权人原因增加的履行费用，由债权人负担
    - 【注】在综合题中，考生应首先回答“总原则”（协议补充、有关条款、交易习惯），其次，根据题目内容回答“具体规则”
    - 【例】甲乙签订买卖合同，根据合同的约定，甲先发货，乙收到货物后10日内付款。如果双方对运费的负担约定不明确，可以协议补充；不能达成补充协议的，按照合同有关条款或者交易习惯确定。还不能确定的，运费由甲负担。买卖合同属于双务合同，在发货环节，甲属于履行义务一方

图6–10　约定不明的处理

【例题·多选题】根据合同法律制度的规定，下列情形中，买受人应当承担标的物灭失风险的有（　　）。

A. 买卖双方未约定交付地点，出卖人将标的物交由承运人运输，货物在运输途中意外灭失

B. 约定在出卖人营业地交货，买受人未按约定时间前往提货，之后货物在地震中灭失

C. 出卖人依约为买受人代办托运，货交第一承运人后意外灭失

D. 买受人下落不明，出卖人将标的物提存后意外灭失

【答案】ABCD

【解析】选项A：当事人没有约定交付地点，标的物需要运输的，出卖人将标的物交付给第一承运人后，标的物毁损、灭失的风险由“买受人”承担；选项B：出卖人按照约定将标的物置于交付地点，买受人违反约定没有收取的，标的物毁损、灭失的风险自违反约定之日起由“买受人”承担；选项C：出卖人根据

合同约定将标的物运送至买受人指定地点并交付给承运人后（出卖人依约代办托运），标的物毁损、灭失的风险由“买受人”负担，但当事人另有约定的除外；选项 D：出卖人将标的物依法提存后，毁损、灭失的风险由“买受人”承担。

考点 7：涉及第三人的合同履行（如图 6-11 所示）

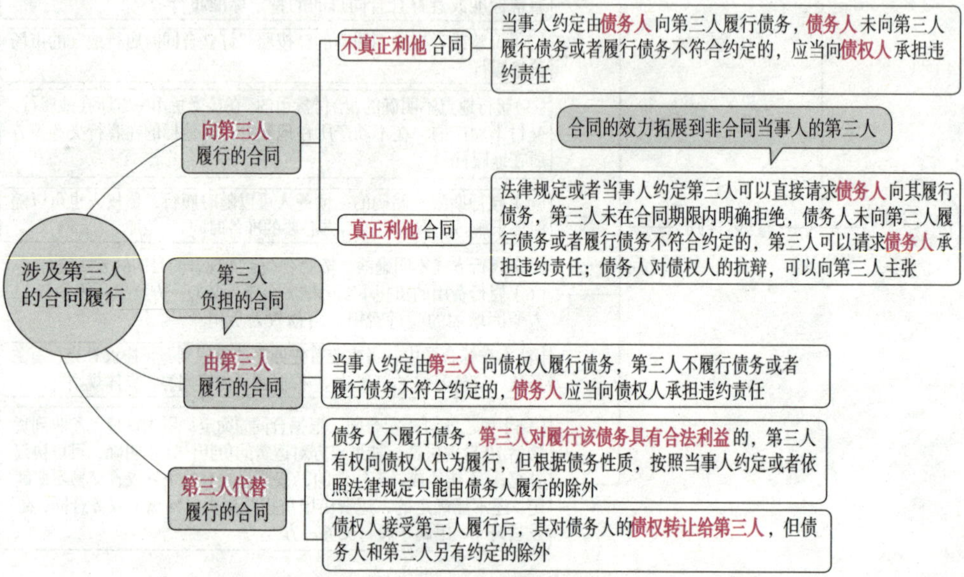

图 6-11　涉及第三人的合同履行

【例题·判断题】甲公司与乙公司签订买卖合同时，经丙公司同意，约定由丙公司向买受人甲公司交付货物，后丙公司交付的货物质量不符合约定，甲公司可以请求丙公司承担违约责任。（　）

【答案】×

【解析】当事人约定由第三人向债权人履行债务，第三人不履行债务或者履行债务不符合约定的，债务人应当向债权人承担违约责任。

【例题·单选题】王某向张某购买一台电脑，与张某约定一个月后由李某支付电脑价款。一个月后，李某未支付电脑价款。下列关于张某请求承担违约责任的表述中，正确的是（　）。

A. 请求王某或李某承担　　B. 请求李某承担

C. 请求王某承担　　D. 请求王某和李某共同承担

【答案】C

【解析】当事人约定由第三人向债权人履行债务，第三人不履行债务或者履行债务不符合约定的，债务人应当向债权人承担违约责任。

【例题·单选题】甲、乙双方约定，由丙每月代乙向甲偿还债务 500 元，期限 2 年。丙履行 5 个月后，以自己并不对甲负有债务为由拒绝继续履行。甲遂向法院起诉，要求乙、丙承担违约责任。根据合同法律制度的规定，人民法院的下列判决中，符合规定的是（　　）。

A. 判决乙承担违约责任

B. 判决丙承担违约责任

C. 判决乙、丙连带承担违约责任

D. 判决乙、丙承担违约责任

【答案】A

【解析】当事人约定由第三人向债权人履行债务，第三人不履行债务或者履行债务不符合约定的，债务人（乙）应当向债权人（甲）承担违约责任。

【例题·判断题】合同约定由债务人甲向第三人乙履行交货义务，甲在所交货物的质量不符合合同约定时，应当向乙承担违约责任。（　　）

【答案】×

【解析】当事人约定由债务人向第三人履行债务，债务人未向第三人履行债务或者履行债务不符合约定的，应当由债务人向“债权人”（而非第三人）承担违约责任。

考点 8：抗辩权（如图 6-12 所示）

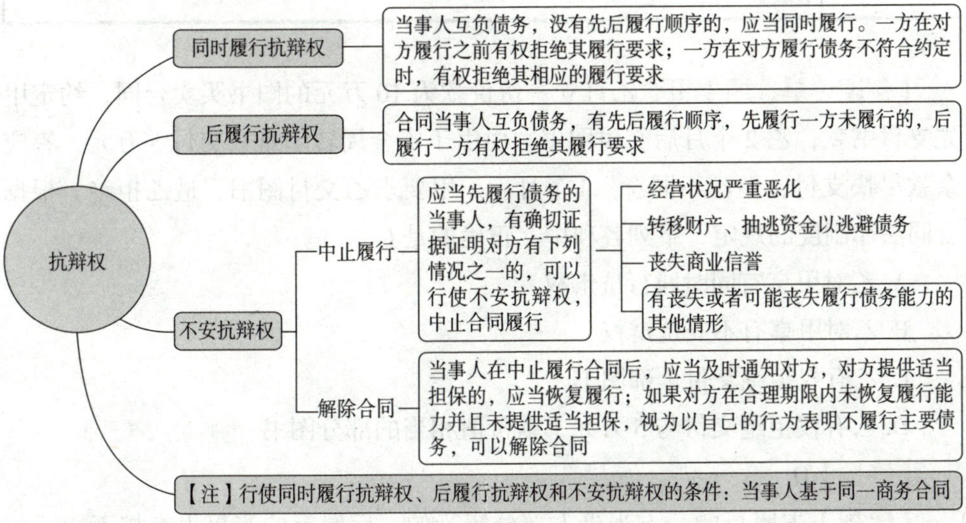

图 6-12　抗辩权

【例题·单选题】甲公司与乙公司订立的买卖合同约定：甲公司向乙公司

购买西服总价款为9万元，甲公司于2020年8月1日前向乙公司预先支付货款6万元，余款于2020年10月15日在乙公司交付西服后2日内一次性付清。甲公司以资金周转困难为由未按合同约定预先支付货款6万元。2020年10月15日，甲公司要求乙公司交付西服。根据合同法律制度的规定，乙公司可以行使的权利是（　　）。

A. 同时履行抗辩权　　B. 后履行抗辩权

C. 不安抗辩权　　D. 撤销权

【答案】B

同时履行抗辩权细节见表6-2。

表6-2　同时履行抗辩权细节

行使条件	①双方因同一商务合同互负债务 ②双方债务已届清偿期 ③双方互负债务无先后履行顺序 ④对方当事人未履行或未适当履行
对未履行或未适当履行的细化	①对方当事人未履行或未适当履行合同附随义务或无对价关系的从属义务，不得主张给付义务的同时履行抗辩 ②对方当事人部分履行对另一方无意义时，另一方得行使同时履行抗辩权请求对方当事人全部履行；部分履行不损害债权的，另一方仅得就未履行的部分行使同时履行抗辩权
效力	①同时履行抗辩权只是暂时阻止对方当事人请求权的行使，并非永久地消灭对方当事人的请求权 ②当事人因行使同时履行抗辩权致使合同迟延履行的，迟延履行责任由对方当事人承担

【例题·单选题】甲、乙订立一份价款为10万元的图书买卖合同，约定甲先支付书款，乙2个月后交付图书。甲由于资金周转困难只交付5万元，答应余款尽快支付，但乙不同意。2个月后，甲要求乙交付图书，遭乙拒绝。根据合同法律制度的规定，下列各项中，正确的是（　　）。

A. 乙对甲享有同时履行抗辩权

B. 乙对甲享有不安抗辩权

C. 乙有权拒绝交付全部图书

D. 乙有权拒绝交付与5万元书款价值相当的部分图书

【答案】D

【解析】先履行的一方当事人部分履行的，后履行的当事人有权不履行相应的合同义务。

【例题·单选题】甲公司与乙公司订立货物买卖合同，约定出卖人甲公司将货物送至丙公司，经丙公司验收合格后，乙公司应付清货款。甲公司在送货前发现丙公司已濒于破产，遂未按时送货。根据合同法律制度的规定，下列各项中，正确的是（　）。

A. 甲公司应向乙公司承担违约责任

B. 甲公司应向丙公司承担违约责任

C. 甲公司应向乙公司、丙公司分别承担违约责任

D. 甲公司不承担违约责任

【答案】A

【解析】濒于破产的是丙公司，而不是付款人乙公司，甲公司不能行使不安抗辩权；当事人约定由债务人向第三人履行债务的，债务人未向第三人履行债务或者履行债务不符合约定，债务人应当向债权人承担违约责任。在本题中，甲公司应当向乙公司（买卖合同的相对人）承担违约责任，而不是向丙公司承担违约责任。

考点 9：代位权（如图 6–13 所示）

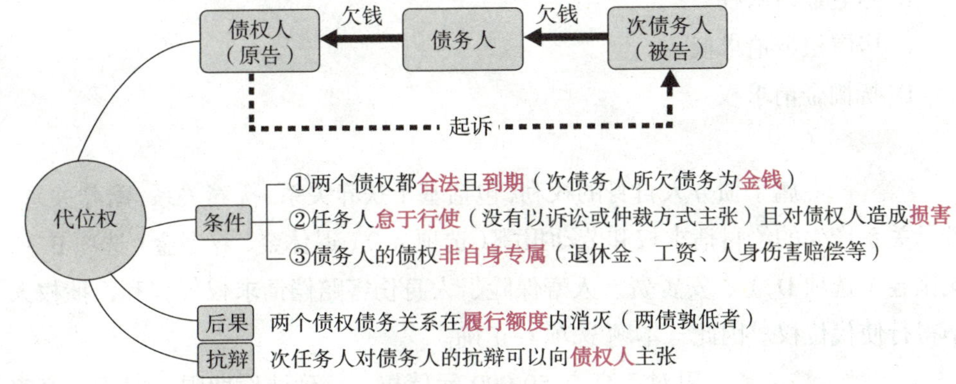

图 6–13　代位权

债务人对相对人的债权或者与该债权有关的从权利被采取保全、执行措施，或者债务人破产的，依照相关法律的规定处理。

代位保存权：债权人的债权到期前，债务人的债权或者与该债权有关的从权利存在诉讼时效期间即将届满或者未及时申报破产债权等情形，影响债权人的债权实现的，债权人可以代位向债务人的相对人请求其向债务人履行、向破产管理人申报或者做出其他必要的行为。

【例题·单选题】2019 年，甲公司向乙银行借款 20 万元，借款期限为 2 年。

借款期满后，甲公司无力偿还借款本息，此时甲公司对丙公司享有到期债权 10 万元，却不积极主张，乙银行拟行使代位权。下列关于乙银行行使代位权的表述中，符合合同法律制度规定的是（　　）。

A. 乙银行可以直接以甲公司的名义行使对丙公司的债权

B. 乙银行行使代位权应取得甲公司的同意

C. 乙银行应自行承担行使代位权所支出的必要费用

D. 乙银行必须通过诉讼方式行使代位权

【答案】D

【解析】（1）选项 A：债权人应当以自己的名义行使代位权；（2）选项 B：代位权的行使不需要债务人同意；（3）选项 C：债权人行使代位权的必要费用，由债务人负担。

【例题·单选题】根据合同法律制度的规定，债务人享有的下列权利中，可以被代位行使的是（　　）。

A. 劳动报酬请求权

B. 养老金请求权

C. 房屋租金请求权

D. 抚恤金请求权

【答案】C

【解析】专属于债务人自身的权利，包括基于扶养关系、抚养关系、赡养关系、继承关系产生的给付请求权和劳动报酬（选项 A）、退休金、养老金（选项 B）、抚恤金（选项 D）、安置费、人寿保险、人身伤害赔偿请求权等权利，债权人不得行使代位权。因此，本题 选项 C 正确。

【例题·多选题】甲对乙享有 50 000 元债权，已到清偿期限，但乙一直宣称无能力清偿欠款。甲调查发现，乙对丁享有 3 个月后到期的 7 000 元债权，戊因赌博欠乙 8 000 元；另外，乙在半年前发生交通事故，因事故中的人身伤害对丙享有 10 000 元债权，因事故中的财产损失对丙享有 5 000 元债权。乙无其他可供执行的财产，乙对其享有的债权都怠于行使。根据《民法典》的规定，下列各项中，甲不可以代位行使的债权有（　　）。

A. 乙对丁的 7 000 元债权　　B. 乙对戊的 8 000 元债权

C. 乙对丙的 10 000 元债权　　D. 乙对丙的 5 000 元债权

【答案】ABC

【解析】（1）代位权行使要求债务人的债权已到期，故对丁的债权无法行使代位权，选项 A 符合题意。（2）债权人对债务人的债权合法，戊的债权为赌博形成，选项 B 符合题意。（3）人身伤害赔偿请求权为专属于债务人自身的债权，排除适用代位权，故选项 C 符合题意。（4）选项 D 可以行使代位权，不符合题意要求。

考点 10：撤销权（如图 6-14 所示）

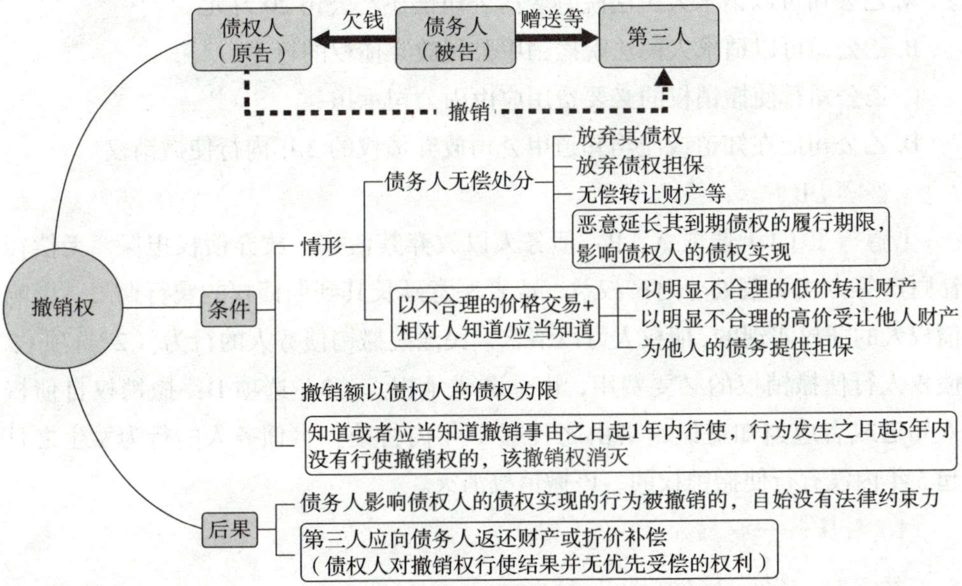

图 6-14　撤销权

【例题·单选题】下列关于债权人撤销权行使的表述中，符合《民法典》规定的是（　）。

A. 撤销权自债权人知道或者应当知道撤销事由之日起 2 年内行使

B. 债权人行使撤销权须以债务人的名义向人民法院提起诉讼

C. 债权人行使撤销权只需通知第三人即可

D. 撤销权的行使范围以债权人的债权为限

【答案】D

【解析】（1）选项 A：撤销权自债权人知道或者应当知道撤销事由之日起 1 年内行使；自债务人的行为发生之日起 5 年内没有行使撤销权的，该撤销权消灭。（2）选项 B、C：债务人以放弃其债权、放弃债权担保、无偿转让财产等方式无偿处分财产权益，或者恶意延长其到期债权的履行期限，影响债权人的债权实现的，债权人（而非以债务人名义）可以请求人民法院撤销债务人的行为。（3）选项 D：撤销权的行使范围以债权人的债权为限。

【例题·单选题】甲公司欠乙公司 30 万元货款，一直无力偿付。现与甲公司有关联关系的丙公司欠甲公司 20 万元且已到期，但甲公司明示放弃对丙公司的债权。对于甲公司放弃债权的行为，乙公司拟行使撤销权的下列表述中，正确的是（　）。

A. 乙公司可以请求人民法院判令丙公司偿还乙公司 20 万元

B. 乙公司可以请求人民法院撤销甲公司放弃债权的行为

C. 乙公司行使撤销权的必要费用应由丙公司承担

D. 乙公司应在知道或应当知道甲公司放弃债权的 2 年内行使撤销权

【答案】B

【解析】（1）选项 A、B：债务人以放弃其债权、放弃债权担保、无偿转让财产等方式无偿处分财产权益，或者恶意延长其到期债权的履行期限，影响债权人的债权实现的，债权人可以请求人民法院撤销债务人的行为。（2）选项 C：债权人行使撤销权的必要费用，由债务人承担。（3）选项 D：撤销权自债权人知道或者应当知道撤销事由之日起 1 年内行使，自债务人的行为发生之日起 5 年内没有行使撤销权的，该撤销权消灭。

4. 人保——保证

考点 11：保证人（如图 6–15 所示）

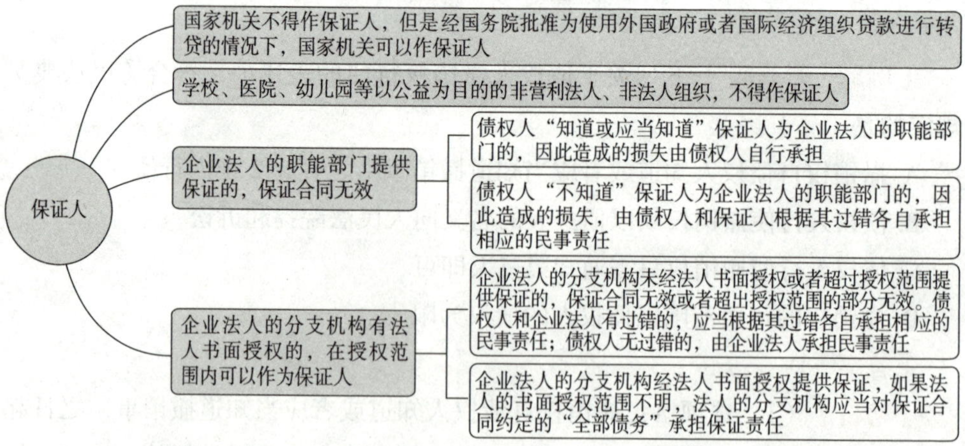

图 6–15　保证人

【注】居民委员会、村民委员会不得为保证人，但依法代行村集体经济组织职能的村民委员会，依照规定的讨论决定程序对外提供担保的除外。

【例题·多选题】根据《民法典》的规定，下列属于无效保证合同的有（　）。

A. 甲公立大学与乙银行签订保证合同，为丙企业的贷款提供保证

B. 陈某与债权人李某签订的未约定保证担保范围的保证合同

C. 甲行政机关与乙银行签订保证合同，为丙公司的贷款提供保证

D. 甲养老机构与乙银行签订保证合同，为丙企业的贷款提供保证

【答案】ACD

【解析】（1）选项 A、D：以公益为目的的非营利法人、非法人组织不得作为保证人。以公益为目的的非营利性学校、幼儿园、医疗机构、养老机构等提供担保的，人民法院应当认定担保合同无效，但是有规定情形的除外。（2）选项 C：机关法人提供担保的，人民法院应当认定担保合同无效，但是经国务院批准为使用外国政府或者国际经济组织贷款进行转贷的除外。

【例题·多选题】根据《民法典》的规定，下列主体中，不得作为保证人的有（　）。

A. 公立幼儿园

B. 无民事行为能力人

C. 公立医院

D. 公立大学

【答案】ABCD

【解析】（1）选项 A、C、D：以公益为目的的非营利法人、非法人组织不得为保证人；（2）选项 B：无民事行为能力人实施的民事法律行为无效。

考点 12：保证合同

1）保证合同可以是**单独**订立的书面合同，也可以是主债权债务合同中的**保证条款**。

2）第三人单方以**书面形式**向债权人作出保证，债权人接受且未提出异议的，保证合同成立。

3）第三人提供承诺文件。

第三人向债权人提供差额补足、流动性支持等类似承诺文件作为增信措施，具有提供担保的意思表示，债权人请求第三人承担保证责任的，人民法院应当依照保证的有关规定处理。

第三人向债权人提供的承诺文件，具有加入债务或者与债务人共同承担债务等意思表示的，人民法院应当认定为债务加入，难以确定是保证还是债务加入的，人民法院应当将其认定为保证。

考点 13：保证方式（如图 6-16 所示）

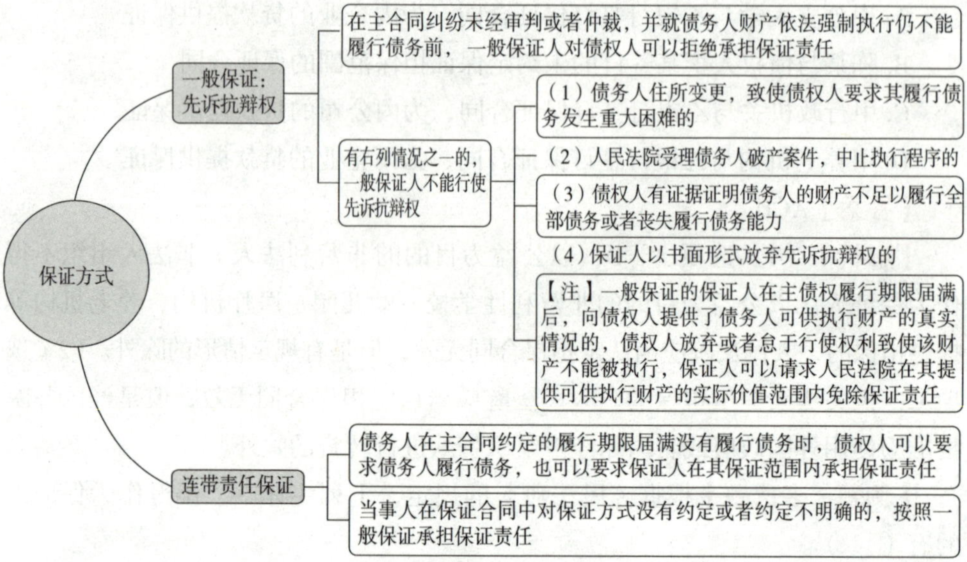

图 6-16　保证方式

【注】（1）当事人在保证合同中约定了保证人在债务人不能履行债务或者无力偿还债务时才承担保证责任等类似内容，具有债务人应当先承担责任的意思表示的，应当将其认定为一般保证。

（2）当事人在保证合同中约定了保证人在债务人不履行债务或者未偿还债务时即承担保证责任、无条件承担保证责任等类似内容，不具有债务人应当先承担责任的意思表示的，应当将其认定为连带责任保证。

主张一般保证责任的相关程序规定见表 6-3。

表 6-3　　主张一般保证责任的相关程序规定

主张一般保证责任的相关程序规定	(1) 一般保证中，债权人以债务人为被告提起诉讼的，人民法院应予受理
	(2) 债权人未就主合同纠纷提起诉讼或者申请仲裁，仅起诉一般保证人的，人民法院应当驳回起诉
	(3) 一般保证中，债权人一并起诉债务人和保证人的，人民法院可以受理，但在作出判决时，除有前述保证人不得行使先诉抗辩权的情形外，应当在判决书主文中明确，保证人仅对债务人财产依法强制执行后仍不能履行的部分承担保证责任
	(4) 债权人未对债务人的财产申请保全，或者保全的债务人的财产足以清偿债务，债权人申请对一般保证人的财产进行保全的，人民法院不予准许
	(5) 一般保证的债权人取得对债务人赋予强制执行效力的公证债权文书后，在保证期间内向人民法院申请强制执行，保证人以债权人未在保证期间内对债务人提起诉讼或者申请仲裁为由主张不承担保证责任的，人民法院不予支持

【例题·判断题】在保证合同中，当事人对保证方式没有约定或者约定不明确的，按照连带责任保证承担保证责任。(　　)

【答案】×

考点 14：保证范围与保证责任（如图 6-17 所示）

保证范围：**有约定**看约定，没约定为**全部**债务（主债权及利息、违约金、损害赔偿金和实现债权的费用）。

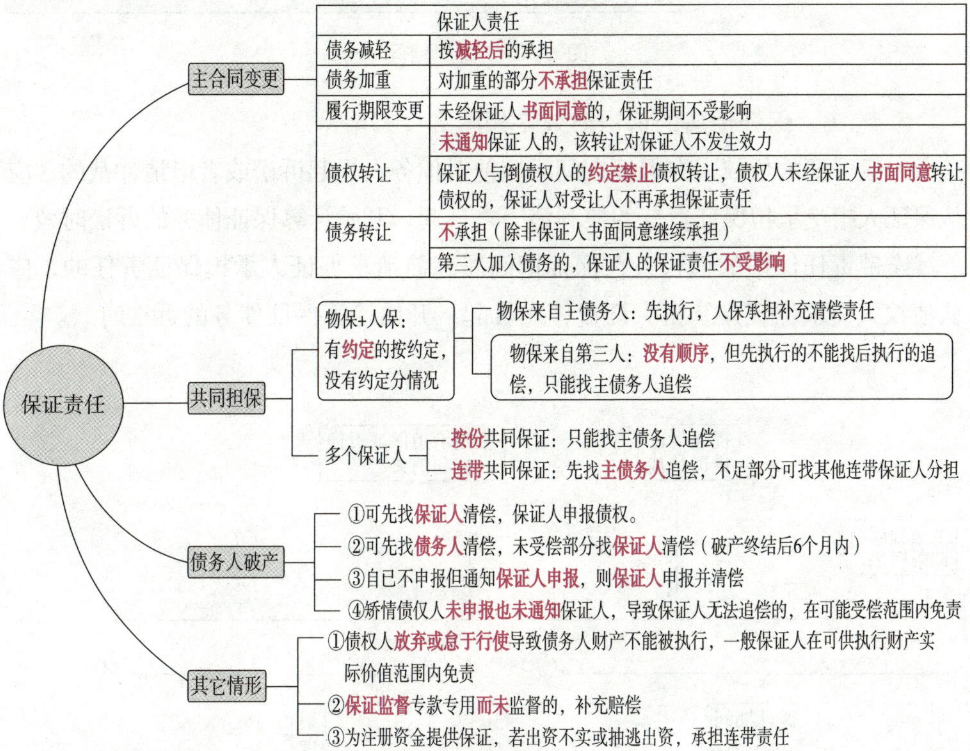

图 6-17　保证范围与保证责任

【注】

1. 一般保证人保证责任免除

一般保证的保证人在主债务**履行期限届满**后，向债权人提供债务人可供执行财产的真实情况，债权人**放弃或者怠于行使**权利致使该财产不能被执行的，保证人在其提供可供执行财产的价值范围内**不再承担**保证责任。

2. 债务人对债权人享有**抵销权或者撤销权**的，保证人可以在**相应范围**内拒绝承担保证责任。

考点 15：保证期间（如图 6-18 所示）

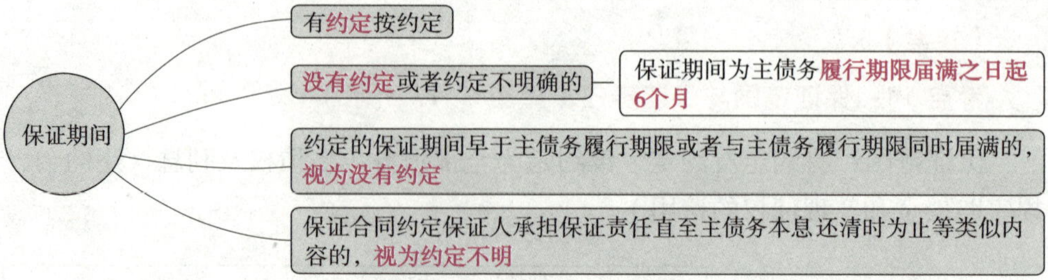

图 6-18　保证期间

考点 16：保证债务的诉讼时效（如图 6-19 所示）

一般保证的债权人在保证期间届满前对债务人提起诉讼或者申请仲裁的，应从保证人拒绝承担保证责任的权利消灭之日起，开始计算保证债务的诉讼时效。

连带责任保证的债权人在保证期间届满前请求保证人承担保证责任的，应从债权人要求保证人承担保证责任之日起，开始计算保证债务的诉讼时效。

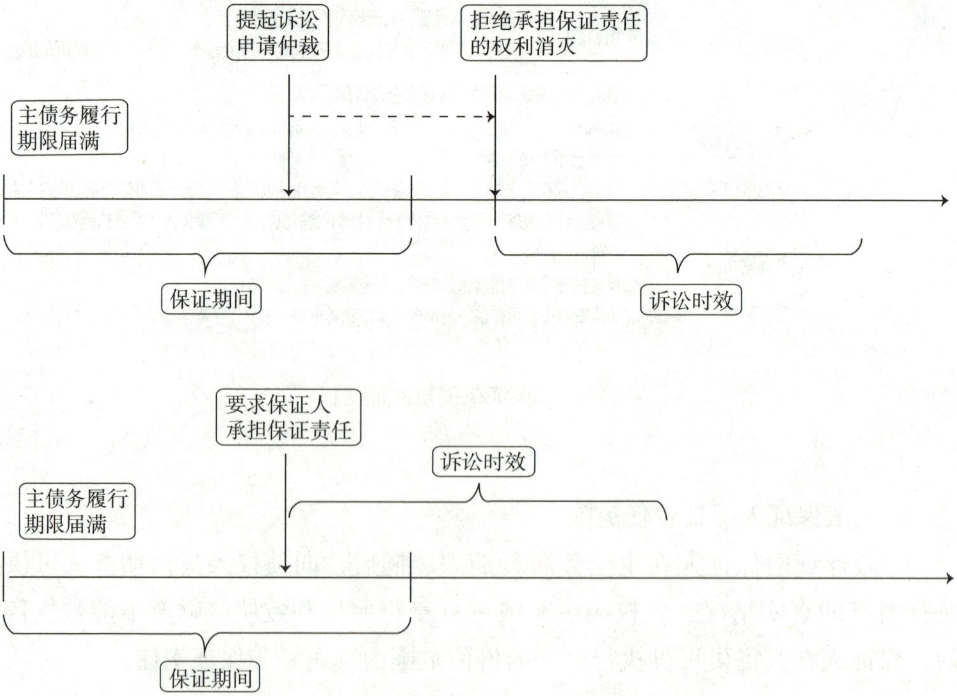

图 6-19　保证债务的诉讼时效

超过保证期间的法律后果见表 6-4。

表 6-4　**超过保证期间的法律后果**

超过保证期间的法律后果	（1）一般保证的债权人**未在保证期间对债务人提起诉讼或者申请仲裁**的，保证人**不再**承担保证责任
	（2）连带责任保证的债权人**未在保证期间请求保证人承担保证责任**的，保证人**不再**承担保证责任

保证合同的诉讼时效期间见表 6-5。

表 6-5　**保证合同的诉讼时效期间**

保证合同的诉讼时效期间	**起算点**	
	债权人对保证人	**保证人对债务人**
一般保证	自“**保证人拒绝承担保证责任的权利（先诉抗辩权）消灭之日**”起算	自保证人向债权人“**承担责任之日**”起算
连带保证	自“**债权人请求保证人承担保证责任之日**”起算	

起诉又撤回见表 6-6。

表 6-6　**起诉又撤回**

一般保证	一般保证的债权人在保证期间内对债务人提起诉讼或者申请仲裁后，又**撤回**起诉或者仲裁申请，债权人**在保证期间届满前未再行提起诉讼或者申请仲裁**，保证人主张不再承担保证责任的，人民法院应予支持
	一般保证中，债权人依据生效法律文书对债务人的财产依法申请强制执行，保证债务诉讼时效的起算时间按照下列规则确定： (1) 人民法院作出终结本次执行程序裁定，或者因作为被执行人的自然人死亡，无遗产可供执行且无义务承担人或者生活困难无力偿还借款、无收入来源且丧失劳动能力而作出终结执行裁定的，**自裁定送达债权人之日起开始计算** (2) 人民法院自收到申请执行书之日起 1 年内未作出裁定的，自人民法院收到**申请执行书满 1 年之日起**开始计算，但是保证人有证据证明债务人仍有可供执行财产的除外
	一般保证的债权人在保证期间届满前对债务人提起诉讼或者申请仲裁，债权人举证证明存在《民法典》规定的**保证人不得行使先诉抗辩权**情形的（如债权人有证据证明债务人的财产不足以履行全部债务或者丧失履行债务能力），**保证债务的诉讼时效自债权人知道或者应当知道该情形之日起开始计算**
连带责任保证	连带责任保证的债权人在保证期间届满前请求保证人承担保证责任的，**从债权人请求保证人承担保证责任之日起，开始计算保证债务的诉讼时效**
	连带责任保证的债权人在保证期间内对保证人提起诉讼或者申请仲裁后，又**撤回**起诉或者仲裁申请，**起诉状副本或者仲裁申请书副本已经送达保证人**的，人民法院应当认定债权人已经在保证期间内向保证人行使了权利

【例题·单选题】甲企业向乙银行申请贷款，还款日期为 2019 年 12 月 30 日。丙企业为该债务提供保证担保，但未约定保证方式和保证期间。后甲企业申请展期，与乙银行就还款期限做了变更，还款期限延至 2020 年 12 月 30 日，但未征得丙企业的书面同意。展期到期，甲企业无力还款，乙银行遂要求丙企业承担保证责任。根据担保法律制度的规定，下列关于丙企业是否承担保证责任的表述中，正确的是（　　）。

A. 不承担，因为保证期间已过

B. 应承担，因为保证合同有效

C. 应承担，因为丙企业为连带责任保证人

D. 不承担，因为丙企业的保证责任因还款期限的变更而消灭

【答案】A

【解析】债权人与债务人对主合同履行期限做了变动，未经保证人书面同意的，保证期间为原合同约定的或者法律规定的期间。保证人与债权人约定保证期间的，按照约定执行；未约定保证期间的，保证期间为主债务履行期届满之日起 6 个月。故丙企业保证期间为自 2019 年 12 月 30 日起 6 个月，到 2020 年 12 月 30 日时，保证期间已过。保证期间内，债权人未对债务人提起诉讼或者申请仲裁的，保证人免除保证责任。

5. 合同解除、转让及违约

考点 17：合同的变更转让（如图 6-20 所示）

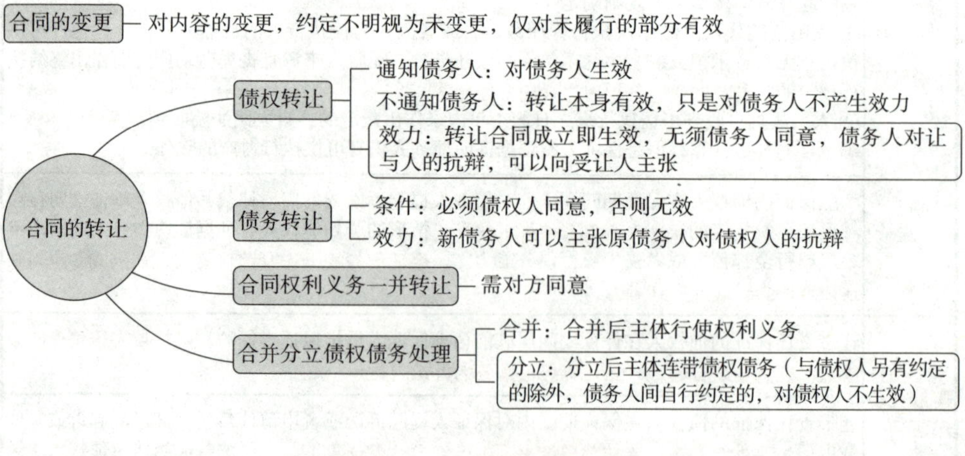

图 6-20　合同的变更转让

【注】（1）当事人约定非金钱债权不得转让的，不得对抗善意第三人。当

事人约定金钱债权不得转让的，不得对抗第三人。

（2）债权人转让债权的，受让人取得与债权有关的从权利，但是该从权利专属于债权人自身的除外。受让人取得从权利不因该从权利未办理转移登记手续或者未转移占有而受到影响。

（3）债务人将债务的全部或者部分转移给第三人的，应当经债权人同意。债务人或者第三人可以催告债权人在合理期限内予以同意，债权人未作表示的，视为不同意。

（4）并存的债务承担。

第三人与债务人约定加入债务并通知债权人，或者第三人向债权人表示愿意加入债务，债权人未在合理期限内明确拒绝的，债权人可以请求第三人在其愿意承担的债务范围内和债务人承担连带债务。

（5）债务人转移债务的，新债务人可以主张原债务人对债权人的抗辩；原债务人对债权人享有债权的，新债务人不得向债权人主张抵销。

【例题·单选题】陈某向李某购买一批水泥，价款为 10 万元。合同履行前，李某未经陈某的同意，将价款债权转让给王某，并通知陈某直接向王某付款。陈某与李某未约定合同权利不得转让，下列关于李某的转让行为效力的表述中，符合《民法典》规定的是（　　）。

A. 李某的转让行为无效，陈某仍应向李某付款

B. 李某的转让行为有效，如陈某仍向李某付款，可发生清偿效力

C. 李某的转让行为有效，陈某应向王某付款

D. 李某的转让行为效力待定，取决于陈某是否同意

【答案】C

【解析】债权人转让债权，未通知债务人的，该转让对债务人不发生效力。

【例题·单选题】甲公司向乙公司购买 1 台车床，价款 为 50 万元。甲公司与丙公司约定，由丙公司承担甲公司对乙公司的 50 万元债务，乙公司表示同意，后丙公司始终未清偿 50 万元债务。根据《民法典》的规定，下列关于乙公司主张债权的表述中，正确的是（　　）。

A. 乙公司可以要求甲公司和丙公司共同偿还 50 万元债务

B. 乙公司可以选择向甲公司或者丙公司主张清偿 50 万元债务

C. 乙公司应当向丙公司主张清偿 50 万元债务

D. 乙公司应当向甲公司主张清偿 50 万元债务

【答案】C

【解析】乙公司（债权人）对由丙公司承担甲公司对其的 50 万元债务表示同意，因此乙公司仅能向丙公司主张权利。

考点 18：合同的消灭

合同的消灭如图 6–21 所示。

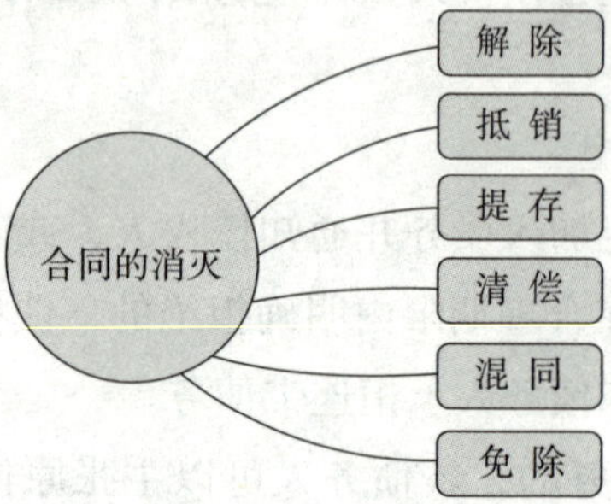

图 6–21 合同的消灭

合同的解除如图 6–22 所示。

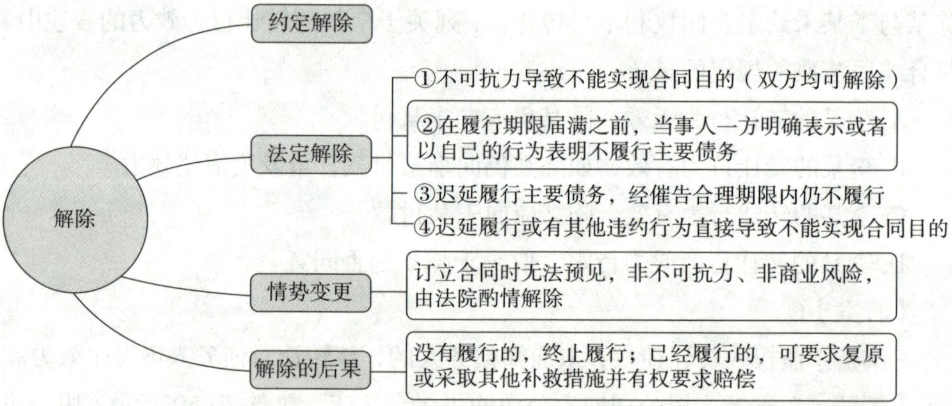

图 6–22 合同的解除

【注】

（1）不定期合同

以持续履行的债务为内容的不定期合同，当事人可以随时解除，但是应当在合理期限之前通知对方。

（2）情势变更

合同成立后，合同的基础条件发生了当事人在订立合同时无法预见的、不属于商业风险的重大变化，继续履行合同对于当事人一方明显不公平的，受不利影响的当事人可以与对方重新协商：在合理期限内协商不成的，当事人可以请求人民法院或者仲裁机构变更或者解除合同。人民法院或者仲裁机构应当结合案件的实际情况，根据公平原则变更或者解除合同。

（3）解除权行使期限

法律规定或者当事人约定解除权行使期限，期限届满当事人不行使的，该权利消灭。

法律没有规定或者当事人没有约定解除权行使期限，自解除权人知道或者应当知道解除事由之日起1年内不行使，或者经对方催告在合理期限内不行使的，该权利消灭。

（4）解除程序

当事人一方依法主张解除合同的，应当通知对方。合同自通知到达对方时解除；通知载明债务人在一定期限内不履行债务则合同自动解除，债务人在该期限内未履行债务的，合同自通知载明的期限届满时解除。对方对解除合同有异议的，任何一方当事人均可以请求人民法院或者仲裁机构确认解除行为的效力。

当事人一方未通知对方，直接以提起诉讼或者申请仲裁的方式依法主张解除合同。人民法院或者仲裁机构确认该主张的，合同自起诉状副本或者仲裁申请书副本送达对方时解除。

（5）解除效力

①合同因违约解除的，解除权人可以请求违约方承担违约责任，但是当事人另有约定的除外。

②主合同解除后，担保人对债务人应当承担的民事责任仍应当承担担保责任，但是担保合同另有约定的除外。

合同的抵销如图6–23所示。

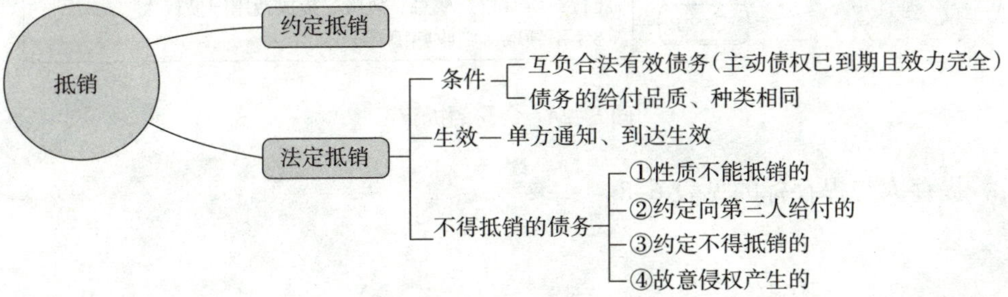

图6–23　合同的抵销

抵销细化见表 6–7。

表 6–7　　　　抵销细化

关于"互负债务"	互负债务应基于不同法律关系而生，并非同一双务合同中的给付与对待给付，否则，如果允许抵销，则相当于合同解除
关于"被动债务已届清偿期"（对方债务已到期）	只有当主动提出抵销的当事人一方享有的债权已到期，对方才有义务履行，否则，允许单方提出抵销就相当于剥夺对方的期限利益
抵销效果	(1) 双方对等数额债务因抵销而消灭 (2) 抵销后剩余的债权的诉讼时效期间，应重新起算

【例题·多选题】陈某租住王某的房屋，租期至 2021 年 1 月初，约定 10 万元租金于租期届满时一并支付。王某欠陈某 10 万元货款，应于 2021 年 2 月初偿付。有关本案的下列说法中，正确的有（　　）。

A. 2021 年 1 月底，王某有权向陈某主张抵销

B. 2021 年 2 月底，王某有权向陈某主张抵销

C. 2021 年 1 月底，王某向陈某主张抵销时，陈某有权行使后履行抗辩权

D. 陈某欠王某的是租金，王某欠陈某的是货款，标的物种类不相同，双方应协商一致后抵销

【答案】AB

【解析】（1）选项 A：2021 年 1 月底，王某可以将自己的"未到期"债务（2 月初到期）与陈某的"到期"债务（1 月初到期）抵销；（2）选项 B：2021 年 2 月底，两项债务均已到期，王某、陈某均有权向对方主张抵销；（3）选项 C：后履行抗辩权应当在"同一"双务合同中谈，本案是租赁和买卖两个双务合同；（4）选项 D：不论租金还是货款，均为货币，种类相同。

合同的提存如图 6–24 所示。

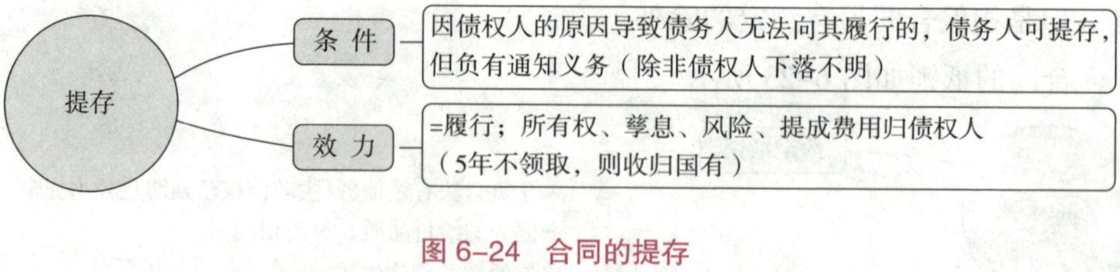

图 6–24　合同的提存

提存人与提存标的见表 6–8。

表 6-8　　　　提存人与提存标的

提存人	(1) 提存人是债务人或其代理人 (2) 提存应在**债务清偿地的提存机关**进行（我国目前主要指公证机关） (3) 提存人与提存机关之间，一般可准用保管合同的规定，提存机关应妥善保管提存物 (4) 取回提存物 提存人可以凭人民法院生效判决、裁定或者提存之债已经清偿的公证证明取回提存物 提存人取回提存物的，视为未提存，提存人应承担提存机关保管提存物的费用
提存标的	(1) 提存的标的只能是动产。 (2) 标的物不适于提存或者提存费用过高的，债务人依法可以拍卖或者变卖标的物，**提存所得的价款** (3) 提存人应就需清偿的全部债务进行提存，原则上不允许部分提存

【例题·单选题】债权人甲下落不明，致使债务人乙难以履行债务，乙依法将标的物提存。提存期间，该标的物发生意外毁损。根据《民法典》的规定，下列关于对该标的物损失承担的表述中，正确的是（　　）。

A. 应由甲承担　　　　B. 应由乙承担

C. 应由甲、乙共同承担　　　　D. 应由提存机关承担

【答案】A

【解析】标的物提存后，毁损、灭失的风险由债权人承担。

合同的清偿如图 6-25 所示。

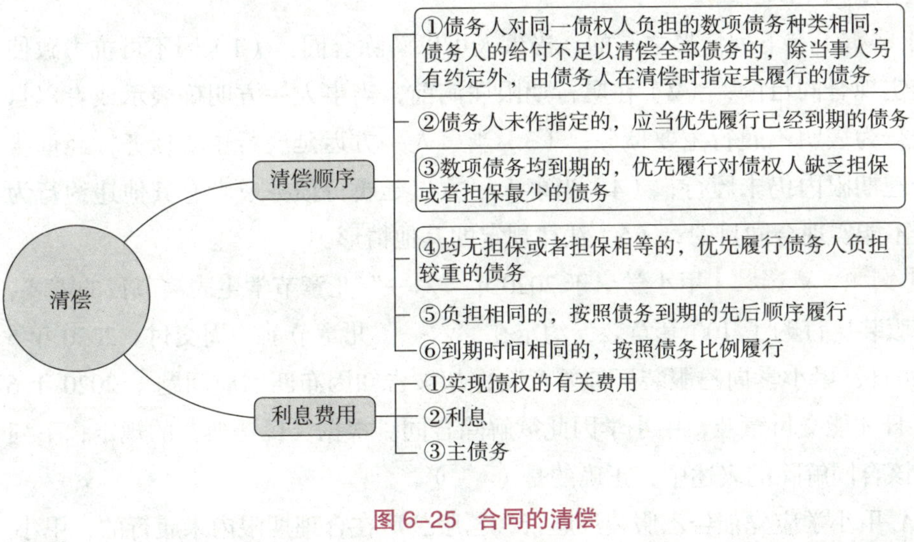

图 6-25　合同的清偿

合同的混同与免除见表 6-9。

表 6-9　　合同的混同与免除

混同	债权和债务同归于一人的，债权债务终止，但是损害第三人利益的除外 （1）合同关系及其他债之关系消灭，附属于主债务的从权利和从债务也一并消灭 （2）如债权为他人权利质押的标的，债权债务即使同归于一人，债权也不消灭，否则将损害质权人的利益	
免除	债权人免除债务人部分或者全部债务的，债权债务部分或者全部终止，但是债务人在合理期限内拒绝的除外	
	免除的要件	(1) 免除的意思表示应当向债务人或其代理人作出 (2) 免除人须具备相应的民事行为能力 (3) 免除不得损害第三人利益
	其他法律效果	(1) 免除债权，债权的从权利也随之消灭 (2) 债权人免除连带债务人之一的债务的，其余连带债务人在扣除该连带债务人应分担的份额后，仍应就剩余债务承担连带责任

【例题·多选题】根据《民法典》的规定，下列情形中，属于合同解除法定事由的有（　　）。

A. 合同当事人一方的法定代表人变更

B. 作为合同当事人一方的法人分立

C. 由于不可抗力致使合同目的不能实现

D. 合同当事人一方迟延履行债务致使合同目的不能实现

【答案】CD

【解析】有下列情形之一的，当事人可以解除合同：（1）因不可抗力致使不能实现合同目的；（2）在履行期限届满前，当事人一方明确表示或者以自己的行为表明不履行主要债务；（3）当事人一方迟延履行主要债务，经催告在合理期限内仍未履行；（4）当事人一方迟延履行债务或者有其他违约行为致使不能实现合同目的；（5）法律规定的其他情形。

【例题·单选题】甲小学出于 2020 年“六一”儿童节学生表演节目的需要，向乙服装厂订购了 100 套童装，约定在“六一”儿童节前一周交付。2020 年 5 月 28 日，甲小学向乙服装厂催要童装，却被告知因布匹供应问题，2020 年 6 月 3 日才能交付童装，甲小学因此欲解除合同。根据《民法典》的规定，下列关于该合同解除的表述中，正确的是（　　）。

A. 甲小学应先催告乙服装厂履行，乙服装厂在合理期限内未履行的，甲小学才可以解除合同

B. 甲小学可以解除合同，无须催告

C. 甲小学无权解除合同，只能要求乙服装厂承担违约责任

D. 甲小学无权自行解除合同，但可以请求法院解除合同

【答案】B

【解析】当事人一方迟延履行债务或者有其他违约行为致使不能实现合同目的的，当事人可以解除合同。

【例题·单选题】2020 年 3 月，甲科研所与乙企业签订一份设备改造的技术服务合同，约定自 2020 年 7 月 1 日至 12 月 1 日，甲科研所负责对乙企业的自动生产线进行技术改造。合同签订后，乙企业为履行合同做了相关准备工作。5 月，甲科研所通知乙企业，因负责该项目的技术人员辞职，不能履行合同，根据《民法典》的规定，下列关于乙企业权利的表述中，正确的是（　　）。

A. 乙企业有权解除合同，并要求甲科研所赔偿损失

B. 乙企业有权主张合同无效，并要求甲科研所承担缔约过失责任

C. 乙企业有权撤销合同，并要求甲科研所承担缔约过失责任

D. 乙企业至 7 月 1 日方有权要求甲科研所承担违约责任

【答案】A

【解析】在履行期限届满前，当事人一方明确表示或者以自己的行为表明不履行主要债务的，另一方有权解除合同并请求赔偿损失。在本题中，甲科研所与乙企业的技术服务合同，在 2020 年 3 月签订时生效，甲科研所在 5 月明确表示不能履行合同，乙企业有权解除合同并要求甲科研所赔偿损失。

【例题·判断题】张某向杨某借款 3 万元到期未还，双方因债务清偿问题发生纠纷，张某被杨某打伤。住院治疗共支出医疗费 4.5 万元，杨某有权主张在 3 万元内抵销，只向张某支付 1.5 万元医疗费。（　　）

【答案】×

【解析】因故意实施侵权行为产生的债务，不得抵销。

【例题·单选题】债权人甲下落不明，致使债务人乙难以履行债务的，乙依法将标的物提存。提存期间，该标的物发生意外毁损。根据《民法典》的规定，下列关于对该标的物损失承担的表述中，正确的是（　　）。

A. 应由甲承担

B. 应由乙承担

C. 应由甲、乙共同承担

D. 应由提存机关承担

【答案】A

【解析】标的物提存后，毁损、灭失的风险由债权人承担。

【例题 · 单选题】因债权人胡某下落不明，债务人陈某难以履行债务，遂依法将标的物提存。后该标的物意外灭失。该标的物意外灭失风险的承担人是(　　)。

A. 胡某

B. 胡某与陈某

C. 陈某

D. 提存机关

【答案】A

【解析】标的物提存后，毁损、灭失的风险由债权人承担。

考点 19：承担违约责任的形式（如图 6-26 所示）

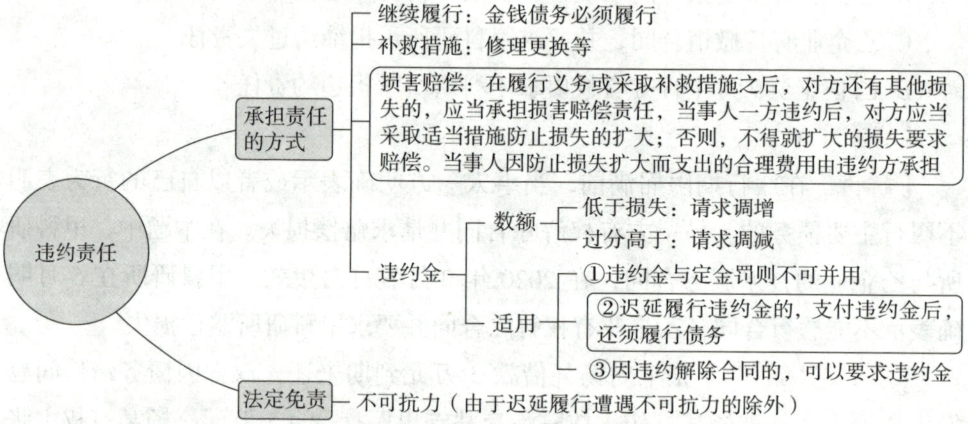

图 6-26　承担违约责任的形式

【例题 · 多选题】根据《民法典》的规定，下列关于不同种类违约责任相互关系的表述中，正确的有（　　）。

A. 当事人就迟延履行约定违约金的，违约方支付违约金后，还应当履行债务

B. 当事人依法请求人民法院增加违约金后，又请求对方赔偿损失的，人民法院不予支持

C. 当事人既约定违约金，又约定定金的，一方违约时，对方可以同时适用违约金和定金条款

D. 当事人执行定金条款后不足以弥补所受损害的，仍可以请求赔偿损失

【答案】ABD

【解析】选项 C：当事人既约定违约金，又约定定金的，一方违约时，对方可以选择适用违约金或者定金条款。

6. 买卖合同

考点 20：买卖合同所有权（如图 6-27 所示）

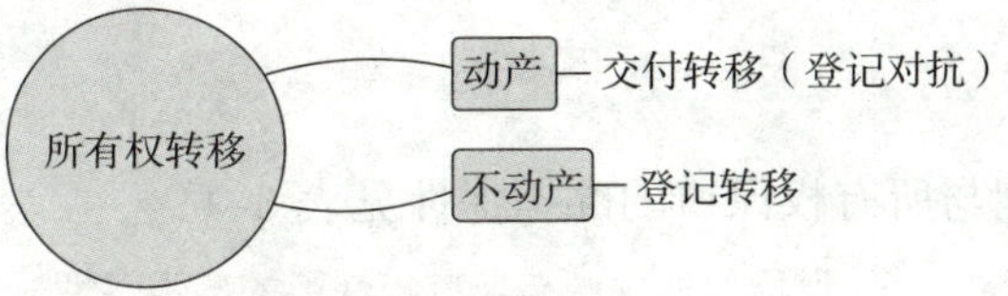

图 6-27　买卖合同所有权

【注】无权处分不影响买卖合同效力。

因出卖人未取得处分权致使标的物所有权不能转移的，买卖合同买受人可以解除合同并请求出卖人承担违约责任。

考点 21：买卖所有权保留条款（如图 6-28 所示）

当事人可以在买卖合同中约定买受人未履行支付价款或者其他义务的，标的物的所有权属于出卖人。出卖人对标的物保留的所有权，未经登记，不得对抗善意第三人（见表 6-10）。

表 6-10　出卖人取回权与买受人回赎权

出卖人取回权	当事人约定出卖人保留合同标的物的所有权，在标的物所有权转移前，买受人有下列情形之一，造成出卖人损害的，除当事人另有约定外，出卖人有权取回标的物： ①未按照约定支付价款，经催告在合理期限内仍未支付； ②未按照约定完成特定条件； ③将标的物出卖、出质或者做出其他不当处分。 出卖人可以与买受人协商取回标的物；协商不成的，可以参照适用担保物权的实现程序。 将标的物出卖、出质或者做出其他不当处分情形下，第三人依据《民法典》的规定已经善意取得标的物所有权或者其他物权，出卖人主张取回标的物的，人民法院不予支持
买受人回赎权	出卖人依据规定取回标的物后，买受人在双方约定或者出卖人指定的合理回赎期限内，消除出卖人取回标的物的事由的，可以请求回赎标的物。 买受人在回赎期限内没有回赎标的物，出卖人可以合理价格将标的物出卖给第三人，出卖所得价款扣除买受人未支付的价款以及必要费用后仍有剩余的，应当返还买受人；不足部分，由买受人清偿

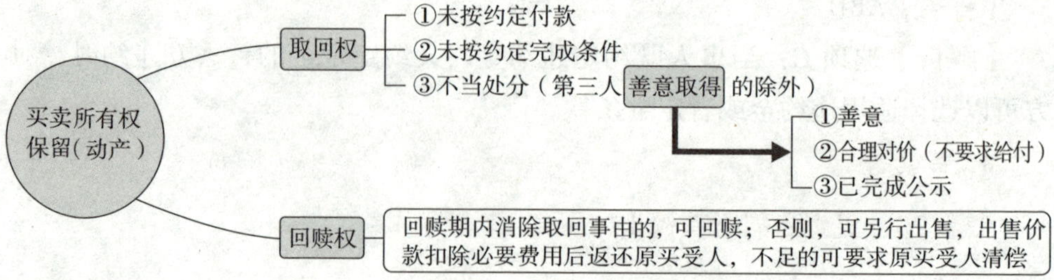

图 6-28　买卖所有权保留条款

取回权的限制与所有权保留的准担保性见表 6-11。

表 6-11　　取回权的限制与所有权保留的准担保性

取回权的限制	(1) 买受人已经支付标的物总价款的 75% 以上，出卖人不得主张取回标的物
	(2) 在将标的物出卖、出质或者作出其他不当处分的情形下，第三人已经依法善意取得标的物所有权或者其他物权，出卖人不得主张取回标的物
所有权保留的准担保性	出卖人依法取回标的物，但与买受人协商不成，当事人请求参照民事诉讼法“实现担保物权案件”的有关规定，拍卖、变卖标的物的，人民法院应予准许

【例题·单选题】甲、乙双方于 2020 年 1 月 7 日订立买卖 1 000 台彩电的合同，价款为 200 万元，双方约定：甲支付全部价款后，彩电的所有权才转移给甲。乙于 2 月 4 日交付了 1 000 台彩电，甲于 3 月 5 日支付了 100 万元，5 月 6 日支付了剩余的 100 万元。下列关于彩电所有权转移的表述中，符合《民法典》规定的是（　　）。

A.2 月 4 日 1 000 台彩电的所有权转移

B.3 月 5 日 1 000 台彩电的所有权转移

C.3 月 5 日 500 台彩电的所有权转移

D.5 月 6 日 1 000 台彩电的所有权转移

【答案】D

【解析】对于动产，当事人可以在买卖合同中约定买受人未履行支付价款或者其他义务的，标的物的所有权属于出卖人。本题中甲乙双方约定，甲支付全部价款后，彩电的所有权才转移给甲；故在甲 5 月 6 日支付了剩余的 100 万元后，方取得 1 000 台彩电的所有权，因此选项 D 正确。

考点 22：一物多卖（如图 6–29 所示）

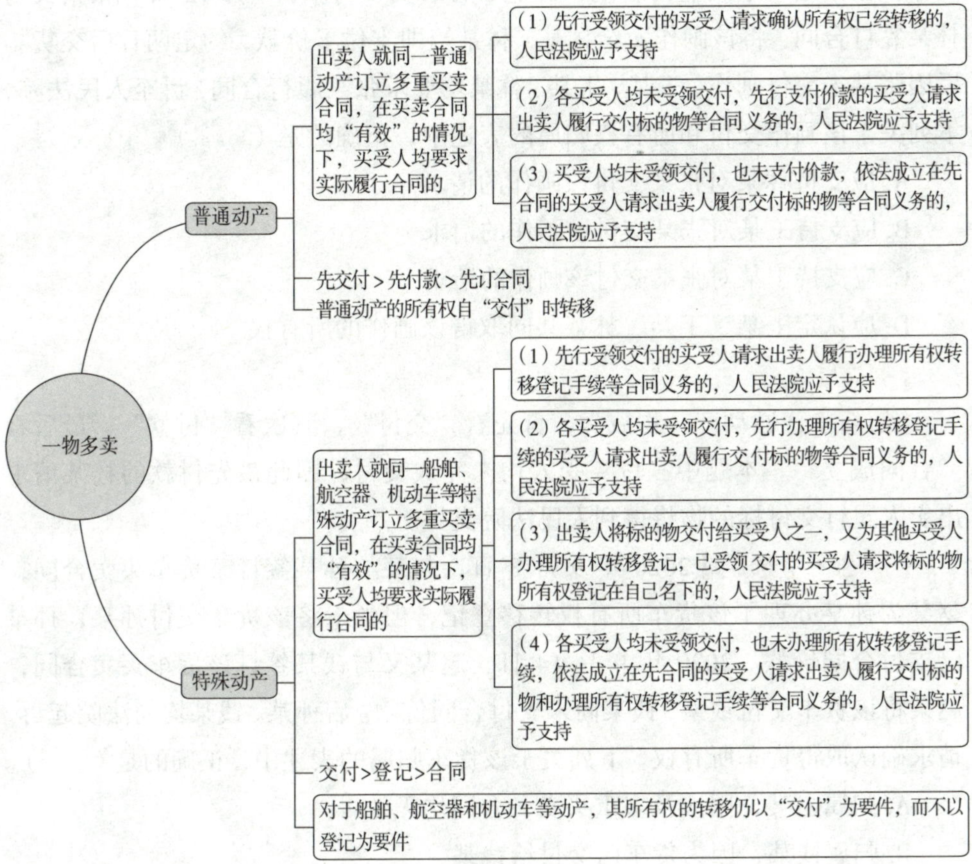

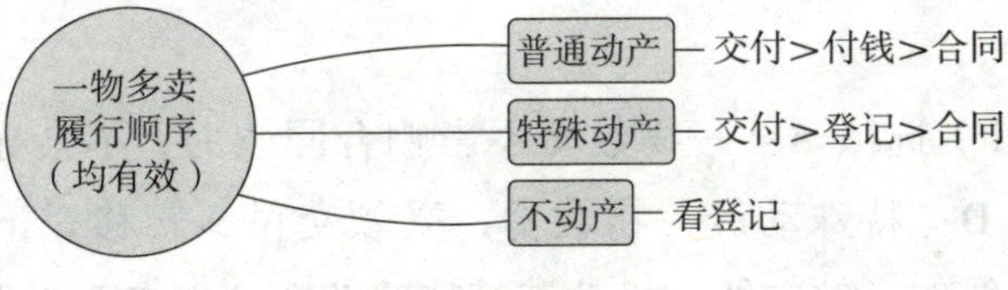

图 6–29 一物多卖

【注】标的物为无须以有形载体交付的电子信息产品，当事人对交付方式约定不明确，且依照《民法典》的规定仍不能确定的，买受人收到约定的电子信息产品或者权利凭证即为交付。

【例题·单选题】张某有一件画作拟出售，于 2020 年 5 月 10 日与王某签

订买卖合同，约定4日后交货付款；5月11日，丁某愿以更高的价格购买该画作，张某遂与丁某签订合同，约定3日后交货付款；5月12日，张某又与林某签订合同，将该画作卖给林某，林某当即支付了价款，约定两日后交货。后因张某未交付画作，王某、丁某、林某均要求张某履行合同，诉至人民法院，下列关于该画作交付和所有权归属的表述中，正确的是（　　）。

A. 应支持林某对张某交付该画作的请求

B. 应支持王某对张某交付该画作的请求

C. 应支持丁某对张某交付该画作的请求

D. 应认定王某、丁某、林某共同取得该画作的所有权

【答案】A

【解析】普通动产一物数卖，首先看“交付”，其次看“付款”，最后看“合同成立”。本题中三位买受人均未完成交付，因此最先付款的林某请求出卖人履行交付标的物将得到人民法院支持。

【例题·单选题】2020年9月8日，赵某与孙某签订某货车买卖合同，赵某为孙某办理了该货车所有权转移登记，但尚未将该货车交付孙某，孙某已支付合同价款。2020年9月14日，赵某又与钱某签订该货车买卖合同，赵某将该货车交付钱某，钱某尚未支付合同价款。后孙某、钱某均向法院起诉，请求确认取得货车所有权。下列关于该货车归属的表述中，正确的是（　　）。

A. 归属赵某，因涉及多重买卖，合同均无效

B. 归属钱某，因为货车已交付给钱某

C. 归属孙某，因为孙某已经支付了合同价款

D. 归属孙某，因赵某为孙某办理了货车所有权转移登记

【答案】B

【解析】（1）选项A：一物数卖不影响合同效力，不会导致合同无效。（2）选项B、D：特殊动产一物数卖，受领交付＞转移登记＞合同成立。（3）选项C：船舶、航空器、机动车等特殊动产订立多重买卖合同确定所有权归属时，是否先行支付价款不是考虑因素。

考点23：风险的承担（如图6-30所示）

- 风险的承担
  - 标的物的风险承担，是指由于不可归责于双方当事人的事由（如不可抗力）导致标的物发生毁损、灭失，应当由谁承担“不幸”。可归责于一方当事人的事由（如一方当事人的过错）导致标的物毁损、灭失的，不属于风险承担，应当按照违约责任或者侵权责任处理
  - 基本规定
    - （1）标的物毁损、灭失的风险，在标的物交付之前由出卖人承担，交付之后由买受人承担，但法律另有规定或者当事人另有约定的除外
    - （2）因买受人的原因致使标的物不能按照约定的期限交付的，“买受人”应当自违反约定之日起承担标的物毁损、灭失的风险
    - （3）出卖人按照约定将标的物置于交付地点，买受人违反约定没有收取的，标的物毁损、灭失的风险自违反约定之日起由“买受人”承担
    - （4）出卖人将标的物提存后，毁损、灭失的风险由“买受人”承担
    - （5）因标的物不符合质量要求，致使不能实现合同目的的，买受人可以拒绝接受标的物或者解除合同。买受人拒绝接受标的物或者解除合同的，标的物毁损、灭失的风险由“出卖人”承担
    - （6）种类物 —— 当事人对风险负担没有约定，标的物为种类物（如可口可乐），出卖人未以装运单据、加盖标记、通知买受人等可识别的方式清楚地将标的物特定于买卖合同，买受人主张不负担标的物毁损、灭失的风险的，人民法院应予支持
    - （7）单证与风险的独立性 —— 出卖人未按照约定交付有关标的物的单证和资料的，“不影响”标的物毁损、灭失风险的转移
    - （8）违约责任与风险的独立性 —— 标的物毁损、灭失的风险由买受人承担的，“不影响”因出卖人履行债务不符合约定，买受人要求其承担违约责任的权利
  - 特殊规定
    - （1）在途标的物 —— 出卖人出卖交由承运人运输的在途标的物，除当事人另有约定的外，毁损、灭失的风险自合同成立之日起由“买受人”承担。但是，如果出卖人出卖交由承运人运输的在途标的物，在合同成立时知道或者应当知道标的物已经毁损、灭失却没有告知买受人，买受人主张“出卖人”负担标的物毁损、灭失风险的，人民法院应予支持
    - （2）未约定交付地点，出卖人不得不托运
      - 当事人没有约定交付地点或者约定不明确，标的物需要运输的，出卖人将标的物交付给第一承运人后，标的物毁损、灭失的风险由“买受人”承担
      - 【注】买卖合同的当事人“未约定”交付地点或者约定不明确的，双方可以协议补充；不能协议补充的，可以按照合同的有关条款或者交易习惯确定；仍不能确定，标的物需要运输的，出卖人应当将标的物交付给第一承运人以运交给买受人。出卖人将标的物交付给第一承运人后（视为交付），标的物毁损、灭失的风险由买受人承担
    - （3）出卖人依照约定代办托运 —— 出卖人“根据合同约定”将标的物运送至买受人指定的地点并交付给承运人后（出卖人依约代办托运），标的物毁损、灭失的风险由买受人负担，但当事人另有约定的除外

- 风险转移:先看约定，否则：买卖合同+交付=风险转移
  - 买卖不动产：交付占有之时
  - 需要运输：交付第一承运人即为交付
  - 买卖在途标的物：合同成立之时
  - 自提种类物：需特定化
  - 违约情形：风险按不利于违约方处理

图 6-30　风险的承担

【例题·多选题】根据《民法典》的规定，下列情形中，应由买受人承担标的物毁损、灭失风险的有（　　）。

A. 买受人下落不明，出卖人将标的物提存的

B. 标的物已运抵交付地点，买受人因标的物质量瑕疵而拒收货物的

C. 合同约定在标的物所在地交货，买受人违反约定未前往提货的

D. 出卖人出卖交由承运人运输的在途标的物，买卖双方未就标的物损毁、灭失的风险做特别约定的

【答案】ACD

【解析】（1）选项A：标的物提存后，毁损、灭失的风险由债权人承担。（2）选项B：因标的物质量不符合质量要求，致使不能实现合同目的的，买受人可以拒绝接受标的物或者解除合同。买受人拒绝接受标的物或者解除合同的，标的物毁损、灭失的风险由出卖人承担。（3）选项C：出卖人按照约定或者依照法律规定将标的物置于交付地点，买受人违反约定没有收取的，标的物毁损、灭失的风险自违反约定之日起由买受人承担。（4）选项D：出卖人出卖交由承运人运输的在途标的物，除当事人另有约定的外，毁损、灭失的风险自合同成立时起由买受人承担。

【例题·多选题】根据《民法典》的规定，下列情形中，买受人应承担标的物损毁、灭失风险的有（　　）。

A. 标的物已运抵交付地点，买受人因标的物质量不合格而拒绝接受

B. 买受人已受领标的物，但出卖人按照约定未交付标的物的单证

C. 出卖人按照约定将标的物置于交付地点，约定时间已过，买受人未前往提货

D. 因买受人下落不明，出卖人无法向其交付标的物而将标的物提存

【答案】BCD

【解析】（1）选项A：因标的物质量不符合质量要求，致使不能实现合同目的的，买受人可以拒绝接受标的物或者解除合同。买受人拒绝接受标的物或者解除合同的，标的物毁损、灭失的风险由出卖人承担。（2）选项B：出卖人按照约定未交付有关标的物的单证和资料的，不影响标的物毁损、灭失风险的转移；选项B中买受人已经受领标的物，故买受人应承担标的物损毁、灭失的风险。（3）选项C：出卖人按照约定或者依照法律规定将标的物置于交付地点，买受人违反约定没有收取的，标的物毁损、灭失的风险自违反约定

定之日起由买受人承担。（4）选项 D：标的物提存后，毁损、灭失的风险由债权人承担。

【例题·单选题】甲公司购买乙公司一批货物，约定甲公司于 5 月 6 日到乙公司仓库提货，由于甲公司的疏忽，其当日未安排车辆提货，次日凌晨乙公司仓库遭雷击起火，该批货物全部被烧毁，下列关于该批货物损失承担的表述中，符合《民法典》的规定的是（　　）。

A. 甲公司和乙公司分担货物损失，因为双方都没有过错

B. 甲公司承担货物损失，因其未按约定时间提货

C. 乙公司承担货物损失，因为货物所有权没有转移

D. 乙公司承担货物损失，因为货物仍在其控制之下

【答案】B

【解析】因买受人的原因致使标的物不能按照约定的期限交付的（买受方违约），买受人应当自违反约定之日起承担标的物毁损、灭失的风险。本题中，由于甲公司的疏忽，其未按约定时间提货，导致货物没有按期交付，甲公司自 5 月 6 日起承担标的物毁损、灭失的风险。次日凌晨，乙公司仓库遭雷击起火，该批货物全部被烧毁，甲公司应承担货物损失。

【例题·多选题】根据合同法律制度的规定，当事人未作特别约定的情况下，下列关于买卖合同标的物损毁、灭失风险承担的表述中，正确的有（　　）。

A. 出卖人按照约定将标的物置于交付地点，买受人违反约定没有收取的，标的物毁损、灭失的风险自违反约定之日起由买受人承担

B. 因买受人原因致使标的物不能按照约定的期限交付的，买受人应当自违反约定之日起承担标的物损毁、灭失的风险

C. 出卖人按照约定未交付有关标的物的单证和资料的，不影响标的物损毁、灭失风险的转移

D. 出卖人根据合同约定将标的物运送至买受人指定地点并交付给承运人后，标的物损毁、灭失的风险由买受人承担

【答案】ABCD

【解析】（1）选项 A、C：出卖人按照约定或者依照法律规定将标的物置于交付地点，买受人违反约定没有收取的，标的物毁损、灭失的风险自违反约定之日起由买受人承担。出卖人按照约定未交付有关标的物的单证和资料的，不影响标的物毁损、灭失风险的转移。（2）选项 B、D：因买受人的原

因致使标的物不能按照约定的期限交付的，买受人应当自违反约定之日起承担标的物毁损、灭失的风险。出卖人根据合同约定将标的物运送至买受人指定地点并交付给承运人后，标的物毁损、灭失的风险由买受人承担。当事人另有约定的除外。

考点 24：标的物的检验（如图 6–31 所示）

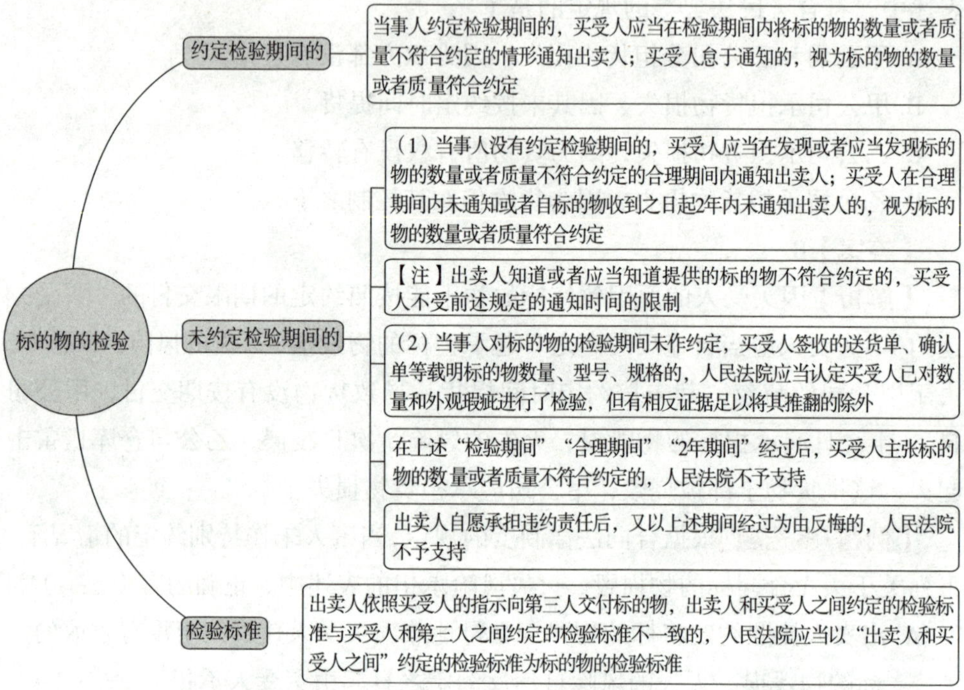

图 6–31　标的物的检验

约定与合理期限的认定见表 6–12。

表 6–12　**约定与合理期限的认定**

约定	约定的期限不合理	当事人约定的检验期限过短，根据标的物的性质和交易习惯，买受人在检验期限内难以完成全面检验的，该期限仅**视为买受人对标的物的外观瑕疵提出异议的期限**
	约定的期限不合法	约定的检验期限或者质量保证期短于法律、行政法规规定期限的，**应当以法律、行政法规规定的期限为准**
合理期限	合理期限的认定	认定“合理期限”，应当综合当事人之间的交易性质、交易目的、交易方式、交易习惯，标的物的种类、数量、性质、安装和使用情况、瑕疵的性质，买受人应尽的合理注意义务、检验方法和难易程度，买受人或者检验人所处的具体环境、自身技能以及其他合理因素，根据诚实信用原则进行判断

续表

合理期限	合理期限内提出异议	买受人在合理期限内提出异议，出卖人以买受人已经支付价款、确认欠缴数额、使用标的物等为由，主张买受人放弃异议的，人民法院不予支持，但当事人另有约定的除外

【做题关键点】

检验期间：有约定的，看约定；没约定的，看合理期间，合理期间≤2年。

【例题·多选题】甲公司向乙公司订购了一套生产设备，双方签订的买卖合同中对设备的型号、规格、质量等做了明确约定，但未约定质量检验期间。甲公司收到设备后，因故一直未使用，亦未支付剩余货款。收到货物2年后，甲公司才开始使用该设备，却发现该设备的质量与合同约定不符。当乙公司要求甲公司支付剩余货款时，甲公司以设备质量不合格为由拒绝，并要求乙公司承担违约责任。下列关于甲公司权利义务的表述中，符合合同法律制度的规定的有（　　）。

A. 因未在法定期间内提出质量异议，甲公司应当向乙公司支付剩余货款

B. 虽未在法定期间提出质量异议，但因设备存在质量问题，甲公司有权拒付剩余货款

C. 因设备质量不合格，甲公司有权要求乙公司承担违约责任

D. 因未在法定期间内提出质量异议，甲公司无权要求乙公司承担违约责任

【答案】AD

【解析】买受人收到标的物时应当在约定的检验期间内检验。没有约定检验期间的，应当及时检验。当事人没有约定检验期间的，买受人应当在发现或者应当发现标的物的数量或者质量不符合约定的合理期间内通知出卖人。买受人在合理期间内未通知或者自标的物收到之日起2年内未通知出卖人的，视为标的物的数量或者质量符合约定，但对标的物有质量保证期的，适用质量保证期，不适用上述2年的规定。本题中甲公司于收货2年后方提出质量异议，视为标的物的数量或者质量符合约定，故选项A、D正确。

考点25：标的物的质量（如图6-32所示）

- 标的物的质量
  - 质量保证金
    - 买受人依约保留部分价款作为质量保证金，出卖人在质量保证期间未及时解决质量问题而影响标的物的价值或者使用效果，出卖人主张支付该部分价款的，人民法院不予支持
  - 修理费用
    - 买受人在检验期间、质量保证期间、合理期间内提出质量异议，出卖人未按要求予以修理或者因情况紧急，买受人自行或者通过第三人修理标的物后，主张“出卖人”负担因此发生的合理费用的，人民法院应予支持
  - 瑕疵担保责任
    - 合同约定减轻或者免除出卖人对标的物的瑕疵担保责任，但出卖人故意或者因重大过失不告知买受人标的物的瑕疵，出卖人主张依约减轻或者免除瑕疵担保责任的，人民法院不予支持
    - 买受人在缔约时知道或者应当知道标的物质量存在瑕疵，主张出卖人承担瑕疵担保责任的，人民法院不予支持；但买受人在缔约时不知道该瑕疵会导致标的物的基本效用显著降低的除外
  - 减少价款
    - 标的物质量不符合约定，买受人依照《民法典》的规定要求减少价款的，人民法院应予支持
    - 当事人主张以符合约定的标的物和实际交付的标的物按“交付时的市场价值”计算差价的，人民法院应予支持
    - 价款已经支付，买受人主张返还减价后多出部分价款的，人民法院应予支持

图 6–32　标的物的质量

考点 26：买卖合同的解除（如图 6–33 所示）

- 买卖合同的解除
  - 因标的物的主物不符合约定而解除合同的，解除合同的效力及于从物；因标的物的从物不符合约定被解除的，解除的效力不及于主物
  - 标的物为数物，其中一物不符合约定的，买受人可以就该物解除合同，但该物与他物分离使标的合同物的价值明显受损的，当事人可以就数物解除合同
  - 分期付款的买受人未支付到期价款的金额达到全部价款的20%的，出卖人可以要求买受人支付全部价款或者解除合同。出卖人解除合同的，可以向买受人要求支付该标的物的使用费
  - 【注】分期付款买卖合同，是指买受人将应付的总价款在一定期间内“至少分3次”向出卖人支付的买卖合同
  - 出卖人没有履行或者不当履行“从给付义务”，致使买受人“不能实现合同目的”，买受人主张解除合同的，人民法院应予支持
  - 【注】当事人一方延迟履行（主）债务或者有其他违约行为，致使“不能实现合同目的”的，对方当事人可以主张解除合同
  - 【注】所谓“从给付义务”，是指“主给付义务”之外债权人可以独立诉请履行，以完全满足给付上的利益的义务，如动产买卖中交付发票、保修卡等相关证明文件的义务

- 交付不合格标的物
  - 标的物为数物或数批
    - **一物**不合格，解除该物
    - **一批**不合格，解除该批
    - → 解除该物或该批影响其他物的除外
  - 主物**及于**从物，但是从物**不及于**主物

图 6–33　买卖合同的解除

【小结】鼓励交易，将解除控制在尽可能小的范围内。

【例题·单选题】甲、乙签订一买卖合同，甲向乙购买5台机器及附带的维修工具，机器编号分别为E、F、G、X、Y，拟分别用于不同厂区。乙向甲如期交付5台机器及附带的维修工具；经验收，E机器存在重大质量瑕疵而无法使用，F机器附带的维修工具亦属不合格品，其他机器及维修工具不存在质量问题。根据《民法典》的规定，下列关于甲如何解除合同的表述中，正确的是（　　）。

A. 甲可以解除5台机器及维修工具的买卖合同

B. 甲只能就买卖合同中E机器的部分解除合同

C. 甲可以就买卖合同中E机器的部分与F机器的部分解除合同

D. 甲可以就买卖合同中F机器的维修工具的部分与E机器的部分解除合同

【答案】D

【解析】标的物为数物，其中一物不符合约定的，买受人可以就该物解除合同，但该物与他物分离使标的物的价值显受损害的，当事人可以就数物解除合同，故可就E机器的部分解除合同；因标的物的主物不符合约定而解除合同的，解除合同的效力及于从物。因标的物的从物不符合约定被解除的，解除的效力不及于主物，故仅就F机器的维修工具的部分解除合同，解除效力不及于主物F机器，故选项D正确。

考点27：试用买卖（如图6-34所示）

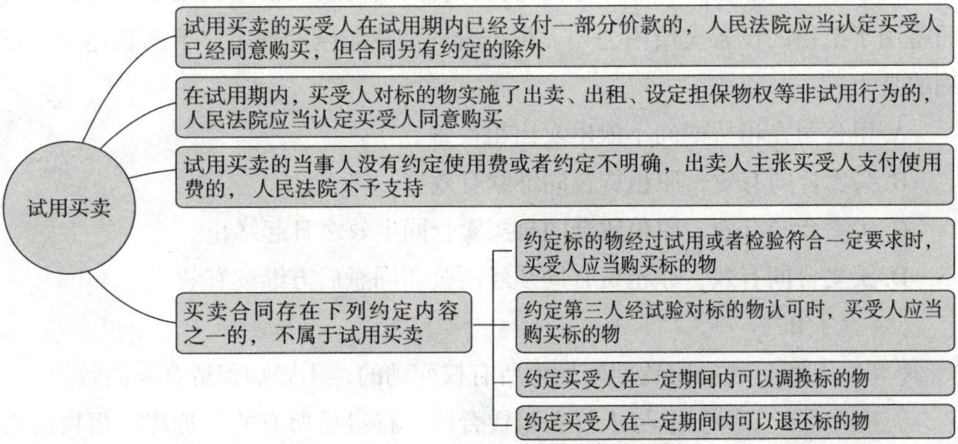

图6-34　试用买卖

【例题·单选题】某商场为促销健身器材，贴出告示，跑步机试用1个月，满意再付款，王某遂选定一款跑步机试用，试用期满退回时，该商场要求王某支付使用费200元。下列关于王某应否支付使用费的表述中，符合合同法律制度规定的是（ ）。

A. 王某应当支付部分使用费，因为跑步机的磨损应当由王某和商场共同承担

B. 王某不应当支付使用费，因为双方对此未作约定

C. 王某应当支付使用费，因其使用跑步机造成磨损

D. 王某应当支付使用费，因其行为构成不当得利

【答案】B

【解析】试用买卖的当事人对标的物使用费没有约定或者约定不明确的，出卖人无权请求买受人支付。

考点28：多交付的标的物（如图6-35所示）

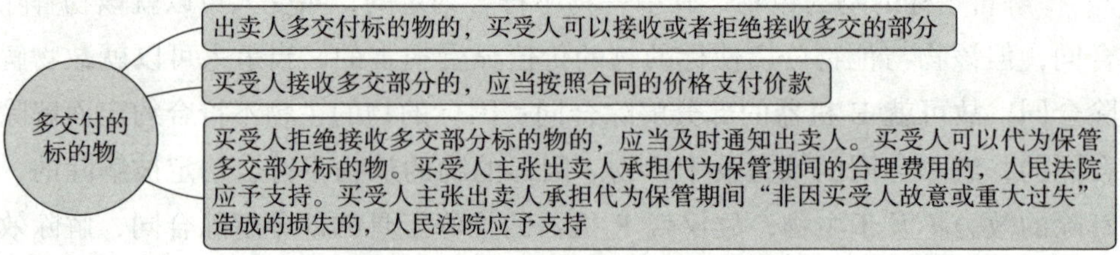

图6-35 多交付的标的物

【例题·单选题】甲公司将所属设备租赁给乙公司使用。租赁期间，甲公司将用于出租的设备卖给丙公司。根据合同法律制度的规定，下列表述中，正确的是（ ）。

A. 甲公司在租赁期间不能出卖出租设备

B. 买卖合同有效，原租赁合同继续有效

C. 买卖合同有效，原租赁合同自买卖合同生效之日起终止

D. 买卖合同有效，原租赁合同须经丙公司同意后方继续有效

【答案】B

【解析】租赁物在租赁期间发生所有权变动的，不影响租赁合同的效力。

【例题·单选题】甲与乙订立租赁合同，将自己所有的一栋房屋租赁给乙使用。租赁期间，甲在征得乙的同意后，将房屋卖给丙，并转移了所有权。下列有关该租赁合同效力的表述中，正确的是（ ）。

A. 租赁合同在乙和丙之间继续有效

B. 租赁合同自动解除

C. 租赁合同自动解除，但是甲应当对乙承担违约责任

D. 租赁合同自动解除，但是丙应当另行与乙订立租赁合同

【答案】A

【解析】租赁物在租赁期间发生所有权变动的，不影响租赁合同的效力

7. 其他主要合同

考点 29：租赁合同与商品房买卖合同（见表 6–13 至表 6–16，如图 6–36 至图 6–38 所示）

表 6–13　　　　　　　　　　**租赁合同内容**

<table>
<tr><td>租赁期限</td><td colspan="2">≤ 20 年，超过部分无效</td></tr>
<tr><td>租金支付期限</td><td colspan="2">租金的支付期限未确定的，当事人可以协议补充；不能达成补充协议的，可以根据合同的有关条款或者交易习惯确定；仍不能确定的，租赁期限 1 年以上的，应当在每届满 1 年时支付，剩余期间不满 1 年的，应当在租赁期限届满时支付</td></tr>
<tr><td>不定期租赁</td><td colspan="2">(1) 6 个月以上合同未采用书面形式
(2)无法确定租赁期
(3)未续租但实际履行</td></tr>
<tr><td>维修义务</td><td colspan="2">由出租人承担
【注意】出租人未履行，承租人可以自行维修，费用由出租人承担；因维修影响承租人使用的，应当相应“减少租金或者延长租期”。因承租人的过错致使租赁物需要维修的，出租人不承担上述规定的维修义务</td></tr>
<tr><td>改善或增设</td><td colspan="2">承租人未经出租人同意，对租赁物进行改善或者增设他物的，出租人可以要求承租人恢复原状或者赔偿损失</td></tr>
<tr><td>承租人单方解除</td><td colspan="2">租赁物危及承租人安全健康，即使承租人“订立合同时明知”该租赁物质量不合格，仍可“随时解除”合同</td></tr>
<tr><td rowspan="3">转租</td><td>出租人同意</td><td>可以转租→合同有效→第三人造成损失，“承租人”赔偿</td></tr>
<tr><td>未经出租人同意</td><td>可以解除合同</td></tr>
<tr><td colspan="2">出租人知道或者应当知道承租人转租，但是在 6 个月内未提出异议的，视为出租人同意转租</td></tr>
<tr><td rowspan="2">次承租人代为支付租金</td><td colspan="2">①承租人拖欠租金的，次承租人可以代承租人支付其欠付的租金和违约金，但转租合同对出租人不具有法律约束力的除外</td></tr>
<tr><td colspan="2">②次承租人代为支付的租金和违约金，可以充抵次承租人应当向承租人支付的租金；超出其应付的租金数额的，可以向承租人追偿</td></tr>
<tr><td rowspan="2">买卖不破租赁★</td><td colspan="2">“租赁物”在租赁期间发生所有权变动的，不影响租赁合同的效力</td></tr>
<tr><td>不动产租赁</td><td>出租人应在出卖前的合理期限内“通知”承租人，承租人享有“同等条件下”的优先购买权</td></tr>
</table>

续表

期满	租赁期限届满，承租人继续使用租赁物，出租人没有提出异议的，原租赁合同继续有效，但租赁期限为不定期
	租赁期限届满，**房屋承租人**享有以同等条件优先承租的权利

【例题·判断题】租赁合同的期限不得超过 20 年，超过 20 年的，租赁合同无效。（　　）

【答案】×

【解析】租赁合同的期限超过 20 年的，超过部分无效。

【例题·判断题】租赁物危及承租人的安全或者健康的，即使承租人订立合同时明知该租赁物质量不合格，承租人仍然可以随时解除合同。（　　）

【答案】√

表 6-14　　租赁合同中的解除权

解除权人	情形
出租人	承租人未经出租人同意转租的，出租人可以解除合同
	承租人无正当理由未支付或者迟延支付租金的，出租人可以请求承租人在合理期限内支付；承租人逾期不支付的，出租人可以解除合同
承租人	租赁物被司法机关或者行政机关依法查封、扣押租赁物权属有争议 租赁物具有违反法律、行政法规关于使用条件的强制性规定情形
	因租赁物部分或者全部毁损、灭失，致使不能实现合同目的的，承租人可以解除合同
	租赁物危及承租人的安全或者健康的，即使承租人订立合同时明知该租赁物质量不合格，承租人仍然可以随时解除合同
双方	不定期租赁：当事人可以随时解除合同，但是应当在合理期限之前通知对方

【例题·单选题】甲公司将一套设备租赁给乙公司使用，租赁期间，经询问确认乙公司无购买意向后，甲公司将该设备卖给丙公司。根据合同法律制度的规定，下列关于买卖合同与租赁合同效力的表述中，正确的是（　　）。

A. 买卖合同无效，租赁合同继续有效

B. 买卖合同有效，租赁合同继续有效

C. 买卖合同有效，租赁合同自买卖合同生效之日起终止

D. 买卖合同有效，租赁合同须经丙公司同意后才继续有效

【答案】B

【解析】租赁物在租赁期间发生所有权变动的，不影响租赁合同的效力，故选项 B 正确。

【例题·多选题】根据《民法典》的规定，下列关于租赁合同解除的表述

中，正确的有（　　）。

A. 租赁物在租赁期间发生所有权变动，买受人不愿继续出租的，可以解除租赁合同

B. 承租人无正当理由未支付租金，经催告在合理期间内仍不支付的，出租人可以解除合同

C. 租赁物危及承租人的安全或健康的，承租人可以随时解除合同

D. 承租人未经出租人同意转租的，出租人可以解除合同

【答案】BCD

【解析】选项 A：租赁物在租赁期间发生所有权变动的，不影响租赁合同的效力，租赁合同继续有效，买受人无权解除租赁合同（“买卖不破租赁”）。

表 6–15　　　　商品房买卖合同内容

<table>
<tr><td rowspan="3">广告性质</td><td colspan="4">要约邀请：一般情况</td></tr>
<tr><td colspan="4">要约：出卖人就商品房开发规划范围内的房屋及相关设施所做的说明和许诺“具体确定”，并对商品房买卖合同的订立以及房屋价格的确定有“重大影响”</td></tr>
<tr><td colspan="4">【注意】符合条件的说明和许诺即使未载入合同也视为合同内容，当事人违反的应当承担违约责任</td></tr>
<tr><td rowspan="4">预售许可、登记备案对房屋买卖合同效力的影响</td><td rowspan="2">预售许可</td><td colspan="2">“未取得”预售许可证明</td><td>预售合同无效</td></tr>
<tr><td colspan="2">起诉“前”取得证明</td><td>预售合同有效</td></tr>
<tr><td rowspan="2">登记备案</td><td rowspan="2">房屋预售合同“未办理”登记备案手续</td><td>一般情况</td><td>预售合同有效</td></tr>
<tr><td>约定以登记备案为合同生效条件</td><td>预售合同未生效</td></tr>
<tr><td>被拆迁人的优先权</td><td colspan="4">拆迁人将补偿安置房屋另行出卖给第三人，被拆迁人有权“优先取得”补偿安置房屋</td></tr>
<tr><td rowspan="3">解除权的行使</td><td colspan="2" rowspan="2">未能订立贷款合同→购房合同无法履行</td><td>一方原因</td><td>解除合同，赔偿损失</td></tr>
<tr><td>双方均无过错</td><td>解除合同，返还购房款本金及利息或定金</td></tr>
<tr><td colspan="2">购房合同被确认无效、被撤销、解除→贷款合同目的无法实现</td><td colspan="2">解除贷款合同，购房贷款和购房款的本金及利息返还担保权人和买受人</td></tr>
</table>

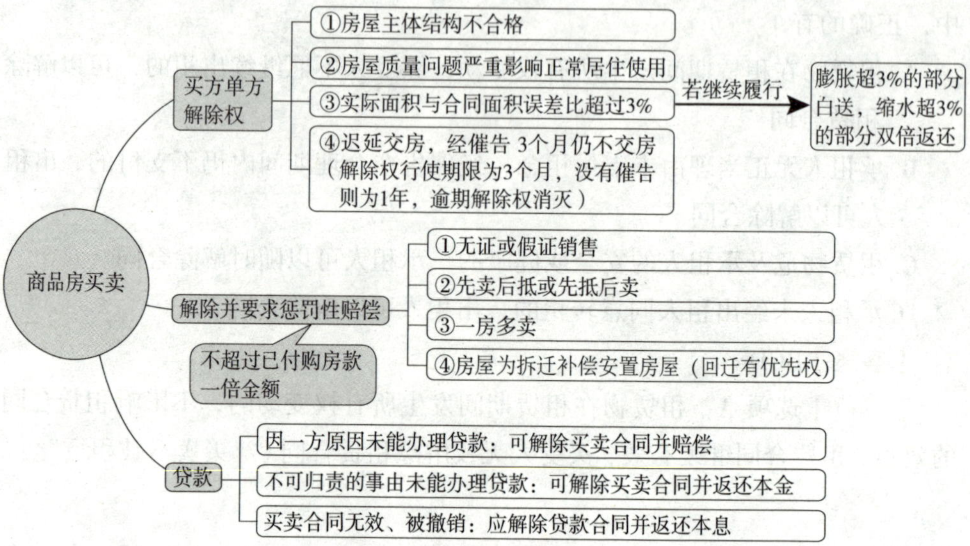

图 6-36 商品房买卖

【例题·多选题】下列有关商品房买卖合同的说法中，符合法律规定的是（ ）。

A. 商品房的销售广告和宣传资料为要约邀请，但是出卖人就商品房开发规划范围内的房屋及相关设施所做的说明和允诺具体确定，并对商品房买卖合同的订立以及房屋价格的确定有重大影响的，应当视为要约

B. 出卖人未取得预售许可的，可以与买受人先订立预售合同

C. 出卖人交付使用的房屋套内建筑面积或者建筑面积与商品房买卖合同约定面积不符的，买受人可以解除合同

D. 出卖人迟延交付房屋，经催告在 3 个月的合理期限内仍未履行，买受人一方请求解除合同的，法院应予支持

【答案】AD

【解析】商品房的销售广告和宣传资料为要约邀请，但是出卖人就商品房开发规划范围内的房屋及相关设施所做的说明和允诺具体确定，并对商品房买卖合同的订立以及房屋价格的确定有重大影响的，应当视为要约。这是商品房销售广告的性质。所以，选项 A 正确。出卖人预售商品房，必须申领商品房预售许可证明。因此，选项 B 不正确。出卖人交付使用的房屋套内建筑面积或者建筑面积与商品房买卖合同约定面积不符，合同有约定的，按照约定处理。所以，选项 C 不正确。出卖人迟延交付房屋或者买受人迟延支付购房款，经催告在 3 个月的合理期限内仍未履行，当事人一方请求解除合同的，法院应予支持。

所以，选项D正确。

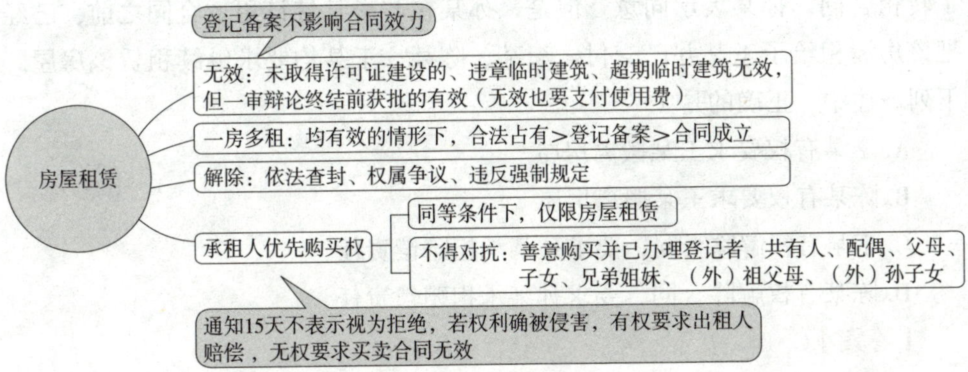

图 6-37　房屋租赁

【注】买卖不破租赁的例外。

租赁房屋在承租人按照租赁合同占有期限内发生所有权变动，承租人请求房屋受让人继续履行原租赁合同的，人民法院应予支持。但租赁房屋具有下列情形或者当事人另有约定的除外：

（1）房屋在出租前已设立抵押权，因抵押权人实现抵押权发生所有权变动的；

（2）房屋在出租前已被人民法院依法查封的。

【例题·多选题】根据合同法律制度的规定，下列关于房屋租赁合同解除的表述中，正确的有（　　）。

A. 承租人未经出租人同意转租房屋的，出租人可以解除合同

B. 房屋租赁合同未办理登记备案手续的，承租人或出租人可以解除合同

C. 租赁房屋因被司法机关查封无法使用的，承租人可以解除合同

D. 租赁房屋危及承租人健康的，承租人可以随时解除合同

【答案】ACD

【解析】选项A：承租人未经出租人同意转租的，出租人可以解除合同。选项B：当事人未依照法律、行政法规的规定办理租赁合同登记备案手续的，不影响合同的效力。选项C：租赁物被司法机关或者行政机关依法查封、扣押致使租赁物无法使用的，承租人可以解除合同。选项D：租赁物危及承租人的安全或者健康的，即使承租人订立合同时明知该租赁物质量不合格，承租人仍然可以随时解除合同。

【例题·单选题】孙某与李某签订房屋租赁合同，李某承租后与陈某签订了转租合同，孙某表示同意。但是，孙某在与李某签订租赁合同之前，已经把该房屋租给了王某并已交付。李某、陈某、王某均要求继续租赁该房屋。下列表述中，正确的是（　　）。

A. 李某有权要求王某搬离房屋

B. 陈某有权要求王某搬离房屋

C. 李某有权解除合同，要求孙某承担赔偿责任

D. 陈某有权解除合同，要求孙某承担赔偿责任

【答案】C

【解析】出租人就同一房屋订立数份租赁合同，在合同均有效的情况下，承租人均主张履行合同的，人民法院按照下列顺序确定履行合同的承租人：（1）已经合法占有租赁房屋的；（2）已经办理登记备案手续的；（3）合同成立在先的。

不能取得租赁房屋的承租人请求解除合同、赔偿损失的，依照《民法典》的有关规定处理。王某作为按优先顺序履行合同的承租人，李某、陈某无权要求王某搬离上述房屋。本题中，因孙某违约导致李某的租房合同无法实现合同目的的，李某有权解除合同，并要求孙某承担赔偿责任。

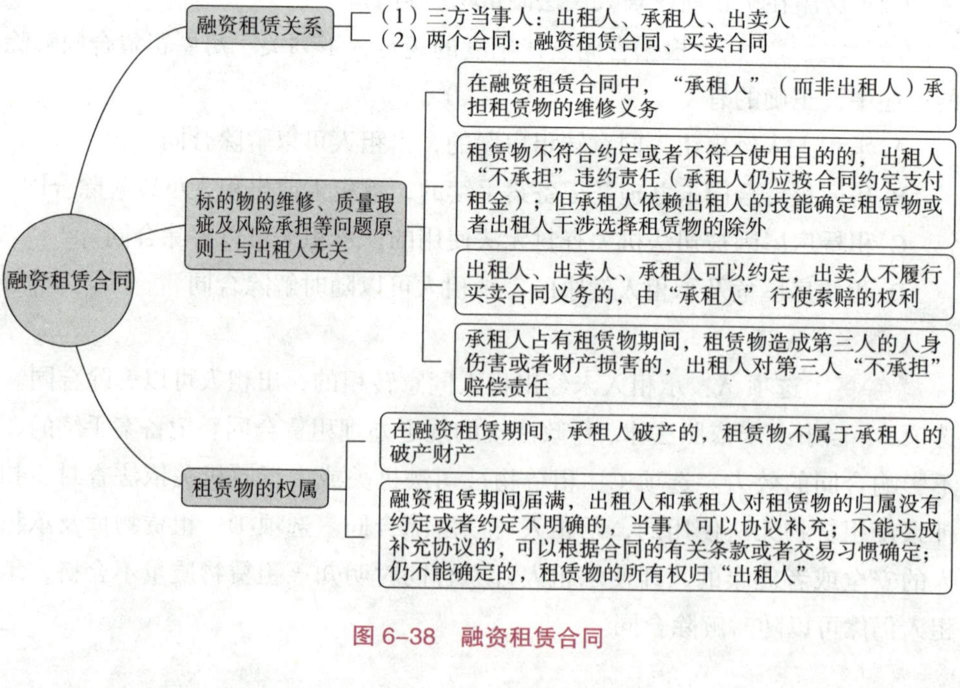

图 6-38　融资租赁合同

【注】承租人占有租赁物期间，租赁物毁损、灭失的，出租人有权请求承租人继续支付租金，但是法律另有规定或者当事人另有约定的除外。

表 6-16　**融资租赁合同**

融资租赁合同	(1) 融资租赁合同应当采用书面形式
	(2) 融资租赁合同的出租人必须是从事融资租赁业务的租赁公司或者其他经过批准兼营租赁业务的公司
	(3) 当事人以虚构租赁物方式订立的融资租赁合同无效
	(4) 依照法律、行政法规的规定，对于租赁物的经营使用应当取得行政许可的，出租人未取得行政许可不影响融资租赁合同效力

表 6-17　**出租人承担责任的情形**

出租人承担责任的情形	(1) 出租人有下列情形之一，致使承租人对出卖人行使索赔权利失败的，承租人有权请求出租人承担相应的责任： ①明知租赁物有质量瑕疵而不告知承租人 ②承租人行使索赔权利时，未及时提供必要协助
	(2) 出租人怠于行使只能由其对出卖人行使的索赔权利，造成承租人损失的，承租人有权请求出租人承担赔偿责任

表 6-18　**出租人的合同解除权**

出租人的合同解除权	(1) 承租人未经出租人同意，将租赁物转让、抵押、质押、投资入股或者以其他方式处分的，出租人可以解除融资租赁合同
	(2) 在融资租赁合同中，承租人未按照约定支付租金，经催告后在合理期限内仍不支付，出租人请求承租人支付全部剩余租金，并以拍卖、变卖租赁物所得的价款受偿的，人民法院应予支持 当事人请求参照"**实现担保物权案件**"的有关规定，以拍卖、变卖租赁物所得价款支付租金的，人民法院应予准许（融资租赁合同的**准担保性**）

【注】当事人约定租赁期限届满，承租人仅需向出租人支付象征性价款的，视为约定的租金义务履行完毕后租赁物的所有权归承租人。

【例题·判断题】甲公司根据乙公司的选择，向丙公司购买了 1 台大型设备，出租给乙公司使用，甲、乙公司为此签订了融资租赁合同，合同未就设备的维修事项作特别约定，该设备在使用过程中发生部件磨损，需维修。甲公司应承担维修义务。（　　）

【答案】×

【解析】承租人应当妥善保管、使用租赁物。承租人应当履行占有租赁物

期间的维修义务。

【例题·判断题】融资租赁期间，承租人享有租赁物的所有权。（ ）

【答案】×

【解析】出租人对租赁物享有的所有权，未经登记，不得对抗善意第三人。

【例题·判断题】承租人占有融资租赁物期间，租赁物造成第三人的人身伤害或者财产损失的，出租人不承担责任。（ ）

【答案】√

【例题·单选题】根据《民法典》的规定，下列关于融资租赁合同的表述中，正确的是（ ）。

A. 承租人依赖出租人的技能确定租赁物，租赁物不符合约定的，出租人应承担责任

B. 出租人根据承租人对出卖人、租赁物的选择订立的买卖合同，出租人可以变更与承租人有关的合同内容

C. 承租人占有租赁物期间，租赁物造成第三人人身伤害的，出租人应承担责任

D. 出租人对租赁物享有的所有权，不论是否登记，均可对抗善意第三人

【答案】A

【解析】选项 A：租赁物不符合约定或者不符合使用目的的，出租人不承担责任。但是，承租人依赖出租人的技能确定租赁物或者出租人干预选择租赁物的除外。选项 B：出租人根据承租人对出卖人、租赁物的选择订立的买卖合同，未经承租人同意，出租人不得变更与承租人有关的合同内容。

选项 C：承租人占有租赁物期间，租赁物造成第三人人身损害或者财产损失的，出租人不承担责任。选项 D：出租人对租赁物享有的所有权，未经登记，不得对抗善意第三人。

考点 30：赠与合同（如图 6-39 所示）

- 赠与合同
  - 赠与合同是一种单务、无偿合同
    - 【注】在附义务的赠与中，受赠人所负担的义务并非赠与人所负义务的对价，因此，赠与人不能以受赠人不履行义务为由进行抗辩。同时履行抗辩权、后履行抗辩权和不安抗辩权的行使仅限于双务合同
  - 赠与人的义务
    - 因赠与人故意或者重大过失，致使赠与的财产毁损、灭失的，赠与人应承担损害赔偿责任
    - 赠与的财产有瑕疵的，赠与人不承担责任；附义务的赠与，赠与的财产有瑕疵的，赠与人在附义务的限度内承担与出卖人相同的责任
    - 赠与人故意不告知赠与的财产有瑕疵或者保证赠与的财产无瑕疵，造成受赠人损失的，赠与人应承担损害赔偿责任
  - 赠与合同的任意撤销
    - 赠与人在赠与财产的权利转移之前可以撤销赠与，但具有救灾、扶贫等社会公益、道德义务性质的赠与合同或者经过公证的赠与合同，不得撤销
  - 赠与合同的法定撤销
    - 赠与人的撤销权
      - 受赠人有右列情形之一的，赠与人可以行使撤销权
        - （1）严重侵害赠与人或其近亲属的合法权益
        - （2）对赠与人有扶养义务而不履行
        - （3）不履行赠与合同约定的义务
      - 【注】扶养义务主要是指平辈之间的相互扶养，如夫妻之间、兄弟姐妹之间
    - 赠与人的继承人、法定代理人的撤销权
      - 因受赠人的违法行为致使赠与人死亡或者丧失民事行为能力的，赠与人的继承人或者法定代理人可以撤销赠与
      - 如果发生上述法定情形，无论赠与财产的权利是否转移，赠与是否具有救灾、扶贫等社会公益、道德义务性质，是否经过公证，赠与人或者赠与人的继承人、法定代理人均可以撤销该赠与
      - 【注】
        - 赠与人的撤销权，自知道或者应当知道撤销原因之日起1年内行使
        - 赠与人的继承人或者法定代理人的撤销权，应当自知道或者应当知道撤销原因之日起6个月内行使

- 赠与合同
  - 性质：诺成、单务、无偿
  - 瑕疵责任：一般不承担责任，但故意不告知或保证无瑕疵的，造成的损害需要赔偿
  - 撤销

	任意撤销	法定撤销	
撤销人	赠与人		继承人、法定代理人
情形	除公益公证外均可	①恩将仇报 ②不履行扶养义务 ③不履行约定义务	受赠人致赠与人死亡或丧失民事能力
时间	赠与财产权利转移前	知或应知原因起1年内	知或应知6个月内

图 6–39 赠与合同

【例题·判断题】赠与人故意不告知赠与财产存在瑕疵，造成受赠人损失的，应当承担损害赔偿责任。（ ）

【答案】√

【例题·多选题】根据《民法典》的规定，下列情形中，赠与人不得主张撤销赠与的有（ ）。

A. 张某将 1 辆小轿车赠与李某，且已交付

B. 甲公司与某地震灾区小学签订赠与合同，将赠与 50 万元用于修复教学楼

C. 乙公司表示将赠与某大学 3 辆校车，双方签订了赠与合同，且对该赠与合同进行了公证

D. 陈某将 1 块钟表赠与王某，且已交付，但王某不履行赠与合同约定的义务

【答案】ABC

【解析】（1）选项 A：赠与人在赠与财产的权利转移之前可以撤销赠与，因张某已将赠与的小轿车交付给李某，故不得主张撤销。（2）选项 B、C：经过公证的赠与合同（选项 C）或者依法不得撤销的具有救灾、扶贫、助残等公益、道德义务性质的赠与合同（选项 B），不得撤销。（3）选项 D：受赠人有下列情形之一的，赠与人可以撤销赠与：①严重侵害赠与人或者赠与人近亲属的合法权益；②对赠与人有扶养义务而不履行；③不履行赠与合同约定的义务（选项 D）。

【例题·单选题】2020 年 10 月 8 日，甲提出将其正在使用的轿车赠送给乙，乙欣然接受。10 月 21 日，甲将车交付给乙，但未办理过户登记。交车时，乙向甲询问车况，甲称“一切正常，放心使用”。事实上，该车 5 天前曾出现刹车失灵，故障原因尚未查明。乙驾车回家途中，刹车再度失灵，车毁人伤。根据合同法律制度的规定，下列表述中，正确的是（ ）。

A. 甲、乙赠与合同的成立时间是 2020 年 10 月 8 日

B. 甲、乙赠与合同的成立时间是 2020 年 10 月 21 日

C. 甲未如实向乙告知车况，构成欺诈，因此赠与合同无效

D. 赠与合同是无偿合同，因此乙无权就车毁人伤的损失要求甲赔偿

【答案】A

【解析】选项 A、B：赠与合同是诺成合同，自 2020 年 10 月 8 日双方达成赠与合意时，合同即成立；选项 C：因欺诈成立的合同，不损害国家利益的，

为可撤销合同，而非无效合同；选项 D：赠与人故意不告知赠与财产有瑕疵或者保证无瑕疵，造成受赠人损失的，应当承担损害赔偿责任。

考点 31：民间借贷（如图 6-40 所示）

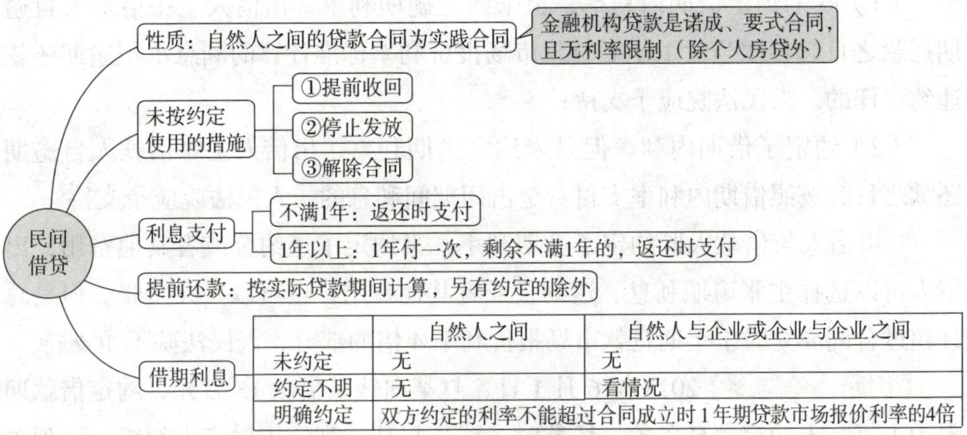

图 6-40　民间借贷

【注】（1）出借人请求借款人按照合同约定利率支付利息的，人民法院应予支持，但是双方约定的利率超过合同成立时 1 年期贷款市场报价利率 4 倍的除外。

【解释】“1 年期贷款市场报价利率”，是指中国人民银行授权全国银行间同业拆借中心自 2019 年 8 月 20 日起每月发布的 1 年期贷款市场报价利率。

（2）借贷双方对前期借款本息结算后将利息计入后期借款本金并重新出具债权凭证，如果前期利率没有超过合同成立时 1 年期贷款市场报价利率的 4 倍，重新出具的债权凭证载明的金额可认定为后期借款本金。超过部分的利息，不应认定为后期借款本金。

（3）借款人在借款期间届满后应当支付的本息之和，超过以最初借款本金与以最初借款本金为基数、以合同成立时 1 年期贷款市场报价利率的 4 倍计算的整个借款期间的利息之和的，人民法院不予支持。

逾期利率设定如图 6-41 所示。

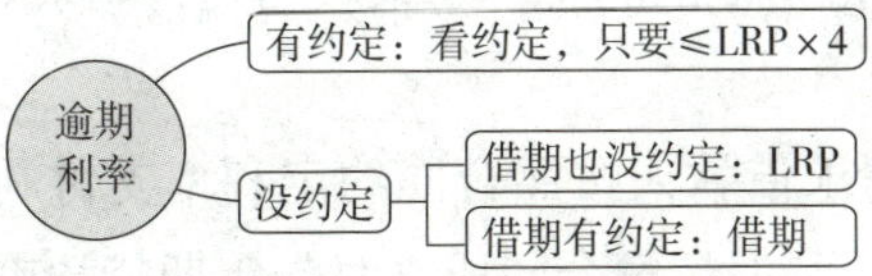

图 6-41　逾期利率设定

【注】1. 借贷双方对逾期利率有约定的，从其约定，但是以不超过合同成立时 1 年期贷款市场报价利率的 4 倍为限。

2. 未约定逾期利率或者约定不明的，人民法院可以区分不同情况处理：

（1）既未约定借期内利率，也未约定逾期利率，出借人主张借款人自逾期还款之日起参照当时 1 年期贷款市场报价利率标准计算的利息承担逾期还款违约责任的，人民法院应予支持；

（2）约定了借期内利率但是未约定逾期利率，出借人主张借款人自逾期还款之日起按照借期内利率支付资金占用期间利息的，人民法院应予支持。

3. 出借人与借款人既约定了逾期利率，又约定了违约金或者其他费用，出借人可以选择主张逾期利息、违约金或者其他费用，也可以一并主张，但是总计超过合同成立时 1 年期贷款市场报价利率 4 倍的部分，人民法院不予支持。

【例题·单选题】2018 年 6 月 1 日，赵某向钱某借款 15 万元，约定借款期限为 1 年，未约定利息条款。还款时，钱某与某就利息支付产生纠纷，下列关于借款利息支付的表述中，正确的是（　　）。

A. 赵某可以不支付借款利息

B. 赵某应当按照当地民间借贷交易习惯支付借款利息

C. 赵某应当按照同期贷款市场报价利率支付借款利息

D. 赵某应当按照当地市场利率支付借款利息

【答案】A

【解析】借款合同对支付利息没有约定的，视为没有利息。

【例题·单选题】2020 年 9 月，赵某向钱某借款，约定借款期限为 1 年，年利率为 4%。借款到期后，赵某按年利率 3% 支付了利息，后钱某向赵某主张剩余 1% 的利息。已知借款合同成立时一年期贷款市场报价利率为 3.85%，下列关于该借款利息支付的表述中，正确的是（　　）。

A. 赵某无须再支付剩余约定利息，也不得要求返还已支付利息

B. 赵某应按照约定支付剩余 1% 的利息

C. 钱某只能保留最高 15.4% 的利息，多支付部分应当返还赵某

D. 钱某最多可主张 36% 的利息，赵某应当支付剩余 6% 的利息

【答案】C

【解析】出借人请求借款人按照合同约定利率支付利息的，人民法院应予支持，但是双方约定的利率超过合同成立时一年期贷款市场报价利率 4 倍的除外。本题中对于出借人钱某，予以保护的是利率为 15.4%（3.85%×4）以内的

部分，因此，钱某只能保留最高 15.4% 的利息，赵某多支付部分应当返还，选项 C 正确。

（四）都是缘脑惹的祸

经过一段时间的学习，我慢慢地有点喜欢《中级经济法》了，用杜老师的话说，就是我的缘脑开始认识《中级经济法》了。

对于大脑，杜老师亦很有研究，他说："所有脑部分区中，最为原始的部分叫脑干，负责指挥人体的四肢和其他器官履行最基本的功能。许多低级脊椎类动物（乌龟与蜥蜴等）、爬虫类及鱼类也有脑干，所以这个分区又被称为'爬虫类脑'。脑干这个原始的脑部分区是完全没有学习功能的，它主要辅助人类的本能做出反应。我们一旦察觉到有异物向自己飞来，就会本能地抬起双手保护头部，这就是脑干发出命令的结果。此外，在日常生活中也随处可见脑干的指挥作用。例如有些人在图书馆总习惯坐在同一位置上，我们在办公室或是自己的车上会有意无意地留下一件私人物品，就好像动物划分领地一样。"

"既然脑干毫无学习功能，那对学习应该没有什么影响吧？"

"也有影响，我们之所以要了解脑干的功能，就是为了避免在无意中踏入'雷区'，引起脑干不必要的抵抗反应。比如，如果我们在学习的时候压力过大，或是感觉到竞争威胁，我们的脑干就会本能地活跃起来。我们的大脑一旦切换到这种应激状态，血液就会从大脑外部的其他分区流出，逐渐向内部聚集，最终集中于脑干部分。这时，这个毫无学习功能的脑部分区就会成为主导，我们会感到自己无法思考，也学不进新的东西，轻则学习效率下降，重则根本无法进入工作或学习状态。对于现代人来说，这种情况大多出现在考试前或工作上遇到挑战时。我们的配偶或是上司有时也会成为我们压力的来源。"

"接下来就是缘脑，从进化的角度来看，比脑干稍先进一些的脑部分区就是缘脑。猴子、奶牛及海豚等哺乳类动物也有缘脑。这一脑部分区主要支配人的感觉和情绪，负责保持人体内环境的动态平衡。说得通俗易懂一些，就是让我们始终处于身心健康的状态。而且，缘脑也与长期记忆息息相关。

在人脑的各个分区中，最晚进化形成的是大脑皮层，也就是我们平时所说的大脑，它是人类特有的脑部分区。这个区域的功能十分强大，其中最重要的

功能包括语言、逻辑分析、分类整合、推理辩论、创新发明、执行策略与决策等。有了这一系列的能力，人类才能拥有自己的思想，而不只是一味地服从或执行命令。”

“那学习，主要还是跟大脑有关，因为大脑负责学习思考，对吗？”

“是的，但是缘脑也很重要。每当人脑接收到一条新信息时，缘脑就会率先被激活，因为它主要负责人体的生理及心理平衡，而人脑所有分区从本质上来说只有一个功能，那就是确保生命安全。因此，缘脑必须充当信息过滤器，将新的信息与既有经验进行分析比较。如果得出的结论是正面的，也就是说同类的信息曾经给我们带来积极的影响，那么缘脑就会开绿灯，允许这条信息传递到大脑皮层，等待进一步深度处理，我们也会从主观上感到愉悦，产生处理这条信息的动力。比如，你曾经成功地完成过产品展示，那你在今后的工作中自然会乐于接受此类任务。但如果你曾经有过一次失败的经历，那么缘脑在下次接收到同类信息时，或许就会亮起红灯，试图拦截这一信息，从而保护心理不再受到同样的负面影响。毕竟，心理上的稳定对于生存的意义也是不可小觑的。最后一种情况是，如果人脑接收到的信息没有太大的倾向性，既不是特别积极，亦非完全消极，那么它能够通过缘脑的过滤与监控，顺利进入大脑皮层，但在这种情况下，大脑皮层无法得到强烈的刺激。这就意味着，这条信息不会给我们留下很深的印象，自然也无法进入长期记忆区域。”

“那你的意思是，要想在学习中感受到乐趣，首先得让我们的缘脑开绿灯，是吗？”

“那是肯定的，缘脑是严格依照既定的模式来完成工作的。只要成功过一次，就相当于获得了长期的通行证，因为心理上的积极反应对人类生存来说无疑是不可或缺的。但从另一个角度来说，如果我们一直墨守成规，始终遵循既定的工作与学习模式，那么我们就永远学不到新知识，无法取得进步。我相信，每个人都曾经体验过改变有多么困难。因此，每个人其实都在时刻与自己的习惯作斗争，试图挣脱惯性的束缚。回到学习的话题上来，缘脑的这种工作原理会使得我们越来越抗拒学习。小时候在学校里的某些不愉快经历会让有些人在潜意识中把学习和消极情绪联系在一起，这会使得我们的缘脑在接收到新信息时，自动屏蔽了许多内容，从而加大了我们工作与学习的难度。”

“那我们应该多让自己体验学习的乐趣，让学习与自己的积极情绪建立联系，是吗？”

“是的。另外，每一种学习技巧从本质上来说都是一种新的行为模式，因此这些技巧对于缘脑来说无一例外都是挑战。不管我们至今惯用的学习方法多么低效，缘脑都会固执地认为：反正我一直都用这种方式学习和思考，而且我至今也没出什么大错，自然没有多大必要冒险去做出改变。这个逻辑听上去或许有点滑稽，但却十分直观地体现了缘脑的工作模式，它并不懂得我们要尝试学习的新方法是百益而无一害的。”

“缘脑真是个固执的家伙。”

“嗯。但是，缘脑固执也有它固执的道理。在面临生命危险的时候，比如遇到老虎，这种过滤机制确实是非常有益的。它能够让我们停止无谓的思考，直接做出本能的反应，要不就冲上去制伏眼前这只老虎，要不就撒腿逃跑。如果没有这种过滤机制，我们的大脑就会不由自主地胡思乱想：我是跑呢，还是不跑呢？我应该往哪个方向跑呢？有没有可能跟老虎谈谈，让它不吃我，或者我把篮子里刚刚采的果子给它吃，告诉它以后不要吃荤了，改吃素吧……”

“哈哈，这样想下去，死定了。那怎样让缘脑给学习开绿灯呢？”

“那就需要多学习，调整好心态，多重复，让缘脑熟悉这些内容，慢慢地就好了，这也叫习惯成自然。”

“确实，第一次看《中级经济法》的时候，头都大了。”

“所以，你要多复习几遍，复习《中级经济法》（其他科目也一样）就像让你在丛林中清出一条小路来一样，第一次得费一点儿劲，因为你必须清除掉一路的杂草缠藤（相当于复习中的精华提炼）；第二次就容易多了，因为第一次走过这里时，已经做了很多清障工作。你从这里经过的次数越多，存在的阻力就越小，多重复几次，这条小路就会变得又宽又平，基本上没有或者只有很少的东西要清除了，最终你就可以迈大步前进了（一天复习一遍也是有可能的）。”

学习，学习，多学习，从此以后，缘脑点亮绿灯，一路通畅。

第七章

相关法律制度

（一）像玩拼图一样去学习

杜老师最讨厌我看书从第一页看起。每次，我拿到一本新书就打开第一章看的时候，他就会说，你这毛病怎么就改不了。看书，应该就像玩拼图游戏一样，先看整体，再看局部。

“你玩过拼图游戏吗？”

“玩过。”

“那你说，你现在去商场买一套拼图玩具回来，你会怎么做？你的整个步骤会是什么样的？”

“先看一下包装上的图画，心中有一个轮廓，然后把外框拼好，再从外向内，这种方法拼得比较快。”

“认识一个问题从总的概貌入手，然后去了解细节，就像我们面对一个陌生的城市，研究一张地图，比一条街一条街去走要快得多。”

经杜老师这么一启发，我还真的较起劲来了。跑到商场买了一副拼图。把自己拼图的每一个详细的步骤都记录下来，看怎么快速地把一副图拼完。

1. 打开包装纸；
2. 看盒子上的图案；
3. 看说明书，留意说明书上的拼图数目及尺寸；
4. 估计完成的时间；
5. 找一个大小合适的平面放拼版；
6. 打开盒子，把盒子里的东西倒在一个专门的盘子里；
7. 检查拼图数与说明书上是否一致；
8. 找出边、角板；

9. 拼入最明显的部分；

10. 再继续拼；

11. 留下难的（因为随着整体图案越来越清晰及拼入的板块数目的不断增加，那些难拼的很容易通过上下结构找到相应的位置）；

12. 继续，直到完成。

学习也应该这样，如果一看书就从第一页开始，就好比你在那个拼版上拼命地寻找某个版图，因为你觉得，只有从左开始拼才是正确的，从左上角一直拼到右下角，这个图才可以拼完。确实，这样你也能拼完，但是你得花很多很多时间。

我们要以拼图的心态去学习，首先是看书籍的总体架构，然后再看某章节的架构体系，从而把框架定好。比如：第八章的框架非常简单，有国有资产法、专利法、商标法等，它们之间都是并列关系。然后再去提炼考点，不理解也没有关系，慢慢你会理解的，就像拼图一样，拼着拼着，你的思路就清晰了。对于不太明白的地方，你还可以精读细读。对于实在不理解的，还可以强化，多做几个对应的习题或者向他人请教。

（二）本章通关地图（如图 7-1 所示）

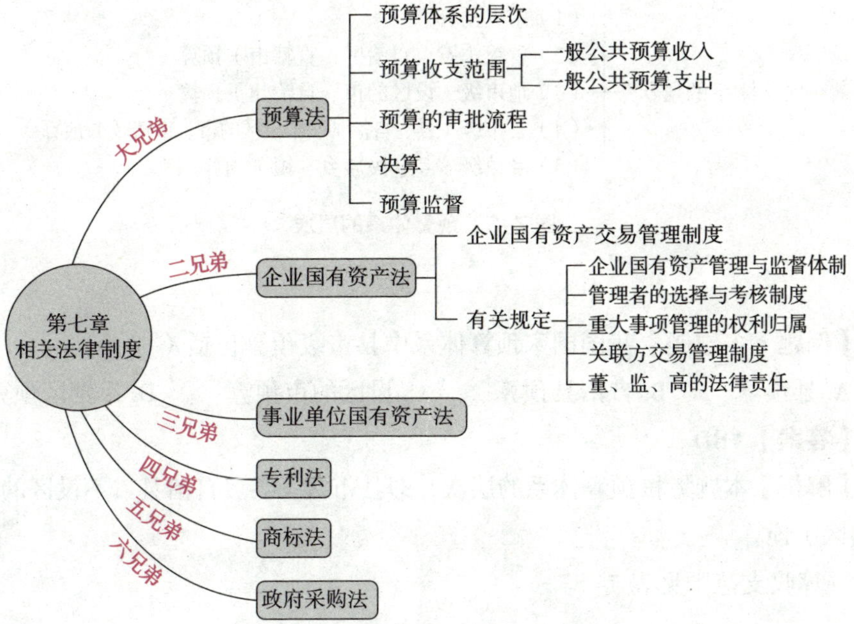

图 7-1　本章通关地图

（三）高频考点提炼

考点 1：预算法（如图 7–2、图 7–3 所示）

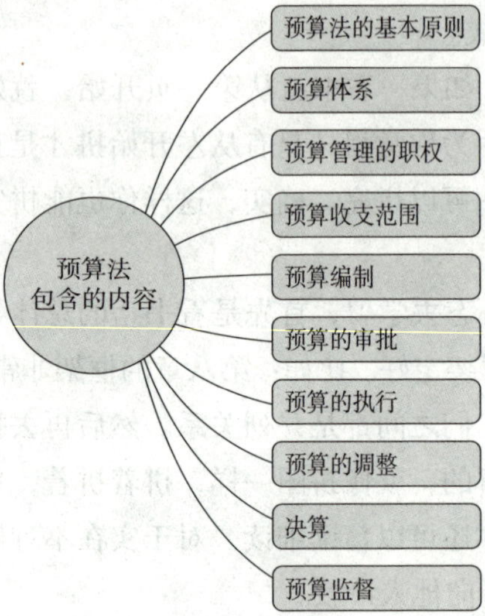

图 7–2　预算法包含的内容

预算体系的层次
- （1）中央预算
- （2）省级（省、自治区、直辖市）预算
- （3）地市级（设区的市、自治州）预算
- （4）县市级（县、自治县、不设区的市、市辖区）预算
- （5）乡镇级（乡、民族乡、镇）预算

图 7–3　预算体系的层次

【例题·多选题】我国国家预算体系中县市级预算包括（　　）。

A. 县预算　B. 自治县预算　C. 设区的市预算　D. 市辖区预算

【答案】ABD

【解析】本题考核预算体系的层次，即县市级（县、自治县、不设区的市、市辖区）预算。

预算收支范围见表 7–1。

表 7–1　　**预算收支范围**

<table>
<tr><td>**预算组成**</td><td colspan="3">预算由预算收入和预算支出组成。政府的全部收入和支出都应当纳入预算。我国预算包括**一般公共预算、政府性基金预算、国有资本经营预算和社会保险基金预算**四本预算</td></tr>
<tr><td rowspan="15">**一般公共预算**</td><td rowspan="3">一般公共预算收入</td><td colspan="2">(1) 一般公共预算是四本预算的主干部分，收入以税收为主体
①税收收入（最主要部分）
②行政事业性收费
③国有资源（资产）有偿使用收入
④转移性收入
⑤其他收入（罚没收入、规费收入和捐赠收入等）</td></tr>
<tr><td colspan="2">(2) 国有资源（资产）有偿使用收入，是指矿藏、水流、海域、无居民海岛以及法律规定属于国家所有的森林、草原等国有资源有偿使用收入，按照规定纳入一般公共预算管理的国有资产收入等</td></tr>
<tr><td colspan="2">(3) 转移性收入，是指**上级税收返还和转移支付、下级上解收入、调入资金**以及按照财政部规定列入转移性收入的无隶属关系政府的无偿援助</td></tr>
<tr><td rowspan="10">一般公共预算支出</td><td rowspan="6">(1) 按功能（支出方向）划分</td><td>①一般公共服务支出</td></tr>
<tr><td>②外交、公共安全、国防支出</td></tr>
<tr><td>③农业、环境保护支出</td></tr>
<tr><td>④科、教、文、卫、体支出（事业发展）</td></tr>
<tr><td>⑤社会保障及就业支出</td></tr>
<tr><td>⑥其他支出</td></tr>
<tr><td rowspan="4">(2) 按经济性质划分</td><td>①工资福利支出</td></tr>
<tr><td>②商品和服务支出</td></tr>
<tr><td>③资本性支出</td></tr>
<tr><td>④其他支出</td></tr>
<tr><td>中央一般公共预算</td><td colspan="2">(1) 中央一般公共预算包括中央各部门（含直属单位）的预算和中央对地方的税收返还、转移支付预算
(2) 中央一般公共预算收入包括**中央本级**收入和地方向中央的**上解收入**
(3) 中央一般公共预算支出包括中央**本级支出**、中央对地方的**税收返还和转移支付**</td></tr>
<tr><td>地方各级一般公共预算</td><td colspan="2">(1) 地方各级一般公共预算包括本级各部门（含直属单位）的预算和税收返还、转移支付预算
(2) 地方各级一般公共预算收入包括地方本级收入、上级政府对本级政府的税收返还和转移支付、下级政府的上解收入
(3) 地方各级一般公共预算支出包括地方本级支出、对上级政府的上解支出、对下级政府的税收返还和转移支付
(4) 转移性支出包括上解上级支出、对下级的税收返还和转移支付、**调出资金**以及按照财政部规定列入转移性支出的给予无隶属关系政府的无偿援助</td></tr>
</table>

续表

政府性基金预算	(1) 政府性基金预算是将依照法律、行政法规的规定在一定期限内向特定对象征收、收取或者以其他方式筹集的资金，专项用于特定公共事业发展的收支预算 政府性基金预算收入来源于向特定对象征收、收取或者以其他方式筹集的资金，如民航发展基金、国家重大水利建设基金、国有土地使用权出让金等 (2) 政府性基金预算收入包括政府性基金各项目收入和转移性收入 (3) 政府性基金预算支出包括与政府性基金预算收入相对应的各项目支出和转移性支出 (4) 政府性基金应当根据基金项目收入情况和实际支出需要，按基金项目编制，做到经济以收定支
国有资本经营预算	(1) 国有资本经营预算是对国有资本收益作出支出安排的收支预算。收入主要来源于国有企业及国有股权的收益上缴，支出主要用于解决国有企业历史遗留问题及相关改革成本支出、对国有企业的资本金注入及国有企业政策性补贴等方面 (2) 国有资本经营预算收入包括依照法律、行政法规和国务院规定应当纳入国有资本经营预算的国有独资企业和国有独资公司按照规定上缴国家的利润收入、从国有资本控股和参股公司获得的股息红利收入、国有产权转让收入、清算收入和其他收入 (3) 国有资本经营预算支出包括资本性支出、费用性支出、向一般公共预算调出资金等转移性支出和其他支出 (4) 国有资本经营预算应当按照收支平衡的原则编制，不列赤字，并安排资金调入一般公共预算
社会保险基金预算	(1) 社会保险基金预算是对社会保险缴款、一般公共预算安排和其他方式筹集的资金，专项用于社会保险的收支预算。社会保险基金预算的收入来源是个人和机关、企事业单位的社会保险缴费，一般公共预算安排的财政补贴、基金投资收益、利息收入及捐赠收入等资金。社会保险基金预算支出专项用于社会保险待遇支出，覆盖基本养老保险、基本医疗保险、工伤保险、失业保险和生育保险五大类 (2) 社会保险基金预算收入包括各项社会保险费收入、利息收入、投资收益、一般公共预算补助收入、集体补助收入、转移收入、上级补助收入、下级上解收入和其他收入 (3) 社会保险基金预算支出包括各项社会保险待遇支出、转移支出、补助下级支出、上解上级支出和其他支出 (4) 社会保险基金预算应当按照统筹层次和社会保险项目分别编制，做到收支平衡

【例题·多选题】根据预算法律制度的规定，下列各项中，属于一般公共预算收入的有（　　）。

A. 行政事业收费收入

B. 税收收入

C. 转移性收入

D. 国有资源（资产）有偿使用收入

【答案】ABCD

【例题·多选题】根据预算法律制度的规定，下列各项中，属于转移性收入的有（　　）。

A. 上级税收返还

B. 上级转移支付

C. 下级上解收入

D. 调入资金

【答案】ABCD

【例题·单选题】我国一般公共预算收入最主要的部分是（　　）。

A. 国有资源有偿使用收入

B. 行政事业性收费

C. 税收收入

D. 转移性收入

【答案】C

【解析】税收收入是国家预算收入最主要的部分，在很多国家的财政收入中，税收收入占其预算收入总额的90%以上，中国也概莫能外。

预算编制见表7–2。

表7–2　　预算编制

<table>
<tr><td>预算编制时间</td><td colspan="2">预算年度自公历1月1日起，至12月31日止。预算收入和支出以人民币元为计算单位</td></tr>
<tr><td>预算编制的基本要求</td><td colspan="2">（1）各级预算收入的编制，应当与经济社会发展水平相适应，与财政政策相衔接
（2）中央一般公共预算中必需的部分资金，可以通过举借国内和国外债务等方式筹措，举借债务应当控制适当的规模，保持合理的结构。对中央一般公共预算中举借的债务实行余额管理，余额的规模不得超过全国人民代表大会批准的限额
（3）地方各级预算，按照量入为出、收支平衡的原则编制，不列赤字
经国务院批准的省、自治区、直辖市的预算中必需的建设投资的部分资金，可以在国务院确定的限额内，通过发行地方政府债券举借债务的方式筹措。举借的债务应当有偿还计划和稳定的偿还资金来源，只能用于公益性资本支出，不得用于经常性支出
（4）各级政府、各部门、各单位应当依照法律规定，将“所有”政府收入全部列入预算，不得隐瞒少列
（5）各级预算支出应当依照《中华人民共和国预算法》（以下简称《预算法》）的规定，按其功能和经济性质分类编制
（6）各级预算支出的编制，应当贯彻勤俭节约的原则，严格控制各部门、各单位的机关运行经费和楼堂馆所等基本建设支出
（7）各级一般公共预算支出的编制，应当统筹兼顾，在保证基本公共服务合理需要的前提下，优先安排国家确定的重点支出</td></tr>
<tr><td rowspan="2">预算编制的方法</td><td colspan="2">各级预算应当根据年度经济社会发展目标、国家宏观调控总体要求和跨年度预算平衡的需要，参考上一年预算执行情况、有关支出绩效评价结果和本年度收支预测，按照规定程序征求各方面意见后，进行编制</td></tr>
<tr><td>预备费</td><td>各级一般公共预算应当按照本级一般公共预算支出额的1% ~ 3%设置预备费，用于当年预算执行中的自然灾害等突发事件处理增加的支出及其他难以预见的开支</td></tr>
</table>

续表

预算编制的方法	预算周转金	各级一般公共预算按照国务院的规定可以设置预算周转金，用于本级政府调剂预算年度内季节性收支差额
	预算稳定调节基金	各级一般公共预算按照国务院的规定可以设置预算稳定调节基金，用于弥补以后年度预算资金的不足。经本级政府批准，各级政府财政部门可以设置预算周转金，额度不得超过本级一般公共预算支出总额的1% 年度终了时，各级政府财政部门可以将预算周转金收回并用于补充预算稳定调节基金

【例题·单选题】根据预算法律制度的规定，我国预算年度的起止日期为（　　）。

A. 自公历4月1日起，至次年3月31日止

B. 自公历1月1日起，至12月31日止

C. 自公历6月1日起，至次年5月31日止

D. 自公历10月1日起，至次年9月30日止

【答案】B

预算的审批流程如图7–4所示。

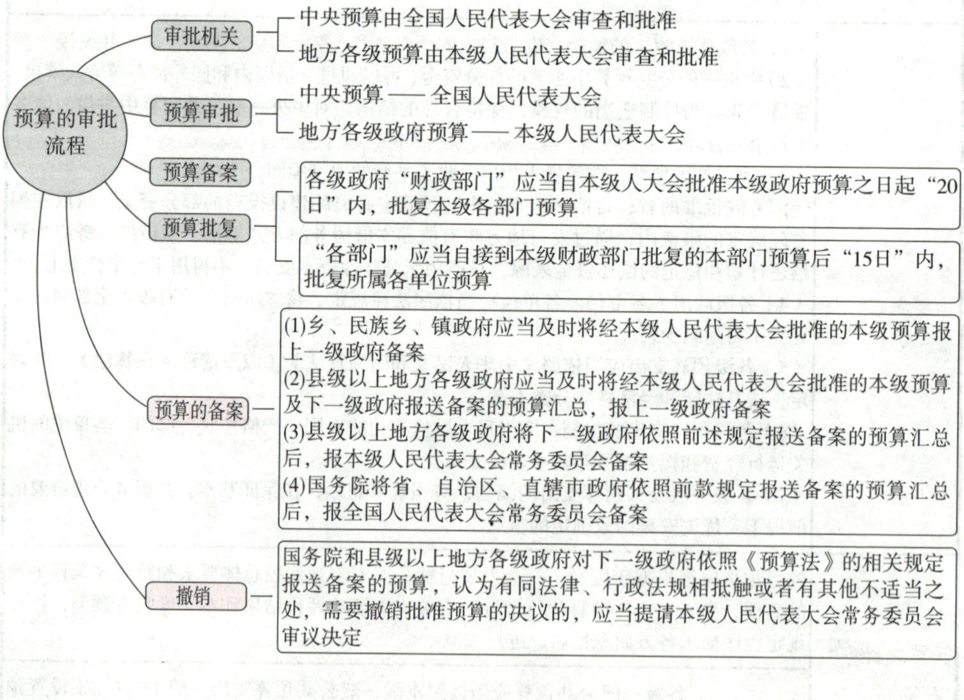

图7–4　预算的审批流程

【例题·单选题】各级预算经本级人民代表大会批准后，本级政府财政部门应当在（　　）日内向本级各部门批复预算。

A.10　　B.15　　C.20　　D.30

【答案】C

【解析】各级政府“财政部门”应当自本级人大会批准本级政府预算之日起“20 日”内，批复本级各部门预算。

预算的执行见表 7–3。

表 7–3　　预算的执行

预算的执行主体	各级预算由“本级政府”组织执行，具体工作由本级政府“财政部门”负责 “各部门、各单位”是本部门、本单位的预算执行主体	
	国库制度	(1) 县级以上各级预算必须设立国库；具备条件的乡、民族乡、镇也应当设立国库 (2) 中央国库业务由中国人民银行经理，地方国库业务依照国务院的有关规定办理 (3) 各级国库应当按照国家有关规定，及时准确地办理预算收入的收纳、划分、留解、退付和预算支出的拨付 (4) 各级国库库款的支配权属于本级政府财政部门。除法律、行政法规另有规定外，未经本级政府财政部门同意，任何部门、单位和个人都无权冻结、动用国库库款或者以其他方式支配已入国库的库款 (5) 国家实行国库集中收缴和集中支付制度，对政府全部收入和支出实行国库集中收付管理
预算空白期的支出安排	预算年度开始后，各级预算草案在本级人民代表大会批准前，可以安排下列支出： (1) 上一年度结转的支出 (2) 参照上一年同期的预算支出数额安排必须支付的本年度部门基本支出、项目支出，以及对下级政府的转移性支出 (3) 法律规定必须履行支付义务的支出 (4) 用于自然灾害等突发事件处理的支出	
收付实现制	各级预算的收入和支出实施收付实现制。特定事项按照国务院的规定实行权责发生制的有关情况，应该向本级人民代表大会常务委员会报告	
超额收入	各级一般公共预算年度执行中有超收收入的，只能用于冲减赤字或者补充预算稳定调节基金	
结余资金	各级一般公共预算的结余资金，应当补充预算稳定调节基金	
增列赤字	省、自治区、直辖市一般公共预算年度执行中出现短收，通过调入预算稳定调节基金、减少支出等方式仍不能实现收支平衡的，省、自治区、直辖市政府报本级人民代表大会或者其常务委员会批准，可以增列赤字，报国务院财政部门备案，并应当在下一年度预算中予以弥补	

【例题·多选题】根据预算法律制度的规定，预算年度开始后，各级预算草案在本级人民代表大会批准前，可以安排的支出有（　　）。

A. 用于自然灾害等突发事件处理的支出

B. 法律规定必须履行支付义务的支出

C. 参照上一年同期的预算支出数额安排必须支付的本年度部门基本支出

D. 上一年度结转的支出

【答案】ABCD

预算的调整如图 7-5 所示。

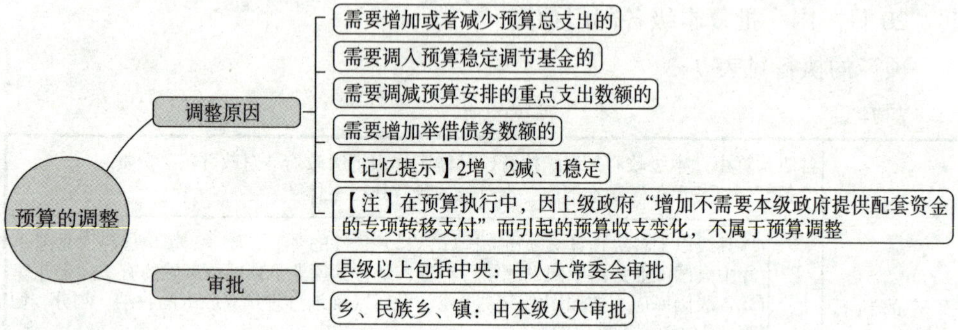

图 7-5 预算的调整

【例题·单选题】根据预算法律制度的规定，下列不属于应当进行预算调整的情形是（ ）。

A. 需要增加预算总支出的

B. 需要调入预算稳定调节基金的

C. 需要调减预算安排的重点支出数额的

D. 地方各级政府因上级政府增加不需要本级政府提供配套资金的专项转移支付而引起的预算支出变化的

【答案】D

【例题·多选题】根据预算法律制度的规定，下列关于预算调整的表述中，正确的有（ ）。

A. 在预算执行中，地方各级政府因上级政府增加不需要本级政府提供配套资金的专项转移支付而引起的预算支出变化，不属于预算调整

B. 乡、民族乡、镇预算的调整方案应当提请本级人民代表大会审查和批准

C. 县级以上地方各级预算的调整方案应当提请本级人民代表大会审查和批准

D. 在预算执行中，需要增加举借债务数额的，应当依据法定条件和程序进行预算调整

【答案】ABD

【解析】选项 C：县级以上地方各级预算的调整方案应当提请本级“人民代表大会常务委员会”审查和批准。

决算如图 7–6 所示。

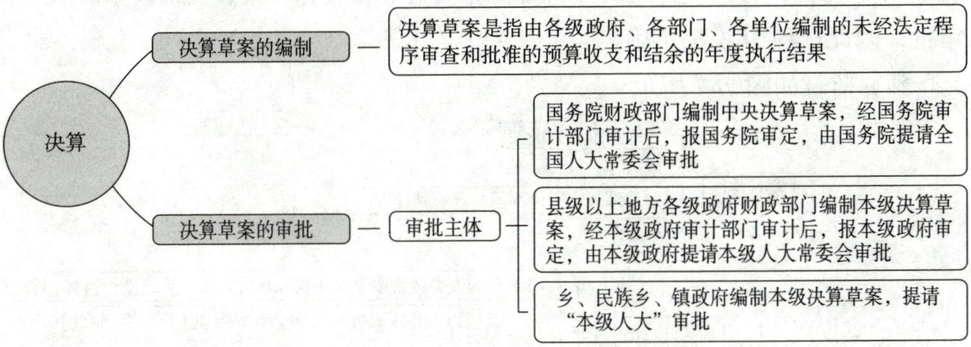

图 7–6 决算

审批机关小结见表 7–4。

表 7–4 审批机关小结

事项	预算管理职权
审查和批准本级预算	本级人民代表大会
审查和批准本级预算的调整方案	本级人民代表大会常务委员会
审查和批准本级决算草案	本级人民代表大会常务委员会

【例题·多选题】根据预算法的规定，下列关于决算审批的表述中，正确的有（　　）。

A. 由国务院财政部门编制的中央决算草案，经国务院审计部门审计后，报国务院审定，由国务院提请全国人大审批

B. 由国务院财政部门编制的中央决算草案，经国务院审计部门审计后，报国务院审定，由国务院提请全国人大常委会审批

C. 由县级以上地方各级政府财政部门编制的本级决算草案，经本级政府审计部门审计后，报本级政府审定，由本级政府提请，本级人大常委会审批

D. 由乡级政府编制的决算草案，由本级人大审批

【答案】BCD

【解析】决算审批主体：国务院财政部门编制中央决算草案，经国务院审计部门审计后，报国务院审定，由国务院提请全国人大常委会审批，因此选项B说法正确；县级以上地方各级政府财政部门编制本级决算草案，经本级政府审计部门审计后，报本级政府审定，由本级政府提请本级人大常委会审批，因此选项C说法正确；乡、民族乡、镇政府编制本级决算草案，提请“本级人大”审批，因此选项D说法正确。

预算监督如图7–7所示。

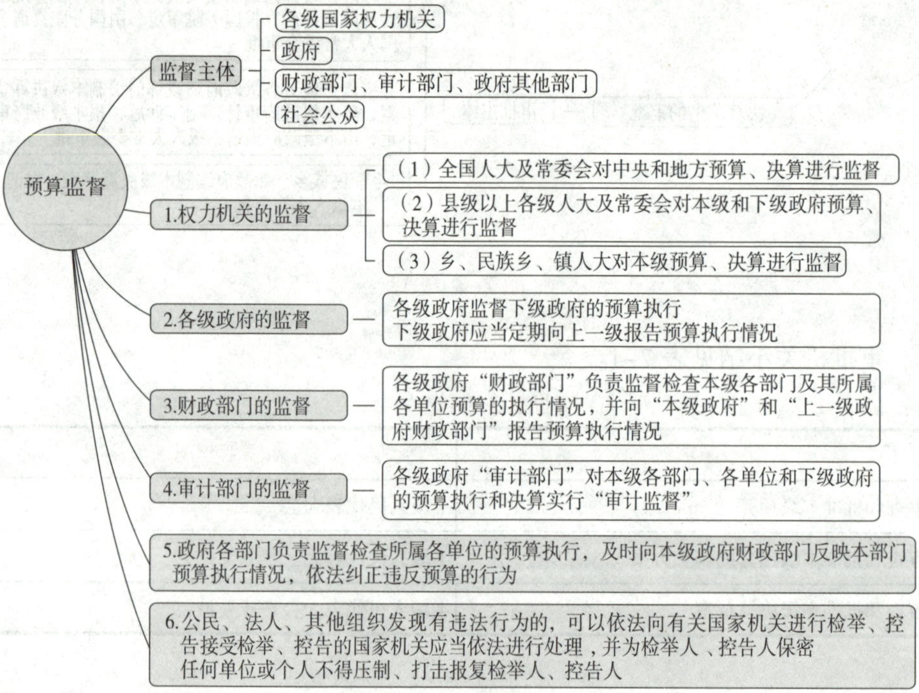

图7–7　预算监督

【例题·多选题】下列有关预决算管理监督的表述中，正确的有（　　）。

A. 全国人民代表大会及其常务委员会对中央和地方预算、决算进行监督

B. 县级以上地方各级人民代表大会及其常务委员会对本级和下级政府预算、决算进行监督

C. 乡、民族乡、镇人民代表大会对本级预算、决算进行监督

D. 各级政府财政部门负责监督本级各部门及其所属各单位预算的执行，并向上一级政府报告预算执行情况

【答案】ABC

【解析】根据有关规定，各级政府“财政部门”负责监督检查本级各部门及其所属各单位预算的执行，并向“本级政府”和“上一级政府财政部门”报告预算执行情况，因此选项D说法错误。

【例题·单选题】对本级各部门、各单位和下级政府的预算执行、决算实施审计监督的部门是（　　）。

A. 各级政府财政部门

B. 各级政府

C. 各级政府审计部门

D. 上一级政府财政部门

【答案】C

【解析】各级政府“审计部门”对本级各部门、各单位和下级政府的预算执行和决算实行“审计监督”，因此选项C当选。

考点2：企业国有资产管理法律制度

企业国有资产管理与监督体制见表7–5。

表7–5　企业国有资产管理与监督体制

企业国有资产管理与监督体制	国有资产	企业国有资产，是指国家对企业各种形式的出资所形成的权益
	行使所有权	国务院代表国家行使国有资产所有权
	履行出资人职责	国务院和地方人民政府依照法律、行政法规的规定，分别代表国家对国家出资企业履行出资人职责，享有出资人权益 (1) 国家出资企业包括国有独资企业、国有独资公司、国有资本控股公司和国有资本参股公司 (2) 国务院所确定的关系国民经济命脉和国家安全的大型国家出资企业、重要基础设施和重要自然资源等领域的国家出资企业，由国务院代表国家履行出资人职责；其他的国家出资企业，由地方人民政府代表国家履行出资人职责
	政企分开	国务院和地方人民政府应当按照政企分开、社会公共管理职能与国有资产出资人职能分开、不干预企业依法自主经营的原则，依法履行出资人职责
	履行出资人职责的机构	(1) 国务院国有资产监督管理机构和地方人民政府按照国务院规定所设立的国有资产监督管理机构，根据本级人民政府的授权，代表本级人民政府对国家出资企业履行出资人职责 (2) 国务院和地方人民政府根据需要，可以授权其他部门（如财政部门）、机构代表本级人民政府对国家出资企业履行出资人职责 【解释】代表本级人民政府履行出资人职责的机构、部门，统称“履行出资人职责的机构”

【例题·单选题】根据企业国有资产法律制度的规定，代表国家行使企业国有资产所有权的是（　　）。

A. 全国人民代表大会　　B. 国有资产监督管理委员会

C. 国家主席　　D. 国务院

【答案】D

国家出资企业管理者的任免见表 7–6。

表 7–6　国家出资企业管理者的任免

国家出资企业管理者的任免	(1) 履行出资人职责的机构按照法律、行政法规以及企业章程的规定，任免或者建议任免国家出资企业的下列人员： ①任免国有独资企业的经理、副经理、财务负责人和其他高级管理人员 ②任免国有独资公司的董事长、副董事长、董事、监事会主席和监事 ③向国有资本控股公司、国有资本参股公司的股东会、股东大会提出董事、监事人选 【注】上述第 (1) 项、第 (2) 项规定的企业管理者，国务院和地方人民政府规定由本级人民政府任免的，依照其规定
	(2) 国家出资企业管理者的兼职限制 ①未经履行出资人职责的机构同意，国有独资企业、国有独资公司的董事、高级管理人员不得在其他企业兼职 ②未经股东会、股东大会同意，国有资本控股公司、国有资本参股公司的董事、高级管理人员不得在经营同类业务的其他企业兼职 ③未经履行出资人职责的机构同意，国有独资公司的董事长不得兼任经理 ④未经股东会、股东大会同意，国有资本控股公司的董事长不得兼任经理 ⑤董事、高级管理人员不得兼任监事

【例题 · 单选题】根据企业国有资产法律制度的规定，国务院和地方人民政府未作特别规定的情况下，国家出资企业的下列人员中，不由履行出资人职责的机构任免的是（　　）。

A. 国有独资公司的董事长

B. 国有资本参股公司的监事

C. 国有独资企业的经理

D. 国有独资企业的财务负责人

【答案】B

关联方交易见表 7–7。

表 7–7　关联方交易

关联方交易	关联方的界定	关联方是指本企业的董事、监事、高级管理人员及其近亲属，以及这些人员所有或者实际控制的企业
	关联交易的认定	未经履行出资人职责的机构同意，国有独资企业、国有独资公司不得有下列行为： (1) 与关联方订立财产转让、借款的协议 (2) 为关联方提供担保 (3) 与关联方共同出资设立企业 (4) 向董事、监事、高级管理人员或者其近亲属所有或者实际控制的企业投资

【例题·多选题】甲企业是国有独资企业。根据企业国有资产法律制度的规定，下列各项中，属于甲企业关联方的有（　　）。

A. 甲企业的副经理林某

B. 甲企业经理的同学陈某

C. 甲企业的职工李某

D. 甲企业财务负责人的配偶王某

【答案】AD

国有资本经营预算与企业国有资产监督见表 7–8。

表 7–8　　国有资本经营预算与企业国有资产监督

国有资本经营预算	国有资本经营预算编制的范围	对国家取得的下列国有资本收入，以及下列收入的支出，应当编制国有资本经营预算： (1) 从国家出资企业分得的**利润** (2) 国有资产**转让收入** (3) 从国家出资企业取得的**清算收入** (4) 其他国有资本收入
	国有资本经营预算编制的要求	(1) 国有资本经营预算**按年**度单独编制，纳入本级人民政府预算，报**本级人民代表大会**批准 (2) 国有资本经营预算支出按照当年预算收入的规模安排，**不列赤字** (3) 国务院和有关地方人民政府**财政部门**负责国有资本经营预算草案的编制工作，**履行出资人职责的机构**向财政部门提出由其履行出资人职责的国有资本经营预算建议**草案**
企业国有资产监督	(1) 各级权力机关的监督	**各级人民代表大会常务委员会**通过听取和审议本级人民政府履行出资人职责的情况和国有资产监督管理情况的专项工作报告，组织对《企业国有资产法》[1]实施情况进行执法检查等，依法行使监督职权
	(2) 各级政府的监督	**国务院和地方人民政府**应当对其授权履行出资人职责的机构履行职责的情况进行监督 国务院和地方人民政府**审计机关**依照《审计法》[2]的规定，对国有资本经营预算的执行情况和属于审计监督对象的国家出资企业进行审计监督
	(3) 社会监督	国务院和地方人民政府应当依法向**社会公布**国有资产状况和国有资产监督管理工作情况，接受社会公众的监督 任何单位和个人有权对造成国有资产损失的行为进行检举和控告

【例题·单选题】根据企业国有资产法律制度的规定，下列关于国有资本经营预算的表述中，不正确的是（　　）。

A. 国有资本经营预算按年度单独编制

①《中华人民共和国企业国有资产法》。

②《中华人民共和国审计法》。

B. 国有资本经营预算可列赤字

C. 国有资本经营预算的执行情况应接受审计监督

D. 国有资本经营预算草案的编制由财政部门负责

【答案】B

考点 3：行政事业性国有资产管理法律制度

行政事业性国有资产见表 7–9。

表 7–9 行政事业性国有资产

行政事业性国有资产	概念	行政事业性国有资产，是指行政单位、事业单位通过以下方式取得或者形成的资产： (1) 使用财政资金形成的资产 (2) 接受调拨或者划转、置换形成的资产 (3) 接受捐赠并确认为国有的资产 (4) 其他国有资产
	适用范围	(1) 除国家另有规定外，社会组织直接支配的行政事业性国有资产管理，依照《行政事业性国有资产管理条例》执行 (2) 货币形式的行政事业性国有资产管理，按照预算管理有关规定执行 (3) 执行企业财务、会计制度的事业单位以及事业单位对外投资的全资企业或者控股企业的资产管理，不适用《行政事业性国有资产管理条例》 (4) 公共基础设施、政府储备物资、国有文物文化等行政事业性国有资产管理的具体办法，由国务院财政部门会同有关部门制定 (5) 中国人民解放军、中国人民武装警察部队直接支配的行政事业性国有资产管理，依照中央军事委员会有关规定执行
	管理体制	(1) 行政事业性国有资产实行政府分级监管、各部门及其所属单位直接支配的管理体制 (2) 各级人民政府应当建立健全行政事业性国有资产管理机制，加强对本级行政事业性国有资产的管理，审查、批准重大行政事业性国有资产管理事项 (3) 国务院财政部门负责制定行政事业单位国有资产管理规章制度并负责组织实施和监督检查，牵头编制行政事业性国有资产管理情况报告
	各部门及其所属单位管理行政事业性国有资产应当遵循安全规范、节约高效、公开透明、权责一致的原则，实现实物管理与价值管理相统一，资产管理与预算管理、财务管理相结合	
	配置	(1) 资产配置包括调剂、购置、建设、租用、接受捐赠等方式 (2) 各部门及其所属单位应当优先通过调剂方式配置资产 不能调剂的，可以采用购置、建设、租用等方式
	使用	行政单位国有资产应当用于本单位履行职能的需要。除法律另有规定外，行政单位不得以任何形式将国有资产用于对外投资或者设立营利性组织
	处置	(1) 各部门及其所属单位应当对下列资产及时予以报废、报损： ①因技术原因确需淘汰或者无法维修、无维修价值的资产 ②涉及盘亏、坏账以及非正常损失的资产 ③已超过使用年限且无法满足现有工作需要的资产 ④因自然灾害等不可抗力造成毁损、灭失的资产

续表

行政事业性国有资产	处置	(2) 各部门及其所属单位应当将依法罚没的资产按照国家规定公开拍卖或者按照国家有关规定处理，**所得款项全部上缴国库**
		(3) 各部门及其所属单位发生分立、合并、改制、撤销、隶属关系改变或者部分职能、业务调整等情形，应当根据国家有关规定办理相关国有资产划转、交接手续

行政事业性国有资产的预算管理见表 7–10。

表 7–10　**行政事业性国有资产的预算管理**

行政事业性国有资产的预算管理	预算编制与执行	(1) 各部门及其所属单位购置、建设、租用资产应当提出资产配置需求，编制资产配置相关支出预算，并严格按照预算管理规定和财政部门批复的预算配置资产 (2) 县级以上人民政府投资建设公共基础设施，应当依法落实资金来源，加强预算约束，防范政府债务风险，并明确公共基础设施的管理维护责任单位
	收入管理	(1) 行政单位国有资产出租和处置等收入，应当按照政府**非税收入和国库集中收缴制度**的有关规定管理 (2) 除国家另有规定外，事业单位国有资产的处置收入应当按照政府非税收入和国库集中收缴制度的有关规定管理 (3) 各部门及其所属单位应当及时收取各类资产收入，不得违反国家规定，多收、少收、不收、侵占、私分、截留、占用、挪用、隐匿和坐支
	决算管理	各部门及其所属单位应当在决算中全面、真实、准确地反映其国有资产收入、支出及国有资产存量情况
	绩效管理	各部门及其所属单位应当按照国家规定建立国有资产绩效管理制度，建立健全绩效指标和标准，有序开展国有资产绩效管理工作

行政事业性国有资产的基础管理见表 7–11。

表 7–11　**行政事业性国有资产的基础管理**

行政事业性国有资产的基础管理	各部门及其所属单位应当按照国家规定设置行政事业性国有资产台账，依照国家统一的会计制度进行会计核算，不得形成账外资产
	各部门及其所属单位应当定期或者不定期对资产进行盘点、对账。出现资产盘盈盘亏的，应当按照财务、会计和资产管理制度有关规定处理，做到账实相符和账账相符
	除国家另有规定外，各部门及其所属单位将行政事业性国有资产进行转让、拍卖、置换、对外投资等，应当按照国家有关规定进行资产评估。行政事业性国有资产以市场化方式出售、出租的，依照有关规定可以通过相应公共资源交易平台进行
	有下列情形之一的，各部门及其所属单位应当对行政事业性国有资产进行清查： (1) 根据本级政府部署要求 (2) 发生重大资产调拨、划转以及单位分立、合并、改制、撤销、隶属关系改变等情形 (3) 因自然灾害等不可抗力造成资产毁损、灭失 (4) 会计信息严重失真 (5) 国家统一的会计制度发生重大变更，涉及资产核算方法发生重要变化 (6) 其他应当进行资产清查的情形

行政事业性国有资产的报告与监督见表 7–12。

表 7–12　　行政事业性国有资产的基础管理

<table>
<tr><td>行政事业性国有资产的报告</td><td colspan="2">(1) 国务院向全国人民代表大会常务委员会报告全国行政事业性国有资产管理情况
(2) 县级以上地方人民政府按照规定向本级人民代表大会常务委员会报告行政事业性国有资产管理情况</td></tr>
<tr><td rowspan="7">行政事业性国有资产的监督</td><td>监督类型</td><td>监督人</td></tr>
<tr><td>人大监督</td><td>县级以上人民政府：本级人民代表大会及其常务委员会
乡、民族乡、镇人民政府：本级人民代表大会</td></tr>
<tr><td>政府层级监督</td><td>上级政府</td></tr>
<tr><td>财政监督</td><td>本级财政部门</td></tr>
<tr><td>审计监督</td><td>政府审计部门</td></tr>
<tr><td>行业监督</td><td>各部门对本行业</td></tr>
<tr><td>社会监督</td><td>公民、法人或者其他组织</td></tr>
</table>

考点 4：政府采购与采购模式

政府采购，是指各级国家机关、事业单位和团体组织，使用财政性资金采购依法制定的集中采购目录以内的或者采购限额标准以上的货物、工程和服务的行为。

【注】财政性资金，是指纳入预算管理的资金。以财政性资金作为还款来源的借贷资金，被视同财政性资金。

采购模式如图 7–8 所示。

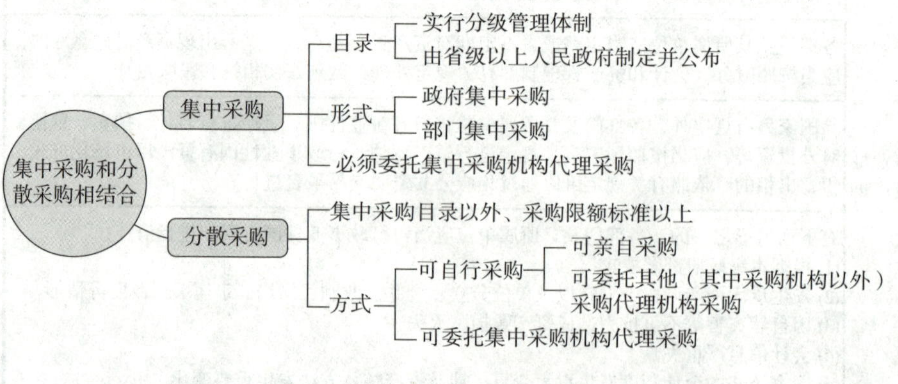

图 7–8　采购模式

考点 5：采购当事人（见表 7-13）

表 7-13 **采购当事人**

采购代理机构	(1) 采购代理机构与行政机关不得存在隶属关系或者其他利益关系 (2) 集中采购机构是设区的市级以上人民政府依法设立的非营利事业法人 (3) 集中采购机构以外的采购代理机构，是从事采购代理业务的社会中介机构	
采购人	采购人是指依法进行政府采购的国家机关、事业单位和团体组织，不包括国有企业	
供应商	供应商参加政府采购活动应当具备右列条件	①具有独立承担民事责任的能力 ②具有良好的商业信誉和健全的财务会计制度 ③具有履行合同所必需的设备和专业技术能力 ④有依法缴纳税收和社会保障资金的良好记录 ⑤参加政府采购活动**前 3 年内**，在经营活动中没有重大违法记录 ⑥法律、行政法规规定的其他条件
	独立性	单位负责人为同一人或者存在直接控股、管理关系的不同供应商，不得参加同一合同项下的政府采购活动
	联合体采购	两个以上的自然人、法人或者其他组织可以组成一个联合体，以一个供应商的身份共同参加政府采购
		联合体各方应当共同与采购人签订采购合同，就采购合同约定的事项对采购人承担连带责任
		联合体中有同类资质的供应商按照联合体分工承担相同工作的，应当按照资质等级较低的供应商确定资质等级
		以联合体形式参加政府采购活动的，联合体各方**不得再单独参加或者与其他供应商另外组成联合体参加同一合同项下的政府采购活动**
	有右列情形之一的，属于以不合理的条件对供应商实行差别待遇或者歧视待遇	①就同一采购项目向供应商提供有差别的项目信息 ②设定的资格、技术、商务条件与采购项目的具体特点和实际需要不相适应或者与合同履行无关 ③采购需求中的技术、服务等要求指向特定供应商、特定产品 ④以特定行政区域或者特定行业的业绩、奖项作为加分条件或者中标、成交条件 ⑤对供应商采取不同的资格审查或者评审标准 ⑥限定或者指定特定的专利、商标、品牌或者供应商 ⑦非法限定供应商的所有制形式、组织形式或者所在地 ⑧以其他不合理条件限制或者排斥潜在供应商 【注】采购人可以根据采购项目的特殊要求，规定供应商的特定条件，但不得以不合理的条件对供应商实行差别待遇或者歧视待遇

【例题·单选题】根据政府采购法律制度的规定，下列各项中，属于采购人以不合理的条件对供应商实行差别待遇的情形是（　　）。

A. 要求供应商具有良好的商业信誉

B. 要求供应商具有依法纳税的良好记录

C. 要求供应商拥有特定的商标

D. 要求供应商具有独立承担民事责任的能力

【答案】C

考点 6：政府采购方式（见表 7–14）

表 7–14　　政府采购方式

公开招标（主要采购方式）	⑴公开招标指采购人或者代理采购机构以招标公告的方式邀请“不特定的法人”参加投标的方式 ⑵货物服务采购项目达到公开招标数额标准的，“必须”采用公开招标方式 ⑶采购人不得将应当以公开招标方式采购的货物或者服务“化整为零”或者“以其他任何方式规避”公开招标采购 （4）采购人采购货物或者服务应当采用公开招标方式的，属于中央预算的政府采购项目，其具体数额标准由国务院规定；属于地方预算的政府采购项目，由省、自治区、直辖市人民政府规定；因特殊情况需要采用公开招标以外采购方式的，应当在采购活动开始前获得设区的市、自治州以上政府采购监督管理部门的批准
邀请招标——邀请“3 家以上”	符合下列情形之一的货物或者服务，可以依照法律采用邀请招标方式采购： ⑴具有特殊性，只能从有限范围的供应商处采购的 ⑵采用公开招标方式的费用占政府采购项目总价值的比例过大的
	⑴ 采用邀请招标方式采购的，招标采购单位应当在省级以上人民政府财政部门指定的政府采购信息媒体发布资格预审公告，公布投标人资格条件，资格预审公告的期限不得少于 7 个工作日 ⑵ 投标人应当在资格预审公告期结束之日起 3 个工作日前，按公告要求提交资格证明文件
竞争性谈判——与“不少于3 家”供应商谈判	符合下列情形之一的货物或者服务，可以依照法律采用竞争性谈判方式采购： ⑴招标后没有供应商投标或者没有合格标的或者重新招标未能成立的 ⑵技术复杂或者性质特殊，不能确定详细规格或者具体要求的 ⑶采用招标所需时间不能满足用户紧急需要的 ⑷不能事先计算出价格总额的
	⑴ 谈判小组由采购人的代表和有关专家共 3 人以上的单数组成，其中专家的人数不得少于成员总数的 2/3 ⑵ 谈判小组从符合相应资格条件的供应商名单中确定不少于 3 家的供应商参加谈判，并向其提供谈判文件 ⑶ 谈判小组所有成员集中与单一供应商分别进行谈判。谈判结束后，谈判小组应当要求所有参加谈判的供应商在规定时间内进行最后报价，采购人从谈判小组提出的成交候选人中根据符合采购需求、质量和服务相等且报价最低的原则确定成交供应商，并将结果通知所有参加谈判的未成交的供应商
单一来源——唯一	符合下列情形之一的货物或者服务，可以依法采用单一来源方式采购： ⑴只能从“唯一”供应商处采购的 ⑵发生了“不可预见的紧急情况”，因而不能从其他供应商处采购的 ⑶必须保证原有采购项目一致性或者服务配套的要求，需要继续从原供应商处添购，且添购资金总额不超过原合同采购金额“10%”的
询价	⑴ 从符合相应资格条件的供应商名单中确定不少于 3 家的供应商，并向其发出询价通知书让其报价 ⑵ 适用范围：“货物规格、标准统一，现货货源充足而且价格变动幅度比较小”的采购项目

【例题·多选题】根据政府采购法律制度的规定，下列情形中，采购人可以采用单一来源方式采购的有（　　）。

A. 只能从唯一供应商处采购的

B. 发生了不可预见的紧急情况不能从其他供应商处采购的

C. 采用招标所需时间不能满足用户紧急需要的

D. 不能事先计算出价格总额的

【答案】AB

【解析】选项 C、D：适用竞争性谈判方式。

【例题·单选题】根据政府采购法律制度的规定，下列关于邀请招标的表述中，正确的是（　　）。

A. 投标人应在资格预审公告期结束之日后 3 个工作日内提交履约保证金

B. 采用公开招标方式的费用占政府采购项目总价值比例过大的，可以采用邀请招标方式

C. 采用邀请招标方式采购的，资格预审公告的期限为 5 个工作日

D. 招标采购单位应从评审合格的投标人中选择资质级别最高的两家投标人，发出投标邀请书

【答案】B

考点 7：政府采购程序（见表 7–15）

表 7–15　　政府采购程序

招标文件	采取招标方式采购的，采购人或者采购代理机构应当按照国务院财政部门制定的招标文件标准文本编制招标文件。招标文件的提供期限自招标文件开始发出之日起不得少于 5 个工作日
	货物和服务项目实行招标方式采购的，自招标文件开始发出之日起至投标人提交投标文件截止之日止，不得少于 20 日
投标保证金	(1) 采购人或者采购代理机构应当在招标文件、谈判文件、询价通知书中公开采购项目预算金额 (2) 招标文件要求投标人提交投标保证金的，投标保证金不得超过采购项目预算金额的 2%。投标保证金应当以支票、汇票、本票或者金融机构、担保机构出具的保函等非现金形式提交 (3) 采购人或者采购代理机构应当自中标通知书发出之日起 5 个工作日内退还未中标供应商的投标保证金，自政府采购合同签订之日起 5 个工作日内退还中标供应商的投标保证金
废标	在招标采购中，出现下列情形之一的，应予废标： (1) 符合专业条件的供应商或者对招标文件作实质响应的供应商不足 3 家的 (2) 出现影响采购公正的违法、违规行为的 (3) 投标人的报价均超过了采购预算，采购人不能支付的 (4) 因重大变故，采购任务取消的

续表

评审专家	除国务院财政部门规定的情形外，采购人或者采购代理机构应当从政府采购评审专家库中随机抽取评审专家
独立评审	评标委员会、竞争性谈判小组或者询价小组成员应当按照客观、公正、审慎的原则，根据采购文件规定的评审程序、评审方法和评审标准进行独立评审。评标委员会、竞争性谈判小组或者询价小组成员应当在评审报告上签字，对自己的评审意见承担法律责任。对评审报告有异议的，应当在评审报告上签署不同意见，并说明理由，否则视为同意评审报告
中标	(1) 采购代理机构应当自评审结束之日起2个工作日内将评审报告送交采购人 (2) 采购人应当自收到评审报告之日起5个工作日内在评审报告推荐的中标或者成交候选人中按顺序确定中标或者成交供应商 (3) 采购人或者采购代理机构应当自中标、成交供应商确定之日起2个工作日内，发出中标、成交通知书，并在省级以上人民政府财政部门指定的媒体上公告中标、成交结果，招标文件、竞争性谈判文件、询价通知书随中标、成交结果同时公告
文件保存期限	采购文件的保存期限自采购结束之日起至少保存15年
回避情形	在政府采购活动中，采购人员及相关人员与供应商有下列利害关系之一的，应当回避： (1) 参加采购活动前3年内与供应商存在劳动关系 (2) 参加采购活动前3年内担任供应商的董事、监事 (3) 参加采购活动前3年内是供应商的控股股东或者实际控制人 (4) 与供应商的法定代表人或者负责人有夫妻、直系血亲、三代以内旁系血亲或者近姻亲关系 (5) 与供应商有其他可能影响政府采购活动公平、公正进行的关系
	供应商认为采购人员及相关人员与其他供应商有利害关系的，可以向采购人或者采购代理机构书面提出回避申请，并说明理由。采购人或者采购代理机构应当及时询问被申请回避人员，有利害关系的被申请回避人员应当回避

考点8：采购合同（见表7-16）

表7-16 采购合同

签订合同	(1) 采购人可以委托采购代理机构代表其与供应商签订政府采购合同 (2) 采购人与中标、成交供应商应当在中标、成交通知书发出之日起30日内，按照采购文件确定的事项签订政府采购合同。中标、成交通知书对采购人和中标、成交供应商均有法律效力
履约保证金	采购文件要求中标或者成交供应商提交履约保证金的： (1) 供应商应当以支票、汇票、本票或者金融机构、担保机构出具的保函等非现金形式提交 (2) 履约保证金的数额不得超过政府采购合同金额的10%
合同公告	采购人应当自政府采购合同签订之日起2个工作日内，将政府采购合同在省级以上人民政府财政部门指定的媒体上公告，但政府采购合同中涉及国家秘密、商业秘密的内容除外
合同备案	政府采购项目的采购合同自签订之日起7个工作日内，采购人应当将合同副本报同级政府采购监督管理部门和有关部门备案

续表

分包方式履行合同	(1) 经采购人同意，中标、成交供应商可以依法采取分包方式履行合同 (2) 政府采购合同分包履行的，中标、成交供应商就采购项目和分包项目向采购人负责，分包供应商就分包项目承担责任
追加采购	政府采购合同履行中，采购人需追加与合同标的相同的货物、工程或者服务的，在不改变合同其他条款的前提下，可以与供应商协商签订补充合同，但所有补充合同的采购金额不得超过原合同采购金额的 10% 【链接】(1) 采用单一来源方式，需要继续从原供应商处添购的，添购资金总额不超过原合同采购金额的 10% (2) 采购文件要求中标或者成交供应商提交履约保证金的，履约保证金的数额不得超过政府采购合同金额的 10%

【例题·多选题】根据政府采购法律制度的规定，下列关于政府采购合同签订和履行的表述中，正确的有（ ）。

A. 供应商不得采取分包方式履行政府采购合同

B. 履约保证金的数额不得超过政府采购合同金额的 10%

C. 采购人不得委托采购代理机构代表其与供应商签订政府采购合同

D. 政府采购合同签订后，采购人应当将合同副本报同级政府采购监督管理部门和有关部门备案。

【答案】BD

【解析】（1）选项 A：经采购人同意，中标、成交供应商可以依法采取分包方式履行合同；（2）选项 C：采购人可以委托采购代理机构代表其与供应商签订政府采购合同。

【例题·单选题】根据《政府采购法》① 的规定，从采购结束之日起，政府采购文件至少要保存的年限为（ ）。

A.30 年

B.15 年

C.20 年

D.25 年

【答案】B

考点 9：询问、质疑、投诉与监督（见表 7–17）

表 7–17 询问、质疑、投诉与监督

询问	供应商对政府采购活动事项有疑问的，可以向采购人提出询问，采购人应当及时作出答复，但答复的内容不得涉及商业秘密

①《中华人民共和国政府采购法》。

续表

质疑	(1) 供应商认为采购文件、采购过程和中标、成交结果使自己的权益受到损害的，可以在知道或者应知其权益受到损害之日起 7 个工作日内，以书面形式向采购人提出质疑 (2) 采购人应当在收到供应商的书面质疑后 7 个工作日内作出答复，并以书面形式通知质疑供应商和其他有关供应商，但答复的内容不得涉及商业秘密 (3) 采购人委托采购代理机构采购的，供应商可以向采购代理机构提出询问或者质疑，采购代理机构应当就采购人委托授权范围内的事项作出答复 (4) 供应商提出的询问或者质疑超出采购人对采购代理机构委托授权范围的，采购代理机构应当告知供应商向采购人提出。采购人或者采购代理机构应当在 3 个工作日内对供应商依法提出的询问作出答复
投诉	(1) 质疑供应商对采购人、采购代理机构的答复不满意，或者采购人、采购代理机构未在规定时间内作出答复的，可以在答复期满后 15 个工作日内向同级政府采购监督管理部门 (即采购人所属预算级次本级财政部门) 投诉
	(2) 政府采购监督管理部门应当自收到投诉后 30 个工作日内，对投诉事项作出处理决定，并以书面形式通知投诉人和与投诉事项有关的当事人。政府采购监督管理部门在处理投诉事项期间，可以视具体情况书面通知采购人暂停采购活动，但暂停时间最长不得超过 30 日
	(3) 投诉人对政府采购监督管理部门的投诉处理决定不服或者政府采购监督管理部门逾期未作处理的，可以依法申请行政复议或者向人民法院提起行政诉讼
监督	(1) 各级人民政府财政部门是负责政府采购监督管理的部门，依法履行对政府采购活动的监督管理职责
	(2) 财政部门处理投诉事项采用书面审查的方式，必要时可以进行调查取证或者组织质证。财政部门作出的处理决定，应当在省级人民政府财政部门指定的媒体上公告
	(3) 政府采购活动涉及其他政府部门的，其他政府部门也依法履行有关的监督管理职责

【例题 · 单选题】根据政府采购法律制度的规定，对于具有特殊性，只能从有限范围内的供应商处采购的货物，其适用的政府采购方式是 (　　)。

A. 公开招标方式　　B. 邀请招标方式

C. 竞争性谈判方式　　D. 单一来源方式

【答案】B

【例题 · 单选题】根据政府采购法律制度的规定，采用单一来源方式采购，在保证原有采购项目一致性的前提下，需要继续从原供应商处添购的，添购资金总额不得超过原合同采购金额的 (　　)。

A. 5%　　B. 10%　　C. 20%　　D. 25%

【答案】B

【例题 · 单选题】根据政府采购法律制度的规定，在政府采购合同履行的过程中，采购人需追加与合同标的相同的货物、工程或者服务的，在不改变合同其他条款的前提下，可以与供应商协商签订补充合同，但所有补充合同的采购金额不得超过原合同采购金额的 (　　)。

A. 5%　　B. 10%　　C. 20%　　D. 25%

【答案】B

【例题·单选题】根据政府采购法律制度的规定，采购文件要求中标或者成交供应商提交履约保证金的，供应商应当以支票、汇票、本票或者金融机构、担保机构出具的保函等非现金形式提交。履约保证金的数额不得超过政府采购合同金额的（　　）。

A. 5%　　B. 10%　　C. 20%　　D. 25%

【答案】B

【例题·单选题】根据政府采购法律制度的规定，招标文件要求投标人提交投标保证金的，投标保证金不得超过采购项目预算金额的（　　）。

A. 2%　　B. 5%　　C. 10%　　D. 20%

【答案】A

【例题·单选题】根据政府采购法律制度的规定，采购文件自采购结束之日起至少应保存（　　）。

A. 3 年　　B. 5 年　　C. 10 年　　D. 15 年

【答案】D

【例题·多选题】下列采购活动中，不适用《政府采购法》予以调整的有（　　）。

A. 某事业单位使用财政性资金采购办公用品

B. 某军事机关采购军需品

C. 某省政府因严重自然灾害紧急采购救灾物资

D. 某团体组织使用财政性资金采购办公用品

【答案】BC

【例题·多选题】根据政府采购法律制度的规定，下列情形中，采购人可以采用邀请招标方式采购的有（　　）。

A. 具有特殊性，只能从有限范围的供应商处采购的

B. 技术复杂或者性质特殊，不能确定详细规格或者具体要求的

C. 采用公开招标方式的费用占政府采购项目总价值的比例过大的

D. 招标后没有供应商投标或者没有合格标的或者重新招标未能成立的

【答案】AC

【解析】选项 B、D：适用竞争性谈判方式。

【例题·多选题】根据政府采购法律制度的规定，下列情形中，采购人可

以采用竞争性谈判方式采购的有（　　）。

A. 采用招标所需时间不能满足用户紧急需要的

B. 不能事先计算出价格总额的

C. 采用公开招标方式的费用占政府采购项目总价值的比例过大的

D. 技术复杂或者性质特殊，不能确定详细规格或者具体要求的

【答案】ABD

【解析】选项C：适用邀请招标方式。

【例题·多选题】根据政府采购法律制度的规定，采购文件要求中标或者成交供应商提交履约保证金的，供应商可以选择的支付方式有（　　）。

A. 现金　　B. 支票　　C. 银行本票　　D. 担保机构出具的保函

【答案】BCD

【解析】采购文件要求中标或者成交供应商提交履约保证金的，供应商应当以支票、汇票、本票或者金融机构、担保机构出具的保函等非现金形式提交。

【例题·多选题】政府采购的投诉人对政府采购监督管理部门的投诉处理决定不服或者政府采购监督管理部门逾期未作处理的，可以采取的救济途径有（　　）。

A. 申请行政复议　　B. 申请仲裁

C. 向人民法院提起民事诉讼　　D. 向人民法院提起行政诉讼

【答案】AD

【解析】投诉人对政府采购监督管理部门的投诉处理决定不服或者政府采购监督管理部门逾期未作处理的，可以依法申请行政复议或者向人民法院提起行政诉讼。

【例题·判断题】两个以上的企业可以组成一个联合体，以一个供应商的身份共同参加政府采购。联合体各方应当共同与采购人签订采购合同，就采购合同约定的事项对采购人承担连带责任。（　　）

【答案】√

【例题·判断题】采用公开招标以外采购方式的，应当在采购活动开始前获得设区的市、自治州以上政府采购监督管理部门的批准。（　　）

【答案】√

【例题·判断题】采购的货物技术复杂或者性质特殊，不能确定详细规格或者具体要求的，可以采用竞争性谈判方式采购。（　　）

【答案】√

【例题·判断题】在政府采购中，采用单一来源方式，需要继续从原供应商处添购的，添购资金总额不得超过原合同采购金额的 20%。(　　)

【答案】×

【解析】添购资金总额不得超过原合同采购金额的 10%。

【例题·判断题】在政府采购中，招标文件要求投标人提交投标保证金的，投标保证金不得超过采购项目预算金额的 1%。(　　)

【答案】×

【解析】招标文件要求投标人提交投标保证金的，投标保证金不得超过采购项目预算金额的 2%。

【例题·判断题】在政府采购中，采购文件要求中标或者成交供应商提交履约保证金的，履约保证金的数额不得超过政府采购合同金额的 10%。(　　)

【答案】√

【例题·判断题】在政府采购中，采购文件的保存期限自采购结束之日起至少保存 10 年。(　　)

【答案】×

【解析】采购文件的保存期限自采购结束之日起至少保存 15 年。

【例题·判断题】在政府采购中，经采购人同意，中标、成交供应商可以依法采取分包方式履行合同。政府采购合同分包履行的，中标、成交供应商就采购项目和分包项目向采购人负责，分包供应商就分包项目承担责任。(　　)

【答案】√

【例题·判断题】在政府采购中，中标或者成交供应商拒绝与采购人签订合同的，采购人可以按照评审报告推荐的中标或者成交候选人名单排序，确定下一候选人为中标或者成交供应商，也可以重新开展政府采购活动。(　　)

【答案】√

（四）训练自己的心智模式

杜老师跟我讲了大脑信息处理的四个步骤：读取信息—处理信息—存储信息—调用信息。

第一遍的复习主要是读取信息，快速扫描式地阅读，在阅读的同时快速地处理信息，也就是提炼精华。在提炼精华时，有些简单的东西瞬间就理解了，有些东西不太明白，就再看几个习题（或例题）来加强理解，协助大脑进行处理。

第二遍的复习主要是存储信息。虽然处理信息的时候，对很多东西都有印象了，但是要把它们准确地记在脑海里，还是要花费一些功夫，更何况有些东西当时记住了，之后又遗忘了，那就要跟遗忘做斗争。

最后，我们所有的复习都是为了让考试顺利通过，也就是调用信息这个环节。既然是调用，那就应该是看到题，你就能立马想到答案，直接调用，而不是想半天才反应过来。就像你看到老虎立马就会跑，而不是看到老虎还要去思考，我到底是跑还是不跑？考试的时候，应该看到题就知道答案是 A 还是 B，如果这个考点没复习到，就凭感觉随便选一个，干脆利落。而不是在那里纠结，到底是 A 还是 B，抑或是 C 还是 D。因为考试的时候，时间非常紧张，一般不允许你用太多时间去思考，所以思考是在复习的时候进行的。考试的时候，只是把你平时所学都写下来，看到题，就沿着已有的存储路径，找到对应的答案。这就是心智模式的训练。

第一遍复习终于完成了，我要进行第二遍复习了，加油！